아동심리치료학개론

박랑규 · 박응임 · 안동현 · 왕석순 · 이 숙
이정숙 · 장미경 · 정승아 · 정혜정 · 조용범 공저

학지사

| 발간사 |

한국아동심리치료학회가 출범한 지 7년이 지난 지금 『아동심리치료학개론』이라는 책이 발간됨을 진심으로 기쁘게 생각합니다. 한국아동심리치료학회는 지금까지 다양한 주제에 대해 다학문적인 접근을 바탕으로 많은 학술대회와 워크숍, 공개 사례 발표, 학회지 발간 등을 이루어 냈습니다. 그간의 노력과 성과를 밑거름으로 삼아 이번에 아동심리치료를 위한 개론서를 만든 것입니다.

이 책은 아동을 이해하고 평가하고 상담하기 위한 기본서로 가장 기초가 되는 아동발달, 상담에 임할 때 반드시 필요한 상담윤리, 아동 심리상태를 파악할 수 있는 심리평가, 아동의 발달적 · 임상적 어려움을 설명해 주는 아동 정신병리, 아동에게 꼭 필요하지만 간혹 잃어버린 놀이를 찾아주기 위한 놀이치료, 아동이 자발성과 창조성을 발휘하도록 하는 사이코드라마, 아동상담에서 아동의 변화와 더불어 필요한 부모교육, 아동과 가족의 건강성 회복을 위한 가족치료 등을 이해하고 숙지할 수 있도록 하였습니다. 더불어 치료사는 이 책을 통해서 아동의 문제를 지금-여기에서 바라보고, 공감하며, 시시각각 대처하고, 아동이 상처를 회복할 수 있도록 훈련할 수 있을 것입니다.

치료사는 아동을 깊은 사랑으로 대하여야 합니다. 물론 깊은 사랑이라는 표현은 우리가 흔히 듣는 표현으로 매우 익숙한 것이지만, 실제 아동상담 현장에서 치료사가 깊은 사랑을 가지고 아동을 바라보기란 매우 어려운 일입니다. 따라서 상담에 임하는 치료사들은 항상 아동을 어떻게 대할 것인지, 어떻게 생각하고 있는지 끊임없이 점검해야 합니다. 또한 치료사는 아동을 사랑의 시각으로 바라보고 있는 것에 어려움이 있지는 않은지 자각하면서 자신을 계속 분석하고 다잡아야 할 것입니다. 더불어 봉사하는 마음을 갖고 훌륭한 슈퍼바이저에게 열심히 훈련받아야 할 것입니다.

이 책을 위해 정성으로 원고를 집필해 주신 안동현 교수님, 박랑규 소장님, 이숙 교수님, 박응임 교수님, 왕석순 교수님, 정혜정 교수님, 장미경 교수님, 정승아 교수님, 조용범 소장님께 깊은 감사의 마음을 전합니다. 또한 이 책의 발간을 위해 여러모로 애써 주신 학지사 사장님께도 감사드립니다. 마지막으로 아동심리치료사가 되기 위해 지금도 열심히 수련하고 있는 분들에게 이 책이 작은 등불이 되기를 바랍니다. 앞으로 깊은 사랑을 간직한 좋은 치료사로 성장하기를 기원합니다.

2011년

한국아동심리치료학회 회장 이정숙

| 머리말 |

이 책은 아동들의 행동을 이해하고 상담, 치료하는 데 관련된 일을 하는 분들을 위한 책입니다. 주로 임상 장면에서 실제로 아동 심리치료를 수행하시는 분들이 주 대상이다 보니 본격적인 연구, 교육을 하시는 분들께는 다소 부족할 수도 있습니다. 이 책은 학부 혹은 대학원에서 아동학과 관련된 전공을 하는 학생들이 임상에서 심리치료를 어떻게 수행하는가에 대한 답을 줄 수 있도록 구성하였습니다. 한국아동심리치료학회에서 실시하는 아동심리치료사 자격시험의 준비서 역할을 하기도 할 것입니다.

최근 아동들의 행동발달, 양육, 그리고 그들이 겪는 발달, 정서 및 행동문제에 대한 관심이 고조되고 있습니다. 국가적으로도 출산율 저하로 인한 여러 문제들을 해결하기 위해 아동양육에 그 어느 때보다 정책적으로 집중하고 있습니다. 이러한 관심의 고조로 관련학과 전공자들도 많아지고 종사하시는 분들도 늘고 있지만 적절한 교육, 수련과정은 매우 부족한 실정입니다. 이 책은 이렇게 높아진 관심에도 불구하고 이를 해결해 줄 마땅한 지침서가 부족하다는 현실적 측면에서 마련되었고 각 장은 학회 임원들을 중심으로 각 분야의 전문가들에 의해 집필되었습니다.

이 책은 크게 두 부분으로 나누어져 있습니다. 책의 서론에 해당하는 제1장 아동심리와 심리치료는 학회장인 이정숙 교수, 제2장 아동발달의 이해는 왕석순 교수와 박응임 교수가 각각 두 부분으로 나누어 집필한 후 한 장으로 완성하였습니다. 제3장 아동 정신병리와 제5장 상담윤리는 안동현 교수, 제4장 아동 심리검사 및 평가는 정승아 교수가 각각 집필하였습니다. 여기까지가 총론에 해당하는 부분입니다. 제6장부터는 각 심리치료에 대한 소개로 제6장 놀이치료는 장미경 교수, 제7장 발달놀이치료-테라플레이 놀이치료는 박랑규 소장, 제8장 아동 · 청소년을 위한 인지행동치료는 조용범 소장, 제9장 가족치료는 정혜정 교수, 제10장 사이코드라마는 이정숙 교수, 제11장 부모교육 및 상담은 이숙 교수가 각각 집필하였습니다. 각 장은 간략한 개요와 학습목표, 본문과 학습과제 및 참고문헌으로 구성되어 있어 학생들이 스스로 공부하거나 교수들이 강의할 때 편리하고 지침이 되도록 하였습니다. 학생들이 스스로 학습할 때는 각 장의 개요를 먼저 파악한 후 제시하는 학습목표를 염두에 두고 본문을 학습한 후 마지막에 제시된 학습과제를 수행해 봄으로써 그 내용을 충분히 소화할 수 있을 것입니다.

개론서이다 보니 다소 부족한 점이 있는 것이 사실이지만 이 책은 곧이어 후속으로 발간될 책의 앞부분에 해당됩니다. 학회에서는 다음에 이 책에서 다루지 못한 총론의 일부와 각 심리치료를 담은 아동심리치료학개론서(II)를 준비 중입니다. 여기에는 미술치료 등 각종 예술치료, 게임치료를 포함한 다양한 심리치료와 약물치료, 기숙치료 등에 대한 소개, 아동 심리치료에 관한 연구방법론, 아동심리치료사 자격과 관련된 내용, 관련 정책 및 제도 등도 다룰 예정입니다.

이 책이 나오기까지 많은 분들이 애써 주셨지만 한국아동심리치료학회장이신 이정숙 교수께서 가장 든든한 후원자 역할을 하셨습니다. 그리고 제목과 구성안의 초안을 함께 해 주신 박랑규 소장님, 그리고 바쁜 와중에 각 장의 집필을 흔쾌히 수락하고 완성해 주신 집필자분들께도 감사드립니다. 편집과 출간을 위해 애써 주신 학지사 김진환 사장님과 편집부 직원들께도 감사드립니다. 앞으로 이 책이 어려움을 겪는 아동과 그 가족들을 위해 애쓰는 많은 아동심리치료 전공 학생들 및 전문가들에게 유용하게 활용되기를 기대합니다. 그렇게 해서 그 아동과 가족들이 행복해지기를 기원합니다.

2011년

행당동 연구실에서

저자 대표 안동현

| 차 례 |

• 제1장 •

아동심리와 심리치료

개요

한국사회는 일제시대와 해방 이후 6 · 25전쟁 등을 겪은 역동의 사회였고 발전과 혼란의 사회였다. 나아가 가족과 가정의 상실을 통해 사회 전반에 니힐리즘이 풍미해지기도 하였으며 물질만능주의가 곧 시대정신이 되기도 하였다. 경제적 성장과 풍요로움을 이루어 낸 반면 세대 간, 지역 간, 이념 간의 갈등이 표출되고 분노가 생겨났다. 게다가 가족 안에서 부모의 역할이 축소되는 반면 학업 위주의 교육 열풍으로 부모-자녀가 함께 공유할 수 있는 시간이 부족해졌다. 이는 우리 사회 아동들에게 건강하고 바람직한 역할모델의 결여를 초래했다. 또한 현대사회의 학업과 입시 스트레스도 아동들에게 스트레스를 주는 중요한 요인으로 작용하고 있다. 이로 인해 부적응 아동, 상황에 맞지 않는 행동을 하는 아동이 생겨나게 됨에 따라서 아동과 부모를 심리적으로 도와주고 교육시키는 심리치료 과정이 요구되고 있다.

이 장에서는 아동이 건강하고 잘 적응하는 아이로 성장 · 발달하는 데 도움을 주기 위해 심리치료의 기초, 심리치료의 목표, 심리치료사의 역할과 자질, 아동 심리치료 시 요구되는 상담의 기초과정을 소개하고 아동면접과 부모면접에 대하여 다루고자 한다.

심리치료 이론이나 아동발달 이론, 심리치료의 구체적 기법들, 즉 놀이치료, 모래놀이치료 등에 관해서는 다음 장에서 다루어지므로 이 장에서 다루지 않았다.

학습목표

1. 아동 심리치료의 중요성과 목표에 대해 이해한다.
2. 치료 및 상담관계를 촉진하는 조건이 무엇인지 이해한다.
3. 초기면접에서 얻어질 수 있는 정보들이 왜 중요한지 이해한다.
4. 아동 심리치료와 성인 심리치료의 차이점을 이해한다.
5. 어린 아동의 초기면접 기법에 대해 이해한다.
6. 부모와의 초기면접 기법에 대해 이해한다.

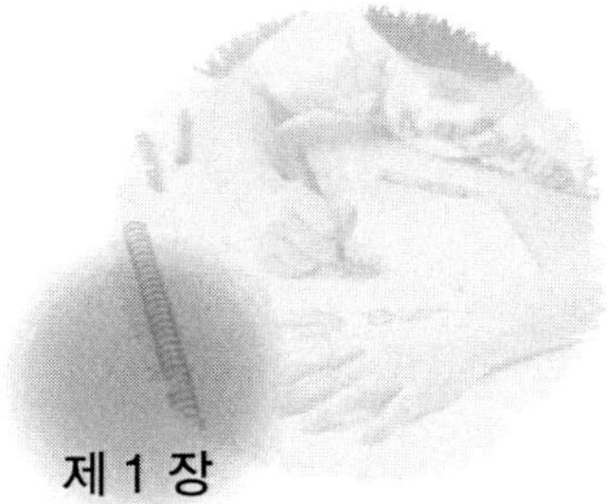

제 1 장

아동심리와 심리치료

1. 사회 변화와 아동 심리치료

20세기 들어 우리 사회는 일본에게 주권을 상실하고, 민족의 정체성이 흔들리고, 변방의 패배주의가 만연한 사회가 된다. 해방 이후에는 좌우 대립과 남북 분단이 야기한 6 · 25전쟁으로 400만 명의 사상자와 헤아릴 수 없는 이산가족과 이별, 기아, 질병, 공포가 생겨났다. 나아가 가족과 가정의 상실을 통해 사회 전반에 니힐리즘이 풍미하게 되었다. 생존을 위한 최소한의 조건을 충족하기 위해 인간의 존엄과 자존을 넘어 심층적 사회의 가치 혼란을 겪게 되었고 물질만능이 곧 시대정신이 되었다. 1960년대 산업화 운동은 '별보기운동'으로 가장들은 산업화 현장에서 대부분의 시간을 보내게 되고 이로써 가정의 부권이 흔들리기 시작하였다. 아침별을 보고 일터에 나가 새벽별을 보고 집으로 귀가하는 아버지들의 노고로 산업화의 압축 성장은 가능했지만 가장은 가정의 식구일 뿐이었다. 가장의 땀으로 경제적 성장과 풍요로움은 이루어 낸 반면 세대 간, 지역 간, 이념 간의 갈등이 표출되고 분노가 생겨났다. 게다가 가족 안에서 부모의 역할이 축소되는 반면 학업위주의 교육 열풍으로 부모-자녀가 함께 공유할 수 있는 시간이 부족해졌다. 이는 우리 사회 아동들에게 건강하고 바람직한 역할모델의 결여를 초래했다.

현대사회의 잦은 지리적 이동, 부모의 이혼으로 인한 가정 파괴, 아동 학대와 방임, 보다 빨리 보다 많이 성취해야 한다고 재촉하는 부모들의 성취압력 등은 아동들을 위기로 몰아넣는다. 이러한 압력과 재촉을 받고 사는 아동들은 심신이 지치고 점점 병들어 가고 있다. 불안과 좌절, 끊임없는 긴장상태에 있는 아동들은 정신과 심리 기능에 여러 가지 장애를 보이고 10대가 되면 알코올 및 약물 사용, 가출 및 중퇴, 청소년 성매매와 그로 인한 임신과 성병, 자살과 우울증, 컴퓨터 중독, 교내외의 폭력 및 범죄, 심각한 정서장애 등의 문제를 나타낸다. 이미 오래전부터 이런 문제들에 직면해 왔던 미국은 전체 아동들 중 5~15%가 심리치료가 필요하다고 한다.

성인도 받아들이기 힘들 만큼 빠르게 변화하는 현대사회에 아동들이 적응하기란 쉽지 않다. 정상적인 발달 과제를 수행하기에도 벅찬 아동들에게 사회의 변화로 인한 스트레스와 갈등을 정상발달 과제에 포함시킴으로써 아동들은 예전에 비해 행복감을 느끼기가 힘들게 되었다. 이로 인해 정체감의 혼란과 상실, 애정이 결핍된 인간관계, 학교에서의 왕따 현상과 폭력 등 다양한 사회문제와 병리 현상이 급증하고 있다. 빠르게 변화하는 갈등과 격동의 현대사회에서 아동들은 알게 모르게 성적, 신체적, 정서적, 교육적으로 상처와 학대를 받으며 자신들이 누릴 행복의 권리를 박탈당하면서 알려지지 않은 희생자가 되고 있다. 변화하는 사회에 적응하지 못하고 정신적, 심리적으로 갈등하며 상처받고 병들어 가는 아동의 수가 급증하면서 아동 심리치료에 대한 사회적 요구와 관심도 커져 가고 있다.

아동기는 심리적 안정감과 자아존중감을 키워 나가고 긍정적인 자아개념을 형성하며 정상적인 사회인으로서 살아갈 사회적 기술을 익혀 가는 중요한 시기다. 이 시기에 형성된 아동문제는 이후의 발달과업 성취에 문제가 되어 청소년기와 성인기의 사회적 적응이나 성격발달에 부정적인 영향을 미치게 되고 정신건강에도 악영향을 미치게 된다. 지금까지 많은 부모와 성인들은 아동에게 나타났던 학습문제, 사회적응문제, 행동문제에 대해 그리 심각하게 받아들이지 않았다. 그러나 최근에는 이 문제들을 심각하게 받아들이게 되었으며 이를 중요한 문제로 여기면서 조기에 적절한 심리치료를 통해 치료해야 된다는 요구와 필요성이 강해지고 있다. 그에 따라 아동 심리치료의 유용성과 중요성에 대한 인식이 새로워지면서 이에 대한 사회적 요구가 증가하고 있다. 따라서 아동 심리치료를 위한 치료 전문가의 양성이 시급하며 이에 알맞은 교육이 중요하다 하겠다.

2. 사회 변화에 따른 아동의 모습

요즈음 목에 열쇠를 걸고 다니며 7~8개의 프로그램, 학원, 심지어는 14~15개의 프로그램에 참여하는 아동들이 있다. 태교라며 영어 테이프를 듣는 어머니부터 돌 되는 영아들에게까지도 영어 듣기를 시키는 어머니들이 있다. 한편으로는 아동들에게 자연을 알려 주고 진정한 자유와 아동들에게 꼭 필요한 자연스러운 놀이 경험을 하게 하는 숲 유치원도 생기고 있다.

과연 아동에게 필요한 것은 무엇인가? 놀이치료를 받으러 오는 아동들에게서 많이 볼 수 있는 것은 이들에게는 진정한 자유가 없고 부모들에게 익숙해져 있는 것이다. 아동은 어떻게 성장해야 하는가? 진정한 꿈을 키울 수 있는 환경에서 적절하게 놀이하는 어린이로 자라야 한다.

이러한 과정을 잘 설명한 학자 Neil(1883~1973)을 소개하고자 한다(김은산, 1980).

닐의 자유관(自由觀)은 행복의 감정은 사람이 자유를 느낄 때에만 가능하며 행복과 자유는 불가분의 것이라는 것이다. 자유란 "남의 자유를 침해하지 않는 한에서 자기가 하고 싶은 일을 하는 것"이라고 말했다. 싫어하는 어린이에게 억지로 라틴어를 배우게 할 권리는 아무에게도 없다. 그러나 만약 어떤 어린이가 라틴어 교실에서 계속 떠들고 논다면 교실에서 내쫓아야 한다. 왜냐하면 이 어린이는 다른 사람의 공부하는 자유를 침해하기 때문이다. Neil은 이 때문에 "절대적인 자유

같은 것은 존재하지 않는다." 고 말하여 더욱 자유의 개념을 구체화시켰는데 이는 그의 자유관의 뼈대를 이루고 있다. 자유와 방종을 구별하여 "방종은 남의 자유를 침해하는 것" 이라 규정하고 자유가 지나치게 확대되면 방종이 된다고 하였다. 진정한 자유는 서로 주고받는 상호적인 것이어야 하며 자기통제(self-control)를 의미한다. 그는 참다운 자유 속에서 자라나는 아이는 자기의 자유의지에 의해 자신의 행동을 잘 통제할 줄 아는 자율적인 어린이가 된다고 보았다. 일체의 부자연스러운 억압이 배제되고 인간에게 자유가 주어졌을 때, 태어나면서부터의 선량한 자연성을 되찾고 스스로의 의지에 따라 행동할 수 있는 자율적인 인물인 진정한 자유인으로 자라게 된다고 주장했다.

Neil의 행복관(幸福觀)은 인간의 생에 있어서 궁극적인 목적은 행복이며 교육의 궁극적 목적 역시 행복에 있다는 것이다. 그가 생각한 행복의 의미는 다음과 같다. 행복은 항상 선을 의미한다. 행복은 어떻게 해서 얻어질 수 있는가에 대한 Neil의 대답은 모든 권위와 억압이 배제되고 사람에게 자유가 주어져서 그 자신으로서의 생활이 허용될 때 비로소 얻어진다는 것이었다. 그는 어린이들의 행복은 어른들이 그들에게 주는 사랑과 인정에 따라 결정된다고 말했다. 여기서 말하는 사랑은 감상적인 애정이나 소유적인 애정을 의미하지 않고 '어린이의 편이 되어 주는 것'을 의미한다. 현대의 부모들은 아동을 자신의 소유로 보는 경향이 있어 학원도 그들 마음대로 선택한다. 아동은 그들의 의사와는 상관없이 부모들의 선택에 따르는 경우가 많다. 부모의 선택에 진정 아동이 행복해할까?

Neil은 서머힐에서 외적인 억압이나 간섭이 없는 자유로운 상태에 아이들을 놓아두고 그들이 어떻게 행동하며 생활하는가를 관찰함으로써 어린이들의 본성과 본연의 모습을 알아내고 다음과 같이 보고하였다.

- 어린이의 본성은 선하고 악하지 않다. 선과 악은 현사회의 도덕적인 가치기준에 비춘 선악의 의미가 아니라 사람이 본래 가지고 태어난 본성은 신이 주신 것으로 나쁜 것이 아니라고 보는 것이다. 이 생각은 Neil의 모든 사상의 기초이며 출발점이기도 하다.

- 어린이는 본래 현명하고 현실적이다. 자유로운 상태에서 어린이들은 남이 나를 어떻게 보고 생각할까 하는 체면이나 남의 안목을 의식해서 생활하는 형식적이고 비현실적인 행동은 취하지 않는다. 따라서 어른들의 간섭이 없을 때 어린이는 스스로 발전할 수 있는 최고의 상태에까지 발전하는 존재라고 했다.
- 어린이는 본래 성실성을 가지고 태어난다. 서머힐 학교가 이룩한 가장 큰 업적 중 하나는 어린이가 본래 성실성을 가지고 태어난다는 사실의 발견이었다. 어른들은 어린이를 좀 더 신뢰할 수 있는데도 불구하고 신뢰하고 있지 않다는 것이다. 그리고 현대의 교육은 어린이들에게 거의 달성이 불가능한 무리한 요구를 하거나 남들, 특히 어른들에게 마음에 없는 감사나 존경을 표시하도록 강요함으로써 그들이 위선적이고 불성실하게 되도록 교육시키고 있다고 했다.
- 어린이들은 사랑과 이해를 필요로 한다. 어린이가 자연스럽고 선량하게 자라기 위해서는 인정과 사랑을 필요로 한다. 어린이를 사랑한다는 것은 감상적인 의미나 소유적인 의미의 사랑이 아니라 '어린이의 편이 되어 주는 것'을 뜻한다.
- 자유로운 상태에 놓여 있는 어린이는 공격적이지 않고 매우 관대하다. 자유 속에서 생활하는 어린이들은 매우 관대하고 친절하다. 그래서 서머힐 학교에서는 어린이들이 우는 일이 매우 드물고 50여 년 동안에 코피를 흘릴 정도로 치고받는 싸움을 본 일이 거의 없다고 했다.
- 어린이는 매우 공상적이다. 어린이들의 생활에는 공상과 현실이 매우 밀접하게 연관되어 있어서 다른 사람들이 그들의 공상을 방해해서 현실을 일깨워 주지 않는 한 하루 종일이라도 공상의 세계에서 즐겁게 놀 수 있다고 했다.
- 어린이 시절은 놀이시대다. 어린 시절은 노는 시절이다. 따라서 어린이가 노는 능력을 잃어버렸을 때는 심리적으로 죽은 것이며 그와 접촉하는 어린이들에게도 위험이 된다고 보았다. 여기서 이야기하는 놀이는 팀을 구성하여 규칙에 따라서 하는 정구, 배구, 농구 같은 조직화된 놀이가 아니라 어린이들의

공상이 깃든 자유로운 놀이인 타잔놀이나 전쟁놀이, 소꿉장난 등을 의미한다. 그는 어린이의 생활에 있어 무엇보다도 놀이를 가장 중요하게 생각해야 한다고 강조했다.

- 어린이들은 창조적이다. 어린이들은 매우 창조적이며 자기들의 재능과 독창력을 발휘하는 데 필요한 도구를 갖추기 위해서는 매우 열심히 공부한다. 자신이 필요를 느껴서 하는 공부는 열성이 깃들어 있기 때문에 강제로 공부하는 것에 비해 훨씬 단시일에 좋은 성과를 거둔다. 그러나 오늘날의 학교들은 너무 일찍부터 어린이들의 의사와는 관계없이 공부를 강제함으로써 그들의 창조성을 크게 말살시키고 있다고 주장했다.
- 어린이들은 일하기 싫어한다. 3~8세 정도에 이르는 아주 어린 아이들과 8, 9~19, 20세까지 정도의 좀 더 큰 어린이들 사이에는 일에 대한 태도에 차이가 있다고 했다. 3~8세 정도의 아주 어린 아이들은 일을 함으로써 공상 속에서 자기와 어른들을 동일시하기 때문에 보상 같은 것은 전혀 생각지 않고 열심히 일한다. 그러나 8, 9~19, 20세까지의 대부분의 큰 어린이들은 따분한 육체적인 일 같은 데에는 전혀 흥미가 없어 한다. 혹시 기꺼이 한다고 하더라도 그것은 일 자체에 대한 흥미 때문이 아니라 얻어지는 보상 때문이라는 것이다. 따라서 Neil은 가능한 한 18세까지의 어린이들에게는 일을 시키지 말고 자유로이 행동하도록 하는 것이 좋다고 말했다. 어린 시절에 실컷 논 어린이는 자란 후 어린 시절의 놀이에 대한 미련이 남아 있지 않아 따분한 직업의 일에도 열심히 몰두할 수 있다고 했다.
- 어린이들은 이기적이다. 어린이들은 우주의 중심을 오직 자기로 생각하는 지극히 자기중심적인 존재다. 따라서 매우 이기적이다. 다른 사람을 생각하거나 배려하는 이타적인 단계는 이러한 이기적인 단계가 진화 · 발달하여 비로소 나타날 수 있는 것이다. 남을 사랑하는 이타주의는 아동기가 지나고 나서야 비로소 발달하게 된다. 너무 일찍부터 어린이들에게 남에 대한 애정이나 감사 또는 존경을 기대하고 요구하면 어린이는 마음에서 그러한 감정이 우러나서가 아니라 오직 요구받기 때문에 하는 위선적인 태도로서만 이런

것을 보일 수 있다고 했다.

- 어린이들의 흥미는 직접적이다. 어린이들의 관심과 흥미는 자기 주변 가까운 직접적인 것에만 쏠려 있다. 따라서 먼 훗날의 미래 같은 것은 그들의 염두에 없으며 사회의식이나 사회적 책임감 같은 것도 18세 이상이 되어야 비로소 나타난다고 보았다.
- 게으른 어린이는 없다. 본성적으로 게으른 어린이는 없다. 어린이들이 게으른 경우에는 그 일에 흥미가 없거나 건강이 좋지 않아 기운이 없는 때라고 했다.
- 어린이는 작은 원시인이다. 어린이는 시끄럽게 떠들기를 좋아하고 진흙탕놀이를 즐기며 정돈할 줄 모른다. 어린이들은 공상 가운데에서 어떤 놀이를 하거나 무언가를 만드는 창조적인 활동을 하기에 바빠서 주위가 어지럽혀져 있거나 더러워져 있음을 전혀 의식하지 못한다. 그리고 어린이들은 어른과 전혀 다른 가치관을 가지고 있으므로 어린이 자신이 문화적인 교양을 요구하기 전까지는 되도록 형식을 벗어난 원시적인 환경에서 자유롭게 생활할 수 있도록 해 주어야 한다고 했다.
- 정상적인 어린이도 물건을 훔친다. 신경증적인 문제아뿐만 아니라 자연스럽고 정상적인 어린이도 기회가 주어지면 남의 물건을 훔친다. Neil에 의하면 남의 것을 훔치는 데에는 두 종류가 있다. 첫 번째는 단지 소유욕의 충족이나 모험심에서 하는 정상적인 어린이들의 도둑질로 어린이들이 사랑에 의해 길러지고 있는 경우에는 시기가 되면 그 단계를 졸업하고 정직한 인물이 된다고 보았다. 두 번째는 신경증적인 어린이들이 하는 습관적이고 강박적인 도둑질로 이것은 애정의 결핍에서 오는 경우라고 했다. 이런 어린이들에게 있어 도둑질은 무언가 커다란 가치 있는 것을 얻으려는 상징적인 행위로서 돈이나 시계, 보석 등을 훔친다. 그리고 부모의 사랑의 결핍과 성에 대한 지나친 금지가 겹쳐서 생기는 도벽증도 있다. 이것을 고치는 방법은 금지시킨 사람이 자기 잘못을 깨닫고 그 태도를 고쳐 취소하도록 하는 것이 가장 좋다고 했다.
- 어린이들은 흔히 거짓말을 한다. 거기에는 몇 가지 경우가 있는데 첫 번째는

참말을 했다가는 벌을 받을지 모른다는 두려움에서 거짓말을 한다. 두 번째는 공상에서 오는 거짓말이다. 예를 들어, 길거리에서 송아지만한 개를 보았다고 말하는 것이다. 이는 어린이의 공상세계에서는 그렇게 크게 느껴져서 하는 말이다. 이럴 때에는 염려하거나 고치려들 것이 아니라 오히려 어린이에게 그런 거짓말을 실컷 하도록 허용해 주어야 한다고 했다. 세 번째는 어른들을 본떠서 하는 거짓말이다. 받고 싶지 않은 전화는 집에 있으면서도 없다고 하라고 하거나, 남에게서 무엇을 받고는 전혀 고맙지 않으면서도 "감사합니다."라고 말하는 경우 등이 있다. 이런 것은 걱정할 필요가 없다. 그러나 나쁘게 생각될 정도라면 어른들이 먼저 되도록이면 그런 거짓말을 하지 않아야 한다고 했다.

- 많은 어린이들이 자위행위를 한다. 대부분의 어린이들이 자위행위를 하는데 어려서부터 자위가 좋지 않은 것이라는 생각을 어머니를 위시한 주위 사람들로부터 받아들이게 되어 이것이 어린이들의 문제의 기초가 된다고 했다. 왜냐하면 자위행위는 행복에의 원망의 충족이며 최고의 긴장을 구하는 것인데 그 행위가 끝나자마자 도덕적으로 심어진 양심에 의해 갈등을 느끼기 때문이다. 따라서 자위행위를 책하지 않으면 쾌활하고 행복한 열의 있는 어린이가 된다고 했다.
- 어린이들은 죽음에 대해 별 관심이 없다. 정상적인 어린이들은 생에 대한 흥미와 관심에 차 있을 뿐 죽음에 대해서는 별 관심이 없다고 보았다.

Neil의 자유의 삶 가운데 자유를 구분하기는 어렵다. 적절한 제재를 가진 양육태도가 중요하다. 어린아이는 자신만의 독특한 특성을 가지고 태어나며 부모들의 적절한 제재를 통해 아동들에게 바람직한 자유관을 심어 주어야 할 것이다.

3. 아동 심리치료의 역사

현대사회의 여러 가지 급변하는 현상이나 스트레스 요인들은 성장하는 아동들에게도 발달적 도전으로 인식되고 있다. 성적위주의 학교교육과 매스컴의 부정적 영향들, 자살, 학교폭력, 집단따돌림 등 아동문제의 심각성은 날로 커져만 가고 있다. 아동문제는 단순히 아동기에만 국한되는 것이 아니다. 성격발달에 부정적 영향을 미칠 뿐 아니라 훗날 성인이 되어서도 사회적응과 자녀양육에 부정적 영향을 줄 수 있어 악순환이 계속될 우려가 많다.

국내의 아동상담은 학생을 대상으로 하는 생활지도 차원에서 시작되었다. 해방 직후 미국식 교육제도가 도입되면서 기존의 훈육위주의 생활지도 방식을 대체할 수 있는 보다 합리적인 학생지도 방법이 요구되었다. 이에 서울시교육위원회에서는 1958년 학교카운슬러연수과정을 신설하여 일선교사들을 대상으로 상담의 기본적인 내용과 기법들을 교육하였다. 그 후 1960년대에 접어들면서 서울대학교 학생지도연구소를 비롯하여 전국에 부속 상담기관이 설립되었다. 또한 전국 시·도교육위원회의 연수과정을 이수하고 일선 중등학교에서 상담을 담당하는 교사의 수가 증가하였다. 1963년에 한국카운슬러협회가 결성되었고 1970년대에는 외국에서 상담에 관한 전문적 교육과 훈련을 받은 상담자들이 귀국하게 되면서 상담의 대중화에 크게 기여하였다. 1980년대에는 그동안 학교장면을 중심으로 전개되던 상담이 보다 다양한 영역으로 확산되며 지역사회 내에도 상담기관이 설립되었다. 현재는 심리치료학과나 관련학과를 전공한 석·박사 출신들이 사설 상담센터를 운영하는 경우가 많아졌고 소아청소년 신경정신과도 증가하는 추세다.

현대에 와서는 사회의 다양한 구성원들로부터 상담에 대한 요구가 발생하고 있다. 정신건강을 해치는 요인이 크게 증가함에 따라 아동들의 문제도 증가하게 되었고 문제해결적 또는 문제예방적 상담 및 치료의 필요성이 강하게 제기되고 있다.

4. 아동상담의 개념

많은 '문제'를 안고 살아가는 현대인들은 단순히 정보를 얻고 몰랐던 지식을 배우고 다른 사람의 충고를 받는다고 해서 그 문제를 해결할 수는 없다. 왜냐하면 현대인의 '문제'는 마치 현대사회의 특징처럼 매우 복잡하고 다양하며 간단히 해결할 수 없는 것들이 대부분이기 때문이다.

인간은 지적인 동시에 감정적이며 행동적인 존재다. 즉, 인간에게는 지적인 영역에서 생기는 문제도 있고, 감정상의 부조화로 야기되는 문제도 있으며, 행동상의 부적응으로 생기는 문제도 있다. 따라서 오늘날의 상담은 여러 가지로 복잡한 현대 생활과정상의 문제를 전문적으로 다루는 것이라고 할 수 있다.

상담이란 용어는 영어의 'counseling'에 대한 번역어로서 라틴어의 'consulere'에서 유래되었으며 '고려하다(consider), 반성하다(reflect), 숙고하다(deliberate), 자문하다(consult), 조언을 받다(ask counsel), 그리고 조언을 구하다(ask counsel of)' 등의 의미를 가진다.

오늘날 우리가 사용하는 상담이란 말은 E. G. Williamson의 저서인 『학생상담의 기법(*How to Counsel Students*)』(1939)에서 처음으로 사용되었고 그 이전에는 치료, 처치(treatment) 등의 용어를 사용한 것으로 알려져 있다. 그런데 이 상담이 전문화되면서 많은 다른 다양한 기능을 가지게 되었다. 현대적 의미의 상담은 조언 이외에도 심리치료, 태도 변화, 행동수정, 의사결정, 문제해결, 정보제공 등 전문적 기법에 의한 새로운 기능들을 보유하고 있다(김계현 외, 2009).

상담의 의미에 관해서 각 학자들의 정의를 소개하면 다음과 같다.

Rogers(1961)는 "상담은 개인의 태도나 행동을 변화시키기 위한 목적을 가진 일련의 개인적인 접촉"이라고 하였다. Shertzer와 Stone(1981)은 "상담은 자기와 환경에 대한 의미 있는 이해를 촉진시키고 장래 행동의 목표나 가치관을 확립해서 명료화하도록 하는 상호작용의 과정"이라고 하여 자신과 환경에 대한 의미 있는 학습을 강조하였다. 이장호(2005)는 "상담이란 도움을 필요로 하는 사람(내담자)이 전문적인 훈련을 받는 사람(상담자)과의 대면관계에서 자기의 생활과정상의 문제를 해결하고 행동 및 감정 측면의 인간적 성장을 위해 노력하는 학습과정" 이라고 정의하였다.

박성수(1998)는 "상담이란 내담자와 상담자 간에 수용적이고 구조화된 관계를 형성하고 이 관계 속에서 내담자가 자기 자신과 환경에 대해 의미 있는 이해를 증진하도록 함으로써 내담자 스스로가 효율적으로 의사결정을 하고 여러 심리적인 특성을 긍정적인 방향으로 변화시키도록 원조하여 결과적으로 내담자의 성장과 발전을 촉진하는 심리적인 조력의 과정" 이라고 정의하였다. 김계현(2000)은 현대의 상담에는 '면대면'의 직접적인 상호작용이 아닌 첫째, 인터넷이나 전자메일 등을 활용한 상담과 둘째, 컴퓨터 프로그램에 의한 상담 등 새로운 테크놀로지가 활용되고 있음을 지적하였다(김계현 외, 2009).

상담에 대한 정의는 인간관이나 인간의 본성에 대한 이해가 다르기 때문에 학자들마다 서로 차이가 있다. 그러나 여러 학자들이 제시한 정의를 볼 때 상담의 몇 가지 특징을 알 수 있다.

첫째, 상담이 성립되려면 도움을 필요로 하는 내담자와 도움을 주는 상담자가 있어야 한다.

둘째, 상담은 전문적으로 교육받고 훈련받은 상담자에 의해서 제공되는 전문적인 활동이다.

셋째, 상담은 상담자와 내담자의 관계에 기초를 둔 과정이다. 즉, 상담은 개인존중에 기초한 상담자와 내담자의 상호협력활동이다.

넷째, 상담은 의사결정과 문제해결에 관여한다. 상담에서 다루어지는 문제의 다양성에도 불구하고 결과적으로 상담은 의사결정과 문제해결에 직·간접적으로 관여한다. 내담자로 하여금 의사결정 기술, 문제해결 방법을 가르치는 것은 상담의 중요한 기능이다.

다섯째, 상담은 내담자로 하여금 새로운 행동을 학습하거나 새로운 태도를 형성하도록 하는 것이다. 내담자의 행동 변화가 상담의 중요한 결과가 된다.

여섯째, 상담은 내담자의 성장과 발전을 안내하고 조력한다(김계현 외, 2009).

상담에 대한 일반적인 정의를 토대로 아동상담의 의미를 정의할 수 있다. 이성진(1996)은 "아동상담은 성장기에 있는 아동이 사회에 잘 적응하고 자신의 잠재 가능성을 최대한 실현할 수 있도록 도와주기 위한 전문적인 활동"으로 정의하고 있다. 한편, 박재황, 남상인, 김창대, 김택호(1993)는 "아동상담은 아동 및 아동 관련인과 아동 관련기관을 대상으로 하여 직접봉사, 자문활동, 그리고 매체를 통하여 아동의 바람직한 발달 및 성장을 추구하는 활동"으로 좀 더 포괄적으로 정의하였다.

아동문제는 아동 자신의 기질적인 특징으로 인해 발생하는 경우도 있지만 환경이나 주양육자와의 관계에서 발생하는 경우가 많다. 아동은 환경의 영향을 쉽게 받기 때문에 아동자신의 문제를 적응행동으로 변화시켜도 주변 환경이 변화하지 않는 한 문제가 재발할 가능성이 높다. 따라서 아동상담의 일차적 대상은 아동이지만 아동관련인 및 아동 관련기관 역시 아동상담의 대상이 될 수 있다.

5. 아동상담 및 심리치료의 중요성 및 목표

1) 아동상담 및 심리치료의 중요성

부모들은 자녀의 문제행동이 느껴질 경우 주변 친구나 부모님 등에게 의견을 물어 문제해결을 시도하려고 한다. 보통 조언해 주는 친구나 부모님들은 아이들이 크다보면 다 그렇지, 그렇게 성장하는 것이라고 치부해 버리곤 하는데 아이가 초등학교에 입학하여 선생님으로부터 산만하다거나 학습의욕이 없고 사회성이 부족하다는 등의 통보를 받게 되면 부모는 당황하게 된다.

심리치료는 내 아이가 문제가 없다고 생각하더라도 심리치료실을 내방하여 객관적인 진단과 평가를 받음으로써 내 아이가 보이는 행동을 부모가 객관적으로 이해할 수 있게 되기 때문에 긍정적인 효과를 줄 수 있다. 부모들은 대체로 자녀의 문제를 알아도 생각처럼 그 문제를 해결하기가 쉽지 않다는 말을 한다. 자녀를 정신적으로 건강하고 생활에서 바람직한 아이로 성장시키기 위해서는 자녀의 성격과 행동에 대해서 객관적으로 이해하는 것이 선행되어야 할 것이다. 따라서 그러한 개입의 방법인 아동 심리치료의 중요성에 대해 알아보도록 한다.

첫째, 아동기에 자녀가 문제행동을 보인다면 영아기와 유아기에 정서적인 문제를 안고 있었다고 할 수 있다. 아이가 기질적으로 문제가 없는데 지나치게 산만하거나 언어발달이 늦거나 또래관계를 어려워한다면 영아기와 유아기에 주요 양육자(부모)와의 상호작용을 살펴보아야 한다. 아동기에 아이의 문제를 발견한다는 것은 매우 긍정적인 의미가 내포되어 있는데 아동이 발달과정에 있다는 것과 발달과정에서 발생한 문제가 청소년기의 비행이나 성인기에 병리적인 문제로 발생하는 것을 사전에 예방할 수 있다는 점에서 아동 심리치료가 중요하다고 할 수 있다.

둘째, 아동 심리치료는 아동의 신체적 발달에 영향을 미치는 정서적, 환경적 요인을 수정함으로써 건강한 발달을 하도록 돕는 과정이라고 할 수 있다.

셋째, 아동 심리치료는 아동뿐 아니라 부모 자신의 이해에 도움이 되는 과정이다. 부모는 내 아이에 대해 나만큼 아는 사람이 없다고 얘기하지만 반면 자기이해가 부족할 수도 있다. 부모는 자녀를 이해한다고 하지만 자녀가 느끼기에 이해받는다고 느끼지 못할 수도 있다. 자녀의 마음을 잘 이해하는 부모는 자기 자신에 대한 이해가 깊지만, 자기이해가 깊지 못한 부모는 자녀를 위한다고 생각하지만 그 위하는 마음이 자녀의 마음에 상처가 될 수도 있다. 또한 자녀에게 상처를 주고도 인식하지 못하기도 한다. 그렇기 때문에 부모 심리치료를 통한 부모의 자기이해는 자녀의 문제행동 유발을 예방할 수 있다.

넷째, 아동의 변화는 가족의 변화를 가져오는데 아이의 변화가 가족의 변화를 유도하게 된다. 부모는 자녀의 문제해결을 통해 삶의 가치를 찾게 되고 행복의 기준이 달라질 수 있다. 아동이 행복하면 부모가 행복하고 이는 행복한 가정으로 가는 길이 될 수 있다.

2) 아동상담 및 심리치료의 목표

아동 심리치료와 성인 심리치료는 차이가 있다. 아동은 발달과정에 놓여 있으며 발달 수준에 따라 독특한 인지체계를 갖고 있으므로 성인과는 다른 접근이 필요하다. 성인 심리치료에서는 주로 언어를 통해 의사소통을 하지만 아동은 언어가 충분히 발달되지 않았을 뿐만 아니라 언어보다는 비언어적인 의사소통 방법을 많이 사용하기 때문에 놀이나 행동 표현을 통한 접근이 효과적이다. 아동이 겪는 어려움은 환경과의 상호작용에 의해 큰 영향을 받기 때문에 아동뿐만 아니라 아동에게 영향을 미치는 부모나 학교의 협조가 필요하며 따라서 아동 심리치료에는 부모 심리치료와 가족 심리치료 등이 필요하게 된다.

아동 심리치료의 목표 및 원리를 자세히 살펴보면 다음과 같다(김계현 외, 2009).

(1) 행동의 변화

심리치료는 행동의 변화를 촉진하는 것이다. 즉, 심리치료를 통하여 좀 더 생산적이고 행복한 생활을 하는 데 방해가 되는 행동을 감소시키거나 제거하고 만족스럽고 행복한 생활을 하는 데 필요한 행동을 증가시키는 것을 목표로 한다. 대부분의 심리치료 이론을 보아도 내담자로 하여금 좀 더 생산적이고 만족스러운 삶을 살 수 있도록 내담자의 행동 변화를 가져오는 것을 목표로 하고 있다. 즉, 사고, 감정, 행동의 변화를 가져오는 것이다.

(2) 적응기술의 증진

심리치료는 적응기술을 증진시키는 것을 목표로 한다. 아동들은 일반적으로 적응하는 데 여러 가지 어려움을 경험하게 된다. 이들은 아직 성장 과정에 있으면서 여러 가지 변화를 경험하게 된다. 즉, 신체의 변화, 정서의 변화, 인지능력의 변화 등 변화의 소용돌이 속에서 생활하고 있다. 따라서 어느 단계의 내담자들보다 적응의 문제가 심각하다.

(3) 현명한 의사결정

심리치료는 현명한 의사결정 기술을 돕는 것이다. 우리의 삶은 선택과 결정의 연속이고 합리적인 의사결정을 필요로 한다. 대부분의 내담자들은 합리적인 의사결정을 하기에는 미숙하다. 즉각적이고 충동적인 결정을 내리는 경우가 많고 그 때문에 문제를 야기하게 된다. 심리치료는 가장 합리적인 의사결정 과정이라고 할 수 있다. 내담자들에게 합리적인 의사결정을 경험하도록 하는 것은 매우 의미 있는 일이다. 또한 미래에 직면하게 될 선택과 결정을 효율적으로 할 수 있도록 돕는 것도 의미 있는 일이다.

(4) 인간관계의 개선

심리치료는 인간관계를 원만히 하도록 하는 것이다. 많은 내담자들은 자신의 내적 불안으로 인해 사회관계가 원만하지 못한 경우가 많다. 따라서 인간관계를 원만히 할 수 있도록 하는 것은 심리치료의 중요한 목표다.

(5) 잠재능력의 계발

심리치료는 내담자의 타고난 잠재능력을 계발하여 자기를 실현하는 사람이 되도록 돕는 것이다. 인간은 무한한 잠재력이 있지만 극히 일부만 활용하고 있다. 심리치료는 자기탐색의 기회를 갖도록 한다. 자기탐색의 과정을 거쳐서 자신의 능력과 특성을 발견할 수 있다.

(6) 긍정적 자아개념의 형성

심리치료는 긍정적 자아개념을 형성하도록 하는 것이다. 자아개념을 갖게 되면 매사에 자신감을 갖고 행동할 수 있다. 또한 심리치료는 일상적인 대화나 면담과 다른 전문적 과정이다. 따라서 심리치료를 진행하는 데 있어서도 일상적인 대화나 면담 수준을 뛰어넘은 좀 더 전문적인 원리가 필요하다.

6. 촉진적 관계를 위한 심리치료의 요소

인간은 태어나면서부터 죽을 때까지 끊임없이 타인과의 관계 속에서 생활한다. 세상에 태어난 신생아는 우선 부모-자녀관계, 형제자매관계, 친족관계 속에 들어가게 되며 자라나면서 친구관계, 교사와 학생관계, 동료관계, 선후배관계, 아내와 남편의 관계, 상사와 부하직원의 관계, 윗사람과 아랫사람의 관계 등으로 확대된다. 이러한 인간관계를 어떻게 맺어 가느냐에 따라 인생의 성패가 좌우되기도 한다.

심리치료에서의 관계도 심리치료사와 내담자가 서로를 어떻게 보고 어떻게 느끼고 어떻게 받아들이는가에 따라 심리치료의 성패가 좌우된다. 즉, 심리치료사와 내담자의 신뢰관계, 즉 라포(rapport)의 형성만이 심리치료사와 내담자의 촉진적 관계를 형성하게 해 주며 이러한 촉진적 관계야말로 이후 심리치료의 성공의 발판이 될 수 있다.

촉진적 관계를 위한 심리치료의 요소는 공감적 이해, 무조건적 수용, 일관성(진실성), 전문적 능력의 심리치료사의 행동특징이라고 할 수 있다. 이러한 심리치료사의 행동특징이 내담자에게 느껴지고 전달될 때 내담자가 솔직하고 편안하게 자신을 개발할 수 있게 되는 것이다(이장호, 2005).

1) 공감적 이해: '초상집에서 상주가 되듯'

공감적 이해란 심리치료사가 아동 및 부모 내담자의 문제나 감정을 내담자와 같은 수준으로 이해해 주는 것을 말한다. 즉, 내담자와 공통된 감정을 느끼는 것, 감정을 공유하는 것을 말한다. 내담자를 공감적으로 이해하려면 내담자의 인지나 정서, 행동에 관하여 내담자의 편에 서서 내담자의 위치에서 느끼도록 노력해야 한다.

가령 어린아이를 내담자로 둔 심리치료사는 어린아이가 되어 느끼도록 해야 하며 노인을 내담자로 둔 심리치료사는 노인이 되어 느껴야 하는 것이다. 한 예로 어린아이가 길을 가다 넘어지면 요즘의 신세대 어머니들은 독립심을 자극한다는 이유로 "벌떡 일어서. 어이구 장사네." 하며 아이가 혼자 힘으로 일어설 것을 독려한다. 그러나 이보다는 "참 아프겠구나."라는 공감을 먼저 해 준 후 독립심을 자극한다면 아이는 아픈 감정을 잘 추스를 수 있을 것이다.

전실 자식 때문에 가정불화가 생긴 계모가 내담자라고 가정해 보자. 이때 심리치료사는 계모라는 사람은 자녀의 문제를 잘 다룰 수 없는 위치에 있다는 선입견을 버리고 "자기 배 아파 낳은 자식도 다루기 힘든데 남의 자식까지…… 그동안 얼마나 힘드셨어요?" 하며 자기의 위치가 힘들다고 토로하러 온 내담자의 감정을 집어내어 잘 읽어 준다면 아마 그 내담자는 심리치료 시간 내내 눈물을 펑펑 흘리며 자신의 감정을 더 잘 터놓을 것이며, 이는 앞으로의 심리치료에서의 필수요건인 긍정적이며 촉진적 관계를 형성시켜 줄 것이다.

2) 무조건적 수용: '나라도 그랬을 거예요'

심리치료사는 아동을 무비판적으로 수용해 주어야 한다. 내담자를 있는 그대로, 생긴 그대로, 현재 그대로를 받아들여 주어야 한다. 이때 중요한 것은 내담자를 조건 없이 무조건적으로 받아들여 주는 것이다. 이를 '무조건적 수용'이라고 한다. 무조건적 수용은 '만일 네가 이렇게 행동하면~ 내가 이렇게 ~ 해 주겠다'는 식이 아니다. '이것은 좋고 이것은 나쁘다'는 식의 내담자의 긍정적인 특성이나 부정적인 특성에 대한 평가나 가치판단을 일절 하지 않고 지금 그대로, 있는 그대로를 인정하고 받아들이는 것이다.

이렇게 아동이 심리치료사의 수용을 경험하는 것으로써 내담자와 심리치료사는 촉진적 관계를 형성하게 되어 문제해결 방안에 차츰 접근할 수 있다.

3) 일관성(혹은 진실성): '겉과 속이 하나로'

일관성 혹은 진실성이란 심리치료사가 아동 내담자에게 꾸준히 성실하고 일관되게, 진실하고 솔직하게 가면(mask) 없이 대하는 것을 말한다.

심리치료사가 아동 내담자의 문제를 겉으로만 이해해 주는 척하거나 겉으로만 감정을 읽어 주는 등 '겉따로 속따로'라면 예민한 아동은 금방 알아차리고 자신의 감정을 털어놓지 않을 것이며 겉도는 심리치료가 되다가 이내 종결되고 말 것이다.

필자도 심리치료실에서 내담자의 문제를 진심으로 같이 느끼고 겉과 속이 똑같게 내담자를 대해 줄 때 문제가 호전되며 또한 어린 내담자의 경우 진심으로 예뻐하고 귀여워해 주는 마음을 가질 때 관계가 촉진되는 것을 여러 번 경험한 바 있다.

이렇게 심리치료사의 일관되고 진실한 행동은 아동으로 하여금 심리치료사를 신뢰할 수 있게 하며 심리치료사가 내담자의 문제에 깊이 파고들기 위해서 넘어야 하는 수많은 장벽들을 쉽게 넘고 쉽게 접근하게 만들어 준다.

4) 전문적 능력: '문제해결의 희망'

심리치료가 효과적으로 종결에 도달하기 위해서는 아동 및 부모 내담자가 느끼기에 심리치료사는 자신의 문제를 훌륭히 해결해 가도록 도와줄 수 있는 전문적 능력을 갖춘 사람이라는 '믿음'과 심리치료사의 전문적 능력을 믿음으로써 자신의 문제를 해결할 수 있다는 '희망'을 갖는 것이 또한 중요한 요소다. 따라서 심리치료사는 '내담자를 도와줄 수 있는 전문적 훈련을 받은 일정한 자격이 있는 사람'이라는 것을 내담자에게 인식시키는 것이 중요하다.

심리치료사는 아동 및 부모 내담자에게 "나는 당신을 도와주는 사람입니다." "나는 당신을 도와줄 수 있다고 생각합니다." "우리는 함께 문제를 풀 수 있으며 당신의 문제를 좀 더 자세히 알면 더 잘 도울 수 있을 것입니다." 등의 이야기로

〈표 1-1〉 촉진적 관계 형성을 위한 심리치료의 네 가지 요소

심리치료사의 태도	아동 및 부모 내담자의 지각
공감적 이해	'심리치료사는 내 마음을 알고 있다.'
무조건적 수용	'심리치료사는 나를 부드럽게 대하고 나를 있는 그대로 받아들여 주고 있다.'
일관성(진실성)	'심리치료사는 겉으로만 나를 이해해 주는 척하는 것이 아니고 정말 진실하게 나를 대할 것이다.'
전문적 능력	'심리치료사는 내 문제를 도와줄 수 있는 능력과 방법을 갖추고 있는 전문가다.'

내담자에게 확신을 줄 수 있을 때 촉진적 관계가 형성될 수 있다.

7. 아동상담 및 심리치료의 영역

1) 아동상담 및 심리치료의 범위

'도움을 필요로 하는 사람'을 상담대상으로 한다고 하였을 때 도움을 필요로 하는 대상 범위를 통해 상담의 범위를 가늠해 볼 수 있다. 내담자들이 도움을 필요로 하는 문제는 단순한 정보 제공에서부터 내담자의 적응상의 문제, 심리적 갈등 문제, 심각한 신경증에 이르기까지 매우 다양하다.

아동상담 및 심리치료의 범위는 적응문제를 지닌 아동의 문제를 해결하고 적응을 돕는 일에서부터 부모와의 바람직한 관계를 성립하고 지속하는 일, 비능률적인 행동습관을 변화시키고 문제행동을 감소시키는 일, 무의식적 문제를 해결하고 삶의 대처 태도를 변화시키는 일, 발달장애 및 정서장애 아동의 건강성을 회복하는 일에 이르기까지 다양한 영역의 문제를 다루고 있다.

2) 아동상담 및 심리치료의 문제 영역

특히 아동기에 흔히 있을 수 있는 문제들이 있는데 아동기의 중요한 문제로 부각되는 것은 학업, 진로, 사회성, 또래관계, 성격, 습관행동 등이다. 학업문제에는 학습방법의 문제, 성적부진, 집중력 부족, 시험불안, 학업에 대한 욕구나 동기 부족, 공부에 대한 무관심 등이 포함된다. 또한 아동들은 미래에 대한 다양한 가능성 속에서 성인기 생활을 계획하고 준비해야 하는 시점에 있기 때문에 진로문제 역시 중요하다.

아동기 후기는 심리적으로 힘이 생겨나는 시기이므로 부모로부터 독립하여 자유롭게 자신을 추구하고자 하는 경향성이 있는데 이러한 특성은 특히 또래집단과의 상호작용에 몰두하는 형태로 많이 나타난다. 따라서 아동기 전기에 보여 주었던 가족과의 상호작용보다는 또래와의 상호작용이 증가하고 대인관계는 더욱 복잡해지게 된다. 따라서 또래나 대인관계의 문제가 생겨나게 되는데 주로 친구와의 갈등, 불량교우들과의 어울림, 집단따돌림, 교사와의 관계, 형제 간의 갈등, 부모-자녀 간의 문제 등으로 나타난다.

한편, 아동기 후기는 자아정체감 형성에 접어드는 시기로서 자신에게 몰두하게 되고, 자신의 성격이나 행동습관에 관심이 많아지며, 특히 신체적 외모에 대해 과도한 관심을 갖고 자신에 대한 좌절에 빠지기도 한다. 성격문제는 소심하고 내성적 성격, 충동적 성격, 반사회적 성격, 느린 성격, 자기애적 성격 등의 문제를 포함하며 행동과 관련된 문제로는 산만함, 늦은 귀가, 거짓말, 잦은 싸움, 학교부적응문제, 만화 보기, 컴퓨터 중독, 연예인에 대한 지나친 관심 등을 들 수

〈표 1-2〉 문제 유형별 상담

(단위: 명, %)

구분	가정	비행	학교 부적응	진로	성	대인 관계	성격	정신 건강	생활습관 태도	기타	정보 제공	계
건수	2,520	1,046	1,401	449	1,838	1,436	585	663	295	1,134	0	11,367
비율	22.2	9.2	12.3	4.0	16.2	12.6	5.1	5.8	2.6	10.0	0	100

출처: 한국청소년상담원(2004).

있다.

청소년기에는 공부 및 학업성적에 대한 부담, 진학 및 취업에 대한 두려움, 성격이나 외모에 대한 열등감이나 과도한 열망, 해결되지 않은 가족 내 갈등, 이성교제나 성문제, 경제적 어려움, 학교폭력 및 동성친구 사이의 갈등 등의 어려움을 나타내고 있다.

8. 심리치료사의 역할 및 자질

1) 심리치료사의 역할

심리치료사에게 기대되는 역할은 교육자, 조력자, 안내자, 변화촉진자, 조정자, 자문자, 옹호자, 연구자 등 다양하다(이시용 외, 2000).

(1) 교육자

인간발달의 증진과 문제행동의 예방에 장애가 되는 가장 큰 요인은 무지라고 할 수 있다. 심리치료사는 인간발달의 원리와 방법, 정신건강의 역동 및 방법 등에 관한 전문적인 지식을 내담자 또는 관련기관의 구성원에게 교육함으로써 인간발달 및 정신건강의 증진, 문제행동의 예방에 이바지할 수 있다.

(2) 조력자

심리치료면접 과정에서 심리치료사는 내담자로 하여금 자신의 문제를 바르게 이해하고 문제해결을 위해 필요한 새로운 지식을 찾아내고 이를 적용하여 자신의 문제를 스스로 해결하도록 도와주고 삶의 상황 속에서 현명한 선택과 올바른 가치판단 및 적응할 수 있는 능력을 기를 수 있도록 도와주어야 한다.

(3) 안내자

내담자의 행동에 대하여 경우에 따라서는 인정해 주고 질책하며 격려해 줌으로써 사회와 문화가 기대하는 바가 무엇인가를 보여 주고 심리치료사 자신의 태도와 행동에 의해 사회 · 문화적 가치를 표현함으로써 내담자로 하여금 현실사회를 바르게 이해하고 현명한 선택과 판단을 할 수 있도록 한다.

(4) 변화촉진자

최근 심리치료의 강조점에 내담자의 개인 내적인 변화와 심리치료는 물론 내담자가 처한 생활환경의 개선을 위한 노력의 필요성이 추가되면서 심리치료사에게 사회문화를 변화시키는 변화촉진자로서의 역할이 기대되고 있다. 심리치료사는 바람직한 사회 변화를 자극하고 옹호하고 몸소 실천하는 사람으로 노력해야 한다. 내담자와 학교환경의 변화뿐만 아니라 지역사회가 당면하고 있는 인간발달 및 정신건강의 장애요인을 탐지 · 개선해야 한다.

(5) 조정자

지역사회 안에는 인간발달과 정신건강 증진에 직접 · 간접으로 참여하는 다양한 기관이나 시설과 이에 관련된 각종 전문직이 공존하고 있다. 이들이 각기 독립적으로 활동하는 경우 인력과 재정의 낭비뿐만 아니라 갈등관계에 놓이게 될 가능성이 많아 인간발달과 정신건강 증진에 총력집중하는 데에 저해요인으로 작용할 수 있다. 뿐만 아니라 교사와 학부모의 다양한 인생관과 교육관 및 가치관은 교육계획 및 학생지도에 갈등요인으로 작용할 수도 있다. 심리치료사는 교사와 학부모의 다양한 가치관을 조정하고 지역사회 안의 다양한 조력기관과 전문가와의 긴밀한 유대관계를 가지고 이들의 모든 인적, 재정적 힘이 지역사회 전체의 발달과 정신건강 증진에 집중적으로 이바지할 수 있도록 조정하는 역할을 담당해야 한다.

(6) 자문자

심리치료사는 내담자에 대한 심리치료면접은 물론 동료교사와 학부모 및 지역사회의 다양한 기관과 대인봉사 관련 전문직종에 종사하는 사람들에게 학생지도, 자녀교육, 인간관계 또는 인사관리 등에 관련된 다양한 문제에 대하여 전문가로서 의견을 제시하거나 당면문제의 효과적인 해결을 위한 방안 모색에 적극 참여, 자문에 응함으로써 도움을 줄 수 있다.

(7) 연구자

심리치료활동이 문제의 예방과 성장 · 발달의 촉진에 초점을 두게 되면서 심리치료사에게는 연구자로서의 역할이 강조된다. 지역사회 전체 또는 하위체제 및 개인을 대상으로 하여 성장을 저해하는 조건을 탐색하고 발달을 촉진하는 데 도움을 주는 다양한 방법을 모색, 개발하고 이를 적용한 후 그 효과를 측정하는 일들과 관련된 다각적인 연구활동을 수행해야 한다(이시용 외, 2000).

2) 심리치료사의 자질

(1) 인간적 자질

아동 심리치료사의 인간적 자질로는 원만한 성품에 소신이 있고 인간문제에 대해 민감해야 하며 모호한 것에 대한 인내심, 감수성, 이해력과 내담자와의 의사소통능력 등이 거론된다. 아마도 인간적 자질을 완벽하게 갖춘 사람은 없을 것이다. 그러나 최소한 인간적 자질을 갖추려고 끊임없이 노력하는 자세와 자신의 문제를 해결하고 의식을 개발하려는 노력을 게을리 하지 않는 자세를 가져야 한다.

(2) 전문적 자질

아동 심리치료를 위한 전문가적 자질은 아동발달에 관한 폭넓은 지식, 실습 경험과 훈련, 그리고 심리치료에 관련된 지식과 자격을 갖춘 감독자(supervisor)의 지도 · 감독을 받으면서 수행한 심리치료 경험에 의해 이루어진다. 심리치료사가 전문적 자질을 갖추기 위해서는 일련의 과정이 필요하며 심리치료사 자신의 성격과 행동, 신념 등을 검토하기 위한 작업 또한 필요하다. 또한 자신의 신념체계에 적합한 이론과 실제를 위해 주요 이론들에 대해 폭넓게 탐구하여 자신에게 맞는 이론적 틀을 완전히 이해하고 적용하는 것이 필요하다. 따라서 다양한 이론과 그에 맞는 실습 경험 등을 충분히 행하는 것이 중요하며 이를 위한 아동의 정신병리, 진단 및 평가, 부모교육 및 부모 심리치료는 물론이고 심리치료가로서의 윤리와 전문성에 대한 폭넓고도 심도 있는 연구가 필요하다. 이러한 기본적인 지식 습득 후에는 다양한 심리치료 방법에 대한 이해를 통해 자신에게 맞는 기법을 찾아 적용하고 그 후 이론적 방법을 통합하여 실제 심리치료 장면에서 적절한 적용을 해 보는 것이 중요하다.

9. 아동상담 및 심리치료의 초기 과정

1) 심리치료 신청

내담자가 심리치료실에 오기까지는 여러 경로가 있으며 여러 다른 형태로 심리치료를 시작하게 된다. 심리치료실의 문을 두드리는 경로는 인터넷 신청, 전화신청 등으로 이루어지는 것이 보통이다. 이때 접수면접 시간을 예약한 후 심리치료실을 방문하게 된다.

인터넷 신청을 받았을 경우 내담자는 문제의 심각성을 많이 느끼고 있는 상태이므로 가능한 한 빨리 확인하여 전화로 확인해 준 후 예약시간이 중복되지 않도록 조정해 주는 것이 필요하다.

전화로 신청을 받을 때는 상근근무자가 대부분 받게 되는데 이때 어떻게 전화에 응대하는가는 그 기관의 첫인상이므로 매우 중요하다. "안녕하십니까? ○○○ 심리치료센터입니다."로 응답하는 것이 가장 적절할 것이다.

아직까지 우리나라에서는 심리치료업무가 대중화되어 있지 못하므로 도대체 어떻게 하면 좋을지 잘 모르는 경우가 많다. 내담자들에게 친절히 안내해야 하며 이때 상근근무자가 비전문인일 경우라도 적절한 사전교육을 실시하여 다양한 질문들에 막힘없이 답변해야 한다. 자주 접하게 되는 질문으로는 비용이 가장 많으며 그 비용을 들여서 도대체 어느 정도나 심리치료를 하면 될 것인지, 심리치료를 하면 문제가 해결될 수 있는지, 심리치료사에 대한 내용, 심리치료센터의 위치 등 매우 다양하다.

또한 심리치료 신청을 받고 접수심리치료 시간을 예약한 후 접수심리치료 일자 하루 전날 예약자에게 확인시켜 주는 일도 중요한 과정이라고 할 수 있다(김계현, 1997).

2) 접수면접

전화 또는 인터넷, 직접방문 등으로 심리치료 신청 후 접수면접 일자에 내담자는 심리치료소를 방문하게 될 것이다. 좀 규모가 큰 심리치료소일 경우 내담자는 심리치료사를 만나기 전에 먼저 상근근무자의 안내로 신청서나 기타 서류를 작성한 후 경우에 따라서 접수면접자가 따로 있어 접수면접자를 만나서 접수면접을 하게 된다. 그러나 규모가 작은 대다수의 심리치료소의 경우 이와 같은 절차를 거치지 않고 심리치료사와 바로 만나서 접수면접을 시작하는 경우가 많다.

이때는 각 기관에서 임의로 작성한 별도의 접수면접지를 사용하게 된다. 접수면접지의 정해진 공식적인 양식은 없으며 심리치료소의 특성에 맞게 구성하면 된다. 심리치료사와 만나서 접수면접을 할 수도 있지만 심리치료사와 만나기 전에 상근근무자의 안내를 받아 미리 기본적인 사항을 내담자가 먼저 작성한 후 접수면접을 하는 경우도 있는데 이렇게 하면 매우 길게 소요되는 접수면접 시간을 줄일 수 있다.

다음은 김계현(2002)이 제시한 접수면접 시 공통적으로 포함되는 요소다.

- 양식번호: 큰 기관에서는 수많은 기록양식을 사용하기 때문에 각 양식마다

번호가 있어야 관리가 편하다. 내담자의 기록을 전산화한 경우에도 신청서양식에 고유번호가 있어야 한다.

- 내담자 이름: 성인 개인 심리치료에서는 내담자=신청자이기 때문에 혼동이 생기지 않는다. 아동 심리치료, 가족 심리치료, 부부 심리치료 등에서는 다소의 혼동이 있을 수 있으므로 용도에 따라 적절한 변경이 필요하다. 예컨대, 아동심리치료소의 경우 어느 날에는 '문제아동'의 이름을 적고 어느 날에는 신청서 작성자의 이름을 적는지를 분명히 해 주어야 한다.
- 내담자에 관한 정보: 내담자의 성별, 생년월일, 주소 또는 연락처, 전화번호(집, 직장) 등의 정보를 기록하고 심리치료소에서 필요한 경우 전화를 해도 되는지를 알아야 한다. 또한 대학심리치료소의 경우에는 어느 과, 몇 학년 등의 정보를 알아야 한다.
- 의학적 정보: 내담자 본인의 신체 · 정신적 질병에 관한 정보, 투약하고 있는 약이나 영양제, 신체적 결함, 아플 때는 어느 의사에게 가는지 등을 알아본다.
- 심리치료, 정신치료, 정신과적 처치 경험: 전에 내담자 본인이 심리치료, 정신치료, 정신과적 처치를 받은 경험이 있는지, 가족이나 친지의 치료를 위해 처치에 참여한 경험이 있는지 등을 알아본다.
- 주호소문제, 심리치료의 목적: 어떤 문제로 심리치료를 받고자 하는지 간략히 적도록 하고 그 문제의 '위급한' 정도를 7점 척도(급하지 않다 → 급한 편이다 → 아주 급하다 등)로 평정할 수도 있다. 어떤 내담자는 심리치료문제 기술을 '학업' '성격' 등 극히 간단히 쓰며 어떤 내담자는 '애인과의 관계를 아버지가 알게 되어 집에 못 들어가고 있는 상태' 등 상당히 구체적으로 적기도 한다. 이런 구체성에 관한 정보는 접수면접자와 심리치료사에게 활용될 수 있다. 구체적인 대화를 하는 내담자와 추상적인 대화를 하는 내담자 간에는 면담 방법을 달리할 필요가 있다.
- 신청경로: 누구의 권유에 의해서인지, 전문가의 의뢰인지, 어떤 광고를 접했는지 등의 정보는 앞으로 그 심리치료소의 활동을 '소비자들'에게 홍보하는 데 중요한 자료가 된다.

- 가족사항: 직계가족, 함께 거주하고 있는 사람들에 관한 기본정보를 적는다. 이름, 나이, 내담자와의 관계, 직업 등을 적으며 경우에 따라서는 그 사람의 성격을 한두 단어로 기술하게 하는 양식도 있다. 신청서에 기재하는 것은 정확해야 하겠지만 무엇보다도 중요한 것은 그 정보가 접수면접자와 심리치료사에게 유용해야 한다는 것이다. 예컨대, 10년 전에 이혼하여 집을 떠난 어머니(생모)는 현재 호적상 모친이 아니고 함께 거주하지도 않지만 내담자에게 매우 중요한 사람일 것이다. 이런 경우를 내담자가 질문해 온다면 당연히 생모에 관한 사항을 기재하도록 해야 한다.
- 문제 및 증상 리스트: 신청서에 우울, 불안, 안절부절못함, 불행감, 외로움, 분노, 발작, 간질, 두통, 신체화 증상, 이별, 자살생각, 자살행동, 학업상의 곤란, 재정적인 곤란, 대인관계의 어려움, 가족갈등, 이성문제, 성적 문제, 식욕과다, 식욕감퇴, 체중문제, 취침문제, 망상환각, 음주, 흡연, 불법약물 사용, 범법행위 등의 여부를 체크하는 난을 포함시킬 경우 심리치료에 유용하게 활용할 수 있다.

위에 제시한 사항 이외에도 접수면접이나 초기면접 시 필수적인 관찰사항을 제시하면 〈표 1-3〉과 같다.

이 장에서는 아동상담 및 심리치료의 개관 및 상담의 초기 단계에서 유의해야 할 점을 중심으로 고찰해 보았다. 사회변화에 따른 아동상담 및 치료의 중요성을 비롯한 아동상담의 개관 및 역사, 아동상담과 성인상담이 왜 다른지, 아동상담이 왜 중요한지, 초기 아동상담은 어떻게 해야 하는지를 중심으로 다루었다.

기타 아동상담 및 심리치료에서 중요하게 여겨져야 할 발달 이론이나 상담 이론, 정신병리 등에 관해서는 다음 장에서 자세히 다루도록 하겠다.

〈표 1-3〉 접수면접 시 구체적 관찰사항

관찰대상	구체적인 관찰사항
1. 목소리와 말	• 크기나 강도(지나치게 크거나 지나치게 부드럽고 단조로움) • 목소리의 고조(낮은, 높은, 단조로운) • 말하기의 용이성(주저하거나 단절) • 자발성(자발적인가, 이끌려지는가) • 반응시간(느리거나 빠른) • 관련성(관련성 있는 또는 없는) • 말투(형식적이거나 이완되거나 지나치게 친밀한) • 뚜렷한 언어의 일탈(신조어, 반향음, 단어가 분명치 않고 혼합됨) • 말의 조직(조직화되거나 조직화되지 않은) • 어휘(제한되거나 폭넓은) • 목소리의 질(거친, 쉰, 지나친 비음, 비음이 너무 없는) • 유창성(반복, 교정, 미완성 구문, 부서진 단어, 끄는 소리)
2. 비언어적 행동	• 운동행동(매너리즘, 협응 수준, 행동 수준: 과잉행동, 행동부진, 틱, 경련, 전율, 몽롱함, 동요, 찌푸림, 자기자극, 흔드는 움직임, 판에 박힌 행동) • 자세 변화(구부린, 이완된, 경직된, 긴장한, 곤두선, 웅크린, 기대는) • 표정과 면접내용에 대한 적절성(경계하는, 멍한, 온화한, 찡그린, 웃는, 당황한, 불안한, 화난, 걱정하는, 슬픈) • 시선접촉(전혀 없는 것에서 지속적인 것)
3. 개인적인 용모	• 피면접자의 옷, 머리모양, 몸차림
4. 정동	• 피면접자의 활동 수준과 면접이 진행됨에 따라 변화하는 활동 수준 • 감정과 관련된 주제를 다룰 때 감정의 적절성(표정이 대화내용과 일치하는가) • 몸의 움직임과 제스처의 의미
5. 신체적, 신경학적 발달	• 운동행동 • 키, 몸무게, 안색, 전반적인 용모

학습과제

1. 아동 심리치료가 왜 중요한지에 관해 논의해 보시오.
2. 아동 심리치료의 여러 가지 목표는 무엇인가?
3. 치료 및 상담관계를 촉진하기 위한 조건에 대해 서술하시오.
4. 비언어적 메시지란 무엇인지, 비언어적 메시지가 왜 중요한지 알아보시오.
5. 접수면접에서 얻어질 수 있는 정보들은 이후 아동 심리치료 과정의 매우 중요한 자료가 된다. 초기 접수면접에서 반드시 얻어내야 하는 정보에는 어떠한 것들이 있는가?

참고문헌

김계현(1997). 상담심리학(개정증보판). 서울: 학지사.

김계현(2002). 카운슬링의 실제(개정판). 서울: 학지사.

김계현, 김동일, 김봉환, 김창대, 김혜숙, 남상인, 천성문(2009). 학교상담과 생활지도(2판). 서울: 학지사.

김은산(1980). 니일의 인간교육 사상. 서울: 배영사.

김희경, 이정숙(1990). 문제아 임상심리학. 서울: 교문사.

류현수, 이정숙, 김주아(2007). 가족관계와 복지. 서울: 동문사.

박성수(1998). 생활지도. 서울: 정민사.

박성수, 박재황, 황순길, 오익수(1993). 청소년상담정책연구. 서울: 청소년대화의광장.

박재황, 남상인, 김창대, 김택호(1993). 청소년상담 교육과정 개발연구. 서울: 청소년대화의광장.

이성진(1996). 청소년상담 발전의 방향과 과제. 제3회 청소년상담학 세미나 자료집.

이시용 외(2000). 아동생활 지도와 상담. 서울: 교육과학사.

이장호(2005). 상담면접의 기초(개정판). 서울: 중앙적성출판사.

Rogers, C. (1961). *On Becoming a person.* Boston.

Shertzer, B., & Stone, S. C. (1981). *Fundamental of Counseling.* Boston: Houghton Mifflin Co.

• 제2장 •

아동발달의 이해

개요

이 장의 전반부에서는 발달심리적 관점에서 아동발달에 대한 이해를 위해 발달의 개념과 영역, 원리, 그리고 아동관이 반영되는 발달에 대한 논쟁들, 아동발달 이론에 대해 소개한다. 아동발달 이론은 아동의 행동을 해석하고 이해하는 기본틀을 마련해 준다.

후반부에서는 발달단계별로 태아기부터 청소년기까지 각 시기에 따른 아동발달의 특성을 살펴본다. 임신으로 시작하는 태아기는 인간의 발달 중 가장 신속하고 놀라운 발달시기다. 신생아기는 출생 후 4주간으로 인간이 무력한 존재로 출생하는 것으로 알려진 것과 달리 다양한 반사운동능력과 감각기능을 가지고 태어난다. 출생 후 한 달에서 만 2세까지의 영아기는 신체발달과 뇌의 성장 급등기이며 언어적 상호작용을 시작하는 시기이고 양육자와 영아 간 애착의 기초가 형성되는 시기다. 유아기는 3세부터 초등학교 입학 전 6세경의 시기로 아동이 접하는 사회가 가족 밖의 환경으로 확대되면서 다양한 사회적 규칙을 습득하고 언어발달과 두뇌와 인지발달이 활발하게 이루어지는 시기다. 아동기는 초등학교에 다니는 6~11세의 아동으로 학업적 유능성 발휘 외에도 정서 이해와 조절능력의 발달과 더불어 자아개념의 발달이 중요해지는 시기다. 청소년기는 아동기에서 성인기로 옮겨가는 과도기적 시기로 신체적인 면과 심리적인 면에서 많은 변화를 겪으면서 혼란을 경험하게 되며 자아에 대한 정체감 형성이 가장 뚜렷한 발달주제로 떠오르는 시기다.

학습목표

1. 발달의 개념에 대하여 이해하고 발달의 다양한 논쟁점에 따라 아동관이 어떻게 차이가 나는지 설명할 수 있다.
2. 다양한 아동발달 이론에서 설명하는 기본 내용을 이해하며 이를 적용해 실제 아동의 행동 및 발달을 설명할 수 있다. 그리고 각 이론의 유사점과 차이점을 비교할 수 있다.
3. 연령의 증가에 따라 각 발달 측면에서 어떤 변화가 나타나는지 말할 수 있다.
4. 태아기부터 청소년기까지 각 발달단계에서 나타나는 주요한 발달특성과 과정을 설명할 수 있다.
5. 각 발달단계별로 아동발달에 영향을 미치는 요인들과 그에 따른 결과들을 이해하고 설명할 수 있다.

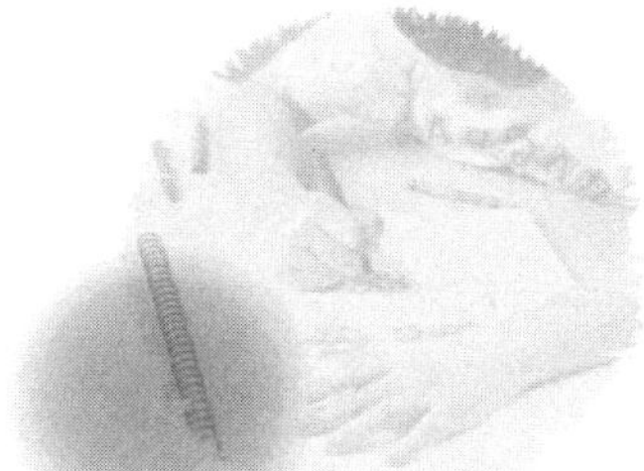

제 2 장

아동발달의 이해

1. 아동발달의 개념 및 주요 이론

1) 아동발달 이해의 기초

(1) 발달의 개념과 아동발달 이해의 목적

발달(development)은 변화(change)를 의미한다. 인간은 수태로부터 사망까지 신체적 기능이나 심리적 기능에 있어 변화가 오는데 이것을 발달이라고 본다(조복희, 정옥분, 유가효, 1989). 사전적인 의미에서 발달은 “신체, 정서, 지능 따위가 성장하거나 성숙함”을 의미하는 용어로 이해되어(Daum 국어사전, 2009) 성장이나 성숙이란 용어와 혼동되어 사용할 수 있다. 그러나 일반적으로 발달이란 용어는 신체적 향상과 아울러 심리적 진전을 뜻하는 것이므로 흔히 신체의 크기나 능력이 증가하여 양적인 변화가 나타나는 성장(growth)이란 용어보다는 좀 더 넓은 의미로 사용되고 있다(서봉연, 이순형, 1984). 또 발달이란 용어는 유전인자에 의하여 미리 짜여진 프로그램 순서에 따라 자연적으로 일어나는 진보인 성숙(maturation)이라는 용어와도 엄연하게 구별된다(서봉연, 이순형, 1984). 또한 발달은 “연습이나 경험의 결과 일어나는 행동의 비교적 지속적이며 바람직한, 진보적인 변화”만을 의미하는(서울대학교 교육연구소, 1995) 학습(learning)이라는 용어와도 구별되어야 한다. 즉, 학습이 바람직하고 진보적인 변화만을 학습으로 간주하는 반면 1970년대 이후부터 인간의 이해에 있어서 전 생애 발달(life-span development)의 접근 방법이 증대하면서 수태에서 청년기에 이르는 상승적인 변화만이 아니라 청년기 이후 노년기에 이르기까지의 하강적 변화도 발달에 포괄하고 있다(정옥분, 2002). 따라서 발달은 상향적인 변화와 하강적인 변화를 모두 포함한다는 점에서 바람직하고 진보적 변화만을 고려하는 학습과 엄밀히 구별되는 용어다.

이와 같이 발달은 분명히 성장, 성숙, 학습이란 개념과 구별되는 용어이나 성장, 성숙, 학습의 세 과정이 공존할 때 비로소 발달이 이루어진다(정옥분, 2002). 즉, 성장, 성숙, 학습은 발달을 돕는 배경과 원인이 되어서 성장이나 성숙, 그리고 학습으로 나타나는 행동의 변화를 발달이라고 한다(유안진, 김혜선, 1990). 따라서 발달이란 “인간의 수태에서 사망까지 일생을 통하여 성장, 성숙, 학습에 의해 이루어지는 신체적, 심리적인 측면에서 일어나는 모든 연령적 변화를 망라하는 것으로 양적, 기능적 변화와 함께 구조적인 변화를 가져오는 질적 변화(qualitative change)가 이루어지면서 유기체(인간)가 그 생명활동에 있어서 환경에 보다 효율적으로 적응해 가는 과정”으로 정의할 수 있다.

(2) 아동발달의 이해를 위한 틀: 발달단계별 이해와 발달의 영역별 이해

아동발달에 대한 이해를 보다 용이하게 하기 위하여 생물학적인 연령범위를 중심으로 하여 아동의 발달단계를 구분하여 단계별로 접근하는 방법을 활용할 수 있다. 실제 아동기에 대한 구분조차 학자나 관계 분야에 따라 조금씩 견해를 달리하고 있어서 아동의 발달단계를 구분하는 것은 쉽지 않다. 예를 들어, 우리나라의 경우 아동복지법에서는 18세 미만의 자를 아동으로 구분하고 있고, 민법에서는 만 20세 미만의 자를 미성년으로, 소년법에서는 12~20세 미만인 자를 소년이라고 하며, 근로기준법에서는 13세 미만인 자를 소년으로 규정하면서 18세 미만인 자를 보호대상으로 한다. 따라서 아동기에 대한 연령범위를 어디까지로 확장하느냐에 따라 단계 구분은 차이가 발생할 수 있는데 이 책에서는 아동발달의 대상으로 설정하는 시기를 출생에서 만 18세까지의 청소년기로 규정하고 대략적인 발달의 단계를 〈표 2-1〉과 같이 제시하고자 한다.

한편, 아동의 발달을 이해하기 위한 방법으로 연령별 구분에 의한 종단적 이해의 방법도 있으나 발달은 연령에 따른 신체적인 변화와 심리적인 변화를 모두 망라한다고 하였으므로 신체발달의 변화와 심리적인 변화(인지적 변화 및 사회·정서적 변화)로 구분하여 아동의 발달을 체계화하여 접근할 수 있다(〈표 2-1〉 참조). 아동에 대한 정확한 진단과 평가를 위해서는 대략적인 연령범위를 중심으로 한 '발달단계별 종단적 이해'가 필요하며 동시에 아동의 신체적, 인지적, 사회·정서적 발달 등의 분야별로 세분하여 그 양상을 이해하는 것도 필요하다. 즉, 발달단계별 종단적 이해와 각 발달의 세부 영역별 이해를 통합한 통합적 이해가 필요하다.

〈표 2-1〉 아동발달의 이해에 접근하기 위한 방법

<table>
<tr><th colspan="2">발달단계별 종단적 이해를 위한 접근 방법</th><th colspan="2">각 발달 영역별에 대한 이해로 접근하는 방법</th></tr>
<tr><td>태내기</td><td>수정~출생</td><td rowspan="2">신체적 발달 영역</td><td rowspan="2">뇌와 신경계의 발달, 대근육운동·소근육운동 발달, 감각기능 발달, 생리적 발달 등</td></tr>
<tr><td>신생아기</td><td>0세~생후 1개월</td></tr>
<tr><td>영아기</td><td>1개월~2세</td><td rowspan="2">인지적 발달 영역</td><td rowspan="2">언어발달, 기억발달, 학습발달, 지능발달, 문제해결력 발달 등</td></tr>
<tr><td>유아기</td><td>2~6세</td></tr>
<tr><td>아동기</td><td>6~11세</td><td rowspan="2">사회·정서적 발달 영역</td><td rowspan="2">성격발달, 대인관계 발달, 정서발달 등</td></tr>
<tr><td>청소년기</td><td>12~18세</td></tr>
</table>

(3) 발달에 관한 주요 논쟁과 발달의 원리

■ 발달의 이해에서 직면하는 기본적인 논쟁들

발달에 대한 이해에 접근해 가면서 직면하는 몇 가지 기본적인 논쟁점들이 있다. 여기에서는 Miller(1983)가 제시한 이론적 쟁점을 중심으로 소개하고자 한다. 이와 같은 기본적 논쟁들은 수세기에 걸쳐 전개되어 온 발달에 관한 논쟁들로 '오직 하나의' 정답이 있기 어려운 문제들이다. 그러나 발달에 관한 여러 이론들은 이러한 논쟁들에 대하여 서로 다른 관점을 선택함으로써 서로 다른 이론적 개관을 가지게 된다. 따라서 발달에 대한 이해를 다루면서 이와 같은 논쟁들을 언급하는 이유는 이러한 논쟁에서 발달에 대한 근본적 이해가 시작되며 발달에 대한 태도나 지향점이 형성되기 때문이다. 즉, 여기 제시한 발달에 관한 기본적인 논쟁들은 개인의 아동관을 대변하는 것이므로 발달을 진단하고 평가할 때 사전에 검토해야 할 핵심적 사항이 된다.

- 인간의 기본적인 본성은 무엇인가: 인간의 본성에 대한 논쟁은 기본적으로 서로 다른 두 가지 세계관에서 출발한다. 물론 이러한 두 가지 세계관은 철학, 경제학, 정치적 신념 등과 같은 여러 분야에 광범위한 영향을 미쳐 왔다. 우선 기계론적 세계관(mechanistic world view)은 세상이 기계와 같은 부품으로 구성되어 있어서 각 부품들을 잘 연계하면 무엇이든 만들 수 있다고 생각하는 관념이다. 이러한 세계관에서 발달은 외부의 힘과 사건들에 의하여 발생한다고 생각하므로 이 세계관을 가진 개인은 아동의 머릿속에서 돌아가고 있는 톱니바퀴를 거의 모두 관찰하여 통제할 수 있다고 판단하여 인간의 본성은 수동적임을 가정한다. 반대로 유기체론적 세계관(organismic world view)에서는 세상이란 다양한 부품을 끼워 맞추어 만들 수 있는 기계가 아닌 '살아 있는 시스템'으로 생각한다. 전체(whole)로 잘 조직된 각 부분은 스스로 자기규제를 하면서 자동화된 행동을 통하여 각 부분을 긴밀하게 연계시키며 전체를 유지한다. 이와 같은 세계관에서의 발달은 개별 유기체의 자기규제와 적

극적 행동을 통하여 이루어진다고 판단하므로 아동에 대한 구체적인 간섭과 중재에 대하여서는 소극적이 될 수밖에 없다(Miller, 1983). 따라서 유기체론적 관점에서 인간의 본성은 능동적이고 적극적인 것으로 가정된다.

- 발달은 양적인가 아니면 질적인가: 기계론적 세계관에서는 발달적 변화를 양적인 변화로, 유기체론적 세계관에서는 발달을 질적 변화로 고려한다. 질적 변화는 알 → 애벌레 → 번데기 → 나비의 변화와 같이 구조나 조직에서의 변화가 나타나는 것을 말한다. 이전 단계는 이후 단계의 구조나 기능과 전혀 다르다. 반면에 양적 변화는 작은 변화가 누적되어서 습관, 기능 등에서 점진적인 변화가 나타나는 것이다. 예를 들어, 기억발달에 관해 질적 변화를 주장하는 학자는 네 살짜리의 기억 전략과 일곱 살짜리의 기억 전략은 질적으로 다르다고 주장하지만 양적 변화를 주장하는 학자는 회상 과정에서 네 살짜리는 3개의 대상을 회상하고 일곱 살짜리는 7개의 대상을 회상하는 양적 차이가 있을 뿐이라고 주장한다. 발달에는 서로 구별되는 획기적인 구조나 기능의 차이가 있는 단계가 존재하는가? 아니면 점진적인 변화의 누적을 통하여 축적된 결과가 관찰되는 양적인 변화만이 존재하는가?(Miller, 1983)
- 발달에 본성(nature)과 양육(nurture)이 얼마나 기여하는가: 본성과 양육에 대한 논쟁은 '유전 대 환경(heredity versus environment)' '생득설 대 경험설(nativism versus empiricism)' '생물학적 대 문화적(biology versus culture)' '성숙 대 학습(maturation versus learning)' '생래적 대 습득된(innate versus acquired)'의 다른 용어들로도 분석된다. 인간행동의 많은 부분은 유전과 생리적 성숙과 신경 기능에 의해 이루어지는가? 아니면 물리적, 사회적 환경에 의한 경험의 습득물인가? 이것은 수세기를 거치면서 끊이지 않는 발달의 본질에 대한 주요 논쟁으로 Miller(1983)는 환경이 전적으로 행동을 좌우하는 단계, 경험을 위하여 환경의 특정 영역을 선택하였고 유기체가 일단 선택한 경험을 변경하지 못하는 단계, 환경이 개인의 행동에 지원적 맥락으로 작용하는 단계, 마지막으로 개인과 환경 간의 상호작용이 이루어지는 단계 등 환경의 영향력과 인간의 본성(수동적? 능동적?)에 대한 관점을 중심으로 네 가지

수준의 모델을 제시한 바 있다. 발달에 관한 여러 이론들은 경험이나 환경에 의한 영향을 고려할 때 특정 경험의 시기가 얼마나 중요한가에 대하여 서로 견해가 다르며 아동이 특정 경험에 대하여 특히 민감한 '결정적 시기'가 있는가, 초기 경험이 후기 경험보다 더 많은 영향을 줄 수 있는가에 대한 논쟁에서 서로 관점을 달리하고 있다(Miller, 1983).

2) 아동발달의 이해를 위한 주요 이론

복잡한 특성을 지닌 인간의 발달을 전체적으로 이해하기 위해 어느 한 가지 이론만으로 접근하는 것은 불가능하다. 어떤 이론은 아동의 성격발달을 설명하는 데 더 적합하며 또 다른 이론은 아동의 인지발달을 설명하는 데 더 적합하다. 여기서는 다양한 이론 중 아동발달에 적용 가능한 주요 이론을 중심으로 살펴보도록 한다.

(1) 정신분석 이론

정신분석 이론은 정신이 모든 인간행동의 기초가 되며 인간은 대부분 인식할 수 없는 동기와 갈등에 의해 움직인다고 가정한다. 여기서는 정신분석 이론의 창시자인 Freud의 심리성적 이론과 Freud 이론의 대표적인 추종자인 E. Erikson (1902~1904)의 심리사회적 발달 이론을 살펴볼 것이다.

■ Freud의 심리성적 이론

Freud는 인간이 대부분 인식할 수 없는 동기와 갈등에 의해 움직여지며 사람의 성격은 인생의 초기 경험에 의해 형성된다고 하였다. 그는 신경증과 불안에 시달리고 있는 다양한 환자들을 치료하면서 최면술, 자유연상법(free association), 그리고 꿈의 분석에 의존해 환자들이 억압해 온 무의식적 동기에 접근하였다. 인간은 생물학적 존재로 에너지의 원천인 리비도(libido)는 성적 본능과 공격적 본능을 추구하며 이런 본능적 욕구들이 사회체제와 갈등을 일으키는 불안심리를 형성

〈표 2-2〉 Freud의 심리성적 발달단계

단계	연령	주요 발달특성
구강기	출생~1세	성본능이 입에 집중되며 구강활동으로 쾌락을 만족시킨다.
항문기	1~3세	성본능이 항문에 집중되고 배뇨와 배변활동으로 쾌락을 만족시킨다.
남근기	3~6세	생식기 자극을 통해 쾌감을 얻으며 오이디푸스 콤플렉스(남아), 엘렉트라 콤플렉스(여아) 극복을 위해 부모를 동일시한다.
잠복기	6세~사춘기 이전	성적 갈등 억압하고 사회적, 지적 기술을 발달시킨다. 사회적 가치를 내면화하므로 자아와 초자아를 계속 발달시킨다.
생식기	사춘기 이후	성적 충동이 다시 나타나며 사회적으로 수용 가능한 방식으로 성적 충동을 표현하는 방법을 배워야 한다.

하게 된다. 따라서 부모가 생후 초기 몇 년 동안 자녀의 생물학적 욕구를 어떻게 다루었느냐가 건강한 인성발달의 결정적인 요소라고 하였다.

한편, Freud는 인간의 마음을 빙산에 비유하고 물 위에 떠 있는 작은 부분을 의식으로 보고 보이지 않는 부분은 무의식으로 보면서 무의식 영역에서 인간의 본능적 추진력, 정서 및 열정을 찾으려 하였다. 즉, 무의식은 생명에 대한 하층 구조로서 인간의 사고와 행동을 통제하는 보이지 않는 힘이라는 것이다. 또한 인성은 본능(id), 자아(ego), 그리고 초자아(super-ego)의 세 가지 요소로 구성되며 출생에서 청소년기에 이르기까지 심리성적 발달의 5단계(〈표 2-2〉 참조)를 거쳐 통합되어 간다.

Freud는 무의식적 동기 개념을 가장 먼저 주장하였으며 다른 어떤 방법으로도 도달하기 어려운 정신 과정에 관한 연구 방법으로 자유연상법을 개발하였다. 또한 인간발달의 정서적 측면에 대해 연구하였고 최초의 성격 이론을 성립하였다는 점에서 인간발달 이론에 미친 영향은 지대하다고 할 수 있다.

■ Erikson의 심리사회적 이론

Erikson은 Freud의 초기 체계를 훨씬 넘어서는 정신분석적 이론을 추구하였다. 그는 아동을 생물학적 충동에 의해 움직이는 수동적 존재가 아니라 스스로 환

〈표 2-3〉 Erikson의 심리사회적 발달단계

심리사회적 단계	연령	사회적 요구 또는 발달과업
기본적 신뢰감 대 불신감	출생~1세	자신의 기본적 요구를 돌보아 주는 양육자에 대한 신뢰 발달시키기
자율성 대 수치와 의심	1~3세	스스로 결정을 내리고 행동하는 자율성 발달시키기
주도성 대 죄의식	3~6세	새로운 것을 시도하는 자발성과 능동적이고 목적지향적인 행동 및 책임지는 행동 발달시키기
근면성 대 열등감	6~12세	중요한 사회적, 학업적 기술을 숙달시키면서 근면성 발달시키기
정체감 대 정체감 혼미	청소년기	자신의 실체나 역할에 대해 생각하며 사회적, 직업적 정체감 확립시키기
친밀성 대 고립감	성인 초기	타인과 친밀한 관계 형성하기
생산성 대 침체감	성인 중기	가족을 부양하고 직업에서 생산적 발휘를 통해 다음 세대를 이끌어 주는 것 등으로 생산성 발달시키기
자아통합 대 절망	노년기	자신의 삶을 회고했을 때 만족스럽고 가치 있게 받아들이면 자아통합감을 얻고 그렇지 못하면 절망감 경험

경에 적응하는 능동적 존재로 보았다. 그리고 자아의 발달에 있어 성적 욕구보다 사회문화적 영향을 더 많이 강조하였다. 또한 인간의 발달을 출생에서부터 죽음에 이르기까지 전 생애적 과정으로 보고 발달단계를 8단계로 제시하였다(〈표 2-3〉 참조).

Erikson은 인간의 합리적, 적응적 본성을 강조하면서 사회문화적 영향을 중요하게 여겼고 발달을 노년기까지 확장시켜 보았다는 점에서 많은 지지를 받는다. 반면 그의 이론은 발달의 원인이 모호하다는 점, 즉 발달이 어떻게, 그리고 왜 일어나는지 설명하지 못하는 제한점이 있다(Shaffer, 2002).

(2) 행동주의 이론 및 사회학습 이론

행동주의 학파의 아버지이며 첫 번째 사회학습 이론가인 John B. Watson (1878~1958)은 건강한 12명의 영아를 출생배경과 무관하게 훈련시켜 의사, 법률가, 거지 등 어떤 사람으로라도 만들 수 있다고 주장하였다. 이처럼 행동주의자들은 타고난 천성 및 유전적 소질보다 학습과 경험이 아동의 모든 발달 과정을 결정한다고 본다(Kalat & Shiota, 2007; Shaffer, 2002).

■ 행동주의 이론

B. F. Skinner(1904~1990)는 자극과 반응(S-R) 이론에 바탕을 둔 많은 연구를 수행하였다. 그는 동물과 인간은 모두 좋은 결과를 가져오는 행동은 반복하며 좋지 않은 결과를 가져오는 행동은 억제하게 된다는 조작적 조건화(operant conditioning) 이론을 소개했다. 행동에 따라오는 결과가 앞으로 행동이 일어날 가능성을 증가시키는 것을 강화(reinforcement)라고 하며 긍정적 강화는 칭찬, 음식, 돈과 같은 보상을 주어 이전 행동을 반복할 가능성을 증가시키고 부정적 강화는 불쾌하게 여기는 것을 제거해 주어 보상을 준다. 반면 처벌(punishment)은 앞으로 일어날 행동의 빈도를 감소시키는 것으로 어떤 행동 뒤에 따른 결과로 인해 고통이나 불이익을 경험하면 자연스럽게 그 행동의 발생 빈도가 줄어든다는 것이다. 이런 원리를 적용해 아동의 행동을 바람직한 방향으로 조형(shaping)하는 과정을 행동수정(behavior modification)이라 한다(박성연, 2006; Kalat & Shiota, 2007; Shaffer, 2002).

■ 인지적 사회학습 이론

A. Bandura(1925~)는 인간을 동물과 달리 환경이나 자극에 대해 수동적으로 반응하는 존재가 아니라 자신의 발달에 능동적인 역할을 하는 존재로 보았다. 아동은 행동과 행동 결과 간의 관계에 대해 능동적으로 이해하려는 인지적 존재이므로 본 것을 단순하게 모방해 학습하는 것이 아니라 여러 모델의 행동을 주의 깊게 관찰하고 정보를 부호화하고 저장하는 형태의 인지적 처리 과정을 통해 학습이 일어난다. 이 같은 관찰학습(observational learning)에서는 모델이 영향력이 있거나 모델의 행동이 긍정적 강화를 받을 때 그 행동을 더 잘 따라하게 되는데 이러한 모방행동을 대리강화(vicarious reinforcement)라 부른다. 그리고 아동이 자기 스스로 가치 있다고 생각하는 행동을 하면서 스스로 강화를 받는 자기강화

(self-reinforcement)에 의해서도 학습이 일어난다.

한편, Bandura는 상호결정론(reciprocal determinism) 모델에서 아동의 행동, 아동의 개인적 · 인지적 특성 및 환경 간의 상호작용을 강조하였다. 환경이 아동의 행동에 영향을 미치지만 아동의 행동 역시 환경에 영향을 미친다는 것이다. 이처럼 인간의 발달은 아동과 환경 간의 지속적인 상호작용에 의해 일어나며 이 과정에서 아동은 자신의 성장과 발달에 영향을 주는 환경을 만드는 데 능동적으로 개입하고 있다(Shaffer, 2002).

행동주의는 행동수정 기법을 통해 문제행동을 짧은 기간 내에 없앨 수 있다는 점에서 장점을 지닌다. 그리고 인지적 사회학습 이론은 행동주의의 한계를 넘어서 인간을 능동적 존재로 보고 아동의 다양한 발달 측면에 대한 많은 지식을 제공하였다. 그러나 이런 접근들은 인간의 발달을 지나치게 단순화했다는 점에서 비판을 받는다. 발달에 있어서 환경의 영향 못지않게 개인이 타고난 생물학적 특성의 영향도 중요하다. 특히 발달의 개인차를 환경적 영향의 차이만으로 접근하기에는 무리가 있다.

(3) 인지발달 이론

인지발달적 관점은 발달 과정에서 아동의 능동적 역할을 중시해 아동을 능동적으로 환경에 적응하고, 스스로 사고하고, 정보를 처리하며, 적극적이고 주도적으로 활동하는 존재로 본다. 그리고 아동발달이 환경에 의해 결정되는 것이 아니라 아동이 환경적 요인들을 어떻게 받아들이고 해석하느냐 하는 주관적 경험에 의해 결정된다고 본다(정옥분, 2003).

■ Piaget의 인지발달 이론

동물학자였던 Piaget는 지식의 기원을 밝히는 인식론(epistemology)에 관심을 갖고 논리와 사실을 혼합한 그만의 독특한 발생학적 인식론을 주장하였다.

Piaget(1896~1980)의 인지발달 이론에서는 인지 구조의 기본 단위를 도식

(scheme)으로 보았다. 도식은 아동이 환경이나 경험의 어떤 측면을 이해하기 위해 사용하는 구조화된 사고 패턴 또는 행위 패턴이다. 최초의 도식은 빨기 또는 잡기 등의 반사적 도식이었다가 여러 가지 경험을 통해 점차 분화되어 더 복잡한 행동도식을 이루고 이후 정신적 도식으로 발달해 간다. 이 같은 도식의 발달은 동화와 조절 과정에 의한 '적응(adaptation)'과 '조직(organization)'이라는 두 가지 과정을 통하여 발달되어 간다. 이 과정에서 평형(equilibrium)의 원리는 매우 중요하게 적용한다.

Piaget는 아동의 인지발달단계를 4단계로 제안했다(〈표 2-4〉 참조). 각 단계는 질적으로 다른 특성을 지니며 단계의 순서는 불변적이므로 어느 단계를 뛰어넘을 수 없다.

아동발달, 그중에서도 인지발달 연구에 끼친 Piaget의 영향력은 매우 깊고 광

〈표 2-4〉 Piaget의 인지발달단계

단계	연령	주요 발달특성
감각운동기	출생~2세	환경에 적응하고 환경을 탐색하는 시기로 출생 시에는 단순한 반사만 나타내다가 이후 감각적 경험과 운동적 경험을 통해 환경을 탐색하고 이해한다. 분리된 감각도식들이 점차 복잡한 감각도식으로의 협응이 이루어지며 이 단계의 말경에 이르면 상징을 사용해 사고할 수 있다.
전조작기	2~7세	상징을 사용할 수 있게 되면서 언어와 심상으로 사물과 사건을 표현하기 시작하지만 정신적 조작능력의 발달이 덜 이루어져 눈에 보이는 대로 사물과 사건을 이해하고 비논리적 생각을 하게 된다. 정신적 조작이 불가능하고 자기중심적 사고를 하고 문제의 한 측면에만 주의를 기울이는 중심화된 사고의 특성을 나타낸다.
구체적 조작기	7~11, 12세	조작적 사고(정신적 활동)가 가능해지면서 문제를 해결하거나 이유를 추론하는 과정에서 좀 더 체계적이며 효율적인 책략과 규칙을 사용한다. 가역적 사고가 가능해지면서 보존 개념이 형성되고 분류화, 서열화가 가능해지나 여전히 현재나 구체적 사물에 국한된 사고능력을 나타낸다.
형식적 조작기	11, 12세 이후	구체적이고 실제적인 대상에 대해서만 사고하는 것에서 벗어나 추상적이며 가설적인 상황에 대해 정신적 조작을 할 수 있다. 가설적이며 체계적인 연역적 사고가 가능하다.

범위하다. 아동은 자신을 둘러싼 환경과 상호작용하면서 이를 이해하기 위해 스스로 적극적으로 지식을 구성해 나가는 존재라고 보는 구성주의적 관점을 제시한 것은 아동에 대해 새로운 관점을 제시한 것이며 이후 아동을 연구하고 아동발달을 바라보는 관점에 지대한 영향을 미쳤다. 뿐만 아니라 그의 이론은 교육현장 및 자녀양육현장에 적용되어 아동의 발견학습, 환경과의 직접적 탐색과 상호작용에 대한 많은 아이디어와 활동을 제시하였다. 그러나 Piaget의 인지발달 이론은 어린 아동의 지적 능력을 과소평가하였고 변화의 과정과 기제가 모호하기 때문에 과학적으로 검증하기 어렵다는 비판을 받고 있다.

■ Vygotsky의 사회문화적 이론

사회문화적 이론은 아동을 문화의 산물로 규정하고 아동의 인지발달은 사회적 상호작용만으로 이루어지는 것이 아니라 아동이 속한 문화적 맥락과도 밀접한 관련을 가진다고 한다. L. Vygotsky를 비롯한 사회문화적 이론가들은 인지발달의 사회적 본질을 상호주관성(intersubjectivity)이란 개념으로 설명하고 있다. 이는 특정한 활동이나 과제에서 참여자들이 상호적이며 공유된 이해를 갖는다는 것을 의미한다. 이러한 상호작용은 아동이 자신보다 더 나은 기술을 가진 타인과의 구조적 활동에 몰입할 수 있게 하므로 이를 유도된 참여(guided participation)라고 하며 이를 통해 아동은 자신이 이미 알고 있는 지식과 기술에 새롭게 경험하는 것들을 통합해 인지발달을 이루게 된다(Kalat & Shiota, 2007).

- 근접발달영역(zone of proximal development: ZPD): 아동이 스스로 수행해 성취할 수 있는 실제적 발달 수준과 자신보다 더 능력 있는 타인의 조언과 격려를 받아 도달할 수 있는 잠재적 발달 수준 간의 차이를 말한다. 이 영역에서는 섬세한 가르침이 중요하며 새로운 인지발달이 이루어지는 것을 기대할 수 있다.
- 발판화(scaffolding): 아동이 과제를 보다 잘 이해하고 해결할 수 있도록 하기 위해 현재 상황에서 어떤 도움을 주는 것이 적절한지를 조심스럽게 조정해

제공하는 교수 스타일을 말한다. 이때 어느 정도로 도움을 줄 것인가는 성인이 모두 책임지는 것이 아니라 아동과 함께 결정하는 것으로 아동 개인마다, 그리고 과제의 성격에 따라 달라진다.

■ 정보처리 이론

정보처리 이론(information-processing theory)은 인간의 두뇌를 정보가 투입(input)되고 처리되어 문제에 대한 답, 추론, 해결과 같은 형태로 결과를 산출(output)하는 컴퓨터에 비교하였다. 그리고 인지발달이란 컴퓨터의 하드웨어나 소프트웨어에서의 변화처럼 연령의 증가에 따른 뇌와 말초신경계의 발달 및 주의력, 기억력, 표상능력, 문제해결력 등에서 점진적인 진보가 일어나는 것으로 보았다. 따라서 정보처리 이론에서는 투입과 산출을 관계, 정보처리의 효율성에 대한 분석을 기초로 각 연령층 또는 개인의 발달 수준을 파악한다.

정보처리 이론에서도 뇌와 신경계의 성숙이 아동과 청소년으로 하여금 정보를 더 빨리 처리할 수 있도록 해 주기 때문에 생물학적 성숙이 인지발달에 중요한 기여를 한다고 인정한다. 그리고 동시에 아동들의 경험 역시 정보를 처리하기 위해 사용하는 책략들의 발달에 영향을 미친다고 보고 있다.

한편, 정보처리 이론은 전반적인 지식 구조를 이해하려는 Piaget의 인지발달 이론에 비해 보다 더 구체적이고 기능적인 인지 측면을 다루며 보편적 발달양상 외에 발달의 개인차에도 관심을 둔다. 그리고 무엇보다 발달을 단계적이 아니라 연속적인 과정이라고 주장한다는 점에서 피아제 이론과 큰 차이를 나타낸다(박성연, 2006; Shaffer, 2002).

(4) 동물행동학적 이론

동물행동학(ethology)은 모든 종의 구성원은 생물학적으로 프로그램화된 여러 행동을 갖고 태어난다고 본다. 이 행동들은 진화의 산물이며 생존에 기여한다는 점에서 적응적이라는 것이다. 대표적 연구로 K. Lorenz(1903~1989)는 어린 오리 새끼들이 처음 접하게 된 대상인 어미에게 각인되어(imprinting) 가까이 있으려하는 행동을 보인다는 것을 발견하고 이것을 생존을 위한 적응행동으로 보았다. 그리고 각인 현상에 대한 관찰은 결정적 시기(critical period)의 개념으로 발전하였다. 결정적 시기란 유기체는 적응적 행동을 습득하도록 생물학적으로 준비가 되어 있는 일정한 시기가 있는데 이 시기 동안 적절한 환경적 자극이 주어져야 한다는 것이다(박성연, 2006; Shaffer, 2002).

인간을 대상으로 연구한 동물행동학자 Bowlby(1907~1990)는 인간 역시 이와 같은 생물학적으로 프로그램화된 다양한 행동을 보인다고 주장하였다. 그는 특히 아기와 양육자 간의 애착관계를 연구하였는데 아기는 양육자와 가까워지기 위해 양육자에게 매달리고 주의를 끄는 신호행동을 나타낸다. 이 같은 행동은 아기가 생존하고 정상적으로 발달하도록 도와줄 특정한 종류의 경험이 일어나도록 촉진한다는 것이다. 또한 Bowlby는 정신분석 이론을 적용해 아기와 어머니 간의 애착관계는 아기가 경험하는 양육의 질에 영향을 받으며 개인마다 애착관계의 질은 다양할 수 있다고 보았다. 동시에 이 같은 관계의 형성에 결정적 시기의 개념이 작용하고 있다고 보고 인간발달에서는 이를 민감기(sensitive period)로 지칭하였다. 민감기는 결정적 시기보다 시간의 틀이 비교적 덜 엄격하게 작용해 이 시기 외에도 발달이 일어날 수는 있지만 그 능력을 기르는 데 더 많은 힘이 들어간다. 애착관계 형성의 민감기는 생후 첫 3년 정도의 기간으로 이 시기에 주양육자 또는 가까운 사람들과 정서적 유대관계를 형성하지 못하면 이후의 생애에서 친밀한 정서적 관계를 형성하는 데 더 많은 어려움을 겪게 된다.

동물행동학은 아동이 적응적이며 유전적으로 프로그램화된 많은 특성을 갖고 태어나는 생물학적 존재임을 상기시켰고 자연적 상황에서 관찰 방법을 통해 연구하였다는 점에서 인간발달 분야에 주요한 공헌을 하였다. 이 외에도 Bowlby의 애착 이론은 20세기 후반의 사회 및 정서적 행동 연구에 지대한 영향을 미쳤다(박성연, 2006; Shaffer, 2002).

2. 발달단계별 아동의 특징

1) 태아기

(1) 임신과 태내 발달의 단계

생명은 임신으로 형성된다. 임신이란 성숙한 여성의 난소에서 배출된 난자가 남성의 정자와 결합하여 수정란이 되는 것을 말한다. 정자와 난자에는 수많은 유전적 정보가 포함되어 있으며 남성의 정자로부터 온 23개의 염색체와 여성의 난자에 있는 23개의 염색체가 46개의 새로운 염색체로 배합이 이루어지면서 태어날 아기의 유전적 잠재성이 결정된다. 여성의 난자는 모두 X염색체만 있으므로 성을 결정하는 변수는 남성의 정자다. 일반적으로 Y염색체를 가진 정자는 X염색체를 가진 정자보다 운동성이 강해 수정이 이루어질 확률은 남성이 될 정자가 더 높아서 출생 시의 성비는 자연 상태에서도 남아가 여아보다 더 높다.

한편, 수정란은 다음의 3개의 단계를 거쳐 발달해 간다.

- 발생기(germinal period): 수정 후 약 14일간을 발생기라고 한다. 발생기는 정자와 난자가 수정되어 수정란이 된 이후 난관을 거쳐 자궁벽에 착상하기까지의 기간을 말한다. 만일 이때 자궁벽에 착상하지 못하고 나팔관이나 기타 장기의 다른 부위에 착상하는 착상 실패가 발생하면 자궁외임신이 되면서 유산이 되어 태아는 물론 임부에게도 위험할 수 있다.
- 배아기(embryonic period): 수정란이 자궁벽에 착상한 2~8주까지의 기간을 배아기라고 한다. 이 기간 동안 태아는 자궁벽으로부터 영양을 얻어 계속 성장한다. 이 기간은 매우 짧지만 이 시기에 분열된 외배엽, 중배엽, 내배엽이 신체의 각 기관으로 발달되어 신체의 각 부분의 95%가 형성되며 또 선천적 기형도 이 시기에 거의 이루어지므로 발달의 '결정적 시기'가 된다(유안진 외, 1990).

- 태아기(fetal period): 임신 8주 이후부터 출생까지를 태아기라고 한다. 임신 8주경에 이미 사람의 형체를 모두 갖추기 시작하였으므로 태아기는 새로운 기관의 형성보다는 성장이 가속화되는 시기다. 임신 3개월의 가장 중요한 변화는 성별을 확실하게 구별할 수 있게 된다는 점이다. 임신 4개월부터는 태동이 시작되어 태아의 존재를 임부가 느낄 수 있게 되며 임신 5개월부터는 태반이 완성되어 유산의 위험이 감소하는 시점이 된다. 특히 임신 7개월(28주)은 조산하더라도 생존이 가능한 시기여서 임신 7개월을 생존가능연령으로 설명한다. 임신 8개월부터의 태아는 신생아와 거의 유사한 특징을 가져서 자극에 반응을 보이며 배가 고프면 울거나 손바닥을 꽉 쥐기도 하는 반응을 보인다. 특히 임신 9개월이 되면 태아의 머리가 산도 방향으로 변화하여 태아도 출산의 위치로 변화한다.

(2) 태아의 발달에 영향을 미치는 환경 요인과 태교

태내환경은 외부로부터의 자극이 어느 정도 차단되는 곳이라고 볼 수 있지만 태내환경이 적절하지 못한 경우 그 영향은 태아에게 치명적일 수 있다(박성연 외, 2005). 영아와 아동은 태아기의 심한 스트레스와 출생 시의 스트레스를 제외하고는 모든 것으로부터 회복되는 거대한 능력이 있다(최보가, 1993). 그러므로 태아기와 출산 시의 스트레스를 줄이며 최적의 발육 상태로 자랄 수 있도록 태아의 발달에 영향을 미치는 요인과 출산 시 스트레스를 줄일 수 있는 방안에 대하여 알고 이를 통제하는 것이 필요하다.

태아의 발달에 영향을 미치는 가장 중요한 환경은 '어머니', 즉 임부의 신체적·정신적 건강이다. 잘 알려진 대로 임부의 연령이나 출산 경험, 정서 상태, 영양 등은 태아의 발달에 주요한 영향을 미친다.

특히 임신 중 임부의 정서 상태는 태아에게 지속적인 결과를 가져온다. 불안하고 행복하지 못한 어머니에게서 태어난 영아는 조산이나 체중미달이 되기 쉬우며 비정상적으로 활동적이고 화를 잘 내며 수면장애, 불규칙적인 식사, 지나친 배변운동, 가스로 인한 복통, 지나치게 울기, 과도하게 안아달라고 하는 요구와 같은 어려움을 가지게 된다(최보가, 1993). 신경증 치료법으로 태중생활을 최면에 의하여 재경험하게 하는 원초적 치료법(primal therapy)을 창안하여 신경증 환자를 치료하는 Janov는, 태아의 대뇌는 수태 후 2개월경부터 그 기능이 작용하기 시작하여 출생 전이든 출산 후이든 불쾌한 경험들이 어떤 한도를 넘을 때에는 그 경험이 신경증 증상으로 나타난다(Janov, 1973을 주정일, 1988에서 재인용)고 경고하고 있다. 따라서 임신 중 임부의 정서적 안정은 태아의 정상적 발달뿐 아니라 이후의 발달에서 정서적 안정을 위해 매우 중요하다.

한편, 태아는 여성인 임부의 몸에서 성장하므로 태내환경에 대해서는 어머니의 영향에 대해서만 초점이 맞추어져 왔으나 최근의 연구 결과들은 남성도 태내환경에 많은 영향을 미칠 수 있음을 규명하고 있다. 특히 태내환경에 영향을 미치는 아버지의 중요성은 어머니의 심리적 안정을 위한 지원과 태교의 측면에서 보다 강조된다. 우리 전통사회에서는 어머니의 자궁 안에서 체험한 아기의 의식세계는 오랫동안 잠재의식으로 남아 성격 형성에 큰 영향을 미치므로 임신 중 태아에게 좋은 영향을 주기 위해 부모가 언행을 조심하는 태교가 매우 강조되었다. 이와 같은 태교에서는 어머니의 역할뿐 아니라 아버지의 역할이 매우 강조되었는데 사주당 이씨(師朱堂李氏, 1739~1821)의 『태교신기(胎教新記)』에서는 "스승이 10년을 잘 가르쳐도 어머니가 열 달을 뱃속에서 잘 가르침만 못하며 어머니가 열 달을 뱃속에서 가르침이 아비가 하루 밤 부부 교합할 때에 정심(正心)함만 못하니라."고 하였다(주정일, 1988). 이것은 결혼 후에 임신이 되어야 비로소 배워 준수되는 것이 태교가 아니며 아기를 가지기 이전부터의 남녀의 몸가짐에 대하여 강조하는 것이다. 특히 남아에게는 초등교육기관이었던 서당에서 논어공부를 끝낸 학생들에게 보정(保精)이라는 생리철학을 가르쳐 주었는데 절도 있는 몸가짐으로 지혜있는 성생활을 하도록 요구하는 성교육이었다. 여기서는 부인과 합방을 기피해야 하는 구체적인 사항들인 천기(天忌), 지기(地忌), 인기(人忌)를 가르치면서 만일 이를 범하면 자식을 낳아도 우둔하거나 정신이상자, 잔병이 많은 자, 언청이, 장님, 불효자, 경박한 사람을 낳는다고 경고하였다. 일기(日氣)가 정상기후에서 크게 이탈되었을 때, 합방의 장소가 불안스러운 장소, 몸의 상태가 과음, 과식으로 불안정한 상황에서는 신체적 · 심리적 상태가 호르몬 분비 등의 변화에 의하여 바람직하지 못하다는 점을 고려할 때 전통사회의 태교는 현대과학의 입장에서 보더라도 과학적 근거가 있음을 알 수 있다(유안진, 1994).

(3) 출산 시의 스트레스가 발달에 미치는 영향

출산은 대체로 수정이 된 280일째 또는 수정란이 자궁벽에 착상한 이후 266일째가 된다. 정확한 출산일은 대개 여성의 생리주기로 계산된다. 즉, 최종 생리일의 제1일부터 280일이 되는 날을 출산일로 계산하는데 최종 생리를 한 달에 9를 더하거나(+) 3을 빼고(−) 생리를 시작한 날에 7을 더하여(+) 출산일을 산출하는 것이 가장 일반적이다.

정신과 의사인 Rank는 "인간은 일생 동안 출생의 공포를 극복하면서 살아간다."고 하였고, Janov도 출산 당시의 불쾌한 경험이 이후의 경기, 건강, 신경질의 원인을 남긴다고 하였다(주정일, 1988). 이처럼 출산의 경험은 임부나 태아 모두에게 심리적, 신체적으로 극심한 스트레스와 고통을 준다. 현대사회에서는 이러한 스트레스를 경감하기 위한 LeBoyer의 폭력 없는 탄생법, 무통분만, 그네분만, 수중분만, 공분만, 아로마분만, 라마즈분만 등의 다양한 대안적인 분만 방법이 소개되고 있다.

임신기간이 37주 미만이며 체중이 2.5kg 이하의 아기 출산을 조산이라고 하는데 신생아 사망의 약 70%가 조산에 기인한다(장휘숙, 1990). 조산이 되면 아기는 발달 속도가 느리기는 해도 결국에는 정상적인 발달을 한다(정옥분, 2002). 그러나 이후 경우에 따라서 신체적 혹은 지능적 성장에 영향을 받거나 심리적으로도 장구한 세월의 장해를 입을 수 있다. 예를 들어, 조산으로 인하여 너무 이른 시기에 자궁으로부터 떨어져 나간 공포는 개인을 평생 동안 따라다니며 괴롭힐 수 있어서 어떤 대인관계나 직장의 고용관계로부터 떨어져 나갈까 두렵고, 무엇에든 심하게 매달리며, 변화를 두려워하는 성격의 소유자가 될 수 있다(Janov, 1973을 주정일, 1988에서 재인용). 한편, 2주 이상의 만산(晩産)을 하는 임부는 아기의 출생하는 자유를 억제할 만큼 긴장에 싸여 있는 신경증 환자로, 남의 보호를 받고 싶어 무의식 중에 보호받는 기간을 연장시키고 싶은 욕구 또는 아기를 받아 키울 만한 자신이 없어 만산을 하게 된다고 하며 만산한 신생아의 사망률은 정상출산아의 2배나 된다(주정일, 1988). 조산과 만산의 원인은 아직까지 분명하게 밝혀지지 않았으나(장휘숙, 1990) 무슨 이유에서든지 긴장이 심하면 정상분만이 이루어지기 어려우므로 임부의 남편과 주위 사람들의 협조를 통한 태교가 무엇보다 중요하다(주정일, 1988).

2) 신생아기

(1) 신체 및 생리적 기능의 발달

신생아의 신체 중 성인과 가장 두드러진 차이는 가슴둘레(약 33cm)보다 머리둘레(약 34cm)가 더 크다는 점이다. 신체 비율에서도 출생 시 머리의 크기는 신장의 1/4을 차지한다. 정수리부분에 팔딱팔딱 벌렁거리고 만지면 말랑거리는 2개의 구멍을 관찰할 수 있는데 이것이 숫구멍(fontanelle)이다. 신생아의 두개골에는 6개의 숫구멍이 있는데 육안으로도 관찰되는 2개의 숫구멍이 대천문과 소천문이다. 이는 출생 시 좁은 산도를 빠져나오고 뇌가 눌리지 않도록 보호하는 역할을 하는데 골격의 발달로 1.5~2세 동안에 단단하게 닫힌다. 신장은 약 50cm 정도이며 체중은 출생 시 3.2~3.3kg 정도다. 체중의 경우 태내와 다른 환경 적응의 어려움과 태내에서 흡수한 수분의 배출로 처음에는 다소 감소하다가 생후 2주 말경부터 회복하면서 신체발육이 이루어진다. 한편, 생후 3~4일경에 나타나는 신생아 황달로 얼굴빛이 노랗게 변화할 수 있으나 일주일이 지나면 대개 사라진다.

출생 시부터 신생아는 호흡, 순환, 배설 같은 기본적인 생리적 기능이 잘 발달되어 있다(정옥분, 2002). 출산 시 아기의 울음으로 최초의 호흡이 시작되는데 신생아의 호흡은 1분당 30~60회 정도로 성인보다 약 2배 빠르게 호흡하며 그르렁거리는 등의 이상한 소리를 낸다. 맥박은 1분에 약 140회 정도로 빠르나 혈압은 낮다. 출생 직후부터 젖을 빨 수 있게 되면서 적은 양의 젖을 자주 먹는데 보통

30~60cc씩, 하루에 12차례 정도로 먹는다. 신생아의 변은 처음에는 초록빛이 도는 까맣고 찐득찐득한 태변을 배설하며 차차 노란색의 변으로 변한다. 출생 후 8주까지는 보통 4~7회 정도로 변을 배설하나 그 이후에는 하루 2회 정도로 감소하며 소변의 경우는 하루 10~20회의 적은 양을 본다. 신생아의 피부는 빨갛고 끈적한 태지로 덮여 있으나 지방층이 거의 형성되어 있지 못하여 체온조절이 어려우므로 여름철에도 가벼운 천으로 싸서 보온이 되도록 보살펴 주어야 한다.

신생아들은 하루의 18시간 이상을 수면 상태로 보낸다. 그러나 신생아의 전체 수면시간의 50%는 빠른 눈운동이 나타나며 근육운동과 사지의 움직임을 수반하는 불규칙적인 렘(Rapid Eye Movement: REM) 수면 상태다. 아기가 어릴수록 더 긴 시간의 렘 수면이 나타나는 이유는 렘 수면이 신경세포의 활동을 자극하고 대뇌 속의 혈액의 흐름을 촉진시켜 대뇌조직의 정상적 성장을 돕는 역할을 하기 때문이다(장휘숙, 1990). 즉, 렘 수면은 대뇌에 주기적인 활동을 제공함으로써 뇌가 자극을 처리할 수 있는 능력을 갖추도록 돕는 역할을 하는 것이다.

(2) 신생아의 능력: 반사행동과 감각 기능

신생아의 행동은 대부분 반사적이고 불수의적이다. 반사행동 중 일부는 생존과 직결되어 유해한 자극으로부터 보호하고 영아의 기본 욕구를 충족시키는 기능을 하나 어떤 반사행동들은 인류의 진화 흔적을 나타낼 뿐이다. 신생아의 반사행동 중 주요한 내용을 〈표 2-5〉에 제시하였다.

신생아의 여러 감각기관은 출생 시부터 미성숙하기는 하지만 어느 정도 발달되어 출생한다. 시각능력은 비교적 발달이 덜 된 상태에서 태어나 사물에 시선을 고정하거나 초점을 맞추지 못하며 눈물을 잘 흘리지도 못한다. 청각능력은 어느 정도 발달되어 있어서 임신 7주에 발생하는 이소골(ossicle)이 태아 때 다 자라 태어나기 4개월 전에 벌써 어느 정도 원시적인 기능을 하므로 출생 1개월 전에 소리에 집중할 수 있는 것으로 밝혀졌다(조복희, 도현심, 유가효, 2010). 그러나 성인보다 소리의 크기가 커야 들을 수 있어서 작은 소리는 잘 듣지 못한다. 촉각능력은 출생 전에 많이 발달되어 있어서 차고 더운 것, 눌리는 것, 허전하고 아픈 것,

〈표 2-5〉 신생아의 주요 반사행동

생존 반사행동	비생존 반사행동
• 젖찾기반사: 빰에 닿는 대상물을 향하여 입을 벌리고 고개를 돌리는 행동으로 먹이를 찾는 기능을 한다. • 빨기반사: 입에 닿은 무엇이든 빨려는 행동을 한다. • 기침반사/재채기반사: 기도를 깨끗하게 하는 역할을 한다. • 블링크(blink)반사: 밝은 빛을 비추면 두 눈을 감는다. • 하품반사: 갑작스럽게 요구되는 산소를 공급하는 역할을 한다.	• 바빈스키반사: 발바닥을 간질이면 발가락을 발등 위로 부채살처럼 편다. • 파악반사: 손바닥에 자극을 주면 물체를 꽉 쥔다. • 모로반사: 갑작스런 큰소리나 영아의 머리 위치가 갑자기 변하면 마치 무엇을 안으려는 듯이 몸 쪽으로 팔과 다리를 움츠린다. • 걷기반사: 평면 위에 맨발로 세우고 겨드랑이를 잡아 주면 마치 걷는 것처럼 다리를 움직인다. • 수영반사: 물속에 수평으로 엎어 놓으면 팔과 다리를 교대로 움직이면서 입으로 숨을 쉰다.

피부에 닿는 것에 대하여 예민하게 반응한다. 특히 양육자가 신생아에게 제공하는 부드러운 피부의 촉각자극은 신생아를 진정시키고 안정시켜서 건강하게 자라나게 하는 데 효과가 있다. 한편, 신생아는 혀에 발달된 맛봉우리(taste bud)를 가지고 태어나므로(유안진, 김혜선, 1990) 출생 시부터 여러 가지 맛을 구분하는 것이 가능하다. 후각은 출생 초기부터 발달되어 있어서 어머니의 젖냄새를 알아차린다. 후각은 나이가 많아짐에 따라 소멸되어 가는 감각이다. 일반적으로 신생아는 통각에 둔하고 느리다고 하여 신생아 시기에 남아에게 포경수술이 시행되기도 하지만 출생 후 1일이 지난 신생아도 고통에 민감하다는 Lipsitt와 Levy의 실험 결과를 고려하면(이영, 조연순, 1991) 포경수술의 시행 시기는 재고되어야 한다.

(3) 건강 상태 및 행동 평가

출생 후 신생아들의 환경적응정도를 점검하기 위하여 여러 가지 조사도구에 의한 검사가 시행된다. 가장 일반적인 도구는 아프가 척도(Apgar Scale)다. 병원에서 태어나는 모든 아기는 분만 1분 후, 그리고 다시 5분 후에 아프가 검사를 받는다(〈표 2-6〉 참조). 아프가 검사는 출생 후 즉각적인 의료적 처치가 필요한지를 파악하기 위한 검사인데 분만 1분 후에 측정된 아프가 점수가 8개월째에 측정한

〈표 2-6〉 Apgar Scale의 측정 영역

영역	0	1	2
맥박(심장박동률)	매우 약함	100 이하	100 이상
숨쉬기(호흡)	매우 약한 울음	약한 울음	강한 울음
근육 상태	늘어짐	조금 늘어짐	단단
반사능력 (발바닥 자극에 대한)	무반응	얼굴을 찌푸림	기침하거나 재채기하며 운다.
피부색	창백하여 푸른 빛	창백하나 붉다.	붉은 빛

* 총 10점으로 7점 이상은 양호한 편이며 4점 이하는 즉각적인 조치가 필요하다.

Baley의 정신기능 점수 및 운동기능 점수와 관계가 있다(Serunian & Broman, 1975를 이영, 조연순, 1991에서 재인용). 즉, 아프가 점수는 신경 상태, 운동기능 발달, 근육 상태, 그리고 파악능력에 있어서 비정상성을 예측해 주는 결과다.

한편, 신생아들의 초기의 반사행동들은 중요한 생존지표가 되기 때문에 의사들은 반사행동을 점검하고 특별한 처치의 필요성 정도를 판단한다. 이러한 목적으로 빈번하게 사용하는 검사로 Brazelton의 신생아 행동평정척도(Brazelton Neonatal Behavioral Assessment Scale)가 있다. 이 검사는 출생 후 일주일경에 실시하는데 신생아가 갖는 반사의 강도와 통합성을 측정하는 20개의 문항과 사람과 환경에 대한 신생아의 반응을 검사하는 26개의 문항으로 구성되어 있다. 소요시간은 30분 정도이며 반사의 민감성은 물론 정서적 반응이나 감각 기능까지 점검할 수 있는 장점을 지닌다. 그러나 이 척도는 단지 신생아의 현재 행동에 대한 정보를 제공할 뿐 영아기 후기나 아동기에서의 행동을 예언하지 못한다(장휘숙, 1990; 이영, 조연순, 1991).

3) 영아기

(1) 영아기의 신체 및 운동기능 발달

영아기는 신체적 성장이 일생에서 가장 빠른 시기여서 '제1성장급등기'라고 한다. 그러나 성장은 신체 각 부분이 상이한 속도로 성장한다. 출생 후 1년간 가슴둘레가 가장 빠른 속도로 성장하면서 출생 시 머리둘레보다 작았던 가슴둘레가 비슷해지기 시작하며 이후부터는 가슴둘레가 커지게 된다. 출생 후 1년부터는 다리가 가장 빠른 속도로 성장한다. 성장 비율은 생후 첫 6개월 동안이 가장 빠르고 그다음 6개월은 다소 느리다. 신장은 첫돌에 출생 시의 1.5배로 성장하며 출생 2년이 되면 성인 신장의 약 1/2에 도달하는 성장을 보인다. 체중은 첫돌에 출생 시 몸무게의 무려 3배의 성장을 보이며 2세가 되면 성인 체중의 1/4에 해당하는 성장을 나타낸다(서봉연, 이순형, 1984).

치아의 발달도 이루어져 생후 6~7개월 무렵부터 젖니가 아래 앞니부터 나기 시작하여 24~30개월경에는 20개의 젖니가 모두 나게 된다. 골격과 근육, 신경계의 발달에 따라 영아는 제일 먼저 목과 어깨근육을 통제하며 머리를 가눌 수 있게 되고, 뒤집거나 혼자서 앉을 수 있게 되고, 기거나 혼자 서서 걷게 되는 놀랄 만한 대근육운동 기능의 변화가 나타난다. 손가락을 사용하여 물건을 집을 수 있게 되는 소근육운동 기능도 10개월 무렵이면 가능해져서 머리카락이나 실 같은 가느다란 물건을 주울 수 있다. 그러나 아직은 손목뼈나 근육이 충분하게 발달하지 않아 연필을 쥔다거나 글자를 끼적거리는 학습발달을 기대할 수는 없다. 한편, 대소변을 통제하는 근육이나 신경이 발달하면서 대소변을 가리는 훈련이 시작되는 시기도 영아기다.

영아기는 신체성장의 급등기인 것처럼 뇌의 성장급등기(brain growth sput)이기도 하다. 출생 후 뇌의 무게는 300~400g으로 성인 뇌무게의 1/4이고, 출생 후 6개월경이면 1/2이 되며, 두 돌 무렵이면 성인 뇌무게의 3/4에 이른다. 1,000~2,000억 개의 신경세포인 뉴런은 임신 6개월경에 이미 다 형성되지만 기본 구조들 사이의 연결이 이루어지지 않기 때문에 제대로 기능할 수가 없다. 영아기의 급속한 뇌 성장은 뉴런을 지지하고 영양물질을 공급하는 역할을 하는 '글리아'라고 불리는 신경세포의 발달과 더불어 신경충동의 전달을 촉진시키고 인접한 뉴런으로 신경충동이 흘러가는 것을 막는 역할을 하는 뉴런의 축색돌기에 미엘린이라는 지방성 물질이 막을 형성하는 수초화 현상으로 이루어진다. 또 정보전달을 보다 빠르게 하는 뉴런과 뉴런의 연결로 이루어지는 시냅스 현상이 가속

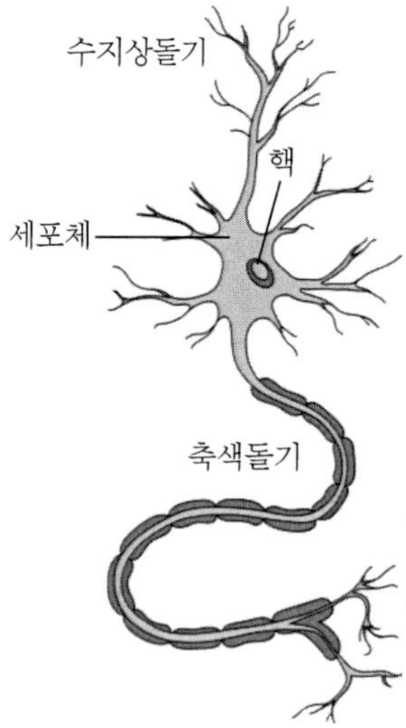

[그림 2-1] 뉴런의 구조와 시냅스 현상

화되면서 이루어진다([그림 2-1] 참조). 그러나 수초화나 시냅스의 속도는 대뇌 부위에 따라 서로 다른 시기에 이루어져서 반사를 통제하는 신경들은 출생 시 이미 수초화되었으나 주의집중과 같은 영역을 관장하는 뇌 영역은 사춘기 이후까지 수초화가 완전하게 이루어지지 않는다. 이와 같은 영아기의 급속한 뇌발달은 유전적 요인에 의해서만 발생하는 것이 아니고 영양이나 보족환경(enriched environment)의 자극과 같은 환경적 영향에도 민감하여 이러한 환경의 실조는 대뇌발달에 손상을 가져오는 것으로 보고되고 있다(장휘숙, 1990; 정옥분, 2002).

(2) 인지 및 언어 발달

인지(cognition)란 우리가 생각하고 추리하며 문제에 대한 해결을 모색하는 과정으로서 사고와 지능의 발달을 의미한다(장휘숙, 1990). Piaget는 영아가 감각적 경험에 의한 운동활동을 통하여 환경을 이해해 간다고 주장하였다. 즉, 영아는 출생 직후의 반사행동능력과 선천적인 감각기관을 이용한 지각능력을 바탕으로 환경 탐색을 시도한다. Piaget가 분류한 감각운동기(sensory-motor stage)는 다음의 여섯 가지 하위단계를 가진다.

- 반사활동기(출생~1개월): 생득적인 반사행동능력을 활용하여 환경자극과 접촉한다.
- 일차 순환반응기(1~4개월): 우연하게 발생한 활동(빨기와 잡기 같은 감각운동)을 반복하는데 관심의 대상은 자신의 신체다.
- 이차 순환반응기(4~8개월): 우연하게 외부의 대상에서 흥미로운 사건의 결

과가 나타나면 그 결과를 다시 유발하기 위하여 반복한다.

- 이차 순환반응의 협응기(8~12개월): 자신의 목표 달성을 위하여 두 가지 행동을 협응하게 된다. 인과관계의 개념과 대상영속성 개념을 이해하기 시작한다.
- 삼차 순환반응기(12~18개월): 외부대상에 대한 실험을 시도한다. 즉, 서로 다른 여러 가지 결과를 얻기 위해 다양한 전략을 적용해 보고 그 결과를 시행착오적인 직접적 경험에 의하여 안다.
- 사고의 시작(18~24개월): 원하는 결과를 얻기 위하여 시행착오적 과정을 통해서 문제를 해결하는 것이 아니라 행동하기 전에 사고를 하여 행동한다. 정신적인 사고 과정이 시작된다. 지연모방행동이 나타난다.

이와 같이 Piaget의 감각운동기는 인과관계의 이해와 대상영속성(object permanence) 개념의 이해가 중요한데 이 두 가지 개념의 획득에 의해 '정신적 표상'의 사고가 가능해지면서 종결된다. 인과관계란 사물의 특성을 이해하고, 원인과 결과를 구별하며, 자신이 원하는 결과를 위하여 다양한 전략을 시도하는 능력을 의미한다. 대상영속성 개념이란 사물이 눈앞에 보이지 않더라도 여전히 어딘가에 존재한다는 것이다. 영아기에 획득하는 이 두 가지 개념이 영아기 이후의 상징적 사고를 통한 추상적 사고의 세계로 발달하도록 한다. 추상적인 상징을 이해해야 아동은 사고를 할 수 있게 되어 문제를 해결하게 되며 언어를 사용하게 되어 보다 다양한 능력을 가진 개인으로 발달하게 된다. 보이지 않는 대상을 다양한 방법으로 찾는 숨바꼭질이나 보물찾기와 같은 아동의 놀이가 두 살 이전의 어린 영아에게 재미있는 놀이가 되기 위해서는 인과관계와 대상영속성 개념의 획득이 전제되어야 한다.

영아기의 인지발달에서 주목해야 할 또 다른 획기적인 발달은 영아가 비언어적인 의사소통에 의한 방법(울음, 얼굴표정, 몸짓 등)으로 의사소통을 하다가, 모국어를 발음할 수 있는 최초의 언어적 음소의 획득과 관련된 옹알이의 단계를 거쳐, 생후 1년경이 되면 분명하게 이해할 수 있는 한 개의 단어를 이용하여 언어적 의사소통을 시작한다는 사실이다. 한 단어는 자음 하나와 모음 하나가 합쳐진 말의 반복이 대부분이나(예: 맘마, 밥, 물, 찌찌 등), 이 말은 경우에 따라 다른 여러 가지 의미를 포함하므로 이 시기를 '한 단어 문장' 시기라고 한다. 생후 20개월에서 두 돌이 되면 영아는 2개의 단어를 결합시켜 의사소통을 한다. 보통 50개 단어를 말할 수 있을 때 두 단어를 결합시키는데 이 시기의 언어는 전치사나 동사를 빼고 중요한 단어만 나열하므로 전보 같다고 하여 '전보식 언어(telegraphic speech)' 또는 '이어문(二語文)' 시기라고 한다. 언어는 모든 문화권의 영아가 비슷한 시기에 옹알이를 하는 등 비슷한 시기에 비슷한 순서로 발달해 가므로 언어발달에 결정적 시기가 있다는 언어의 생득적 습득을 강조하는 관점과 인지적 발달의 선행을 강조하는 관점이 있다. 그러나 언어발달에는 아동의 사회문화적 맥락의 환경적 영향도 매우 커서 영아의 옹알이에 적극적으로 반응해 주고 영아의 말에 정확한 표현으로 반응해 주는 등 주변 환경의 강화도 영아의 언어발달에 매우 중요한 요인이 된다.

(3) 정서 및 사회성 발달

■ 정서의 발달

정서란 자극에 직면하여 발생하거나 자극에 수반되는 여러 가지 생리적 변화(예: 혈압, 맥박수, 호흡의 변화)라든가, 눈에 보이는 행동(예: 미소나 찡그림) 등의 반응을 말한다(정옥분, 2002). 출생 시 정서는 가벼운 흥분 상태이다가 2~3개월쯤 쾌, 불쾌의 두 감정으로 나누어진다. 그 후 5~6개월이 되면 불쾌의 감정은 분노, 혐오, 공포의 감정으로 나누어지나, 쾌의 감정은 1년이 지날 때까지 하나로서 지속된다. 이렇게 불쾌의 감정이 빨리 분화되는 것은 인간의 생존에 이 정서가 더 필수적이라는 것을 의미한다(Evans & McCandless, 1978를 조복희, 정옥분, 유가효, 1989에서 재인용). 영아기 말인 두 돌 무렵이면 11가지 종류의 정서가 나타나는데 정서의 표현 방식의 차이가 있지만 이것은 성인에게서 볼 수 있는 대부분의 정서라고 할 수 있다.

■ 기질의 발달

기질(temperament)이란 한 개인의 행동양식과 정서적 반응 유형을 의미하는 것으로(정옥분, 2002), 특정한 기분과 반응양식을 나타내는 타고난 편향성(최보가, 1993)을 말한다. 기질에 대한 선구적인 종단적 연구를 수행한 Thomas와 Chess(1977)의 연구를 살펴보면 기질은 활동성, 리듬(수면과 먹는 것의 규칙성), 신경질, 주의산만, 주의범위 및 강도, 반응역치, 새로운 음식물, 사람들, 일상적인 변화에 적응하는 준비도 등의 차원으로 구성되어 있는 것으로 나타났다(최보가, 1993). Thomas와 Chess는 이러한 차원을 기준으로 다루기 쉬운 영아(easy), 까다로운 영아(difficult), 반응이 느린 영아(slow to warm up)의 세 가지 기질 유형으로 분류하였다. 표집아동의 약 75%가 순한 영아들로 쉽게 흥분하지 않으며, 즐거워하고, 적응적인 영아들이었다. 반면에 표집집단의 10%를 차지하는 까다로운 영아는 새로운 상황에 대해서 신경질적이고, 두려워하며, 반응이 강렬했다. 약 15%의 영아는 반응이 느린 영아들로 상당히 정적이고, 새로운 상황에 대하여 위축되어 있거나 부정적으로 반응하는 경향을 나타냈으나, 시간이 지나면 천천히 긍정적으로 변하는 특성을 나타냈다. 7세까지 까다로운 기질의 영아는 다른 2개 집단의 영아보다 심각한 정서문제를 나타냈다. 이와 같은 까다로운 집단 영아의 부모들은 이러한 영아의 기질에 좌절과 적대감으로 반응하였고 이러한 부모의 반응으로 영아의 기질적 특성인 신경질이 더 증가하는 것으로 나타났다(최보가, 1993).

영아의 출생 시 타고난 기질이 이후에도 지속적인가에 대하여서는 Thomas와 Chess의 연구와 같이 대부분의 종단적 연구들이 이러한 기질이 안정적임을 시사하고 있다. Kagan과 Moss(1962)는 출생 시부터 25세까지의 아동을 종단적으로 관찰하였는데 영아의 내향적(inhibited) 기질과 외향적(uninhibited) 기질은 가장 안정적인 특성이어서 3세까지 극도로 수줍어하고 소심하며 두려움이 많았던 영아는 아동기와 청소년기를 거쳐 역시 성인기에도 내향적 특성이 강하였고, 반대로 외향적인 영아는 외향적 성격을 가진 성인으로 성장하였다고 하였다(최보가, 1993). 그러나 영아의 발달은 자신이 타고난 기질만으로 결정되는 것은 아니다

(정옥분, 2002). 이는 양방향성(bidirectionality)의 원리를 말하는 것으로 아동의 발달은 아동 자신의 특성과 아동을 사회화시키는 사람들 간의 상호작용의 산물이어서 부모는 자녀가 타고난 유전적 산물인 기질에 변화를 가져올 수 있다. 예를 들어, 반응이 느린 영아에게 부모가 좌절하지 않고 보다 적극적으로 반응한다면 영아는 자신의 행동반응을 점차적으로 변화시켜 간다(최보가, 1993). 까다로운 기질의 영아는 자주 부모를 좌절시키고 순한 기질의 영아보다 부모가 영아의 행동에 기대를 덜 하도록 만들지만, 부모가 좌절하지 않고 인내심을 가지고 민감하게 대처하면 아동기나 청년기에 더 이상 까다로운 기질을 보이지 않았다(Thomas & Chess, 1984를 정옥분, 2002에서 재인용). 따라서 부모가 영아의 기질적 특성에 따라 양육행동을 조절해 가는 것이 아동기나 청소년기에 발현될지도 모르는 영아의 잠재적 어려움을 조정할 수 있는 최선의 방안임을 알 수 있다.

■ 애착의 발달

영아기의 어머니와 영아의 상호작용의 중요한 결과는 어머니에 대한 영아의 정서적 애착의 발달로 나타난다. 애착이란 영아와 양육자(주로 어머니) 간에 형성되는 친밀한 정서적 유대감으로, 무기력한 존재로 태어난 영아의 생존을 위한 적응적인 행동이며 애정이나 사랑과 같은 긍정적 정서로써 심리적 안정감을 가지게 하는 기능을 한다. 영아는 애착대상에게서 더 잘 놀고, 옹알이를 하며, 더 잘 달래지며, 위안을 얻는다. 또 영아는 애착대상이 없으면 더 많이 두려워하여 위안을 얻기 위하여 찾거나 울거나 떨어지지 않으려는 접근행동을 보인다. 애착을 형성하기 시작하는 6~8개월의 영아는 특정 대상에게 애착을 형성하면 그 이외의 대상이 다가오면 큰 소리로 울거나 보채는데 이를 낯가림이라고 한다. 특히 애착대상이 영아를 두고 자리를 떠나려고 하면 더욱 큰 소리로 울고 달라붙는 행동을 나타내는데 이것은 애착대상과 분리되는 것으로부터 가지는 분리불안 증상으로, 돌 전후에 가장 심하다가 대상영속성 개념이 획득되는 영아기 말이 되면 서서히 사라진다.

Ainsworth(1983)는 영아가 부모와 함께, 낯선 사람과 함께, 부모와 낯선 사람과 함께 또 혼자서 관찰되는 동안의 7개의 3분짜리 에피소드로 구성된 실험을 실시하여 영아의 애착 형성을 안정(secure), 회피(avoid), 저항(resident), 혼란(disorganized) 애착의 네 가지 유형으로 분류하였다. 여기서 중요한 에피소드는 부모가 방에서 나간 후 되돌아오는 것으로, 부모가 돌아왔을 때 나타난 행동 유형이 애착을 판단하는 척도가 된다. 안정 애착아는 부모가 있을 땐 부모를 애착기지로 삼아 낯선 상황을 잘 탐색하지만 부모가 나가면 부모를 온순한 방법으로 찾고 돌아오면 반갑게 맞이한다. 회피 애착아는 부모가 있으나 없으나 변화가 없어서 부모가 없어도 잘 놀고 돌아와도 무시해 버린다. 저항 애착아는 낯선 환경 탐색에 불안을 나타내고 부모가 나가면 심한 불안증상을 보인다. 그러나 부모가 돌아와도 쉽게 달래지지 않는다. 혼란 애착아는 불안정 애착의 가장 심한 형태로 회피와 저항 애착의 현상을 함께 나타낸다.

12~18개월에 안정 또는 불안정 애착아로 분류된 영아들을 21개월~5세 사이에 다시 관찰해 본 결과 안정 애착아는 불안정 애착아에 비하여 성인과 아동들과의 관계에서 더욱 사교적이고, 어머니와 낯선 사람에게 보다 협조적이며, 고분고분하며, 스트레스에 더 잘 대처하고 호기심이 더 많았다(Arend, Gove, & Sroufe, 1979; Londerville & Main, 1981; Pastor, 1981; Wasters, Wippman, & Sroufe, 1979; 등을 최보가, 1993에서 재인용). 이와 같이 애착은 영아가 외부세계를 인식하는 데 결정적인 영향을 미쳐서 장차 자신과 사회를 대하는 태도에도 영향을 미치는 것으로 보인다. 생애 초기에 불규칙적이고 예측할 수 없으며 불만족스러운 상호작용을 경험한 영아는 자신이 유능하며 무엇이든지 할 수 있다고 생각하기보다는 자신감이 위축되어 아무것도 시도하지 않는 비관적인 세계관을 가지며 사회에 대한 신뢰감도 가질 수 없어서 청소년기나 성인이 되었을 때에 공포감이나 반사회적인 행동과 같은 징후를 나타낼 수 있다(장휘숙, 1990; 최보가, 1993).

안정적 애착 형성은 다양한 영향 요인을 설명할 수 있지만 배고픈 유아 원숭이를 활용한 Harlow(1975)의 실험을 통하여 고려하면 '수유'보다는 '따뜻한 신체 접촉'임을 알 수 있다. 즉, 배고픈 유아 원숭이가 젖을 주는 철사로 만든 어미 모형보다는 따뜻한 신체적 접촉을 주는 헝겊으로 감싼 어미 모형에게 매달려서 더 많은 시간을 보내며 특히 공포상황에서는 헝겊어미만을 찾는 결과는 애착의 중요한 요인이 따뜻한 위안을 주는 신체적 접촉임을 시사한다(조복희, 정옥분, 유가효, 1989). 이 외에 영아의 다양한 요구에 민감하고 일관적으로 반응해 주는 양육자의 태도도 영아가 양육자의 행동을 일관적으로 예측하게 해 준다는 점에서 중요한 애착 형성 요인이다. 또 애착에도 세대 간 전이가 일어나므로 성장 과정에서 자신이 부모와 안정된 관계를 형성해야 자녀와도 안정된 관계를 형성하게 된다(장미자, 1998). 한편, 아버지의 특성 또한 애착 형성에 영향을 미쳐서 안정 애착아의 아버지는 좋은 부부관계를 유지하고, 일과 가족에 대한 긍정적 느낌을 가지며, 일과 가족 간의 균형을 잘 유지하는 것으로 나타났다(Belsky, 1996를 정옥분, 2002에서 재인용).

(4) 영아의 발달 검사

영아기의 발달을 측정하기 위한 몇몇 평가 검사도구가 있다. 가장 대표적인 척도는 Gesell(1946)이 개발한 'Gesell Developmental Schedule'이다. 이 측정도구는 4~6세까지의 아동의 발달을 알아내고자 한 것으로 운동행동(motor behavior), 적응행동(adaptive behavior), 언어행동(language behavior), 사회적 행동(social behavior) 등의 네 영역에서 발달지수(Development Quotient: DQ)를 사용하였다. Gesell은 이러한 측정도구를 활용하여 아동발달연구소인 Yale Clinic에서 광범위한 실증적 조사를 통하여 아동발달의 '행동규준(behavior norm)'을 발표한 바 있는데 이 규준은 너무나 완벽해서 아직까지도 소아과 의사와 심리학자들이 기본 정보자료로 사용하고 있다(서봉연, 이순형, 1984).

Baley 영아발달검사도 영아발달 상태를 평가하기 위해 폭넓게 사용하는 표준화 검사다. 이 척도는 지능척도(mental scale), 운동척도(motor scale), 행동척도(behavior scale)로 구성되어 있다. 지능척도는 주변환경에 대한 아동의 적응능력을 측정하는 것으로, 물건을 잡고 조작하거나 딸랑이를 흔드는 등의 시각적·청각적 자극에 대한 주의집중능력, 모방을 하거나 지시대로 할 수 있는가의 사회적·인지적 능력, 대상영속성 개념과 기억력의 측정, 간단한 물체의 이름을 알고 있는가의 언어적 능력도 측정한다. 운동척도는 목을 가눌 수 있는가, 걷고 서는 능력, 계단을 오르내리는 능력, 작은 물체를 잡을 수 있는가, 공을 던질 수 있는가를 측정한다(조복희, 정옥분, 유가효, 1989).

Denver Developmental Screening Test도 영아기부터 유아기까지 아동의 발육 상태를 판별하기 위하여 만들어진 도구로서 사회성발달 영역, 언어발달 영역, 적응발달 영역, 운동기능발달 영역으로 구성되어 있는데 정상 어린이의 25%, 50%, 75%, 90%가 할 수 있는 연령에 맞추어져 있어서 90% 이상이 할 수 있는 영역을 못하는 아동이 있다면 발달지연이라고 간주하였다.

Baley, Gesell, Denver 측정도구가 발달을 성숙 요인에 의한 것으로 간주하여 개발한 것이라면, Uzgris와 Hunt의 도구는 Piaget의 인지발달 이론을 기초로 영아의 발달을 측정하고자 한 검사다. 기존의 측정도구가 특정 과제를 어느 만큼 수행했느냐를 강조한 것에 비하여, 이것은 문제해결능력에 비중을 두어서 시각적 추구와 대상영속성, 원하는 것을 얻기 위한 수단의 발달, 모방의 발달, 기대행동의 발달, 공간의 인식, 사물과 사물의 관계 파악과 같은 6가지 영역으로 구성되어 있다(조복희, 정옥분, 유가효, 1989).

영아의 인지적 능력을 측정하기 위한 다양한 도구가 있으나 이러한 도구들은 연령 당시의 발달 수준을 알아내는 데는 무리가 없으나 이후의 발달을 예측하는 데는 별다른 가치가 없는 것으로 밝혀졌다(조복희, 정옥분, 유가효, 1989; 장휘숙, 1990; 정옥분, 2002). 이는 주의집중이나 운동 기능으로 측정하는 영아기의 지능검사와 주로 언어능력을 측정하는 이후의 지능검사가 상이한 능력을 측정하기 때문일 수 있다(정옥분, 2002). 따라서 영아기 이후의 인지발달을 예측할 수 있는 영아기 검사도구의 개발이 필요하다.

4) 유아기

(1) 유아기의 신체, 두뇌 및 운동 발달

■ 신체발달

유아기에는 영아기에 비해 발달의 속도가 완만해진다. 하지만 신체적 성장은 지속적으로 나타나 매년 신장은 5~7cm, 체중은 2~3kg씩 증가한다. 신체의 비율도 키에 비해 머리 부분이 차지하는 비율이 감소해 영아기보다 훨씬 균형 잡힌 모습을 갖추게 된다. 한편, 신체발달에서 이전 시기보다 개인차가 더 두드러지게 나타나 신장과 체중뿐만 아니라 체형에서도 유아들마다 차이를 나타낸다. 이 같은 차이를 일으키는 영향 요인으로는 유전적 요인 외에 영양과 같은 환경적 요인을 들 수 있다.

■ 두뇌발달

유아기는 특히 전두엽이 빠르게 발달하는 시기다. 영아기만큼 빠른 속도는 아니지만 두뇌의 크기도 계속해서 성장해 5세 말경에는 성인 두뇌 크기의 약 90%가 된다. 또한 두뇌의 신경계도 시냅스(synaptogenesis) 생성 및 가지치기, 수초화(myelination)가 지속적으로 일어나 뇌의 질적인 성숙 과정이 계속 진행된다.

한 신경세포(뉴런, neuron)와 다른 신경세포의 연결공간인 시냅스의 수는 생의 초기에 급속하게 증가해 4세경에는 전두엽(frontal lobes)에 있는 시냅스의 수가 성인의 2배에 이른다. 이처럼 많은 시냅스의 수는 두뇌의 가소성(plasticity)과 관련되어 만약 두뇌의 특정 부위가 손상을 입게 되면 다른 부위에서 그 기능을 대신 수행하는 데 도움이 된다. 유아기 동안 뇌의 발달에서 가장 빈번하게 자극을 받는 뉴런과 시냅스들은 계속 기능하고 상대적으로 덜 자주 자극을 받는 뉴런들은 시냅스들을 잃게 되는 현상이 나타난다. 이를 시냅스 가지치기(synapse pruning)라고 한다. 이로 인해 유아기 말기에 이르면 자주 자극을 받는 뉴런은 점점 더 정교화하는 반면 시냅스의 수 또는 밀도의 감소로 인해 두뇌의 가소성은 점차 줄어들게 된다.

■ 운동발달

유아기는 운동기술이 정교화되고 몸의 균형을 필요로 하는 대근육활동이 가능해진다. 그리고 자신의 몸과 관련된 운동기술을 익히는 영아기와 달리, 자신의 몸과 물체와의 관계에 필요한 기술들을 습득해 간다. 또한 체력과 기술이 강화됨에 따라 운동능력에서 힘과 속도 및 지구력이 증가하면서 신체적으로 유능해진다. 또한 유아기는 활동 수준이 매우 높아 오랜 시간 가만히 있기가 힘들다.

운동발달은 일반적으로 성에 따라 차이를 나타내, 여아는 정교함을 필요로 하는 소근육운동과 뛰어넘기 같은 대근육운동 기술이 앞서 있고 남아는 체력이 요구되는 달리기나 뜀뛰기 같은 대근육운동 기술이 더 발달되어 있다.

(2) 유아기의 인지발달

■ 전조작기

Piaget의 인지발달 네 단계 중 두 번째 단계인 전조작기(preoperational stage)는 아동기와 달리 아직 정신적인 조작이 불가능한 시기다. 전조작기는 전개념적 사고기(preconceptual period, 2~4세)와 직관적 사고기(intuitive period, 4~7세)의 두 가지 하위단계로 나누어진다.

전개념적 사고기(2~4세)의 유아는 어떤 사물이나 사건 또는 경험을 나타내기 위해 상징이나 정신적 표상을 사용한다. 이로 인해 지연모방이 가능해지고 가상놀이가 활발하게 나타난다.

전조작적 사고의 특징은 다음과 같다.

- 상징적 사고(symbolic thought): 감각운동기 말기에 표상능력의 출현과 더불어 가장 보편적인 상징인 언어의 발달은 상징적 사고를 더욱 활발하게 나타나게 해 준다. 상징의 사용으로 유아의 문제해결 속도가 증가하고, 시행착오

가 감소하며, 정신적으로 '지금-여기'의 한계를 벗어나 과거와 미래를 넘나들 수 있으면서 가상놀이는 점점 빈번해지고 연령이 증가하면서 점점 복잡한 형태로 발달해 간다.

- 자기중심적 사고(egocentric thought): 유아는 모든 현상을 자기중심적으로 생각하는 성향으로 인해 다른 사람의 관점을 이해할 수 없다. 자신과 동일하게 다른 사람들도 지각하고, 생각하고, 느낀다고 생각한다. 이 같은 자기중심적 사고는 Piaget와 Inhelder의 유명한 '세 개의 산 실험' 과제를 통해 잘 드러난다. 또한 유아기의 자기중심성(egocentrism)은 유아의 자기중심적 언어(egocentric speech)에서도 잘 드러나는데 유아는 자신이 하는 말을 상대방이 이해하든 못하든 상관없이 자기 생각만을 전달하는 식으로 의사소통한다(정옥분, 2002). 한편, Piaget 후기 연구자들은 어린 유아는 자신에게 친숙한 상황에서는 자기중심성을 보이지 않지만 자신이 경험해 보지 않은 추상적 상황에서는 자기중심성을 보인다고 Piaget의 이론에 수정된 견해를 나타낸다(박성연, 2006).
- 물활론적 사고(animistic thinking): 전조작기의 유아는 생명이 없는 대상에게 생명과 감정을 부여하는 물활론적 사고를 보인다. 이는 특히 유아기 초기에 현저하게 나타나는 특성으로 4~6세 유아는 모든 사물은 살아 있다고 생각한다.
- 전환적 추론(transductive reasoning): 전환적 추론은 한 특정 사건으로부터 다른 특정 사건을 추론하는 것이다. 유아기에는 전개념적 사고의 한계 때문에 귀납적 추론이나 연역적 추론을 하지 못하고 겉으로 나타난 특정 사실에만 초점을 맞추어 다른 사건을 추론하는 특성을 나타낸다.
- 보존 개념의 결여: 보존(conservation) 개념은 사물의 외형이 변화해도 원래의 상태에 아무것도 더하거나 감하지 않으면 양, 무게, 질량, 부피가 변화되기 이전과 동일하다는 것을 이해하는 능력이다. 유아는 이러한 보존 개념을 가지고 있지 못하지만 유아기 말기부터 수, 길이, 질량, 무게의 순서대로 보존 개념을 획득하기 시작하여 부피 보존 개념이 가장 늦게 발달한다.

• 불완전한 분류능력: 유아기는 전체와 부분의 관계를 이해하는 능력, 즉 상위 유목과 하위유목 간의 관계 이해 능력이 부족하고 사물의 유사점과 차이점에 대한 인식능력이 부족해 분류나 범주에 대한 이해가 불완전하다. 그럼에도 불구하고 단순하거나 친숙한 과제에서는 분류가 가능해 3~4세경에는 한 가지 기준(예: 색 또는 모양)에 의해, 그리고 4~5세경에는 한 가지 이상의 기준(예: 색과 모양)에 의해 분류가 가능하다. 하지만 여전히 복잡한 수준에서의 분류는 어렵다.

한편, 직관적 사고기의 유아는 사물의 두드러진 속성을 바탕으로 사고하는 특성을 나타낸다. 직관에 의존해서 판단하기 때문에 전체와 부분의 관계 파악이 정확하지 않고 보존 개념, 분류능력, 서열화 능력에서 한계를 나타낸다.

■ 마음 이론

마음 이론(theory of mind)은 사람의 마음이 어떻게 작용하는지를 이해하고 인간은 심적 상태가 항상 타인들과 공유되거나 접근 가능한 것은 아니며 신념, 동기, 감정, 의도와 같은 심적 상태를 갖고 있는 인지적 존재임을 이해하는 것을 말한다(Shaffer, 2002). Piaget는 자신과 타인을 포함한 사회적 관계에 대한 지식을 사회인지(social cognition)로 보았는데 이를 위해서는 마음의 상태에 대한 이해가 전제되어야 한다(김태련 외, 2004).

최근 연구에 의하면, 어린 유아도 사람의 마음에 대해 알고 싶어 하며 2~5세경 유아는 자신이나 타인의 마음에 대한 지식이 현저하게 발달한다. 마음 이론의 첫 단계는 사람들이 행동하는 데 있어 목표와 의도가 있다는 것을 깨닫는 것으로 1세 미만의 영아에게서도 이와 같은 증거를 목격할 수 있다. 걸음마시기의 영아는 소망이 행동을 지시한다는 것을 알고 타인의 소망을 추론할 수 있다. 2~3세 유아는 지각, 감정, 소망과 같은 마음 상태에 대해 말하고, 다른 사람의 감정이 좋은지 나쁜지 구별하여 이해할 수 있으며, 3세 유아는 사람들이 자신이 소망하는 바에 따라 행동한다는 것을 이해하게 된다.

한편, 3세 유아는 사람들이 실제와는 다른 잘못된 신념(false belief)을 가질 수 있으며 잘못된 신념이 행동에 영향을 준다는 것을 이해하지 못한다. 하지만 신념-소망 마음 이론(belief-desire theory of mind)은 4~5세경에 출현해 5세가 되면 대부분의 유아는 신념은 실제와 다를 수 있다는 것과 사람은 잘못된 신념을 가질 수 있으며 사람의 마음속에는 여러 가지 생각이 있을 수 있다는 것을 이해한다(김태련 외, 2004; 박성연, 2006; Shaffer, 2002).

■ 언어발달

유아가 상징적 기능을 획득하면서 어휘의 수가 급격하게 늘어나며 문법, 의미, 화용론에서 급속한 발달이 일어난다.

어휘력의 증가를 보면 유아기 초기에 200~300개 정도이던 것이 5세경에는 2,500개로 증가한다. 이처럼 급속하게 어휘가 늘어나는 것은 성인이 직접 가르치지 않아도 유아는 다양한 방법으로 사회맥락적 단서를 활용해 추론해 낸다.

유아는 재빠른 연결(fast mapping) 책략을 사용해 단어와 그 단어의 지시물을 단 한 번만 접하고도 연결할 수 있다. 재빠른 연결을 통해 단어와 지시물을 연결해 잠재적인 정의를 대충 그려낸 다음 나중에 그 단어를 더 접하면서 습득한 새로운 정보를 가지고 이전의 정의를 조금씩 정교화하는 확장이 일어나게 된다. 재빠른 연결은 추상적 정보보다 구체적 사물의 명칭에 대해 보다 정확하고 빠르게 일어나며 연령이 증가하면서 점점 더 빨라진다(박성연, 2006; Owens, 2001).

언어발달에서 의사소통능력(화용론)의 발달을 보면 유아는 이 시기에 많은 대화 기술을 습득한다. 3세 유아도 대화 상대의 이해를 돕기 위해 세부사항을 묘사하는 등 상대방을 조금 고려해 준다. 하지만 여전히 자기중심적 사고의 특성으로 인해 대화가 짧으며 반복, 혼잣말, 집단적 독백 등의 자기중심적 언어를 많이 사용한다. 유아기 말경이 되면 자기중심적 언어가 줄어들고 점차 사회화된 언어를 사용하게 된다. 독백(monologues)은 다른 사람을 끌어들이지 않고 하는 자기대화로 4세 유아의 발화 중 20~30%를 차지한다. 유아기의 귀에 들리는 독백은 아동기로 들어서면서 줄어들고 들리지 않는 자기말(self-talk)이 늘어난다(Owens, 2001).

(3) 유아기의 정서 · 사회적 발달

영아기 동안 양육자에 대한 신뢰감 형성과 더불어 자율성을 획득한 유아는 유아기에 들어서면서 보다 목적지향적이고 주도적인 행동을 나타낸다. 동시에 유아기는 대인관계의 폭이 가족을 넘어서 또래관계로 확장되므로 정서와 사회성 발달이 여러 측면에서 다양하게 나타나는 시기다.

■ 정서발달

정서를 설명하는 한 모델에 따르면 인간은 정서를 경험하는 능력과, 정서적 메시지를 보내는 능력과, 타인으로부터 정서적 메시지를 받는 능력을 발달시킨다고 한다. 그리고 정서 과정은 하나의 측면이 다음 측면을 이끌어 내고 그것이 또 다음 측면을 이끌어 내는 식으로 마치 바람개비와 같이 빙빙 도는 순환적 특성을 보인다. 정서의 발달 역시 이처럼 순환하면서 한 측면이 성숙하면 이에 따라 다른 측면이 발달해 나가는 식으로 이루어진다(Kalat & Shiota, 2007).

유아기가 되면서 자신의 정서 상태 및 정서적 반응을 이해하고 감정이나 행동을 조절하는 능력인 정서조절능력도 발달적 변화를 나타낸다. 이전 시기에는 부모의 통제나 지시에 의해 외적으로 정서가 조절되었던 반면 유아는 자기 스스로 감정을 다스리게 되는 내적 정서 조절이 가능해진다. 유아는 불쾌한 정서를 일으키는 스트레스의 원인을 재해석해 불쾌한 정서의 각성에 대처하며 이로 인해 더 어린 유아가 나타내는 성질 부리기 같은 감정적 폭발은 점차 사라진다. 이 같은 정서조절능력의 발달에는 부정적 정서를 건설적으로 다스리는 방법을 보여 주고 경험시키는 것 등을 통해 유아를 도와주는 부모나 성인의 역할이 주요한 영향을 미친다(Shaffer, 2002).

또한 영아기 말기부터 나타나기 시작한 자의식적 정서는 유아기 동안 점점 더 발달해 간다. 이는 자아인식 및 자아에 대한 개념의 발달과 맞물려 있어 유아는 자아에 대한 느낌인 죄책감, 수치심, 자랑스러움, 자부심과 같은 자의식적 정서를 더 많이 경험해 간다. 특히 부모나 성인의 평가는 유아가 자신에 대해 가지는 자아감에 영향을 미치고 이는 자의식적 정서를 경험하게 한다. 지나친 수치심이나 죄책감은 열등감으로 이어지고 위축행동, 우울감, 공격성을 유발할 수 있고 반대로 지나친 자부심과 자만심은 또래관계의 부적응으로 이어질 수 있으므로 부모나 성인은 긍정적인 양육행동을 통해 자녀의 균형 잡힌 주도성과 죄책감의 발달을 도와줄 수 있어야 한다.

한편, 정서의 의미와 정서들 간의 관계를 인식하고 추론과 문제해결에서 정서를 효과적으로 사용하는 능력인 정서지능(emotional intelligence)이 있다. 정서지능에 대해 연구자들의 견해와 측정 방법은 다양하지만 다음과 같은 핵심적인 요소들을 공통적으로 강조하고 있다(Kalat & Shiota, 2007).

- 정서에 대해 이해하고 추론하는 것
- 얼굴표정, 음악, 그림 등의 정서를 이해하는 것
- 자신을 진정시키거나 타인의 불안을 완화시키는 것과 같이 정서를 관리하는 것

사회적 관계를 형성하고 살아가는 인간에게 있어 정서에 대한 이해와 조절능력은 매우 중요하며 정서는 모든 행동의 기반이 된다. 동시에 정서의 발달은 사회적 상호작용에 의해 많은 영향을 받는다. 유아는 가족과 그 외의 사람들과의 일상적인 상호작용을 통해 정서에 대한 기대와 정서 표현의 규칙을 학습해 나간다. 일반적으로 정적 정서를 표현하는 부모의 자녀가 정적 정서를 더 많이 표현하고 부적 정서를 표현하는 부모의 자녀가 공포와 분노를 더 강하게 표현한다는 연구 결과들을 볼 때 유아기 정서발달에 있어 부모역할이 중요하다는 것을 알 수 있다.

■ 사회적 발달

- 성역할 발달: 성역할(gender role)은 각 문화에서 여자 또는 남자에게 적절하다고 간주되는 행동, 태도, 기술 및 성격적 특성을 말한다. 유아기는 이와 같은 성역할을 습득하는 과정인 성유형화(gender typing)가 일어나는 시기다.

  Freud의 심리성적 이론에 의하면 유아기는 남근기에 해당하는 시기로 유아는 자신과 다른 성의 부모를 애정의 대상으로 여기게 된다. 남아는 오이디푸스 콤플렉스(oedipus complex)를, 여아는 엘렉트라 콤플렉스(electra complex)를 해결하기 위해 남아는 아버지를, 그리고 여아는 어머니를 동일시하게 되며 이 과정에서 아버지와 어머니의 태도, 행동, 생각을 내면화시켜 부모의 성역할을 자신의 것으로 발달시킨다.

사회학습 이론가들은 유아가 자신이 속한 문화에서 바람직하게 받아들여지는 행동 기준을 습득하는 사회화 과정을 통해 성역할을 학습해 나간다고 본다. 부모, 또래, 대중매체에서 나타난 인물의 행동을 모델링하거나 성인의 피드백 또는 직접적 가르침에 의해 유아는 성유형화되어 간다는 것이다.

인간의 뇌에 대한 연구가 활발해지면서 최근 들어서 성역할발달에 있어 생물학적 요인의 영향력이 더욱 부각되고 있다. 호르몬의 분비와 성역할발달과의 관련성을 제시하는 연구들은 출생 전후로 남성 호르몬인 테스토스테론과 소량의 세로토닌은 공격성이나 경쟁적 지배행동과 관련 있으며 태내기에 남성 호르몬인 안드로겐 수치가 높았던 여아는 훨씬 더 활동적이고, 놀이친구로서 여아보다 남아를 선호하며, 남아가 주로 갖고 노는 놀잇감을 좋아하는 결과를 제시하였다. 또한 남아보다 우월한 여아의 언어적 능력을 언어적 유창성과 관련된 두뇌의 뇌량이 더 크기 때문이라고 보는 입장도 있다.

- 또래관계: 유아기에 들어서면서 자아에 대한 이해 증가와 더불어 타인의 감정이나 생각에 대한 이해가 증가하고 의사소통능력이 발달함에 따라 또래와 상호작용하는 기술 역시 급속한 진전을 보인다. 또래와의 상호작용을 통해 유아는 수평적인 사회적 관계를 경험하고, 연령에 적절한 여러 가지 학습 경험을 얻게 되고, 공통된 관심을 갖는 친구관계를 형성하게 된다(박성연, 2006). 4세경이 되면 '가장 친한' 친구라는 용어를 사용하기 시작한다. 이 시기에 대부분 유아는 적어도 하나 이상의 가까우면서 상호적인 또래관계에 참여하게 된다(Erwin, 1998).

또래관계는 아동발달에서 여러 가지 기능을 하는데 중요한 기능으로는 친구관계에 대한 동기를 만족시키는 것, 사회적 기술의 훈련장이 되는 것, 아동에게 친밀함에 대한 확신을 주는 것이 있다. 그리고 또래관계는 아동으로 하여금 사회적 기술을 교환하고 검증하게 해 주고, 사회인지적 발달을 촉진하며, 동료애와 사회적 지지를 제공해 준다. 이 밖에 또래와의 관계는 아동을 스트레스 상황에서 보호하는 정서적 방패막의 역할을 한다(Erwin, 1998).

또래관계의 형성에는 유아의 타고난 기질, 애착의 역사, 그리고 부모가 제공하는 환경 등이 영향을 미친다. 기질적으로 수줍음이나 억제행동을 보이는 유아의 행동에 부모가 지나치게 우려하고 비판적이며 통제적일 경우 오히려 유아의 행동억제는 더 심해진다. 반대로 부모의 민감하며 반응적인 양육태도, 즉 유아의 기질에 조화로운 양육태도는 행동억제를 감소시켜(박성연, 2006) 또래관계를 원만하게 형성하는 데 도움을 줄 수 있다.

한편, 부모는 부모-자녀관계를 통해 유아에게 또래관계의 기초를 마련해 준다. 영아기에 주양육자와 안정적 애착관계를 형성한 유아는 불안정 애착관계를 형성한 유아에 비해 또래관계를 더 기술적이고 효율적으로 잘 맺고 쉽게 좌절하지 않고 갈등을 더 잘 극복하는 경향을 나타냈다. 반대로 영아기에 불안정 애착으로 분류된 유아는 또래와의 관계에 더 거리를 두고 부정적이며 충동적인 특성을 나타내고 또래로부터 거부되는 경향이 많았다(정옥분, 정순화, 황현주, 2009; Erwin, 1998).

이 밖에 부모는 유아가 또래와 관계를 형성해 가는 데 있어 도움이 되는 환경을 마련해 주어 또래관계에 직접 영향을 미치기도 한다.

유아기의 또래관계가 활발해지면서 또래와의 놀이도 다양한 형태로 발달해 간다. 유아의 놀이를 처음으로 연구한 학자인 Parten(1932; 박성연, 2006에서 재인용)은 관찰을 통해 아동의 놀이를 비참여적 놀이, 혼자놀이, 방관자놀이, 병행놀이, 연합놀이, 협동놀이 등의 6가지 형태로 분류한 바 있다.

인지적이며 사회적 발달을 동시에 고려하는 현대적 놀이 분류에서는 유아의 연령이 증가하면서 인지적으로 보다 성숙해져 영아기(~2세)에는 단순 반복적인 기능적 놀이를 보이다, 점차 구성하는 놀이(3~6세) 및 인지적 발달과 사회적 발달이 결합해 나타나는 가상놀이(2~6세)로 발달해 간다(박성연, 2006)고 하였다.

5) 아동기

(1) 아동기의 신체 및 운동 발달

아동기의 신체발달은 비교적 완만하게 일어나고 성장속도가 둔화되기는 하지만 매년 신장은 5~7cm 정도 자라며 체중은 2.5~4kg씩 증가한다. 아동기 말에는 사춘기가 시작되면서 신체적 성장의 급등기가 나타나는데 여아의 사춘기가 남아보다 2~3년 빨리 시작되므로 10~12세경에는 일시적으로 여아의 신장과 체중이 남아보다 앞서는 결과를 나타낸다. 그리고 다리가 길어지고 골격의 크기가 증가하고 근육이 발달하면서 유아기보다 몸매가 더 가늘어진다. 특히 남아는 근육이 더 많이 발달하고 여아는 지방조직이 남아보다 더 많아지는데 이런 특성은 성인이 되어서도 계속 이어진다.

6세경에 뇌의 무게는 이미 성인의 수준에 달하기 때문에 아동기의 뇌 성장은 매우 느린 편이다. 그러나 뇌의 좌반구와 우반구가 각기 다른 기능을 맡아 하는 뇌의 편재화와 수초화 현상은 아동기에도 계속된다(Cratty, 1986; 정옥분, 2002에서 재인용).

아동기의 운동발달을 살펴보면 대근육과 소근육의 기본적 운동기능이 거의 발달한 상태에서 아동기에는 기존의 운동능력을 더 정교화하고 유연화한다. 그리고 협응능력이 더 많이 발달하며 힘과 기술이 향상된다. 운동능력의 발달에도 성차가 나타나, 남아는 운동능력의 발달에 필요한 활동을 더 많이 하고 힘이 세어지는 반면 여아는 남아보다 유연성이 뛰어나다. 소근육운동 발달은 중추신경계의 수초화 증가로 인해 더 능숙하게 소근육운동을 할 수 있게 된다. 대체로 여아가 남아보다 소근육운동 기술이 우수하게 나타난다(박성연, 2006; 정옥분, 2002).

아동기는 이전 시기에 비해 학업위주로 일과가 진행되므로 하루 중 오랜 시간을 앉아 있어야 한다. 그러나 신체활동은 아동으로 하여금 다양한 운동기술을 습득하게 하고 즐거움과 활력을 제공한다. 또한 운동기술의 발달은 아동의 자아개념에도 영향을 미쳐 운동기술로 인한 성취감이나 자신감을 가질 경우 긍정적인 자아개념을 발달시키게 된다. 따라서 아동의 생활에서 적절한 신체활동과 운동에 참여할 수 있는 시간을 확보하는 것은 매우 중요하다.

(2) 아동기의 인지발달

■ 구체적 조작기

아동기는 자기중심적이며 직관적이고 비논리적인 사고의 특성과 함께 다양한 인지적 한계를 나타내었던 유아기와 달리 인지능력에서 상당한 발전을 보이는 시기다.

구체적 조작기의 인지발달은 조작(operation)의 습득이 주요한 특징이다. 구체적 조작기는 내적 표상을 정신적으로 조작할 수 있다. 심상이나 상징을 변경하고 재조직화해 논리적 결론에 이르는 인지적 조작을 통해 아동의 인지는 보다 융통성 있고 논리적이며 조직화되어 간다. 그러나 여전히 인지적 한계는 있어 이 시기의 논리적 사고는 구체적이고 사실적인 것에 국한되며 추상적인 것에 대한 정신적 조작능력은 다음 단계인 형식적 조작기에 가능해진다(김태련 외, 2004; Berk, 2000).

구체적 조작 사고의 특징은 다음과 같다.

- 보존 개념(conservation): 아동기는 유아기의 중심화(centration) 경향을 벗어나 탈중심화(decentration)되어 보존 개념 과제를 해결할 수 있게 된다.

  이러한 보존 개념의 획득에는 가역성, 보상성, 동일성이라는 세 가지 개념의 이해가 전제된다. 가역성(reversibility)은 어떤 상태의 변화가 그 변화 과정을 역으로 돌리면 다시 원래대로 복구될 수 있다는 개념이다. 보상성(compensation)은 예를 들어, 한쪽 컵의 길이가 긴 대신 다른 쪽 컵은 폭이 넓으므로 두 컵 간의 차이가 서로 상쇄된다는 개념이다. 마지막으로 동일성(identity)은 모양이나 상태가 변해도 더하거나 빼지 않으면 양은 동일하다는 개념이다.

  보존 개념의 획득은 그 내용에 따라 발달적 차이를 나타내는데 피아제는 이를 수평적 위계(horizontal dècalage)의 개념으로 설명하였다. 수의 보존 개념이 5~6세에 가장 일찍 발달하며 길이, 액체의 양, 질량, 무게의 보존 개념은 6~7세, 부피의 보존 개념은 9~12세로 가장 늦게 발달한다(Shaffer, 2002).

- 위계적 분류능력(hierarchical classification): 구체적 조작기의 아동은 사물을 분류할 때 분류의 위계를 이전보다 더 잘 인식하게 되므로 여러 차원에 따라 다양한 방식으로 분류할 수 있다는 것을 이해하게 된다. 상위유목과 하위유목을 동시에 고려해 분류할 수 있게 되며 전체와 부분 간의 관계도 이해하게 되면서 두 개 이상의 속성에 따라 분류하는 다중유목화(multiple classification)도 가능해진다.
- 서열화(seriation): 사물을 길이나 크기 등의 기준에 따라서 증가 혹은 감소하는 순서대로 배열하는 서열화 능력도 이 시기에 발달한다. 아동은 한 가지 속성에 따라 대상을 비교하면서 순서대로 배열하는 단순서열화(simple seriation)뿐만 아니라 두 가지 이상의 속성에 따라 대상을 비교해서 순서대로 배열하는 다중서열화(multiple seriation)도 가능해진다. 그리고 A가 B보다 길고 B가 C보다 길 경우 A가 C보다 길다는 것을 이해하는 이행성(transitivity) 능력이 생겨 다양한 서열화 과제를 해결할 수 있게 된다.

■ 주의와 기억 발달

주의폭이 매우 짧은 유아기와 달리 아동기는 중추신경계의 성숙으로 주의집중능력이 크게 증가한다. 주의집중을 관장하는 망상체(reticular formation)는 사춘기가 되어야 완전히 수초화된다. 아동기에 주의집중능력이 증가하는 또 다른 이유는 주의집중에 필요한 효과적인 책략을 사용하기 때문이다. 어떤 과제를 해결하기 위해 정보를 수집할 때 유아기에 비해 아동기는 보다 계획적이며 체계적으로 정보를 수집한다. 그리고 과제 수행에서 아동기는 유아기에 비해 과제와 관련되는 자극에만 주의를 기울이고 과제 수행을 간섭하는 다른 정보들은 걸러내는 선택적 주의(selective attention) 책략을 사용할 수 있다.

정상적 발달 과정에서 대부분의 아동들은 아동기에 주의집중능력이 크게 향상되지만 일부 아동들은 주의를 긴 시간 유지하거나 목적지향적인 주의 책략을 개발하지 못한다. 이 경우를 주의력결핍 과잉행동장애(attention-deficit hyperactivity disorder: ADHD)라 명명하며 주의력결핍 과잉행동장애 아동은 학업 및 사회성에서 많은 어려움을 호소한다.

기억발달에서는 정보를 저장하고 인출하는 과정에서 다양한 기억 책략의 발달이 중요한 역할을 한다. 기억 책략의 효율성은 연령에 따라 증가하며 유아기에 비해 아동기에 훨씬 더 효율적으로 발달한다. '시연(rehearsal)'의 경우 기억과제에서 3~4세 유아는 시연을 거의 하지 않는 반면 7~10세 아동들은 더 효과적으로 시연을 하였고 시연을 할수록 기억을 더 잘하였다. 기억하기 쉽도록 자극을 의미 있는 덩어리로 분류하거나 조직하는 기억 책략인 '조직화(organization)'는 시연보다 늦게 나타나 9~10세가 지나서야 기억과제에서 조직화를 시도한다. 기억하고자 하는 정보에 어떤 것을 덧붙이거나 서로 의미 있는 연결을 만들어 내는 '정교화(elaboration)' 기억 책략은 청소년기 전에는 거의 발견되지 않는 가장 늦게 발달하는 기억 책략이다. 한편, 기억 책략은 직접적인 가르침에 의해 길러질 수 있다(Shaffer, 2002).

■ 지능발달

지능은 지적인 행동의 기반이 되는 능력으로 지식을 배우거나 활용하고, 개념과 관계를 이해할 수 있으며, 일상적인 문제를 해결하고, 여러 상황에 효과적으로 대처할 수 있는 능력으로 정의할 수 있다(박성연, 2006).

지능의 구성요소에 대한 주장은 학자들마다 차이가 있지만 최근 들어 공통된 관점은 지능이 복합 요인으로 구성되어 있으며 다차원적인 속성을 지니고 있다는 것이다. 이를 대표하는 이론가로 Gardner와 Sternberg를 들 수 있다. 이들은 전통적인 정신측정법을 통한 지능검사가 중요한 정신능력을 측정하지 못한다고 주장하면서 보다 포괄적인 이론을 제시하였다.

Gardner는 기존의 지능검사가 주로 언어능력, 수리력, 공간지각력만을 측정하는 것에 반대하면서 이 외에도 음악, 신체운동, 대인관계, 자기이해 및 자연주의적 지능을 포함한 다중지능이론(theory of multiple intelligence)을 주장하였다. 또한 그는 한 영역에서 지능이 높다고 해서 다른 영역의 지능이 높은 것은 아니라고 보았다.

지능의 3요소 이론(triarchic theory of intelligence)을 주장한 Sternberg는 지능은 구성적 지능, 경험적 지능, 맥락적 지능의 세 가지 요소로 구성되어 있다고 본다. 구성적 지능은 전통적인 지능검사가 측정하는 지능과 유사한 내용으로 학업 과제에 필요한 분석적 능력을 말한다. 경험적 지능은 새로운 문제를 해결하기 위해 과거의 지식과 경험을 사용하는 능력의 의미하며 맥락적 지능은 실용적인 지능으로 환경에 어떻게 대처하고 적응하는가와 밀접하게 관련 있는 요소다.

(3) 아동기의 정서 · 사회적 발달

아동기는 사회문화적 기술을 익히고 현실적인 성취를 이루는 데 에너지를 사용하면서 근면성과 유능감이 발달하는 시기다. 초등학교 입학과 더불어 또래관계, 학업 및 사회생활에 필요한 기술 습득이 아동의 생활 대부분을 차지하므로 건강한 정서 및 사회성 발달이 어느 시기보다 주요하게 여겨진다.

■ 정서발달

아동기의 자의식적 정서는 유아기와 달리 내면화되어 성인의 감독 없어도 자부심이나 수치감, 죄책감 등을 경험해 스스로 성취지향적 행동을 할 수 있게 된다. 또한 행위의 의도보다 결과에 초점을 두는 유아기와 달리 의도에 대해 생각할 수 있게 되어 보다 성숙한 도덕성을 나타낸다.

정서에 대한 이해력도 증가해 자신의 내적 마음 상태에 초점을 두어 정서를 이해하고, 두 가지 이상의 감정을 동시에 이해하는 능력도 점차로 향상되며, 한 상황에 대해 두 가지 비슷한 감정(예: 분노와 슬픔) 또는 서로 상반된 감정(예: 미움과 애정)을 느낄 수 있다는 것을 이해하게 된다. 그리고 아동은 사람들이 겉으로 나타내는 표정과 속마음은 다를 수 있다는 것도 깨닫게 되며 정서적 단서와 상황적 단서를 종합해 어떤 상황에서 어떤 감정을 느낄 수 있을 것인지 정서적 추론을 할 수 있게 된다(박성연, 2006).

한편, 학업 수행에서 오는 정서적 부담과 또래관계에서의 고립 등으로 인해 정서적 스트레스를 호소하는 아동들이 늘어나고 있고 우울증을 호소하는 아동의 수도 급격하게 증가하고 있다. 이 같은 현상은 아동의 정서조절능력 발달의 중요성을 부각시키는데 아동이 자신의 정서 상태를 제대로 인식하고 이해하며 이에 적절하게 대처할 수 있도록 관심을 갖고 지도해야 한다.

■ 사회적 발달

아동기는 또래와 비교해 자신이 가진 개인적 특성으로 자신을 기술하게 된다. 아동기 초기는 주로 자신의 신체적 특성이나 소유물, 좋아하는 놀이활동 등으로 자신을 기술하는 반면 아동기 말기가 되면 심리적 특성이나 다른 사람과의 관계 등으로 자신을 기술하는 자아개념이 발달한다. 그리고 흑백논리의 자아개념이 아니라 '어떤 것은 잘하고 어떤 것은 못하나 전반적으로 나는 어떻다.'는 식의 통합적 개념을 갖게 된다. 또한 자신이 이상적으로 되고 싶은 이상적 자아(ideal self)와 현실적 자아(real self)를 비교해 이전 시기보다 더 자기반성적이고 자신에 대해 정확하며 객관적인 자아개념을 갖는다(박성연, 2006; 정옥분, 2002).

자아개념의 발달과 더불어 아동은 자아개념에 대한 긍정적 또는 부정적 견해를 갖는 평가적 측면인 자아존중감(self-esteem)을 발달시킨다. 자아존중감이 높다는 것은 자아에 대해 수용적이며 존중하는 태도로 자신의 특성과 능력을 현실적으로 평가한다는 것을 의미한다. 자아존중감은 개인의 정서적 경험 및 행동, 그리고 장기적인 심리적 적응에 이르기까지 발달의 전반적인 측면에 영향을 미치는 중요한 개념이다(Berk, 2000).

유아기에는 일반적으로 자아존중감이 매우 높은 편이나 아동기에 들어서면서 자아존중감은 현실적인 수준으로 조정된다. 아동은 인지적 발달과 더불어 자신의 학업적 성취나 능력을 다른 아동과 비교할 수 있게 되고 여러 측면에서 자신을 평가하기 때문에 아동기, 특히 아동기 초기는 유아기에 비해 자아존중감이 낮아진다. 그러나 아동은 자신의 강점과 약점을 현실적으로 평가하고 통합하면서 4~6학년부터는 자아존중감이 점차 회복되어 청소년기까지 안정적 양상을 보인다(박성

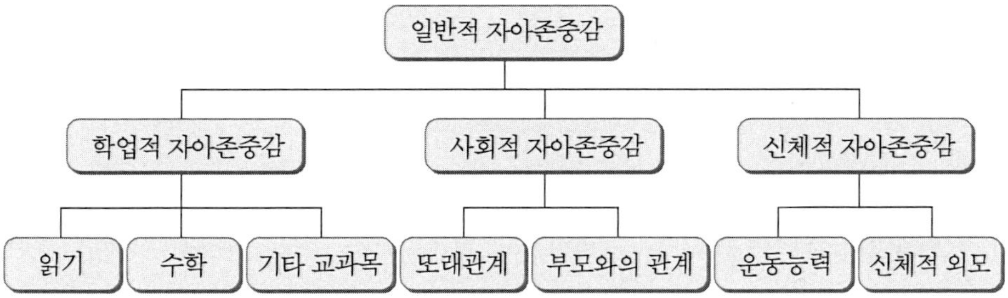

[그림 2-2] 자아존중감의 위계적 구조

출처: Berk, 2000.

연, 2006; 정옥분, 2002).

자아존중감이 자신의 가치에 대해 전반적으로 평가를 내리는 개념임에도 불구하고 연구자들은 자아존중감은 연령이 증가하면서 구조가 점차 세분화되어 위계적인 구조를 갖게 된다고 보았다([그림 2-2] 참조)(Berk, 2000).

한편, 아동기는 개인과 사회 속에서 자아에 대한 개념을 인식하기 시작하면서 자기규제(self-regulation)와 사회적 규제(social-regulation) 간의 조정이 가능해진다. 즉, 자신을 위해서뿐만 아니라 타인의 요구나 필요에 부합하기 위해 자기통제를 내면화시켜 자신의 행동을 규제하기 시작한다. 하지만 여전히 아동의 행동에 대한 통제는 아동에게 전적으로 맡겨지지 않고 부모와 상호규제하는 전환기적 특성을 나타낸다. 상호규제는 부모와 자녀 사이의 협조적인 과정이며 양자가 분명하게 의사소통할 때만 성공적이 될 수 있다.

6) 청소년기

(1) 청소년기의 신체발달

청소년기(사춘기)가 되면 신체적으로 성숙해지며 생식능력도 갖게 된다. 신장과 체중의 급격한 증가로 체형이 변하는 것 외에도 2차성징이 나타나 외모에서도 이를 쉽게 발견할 수 있다.

신장과 체중이 급격히 증가하는 원인은 내분비선에서 분비되는 호르몬 증가와 관련이 있다. 사춘기가 되면 시상하부의 뇌하수체의 활동이 활발해지는데 이에 가장 민감하게 반응하는 내분비선은 갑상선, 부신피질, 생식선 등이다. 이로 인해 신진대사, 신체성장, 근육강도, 협응능력 등에 영향을 미치게 되는 것이다. 이 시기 동안 소년은 1년에 키가 약 10cm, 소녀는 약 9cm 정도 자란다. 그러나 이런 성장급등 현상은 개인마다 차이가 크다.

또한 성호르몬의 영향은 체형에서도 변화를 나타내어 소년은 피하지방이 없어져 어깨가 넓어지고, 다리가 길어지며, 근육이 발달해 남성다운 외모를 갖는다. 반면 소녀는 가슴, 골반 등에 체지방이 축적되어 어깨가 좁고 골반이 넓어져 여성다운 외모를 갖는다. 이 같은 청소년기의 신체성장급등기는 예전에 비해 더 이른 시기에 나타나며 평균 신장도 더 크다. 더 나아진 영양섭취와 건강에 대한 관심 증대, 그리고 다양한 문화적 자극과 심리적 보살핌 등 환경이 질적으로 개선되었기 때문이다. 따라서 사춘기의 급격한 신체적 변화에는 생물학적 영향뿐만 아니라 환경적 영향도 작용하고 있다고 볼 수 있다.

한편, 성적인 성숙은 가슴 발육, 체모 분포 및 음성 변화 등으로 나타나는 외모의 변화뿐 아니라 소녀의 경우 초경을 시작하게 되고 소년의 경우 자연적인 음경발기와 몽정이 나타난다. 이는 청소년의 심리에 영향을 미치게 되는데 대체로 성적 성장속도가 빠를수록, 준비된 지식이나 태도가 없을수록 또 자신이나 주변 사람이 기대했던 성장 수준과 차이가 많을수록 심리적 부적응이 높다고 한다. 그리고 성적 성숙시기도 개인차가 커서 소년의 경우 10~18세, 소녀의 경우 9~17세 사이에 성적 성숙이 이루어진다(이옥형, 2002).

(2) 청소년기의 인지발달

청소년기는 Piaget가 제시한 인지발달단계에서 형식적 조작기(formal operational stage)에 해당한다. 형식적 조작기에 들어선 청소년은 추상적인 개념이나 가설적인 사건에 대해 보다 합리적이고 체계적으로 사고할 수 있다. 형식적 조작은 개념과 명제를 바탕으로 이루어지는 정신적 활동이므로 청소년기에는 추상적이면서 논리적인 사고가 가능해진다.

형식적 조작 사고의 특성은 다음과 같다.

- 가능성에 대한 사고: 형식적 조작기로 옮겨가는 청소년은 현실적이고 구체적이며 실제적으로 문제를 해결하는 방식에서 벗어나 가능성(possibility)에서 사고를 시작한다. 이 같은 가능성에 대한 사고는 문제상황을 주의 깊게 검토해 가능한 모든 해결책을 찾아내고 그중에서 어떤 것이 현실성이 있는 것인지 체계적으로 탐색해 문제해결에 이르게 되는 조합적 사고(combinational thinking)를 할 수 있게 해 준다(Flavell et al., 2002).
- 가설연역적 사고(hypothetical deductive thinking): 형식적 조작 사고는 문제자료를 세밀하게 조사해 그것에 합당한 가설을 세우고 이에 근거해 경험적 현상이 현실에서 일어나거나 일어나지 않을 것이라고 논리적으로 연역하면서 자신의 이론을 검증하는 것을 가능하게 해 준다. 이 같은 사고의 특성은 위에서 언급한 가능성에 대한 사고능력의 발달과 밀접한 관련을 갖는다.
- 명제 간 사고(interpropositional thinking): 구체적 조작기의 아동은 각각의 명제를 분리시켜 고찰해 검증하는 식으로 명제를 다룬다. 하지만 형식적 조작기의 청소년은 두 가지 이상의 명제에 적용되는 논리적 관계에 대해 추리하는 것이 가능해진다. 따라서 전자를 명제 내(intrapropositional) 사고, 후자를 명제 간 사고라 부른다(Flavell et al., 2002).
- 상상의 청중과 개인적 우화: Piaget는 형식적 조작기는 새로운 자아중심성이 나타나는 것과 더불어 시작된다고 보았다. 이 같은 자아중심성은 청소년이 자신과 타인의 추상적 사고를 구별하지 못하게 하고 상상의 청중과 개인적 우화 같은 두 가지 왜곡된 인지적 현상을 나타낸다.

  상상의 청중(imaginary audience)은 청소년은 자신이 늘 무대에 서 있는 것처럼 여기고 자신이 타인의 관심과 주의의 초점이 되고 있다고 지나치게 자의식한다. 따라서 외모에 지나치게 관심을 보이며 대중의 비판에 민감한 반응을 나타낸다. 개인적 우화(personal fable)를 살펴보면 청소년은 다른 사람들이 자신에게 관심을 갖고 늘 지켜보고 있다고 확신하기 때문에 자신이 중요한 인물이라고 부풀려 생각하며 자신이 특별하고 독특하기 때문에 다른 사람은 자신의 생각이나 감정을 이해하기 힘들다고 생각한다. 이 같은 생각은 청소년에게 위험을 감수하는 행동을 하게 하기도 한다(Berk, 2000).

(3) 청소년기의 정서 · 사회적 발달

■ 정서발달

청소년기는 흔히 '질풍노도'의 시기로 불린다. 부모와의 갈등이 증가하고 정서적 혼란을 경험한다. 많은 연구에서 일관성 있게 밝혀진 결과는 우울증상이 청소년기에 상당한 정도로 증가한다는 사실이다. 그리고 이런 우울증상의 증가는 소년보다 소녀들에게 훨씬 더 많이 나타난다. 청소년기에 우울증상이 증가하는 이유로는 청소년기 삶의 모든 측면에서 나타나는 변화에서 찾을 수 있다. 신체적으로 2차성징이 나타나면서 신체적 특성이 변화하고 호르몬의 변화가 동반된다. 그리고 학교에서의 요구가 변화하고 가정에서 책임이 증가한다(Kalat & Shiota, 2007).

하지만 청소년기의 정서적 혼란에 대해 약간은 과장된 점도 있을 수 있다. 비록 부정적 정서가 어느 정도 증가하는 것이 정상이기는 하지만, 많은 10대들이 큰 갈등이나 괴로움 없이 청소년기를 통과한다. 그리고 가족 내에서는 부정적 정서를 많이 보이지만 또래나 집 밖의 활동에서는 긍정적 반응을 더 많이 보이기도 한다. 따라서 청소년기의 정서발달을 명확하게 단정내리기는 어려우며 아직 더 많은 연구를 필요로 한다(Kalat & Shiota, 2007).

■ 사회적 발달

청소년은 자아에 대해 분리되어 있는 특성들을 통합하는 형태로 기술하기 시작한다. 그러나 때로는 이러한 일반화가 서로 연결되어 있지 않고 모순되어 있는 특성을 나타낸다. 정서에서와 마찬가지로 부모에게 보이는 모습과 학급 친구들, 단짝친구, 그리고 이성친구에게 나타내는 자아의 모습이 각기 달라 청소년 스스로도 어떤 모습이 진짜 자신의 모습인지 몰라 고민에 빠지기도 한다. 청소년기 중기나 후기에 들어서면서 자신의 이 같은 특성에 대해 인식하게 되고 이런 다양한 자신의 모습을 조정하고 통합해서 자아를 기술한다(Berk, 2000).

Erikson에 의하면, 청소년기의 가장 중요한 발달과업은 자아정체감의 확립이다. 청소년들은 '나는 누구인가?'라는 가장 근원적인 의문을 제기하면서 자신의 정체감을 찾으려고 고민하게 된다. 자아정체감의 획득은 지속적 노력을 통해서 이루어지는 것으로 청소년기에 시작해서 청소년기에 끝나는 것은 아니다. 다만 이 시기는 정체감 형성에서 가장 결정적인 시기라고 볼 수 있다. 이처럼 청소년기에 정체감 위기를 급격하게 경험하는 데 영향을 미치는 요인으로는 급격한 신체적 변화와 성적 성숙, 아동기에서 성인기로 옮겨가는 과정에서 경험하는 양가적 상황(ambivalent situation), 그리고 진학과 전공 선택의 문제 및 이성문제 등에서 겪는 선택과 결정의 강요를 들 수 있다. 이 밖에도 과거와 미래로 확장되어 가는 인지적 조망능력의 발달로 인해 청소년은 자아존재성에 대한 더 많은 고민과 갈등을 하게 되고 이로 인해 정체감 위기를 경험한다.

이와 같은 정체감 위기는 모든 청소년들이 경험하는 것으로 위기를 극복하는 정도에 개인차가 있을 수 있다. 그러나 정체감 위기를 성공적으로 극복하지 못할 경우 청소년은 정체감 혼미를 경험한다. 정체감 혼미 상태에 있는 청소년은 자신의 견해에 병적으로 열중하거나 또 다른 극단에 치우쳐 다른 사람의 생각은 더 이상 아랑곳하지 않으며 가출이나 비행을 일으키기도 한다. 그리고 정체감 혼미에 따른 불안을 떨치기 위해 약물이나 알코올 남용에 빠질 수 있다(정옥분, 2002).

학습과제

1. 발달 현상에 관한 논쟁에는 어떤 것들이 있으며 이 논쟁들이 반영하는 아동관은 무엇인지 생각해 보고 나의 아동발달관에 대하여 논해 보시오.
2. 발달에 미치는 유전과 환경의 영향 및 발달의 연속성과 비연속성에 대한 각 발달 이론들의 입장을 비교해 보시오.
3. 현대과학이 증명하고 있는 태교의 과학적 사실과 태내 경험 및 출산 경험이 이후의 심리, 신체적 발달에 미치는 장기적 효과에 대한 사실들을 조사해 보시오.
4. 신생아가 가진 다양한 능력들에 대하여 설명하고 신생아의 건강 및 발달 상태를 평가하기 위한 한국형 평가도구에 대하여 조사해 보시오.
5. 영아의 다양한 발달을 촉진하기 위하여 수행할 수 있는 부모의 다양한 양육적 지원활동을 발달 영역별로 생각해 보고 이를 포트폴리오로 작성해 보시오.
6. 유아기의 인지발달에서 어떤 한계점들이 나타나는지 설명하고 이것이 유아의 정서나 사회적 발달에 어떤 방식으로 작용하는지 예를 들어 설명해 보시오.
7. 아동의 자아존중감 발달 과정과 자아존중감 향상에 영향을 미치는 요인들에 대해 설명해 보시오.
8. 청소년기의 형식적 조작 사고의 특성과 이로 인한 청소년기의 인지적 왜곡 현상을 설명해 보시오.

참고문헌

김태련, 조혜자, 이선자, 방희정, 조숙자, 조성원, 김현정, 홍주연, 이계원, 설인자, 손원숙, 홍순정, 박영신, 손영숙, 김명소, 성은현(2004). **발달심리학**. 서울: 학지사.

박성연(2006). **아동발달**. 서울: 교문사.

박성연, 김상희, 김지신, 박응임, 전춘애, 임희수(2005). **자녀와의 진정한 만남을 위한 부모교육**. 서울: 교육과학사.

서봉연 역(2007). **발달의 이론**(William C. Crain 저). 서울: 중앙적성출판부.

서봉연, 이순형(1984). **발달심리학-아동발달-**. 서울: 중앙적성출판부.

서울대학교 사범대학 교육연구소(1995). **교육학 용어사전**. 서울: 배영사.

서유헌(2006). 아동발달과 뇌발달의 이해. 2006년 한국아동학회 춘계학술대회 자료집(건강한 아동, 건강한 뇌), 3-12.

유안진(1994). 한국의 전통 육아방식. 서울: 서울대학교출판부.

유안진, 김혜선(1990). 인간발달. 서울: 한국방송통신대학교출판부.

이영, 조연순(1991). 아동의 세계-태내기에서 청년기 발달까지-. 서울: 양서원.

이옥형(2002). 아동·청년발달. 서울: 집문당.

이정덕(1992). 아동발달학. 서울: 수학사.

장미자(1998). 애착의 세대 간 전이-어머니의 내적 실행모델과 영아의 애착유형. 경희대학교 대학원 박사학위 청구논문.

장휘숙(1990). 아동심리학. 서울: 박영사.

정옥분(2002). 아동발달의 이해. 서울: 학지사.

정옥분(2003). 아동발달의 이론. 서울: 학지사.

정옥분, 정순화, 황현주(2009). 애착과 발달. 서울: 학지사.

조복희, 도현심, 유가효(2010). 인간발달(개정 2판). 파주: 교문사.

조복희, 정옥분, 유가효(1989). 인간발달-발달심리적 접근-. 서울: 교문사.

주정일(1988). 아동발달학. 서울: 교문사.

최보가 편역(1993). 아동발달. 서울: 형설출판사.

Daum 국어사전(2009).

EBS 비디오 '아기성장 보고서' 1, 2, 3, 4, 5편.

EBS 비디오 '인간탐구 대기획 5부작, 아이의 사생활' 1, 2, 3, 4, 5편.

Berk, L. E. (2000). *Child development.* MA: Allyn & Bacon.

Erwin, P. (1998). *Friendship in childhood and adolescence.* NY: Routledge.

Flavell, J. H., Miller, P. H., & Miller, S. A. (2002). *Cognitive development.* NJ: Prentice Hall.

Kalat, J. W., & Shiota, M. N. (2007). 정서심리학(민경환 외 공역). 서울: 시그마프레스.

Miller, P. H. (1983). *Theories of Developmental Psychology.* San Francisco: W. H. Freeman and Company.

Owens, R. E. (2001). *Language development.* MA: Allyn & Bacon.

Shaffer, D. R. (2002). *Developmental psychology: Childhood and Adolescence.* CA: Wadsworth.

• 제 3 장 •

아동 정신병리

개요

아동기에 보이는 정신병리는 전체 아동 가운데 10~15% 정도에서 다양한 형태로 발생하는 것으로 알려져 있다. 이 장에서는 정신병리의 유형별 구분, 발생빈도, 발달학적 측면 등에 대해 간략하게 살펴본다. 그리고 각각의 정신병리를 발달장애(정신지체, 자폐성장애, 학습 및 언어장애), 외현화 장애(적대적 반항장애, 주의력결핍 과잉행동장애), 불안장애, 기타 장애(틱장애 등), 아동학대로 나누어 알아본다. 덧붙여 아동 정신병리의 진단 및 평가, 치료, 특히 의학적 치료를 중심으로 살펴본다.

학습목표

1. 아동 정신병리의 중요성과 의의에 대해 이해한다.
2. 정신병리의 유형별 구분, 발생빈도, 발달학적 측면을 이해한다.
3. 발달장애의 개념과 정신지체, 자폐성장애, 학습 및 언어장애에 대해 이해한다.
4. 외현화 장애의 개념과 적대적 반항장애, 주의력결핍 과잉행동장애에 대해 이해한다.
5. 불안장애, 기타 장애(틱장애 등), 아동학대에 대해 이해한다.
6. 아동에서 보이는 부적응 혹은 이상행동에 대해 의학적 모델에 기반하여 이해한다.
7. 아동 정신병리의 진단 및 평가, 치료, 특히 의학적 치료에 대해 이해한다.

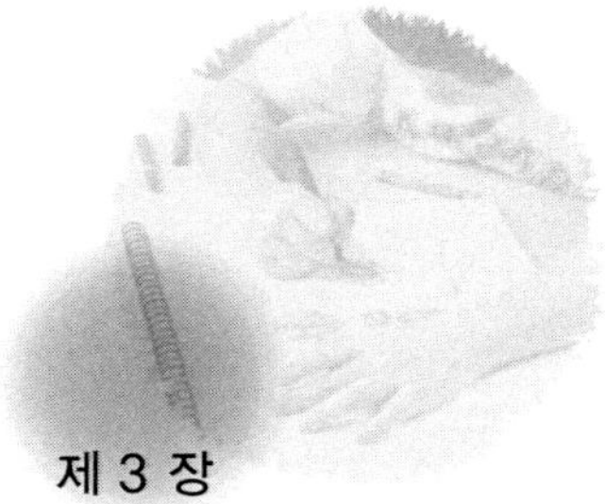

제 3 장

아동 정신병리

1. 아동기 정신병리의 발생 및 중요성

아동들이 감기, 설사, 폐렴, 백혈병 등 신체적인 질병에 걸려 고통을 당하듯이 마찬가지로 정서 혹은 행동상의 정신건강에 문제를 보일 수 있다. 이들은 감기, 설사와 같이 비교적 가볍고 일과성일 수도 있지만 선천 기형이나 백혈병과 같이 매우 심각하고 치명적일 수도 있다. 따라서 부모를 포함한 아동의 양육에 관련된 성인들은 이들의 신체적인 건강은 물론 정신건강에 대해서도 잘 이해하고 이의 증진에 신경을 써야 할 것이다. 아동의 정신건강에 적신호를 보이는 문제행동을 조기 발견 · 진단하는 것은 매우 중요한 일이다. 두말할 것도 없이 이 문제행동은 가능한 한 생애 초기에 발견함으로써 더 이상의 악화를 방지하고, 개선 가능한 것을 수행할 수 있으며, 발달을 저해하는 여러 요소들에 보다 효율적으로 대처할 수 있다.

1) 정신병리의 발생 비율

아직 국내의 아동기 정신병리 발생률이 어느 정도인지 정확하게 알 수 있는 현황은 부족하다. 다행히 한국특수교육원(2002)에서 전국적인 조사를 시행하여 6~11세 특수교육 요구아동 출현율을 2.71%로 발표한 바 있다. 하지만 이것도 초등학교 연령군을 대상으로 한 것이고 비록 10개 항목에 달하는 광범위한 장애를 포함하기는 하였지만 전 세계의 출현율과 비교하면 상당히 저추계된 것으로 판단된다. 예를 들어, 정서 · 행동장애 0.15%, 언어장애 0.05%, 정신지체 0.83% 등이 그 예로 아직도 일반인은 물론 교사들도 장애에 대한 인식이 매우 낮음을 알 수 있다. 2002~2006년에 걸쳐 필자가 서울시 성동구 소재 2개 초등학교 2 · 3 · 4학년 약 1,500명을 대상으로 조사한 연구에서 과잉행동증을 포함한 행동장애가 3~4%, 그리고 발달장애(학습장애 포함) 및 정서장애가 각각 약 1~3%에 달하고 있는데 이 조사와 상당한 차이를 보이고 있다. 즉, 상당히 많은 아동들이 지체부자유 등 신체장애뿐 아니라 언어, 행동, 정서, 인지 등 다양한 장애를 갖고 있으며 외국의 경우 대략 10~15%로 추정되고 있다.

2) 아동기 정신병리의 중요성과 의의

아동기 정신건강의 중요성은 조기 발견이라는 점 외에도 다음과 같은 여러 가지 이유(Mash & Dozois, 2003)로 강조되어야 한다.

- 아동기 장애는 비교적 흔하다. 아동기 장애(문제행동 혹은 정신병리)를 추정해 보면 일반 아동인구에서 적게는 14%, 많게는 22%에 이르며 진단을 내릴 정도로 심한 형태의 문제는 전체 일반 아동의 약 8~10%를 차지한다.
- 많은 유형의 아동기 장애가 단지 아동기에 그치는 것이 아니라 일생 동안 지속된다. 상당히 많은 아동기의 문제가 그대로 지속되지는 않더라도 시간이 지나면서 형태나 강도를 달리하여 변화된 형태로 나타날 수 있다. 혹은 나중

에 진단이 내려질 정도의 심한 정신병리가 아니더라도 아동기의 문제로 인하여 가정생활, 직업, 사회적응에 지속적으로 부정적인 영향을 미칠 수 있다.

- 최근의 여러 가지 사회변동과 상황은 아동들을 위험에 빠뜨릴 수 있고 어린 연령일수록 더 심각한 발달상의 문제를 일으킬 수 있다. 급격한 이혼 증가를 포함한 가족해체, 만성적인 빈곤, 가정파괴의 압력, 편부모 양육, 노숙, 농촌 지역의 빈곤층, 미성숙아, 부모의 술/약물 남용, 그리고 아동학대를 포함한 양육상의 문제 등이 최근 사회문제가 되고 있다.
- 아동기 정신장애와 관련하여 일생 동안 겪는 후유증은 개인 및 가정이 겪는 일상생활에서의 지장이나 고통은 물론 사회경제적인 면에서도 매우 심각하다. 경제적으로도 보건 · 교육 · 정신건강 · 사법체계에서 지불되는 비용, 이로 인한 생산성 감소, 반복적이고 장기적인 치료비용, 고통받는 아동 · 가족 및 지역사회가 겪는 고통 등을 추계한다면 매우 커다란 액수가 지불되는 것이다.
- 이 같이 도움이 필요한 아동이나 가족들 가운데 약 70% 이상이 적절한 서비스 제공이나 치료를 받고 있지 못하다. 2003년도 전국 정신보건센터에서 조사한 바에 의하면, 교사들은 학급당 5.6%의 아동들이 문제가 있다고 간주하고 있으며 이 가운데 적어도 절반은 정신과 진료가 필요하다고 생각하고 있지만, 실제 치료 혹은 상담을 권유한 경우는 학급당 0.7%로 문제학생으로 인식한 것의 13%밖에 되지 않는다(안동현, 2004). 아동기 정신장애 가운데 많은 부분이 적절한 치료나 서비스 제공으로 더 빨리 호전되거나, 정상 발달을 덜 제한받거나, 적어도 고통을 경감할 수 있다.

2. 아동 정신병리에 대한 두 가지 주장

아동의 정서 및 행동장애의 원인으로 선천적 요인(nature)과 양육 요인(nurture)의 중요성에 대해 오랫동안 논란이 되어 왔다. 하지만 최근 의학의 발전에 힘입어 서서히 그 논란에 대한 해답이 풀리고 있다.

예를 들어, 정신지체나 자폐성 발달장애, 언어 및 학습장애는 거의 전적으로 선천적으로 타고난 기질적 원인에 의한 것으로 알려졌다. 물론 한때는 자폐성 발달장애가 '부모가 냉담해서 혹은 놀아 주지 않아서' 문제가 생기는 것으로 생각한 적도 있었다. 하지만 이제는 더 이상 자폐증이 부모의 잘못으로 일어나는 것으로 생각하지 않는다.

이는 그 정도는 덜하지만 주의력결핍 과잉행동장애(ADHD), 불안장애, 틱 및 뚜렛장애 등도 비슷하다. 이들 모두 유전적 요인이 상당히 높고 선천적으로 기질성이 원인인 것으로 알려지고 있다. 다만 그 증상의 발현이나 완화 혹은 악화에 있어서 정신지체나 자폐성장애에 비해 환경 요인이나 양육 요인이 더 중요하다.

이와는 반대로 거의 전적으로 환경적-사회심리 요인에 의한 것들을 들자면 반항장애, 적응장애 등이 있다. 이것은 물론 타고난 기질이나 성향도 문제지만 특히 아동기 초기 및 후기의 부모-자녀관계를 포함한 환경적 양육 요인이 매우 중요하다.

따라서 최근에는 타고난 것과 양육 요인이 전적으로 배타적인 것이 아니라 상호보완적이라는 견해가 널리 받아들여지고 있다. 따라서 유전적, 선천적, 기질적 요인이 밑바탕에 중요한 요인으로 자리 잡고 있지만 아동이 자라면서 환경으로부터 어떻게 영향을 받는지 여부에 따라서, 즉 어떤 가정환경에서 어떤 부모-자녀관계를 통하여 어떻게 양육되고 어떤 경험을 하는지 여부가 그 증상의 발현, 경

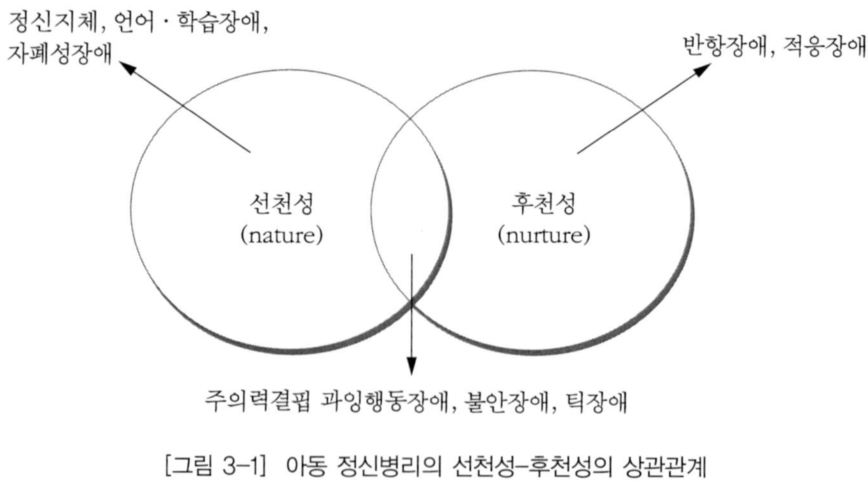

[그림 3-1] 아동 정신병리의 선천성-후천성의 상관관계

과, 호전 등에 중요하게 작용한다. 따라서 문제가 기본적으로 어느 정도의 기질적 요인인가 하는 점도 중요하지만 그런 문제를 부모나 교사가 어떻게 다루어 나가는가 하는 점도 매우 중요하다. 하지만 명심할 것은 때로는 부모의 양육이나 교사의 교육, 훈육만으로 해결할 수 없는 한계도 있음을 인식해야 할 것이다.

3. 아동 문제행동의 구체적 유형

1) 장애 분류의 두 가지 방식

장애를 분류하는 방식은 크게 두 가지다. 먼저 범주형 분류(categorical classification)는 가장 대표적인 것으로 미국정신의학회(APA)의 『정신질환의 진단 및 통계편람』 4판(DSM-IV; APA, 1994)과 세계보건기구(WHO)에서 제정한 『국제질병분류』 10판(ICD-10; WHO, 1992)이 있다. 이 두 진단체계에는 상당히 많은 아동 및 청소년기 정신장애가 제시되고 있다.

이와 대립되는 분류 방식으로 차원형 분류(dimensional classification)가 있는데 이것은 DSM 체계나 ICD 체계에서 채택하고 있는 범주형 진단체계와는 아주 다른 분류체계라고 할 수 있다. 앞에서 논의한 바와 같이 범주형 체계가 기본적으로 정신장애를 질적인 것, 비연속적인 것을 강조하는 것과는 달리 차원형 체계는 정신장애를 양적인 것, 연속적인 것으로 본다. 아동행동조사표(Child Behavior Ckecklists: CBCL)를 토대로 아동기 문제행동을 분류한 Achenbach와 Edelbrock (1978)의 분류체계, Quay(1979)의 분류체계 등이 대표적이다. 이들은 흔히 요인분석(factor analysis)과 같은 통계기법을 적용하며 임상 자료에 의존하지 않는다는 점, '사례' 적용에 절단점을 적용할 수 있는 점 등이 강점이다. 하지만 단점으로 정신장애를 단지 정상 수치에서의 통계적 이탈로 간주하고 있는 점, 연령 · 성별 등에 따라 요인이 변화하는 점, 빈도가 매우 낮은 희귀한 정신장애(예: 자폐증, 함구증)를 포함하지 못하는 점 등이 있다. 따라서 일반 인구를 대상으로 연구하거나 위험집단을 선별하는 경우에는 유용하지만 실제 임상에서 개별 사례를 진단하는 데는 매우 제한된다.

2) 장애의 진단 분류

여기서는 DSM-IV 진단체계를 토대로 편의상 다음과 같이 아동 및 청소년기 정신장애를 5개 범주로 구분하고 그 각각의 범주에 해당하는 진단명을 제시한다.

첫째, 발달장애의 범주에 정신지체, 전반적 발달장애(자폐증), 특정발달장애(학습장애, 운동기술장애, 의사소통장애)를 포함한다. 이들은 대개 유전적인 소인과 함께 선천적으로 유아기 혹은 아동기 초기에 발달지연이나 이상을 초래한다.

둘째, 행동장애의 범주에 주의력결핍 과잉행동장애(ADHD), 반항장애, 품행장애를 포함하여 DSM-IV의 주의력결핍 파괴적 행동장애와 그 범주를 같이한다.

셋째, 정서 및 기분장애의 범주로 분리불안장애(학교공포증)를 포함한 기타 불안장애, 신체형 장애, 우울장애 등을 포함한다. 특히 아동기에는 불안장애와 우울장애의 구분이 불완전하거나 모호한 경우가 많아 많은 노력에도 불구하고 성인기에서와 같이 그 구분이 명확하지 않다.

넷째, 생리기능장애의 범주로 수면장애(야경증 등), 배설장애(야뇨증 및 유분증), 식사(및 섭식)장애를 포함한다. 성인에서도 비슷하지만 아동들에서 이들 생리 기능은 심리적 요인이 매우 밀접한 연관이 있고 상호관련이 많기 때문에 이들을 한 범주로 묶어 분류하는 것이 유용하다.

마지막으로 기타 장애의 범주로 틱 및 뚜렛장애, 정신병, 기질성 정신장애, 알코올 및 물질남용(및 의존) 등 아동 및 청소년기에 흔히 발병하는 장애도 있지만 성인기 장애가 아동 혹은 청소년기에 조기 발병하는 경우를 포함한다.

이 진단 분류 방식은 장애인 등을 위한 특수교육법(구, 특수교육진흥법) 등 교육계에서 분류하는 방식과는 다소 차이가 있다. 일반적으로 특수교육에서는 이러한 진단분류 방식이 아닌 교육학적 관점에서의 분류를 사용하여 지체장애, 시각장애, 청각장애, 언어장애, 그리고 정신지체의 기본적 장애 외에 정서장애에 자폐장

〈표 3-1〉 아동기 정신병리의 분류

1. 발달장애: 정신지체, 자폐성 발달장애(자폐증), 학습 및 언어장애
2. 행동장애: 주의력결핍 과잉행동장애(ADHD), 품행장애, 반항장애
3. 정서장애: 분리불안장애(학교공포증), 기타 불안장애, 신체형 장애 등
4. 생리기능장애: 수면장애(야경증), 배설장애(야뇨증), 식사장애(거식증)
5. 기타 장애: 틱/뚜렛장애, 정신병, 적응장애, 기질성 정신질환, 약물남용
6. 정상 발달상 위기, 사회적 문제들(학대/방임) 등

애를 포함한 행동장애, 그리고 위의 진단 분류에서 제시하는 정서장애(불안증, 우울증 등)를 모두 포함한다. 그리고 그 외에 학습장애, 중복장애 등을 제시하고 있다. 따라서 교육학적 분류와 정신의학적 진단 분류는 장애의 유형 및 용어의 차이가 있음을 이해해야 한다.

이미 앞에서 일부 언급하였지만 〈표 3-2〉에서 이러한 정신병리의 구체적 유형에 따라 그 빈도가 어느 정도 되는지 제시하였다. 물론 이것은 국내에서 시행된 자료가 아니어서 다소 한계가 있지만 대체로 어떤 정신병리가 어느 정도로 발생하는지에 대한 개략적인 자료로 참고할 수 있다.

〈표 3-2〉 아동기 정신병리의 발생빈도와 성별 차이

문제 유형		구체적 질병	추정빈도	성별(주요)
발달	인지	정신지체	드묾	남
	학습	읽기장애	적음	남
	운동기술	발달성조절장에	흔함	남
	의사소통	표현성언어장애	적음	남
		수용성언어장에	적음	남
		발음장애	적음	남
		말더듬	드묾	남
	전반적	자폐장애	희귀	남
		레트장애	희귀	여성에만 해당
		아동기붕괴성장애	희귀	남
		아스퍼거장애	희귀	남

정서	불안	분리불안장애	적음	여
		특정공포증	적음	여
		사회공포증	드묾	여
		범불안장애	드묾	여
		강박증	드묾	남=여
		외상후스트레스장애	모름	여
		선택적 함구증	희귀	여
	기분	주요우울증	드묾	남=여
행동		반항장애	매우 흔함	남>여
		주의력결핍과잉행동증	적음	남
		품행장애	흔함	남
신체	식사	반추장애	모름	남
		식사장애	모름	남=여
		이식증	모름	모름
	수면	악몽증	모름	여
		야경증	모름	남
		몽유병	적음	남=여
	배설	유분증(똥싸개)	드묾	남
		유뇨증(오줌싸개)	흔함	남
	성기능	성정체성장애	적음	남
	틱	뚜렛장애	희귀	남

* 발생빈도는 다음과 같다.
10%>이면 매우 흔함, 5~10%이면 적음, 2~5%이면 드묾, 1~2%이면 희귀, 1%<이면 모름, 알려져 있지 않음.
출처: Skotol et al. (1997).

4. 아동기 정신병리의 발달학적 측면

발달심리학적 관점에서 정신장애란 아동이 어떤 특정한 발달단계에서 신체적, 정신적 손상을 받아 해당 발달단계의 발달과제(developmental task) 성취에 곤란을 일으켜 발달이 고착(fix)되거나, 왜곡(deviation)되거나 혹은 퇴행(regression)

하여 문제를 일으키는 것으로 볼 수 있다. 그러므로 이 관점에서는 정신질환을 진단함에 있어서 아동이 어떤 발달단계에 처해 있고 어떤 단계의 발달과제가 제대로 이루어지지 않았는가를 정확히 평가하는 것이 필수적이다. 치료에 있어서도 아동이 직면하고 있는 발달과제의 성취문제를 아동의 생물학적 · 심리학적 · 개인적인 측면, 환경의 영향, 개인과 환경과의 상호관계에서 파악하고 이를 원활히 해결해 나가도록 도와주는 것이 중요하다.

[그림 3-2]에서와 같이 아동은 임신 중의 태교 과정을 통하여 모-자 상호작용을 한다. 출생 후 신생아기(출생~생후 1년이나 1년 반)에는 어머니의 보살핌에 의해 모-자관계에서 애착 형성이 필수적이다. 이때 선천적 혹은 기질적인 원인에 의한 자폐증으로 애착이 형성되지 못하거나 어머니의 우울증이나 학대 등으로 애착 형성이 실패하는 경우(반응성 애착장애, reactive attachment disorder: RAD)가 있다. 애착 형성의 시기를 지나 생후 1년~1년 반이 지나면 자율성(autonomy)과 자기조절(self-control)을 배워 스스로를 어머니로부터 분리시켜 개체의 개별화를 이루게 된다. 이것이 이 시기의 중요한 발달과제인데 적절하게 자율성을 획득하지 못하거나 혹은 자기조절을 적절히 배우지 못할 경우에 분리불안증(separation anxiety disorder: SAD)이나 심한 떼부림, 심지어 반항장애(oppositional defiant disorder: ODD)를 초래할 수 있다.

어머니로부터 독립적이 되어 또래관계를 갖게 되는 학령전기가 되면 성역할을 포함한 사회화 과정을 익히게 된다. 이 발달시기에 적절한 과제를 수행하지 못하거나 고착되면 이 시기에 해당하는 다양한 정신장애를 일으킨다. 이 같이 각 발달시기와 그 시기에 합당한 발달과제를 적절하게 수행했는지 여부가 유아와 아동의

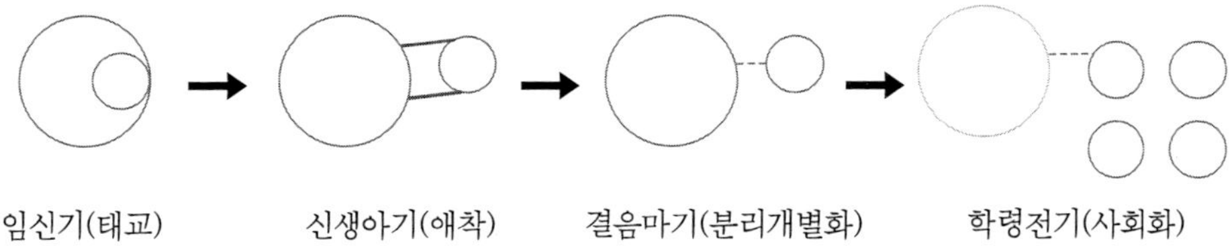

[그림 3-2] 발달단계와 발달과제

〈표 3-3〉 발달학적 측면에서의 발달단계와 정신병리

시기	영아기	걸음마기	학령전기	학령기	청소년기
연령	0~18개월	18~36개월	4~6세	7~12세	13~18세
Freud	구강기	항문기	오이디푸스 갈등기	잠복기	청소년기
Erikson	기본적 신뢰	자율성	주도성	근면성	자아정체성
Piaget	감각운동기	전조작기		구체적 조작기	추상적 사고기
발달 이정표	사회적 미소, 낯가림	언어, 대소변	초자아 형성, 사회화	지적 추구, 집단 동일시	사춘기 변화, 추상적 사고
발달과제	애착 형성	분리개별화	사회화	생산성	자아정체감
놀이	단독놀이	평행놀이	협력놀이	경쟁놀이	사회적 놀이
적절한 환경	따뜻한 돌봄, 적절한 영양	자율성 존중, 한계 설정	사회적 역할, 또래관계	지적 자극, 집단활동	일관된 기대, 자율 존중
병리	애착장애	떼부림, 섭식장애	분리불안, 반항장애	ADHD 사회공포증	약물남용 자살, 비행

정신장애를 이해하는 발달학적 관점의 기초를 이룬다.

이것을 홍강의(1984)는 각 발달단계에 따라 특징적인 발달과제, 발달 이정표, 놀이 형태로 구분하고 각 단계에서 필요한 적절한 환경을 제시하고 만일 이러한 것이 적절하게 제공되지 못하고 발달과제를 성취하지 못할 때 발생하는 정신병리에 대해 요약하여 제시하였다(〈표 3-3〉 참조).

또한 [그림 3-3]에서 제시한 것과 같이 각 연령대별, 발달시기별 두드러진 정신병리를 볼 수 있다.

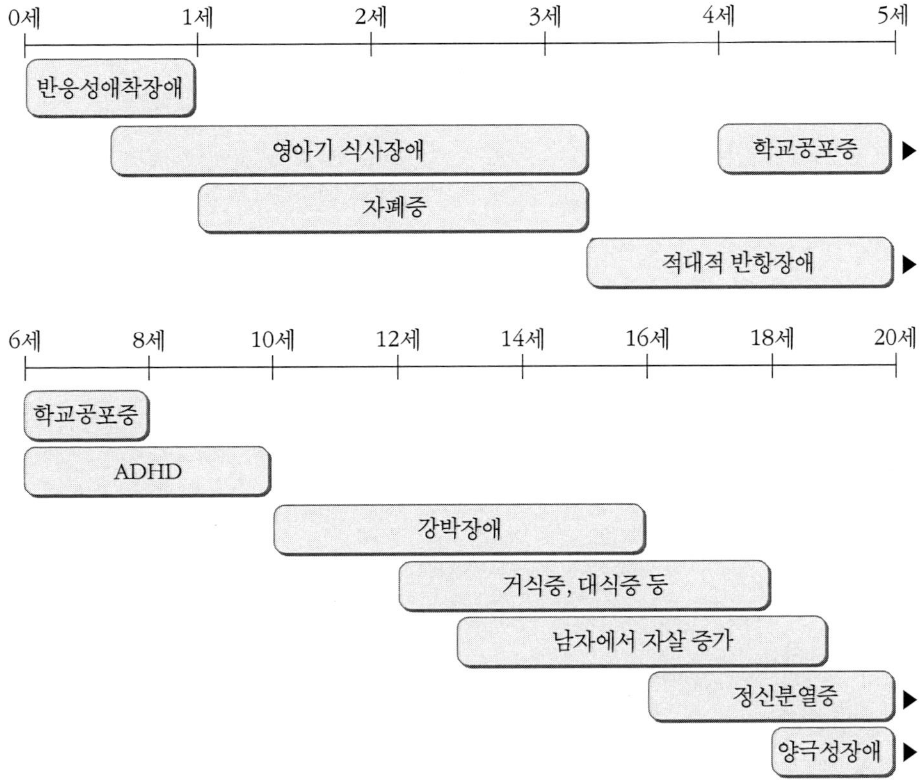

[그림 3-3] 아동기 정신병리의 발달

질병의 발병 위험이 가장 높은 시기를 나타냄.
출처: Mrazek (1997).

5. 아동기 발달장애

발달장애라 함은 어떤 이유로든 아동이 정상적인 발육을 하지 못하여 장기간에 걸쳐 일상생활 또는 사회생활에 장애를 초래하는 경우를 말한다. 물론 신체발육이 지연되어 장애가 나타나는 경우도 있지만 여기서는 주로 정신 기능의 발육지연 혹은 일탈, 결함에 대해 알아본다.

1) 정신지체

정신지체는 '만 18세 이전에 선천적이든 후천적이든 뇌 기능의 지연 또는 손상이 있어 지능과 사회적응능력이 저하된 경우'를 말한다. 과거에는 대개 지능지수(IQ)만을 기준으로 진단하였지만 최근에는 지능지수와 함께 사회적응능력의 저하 여부를 기준으로 진단한다. 정신지체의 장애 정도는 두 가지로 측정한다. 먼저 지능검사로 측정하는 지능지수(IQ)다. 두 번째가 사회성숙도검사(social maturity scale: SMS)로 측정하는 사회연령(SA)과 사회지수(SQ)로 이것은 사회적응 수준을 나타낸다. 정신지체의 심한 정도는 대개 IQ 수치에 따라 4등급(장애인복지법에는 3등급)— 경도, 중등도, 고도(및 극심)— 으로 나눈다.

정신지체는 학문적인 관심, 전문가의 부족으로 조기 발견이 어려운데 다음의 몇 가지 이유로 해서 정신지체의 조기 발견은 매우 중요하다. 즉, ① 페닐케톤유리아증(PKU), 갑상선기능저하증, 간질 등의 조기 치료로 정신지체의 예방 혹은 치료가 가능하다. ② 태아알코올증후군(fetal alcohol syndrome) 혹은 알려진 유전질환의 상담을 통해 예방이 가능하다. ③ 다운증후군에서의 갑상선기능저하증과 같은 합병증의 조기 발견과 치료를 할 수 있다. ④ 정확한 진단으로 아이의 능력에 대한 불필요한 오해를 줄일 수 있고 가족에 대한 지지를 할 수 있다. ⑤ 조기

〈표 3-4〉 정신지체의 정도에 따른 구분과 적응

정도	IQ	빈도(%)	학령전 발달	학령기 교육	성인기 재활
경도 (장애3급)	50~69	80~85	감각운동에서 약간의 지연	초6 수준까지 교육 가능	사회, 직업 기능 수행 때로 지도 · 감독 필요
중등도 (장애2급)	35~49	12	사회적 민감도 저하, 지연	초2 수준 교육, 직업훈련 가능	보호환경에서 비숙련 직업 수행, 대개 감독 요함
고도 (장애1급)	20~34	7	운동발달 지연 언어지연 미약	기본 신변관리, 직업훈련 불가	전적인 감독하에 자기유지 가능
극심 (장애 1급)	20 이하	1	뚜렷한 지연 보조가 필요	신변관리에서 전적인 보호 요함	제한적인 신변관리

출처: Sadock, B. J., & Sadock, V. A. (2007).

에 적절한 시기에 아이에게 필요한 특수교육, 서비스의 제공이 배려될 수 있다. ⑥ 특정 질환에 대한 예후를 미리 알 수 있다. ⑦ 예방과 정책 결정에 중요한 역학적 평가를 할 수 있다. ⑧ 원인과 예방에 관한 연구를 할 수 있다.

1차 예방으로 위험 요소를 줄이려는 여러 가지 노력들이 있고 그 외에 2차 예방으로 갑상선 기능저하에서 호르몬 투여, PKU에서 식이요법, 수두증에서 shunt 수술, 간질에서 항경련제 투여 등이 있다. 마지막으로 3차 예방에서는 독립 수준, 자조능력, 사회기술능력과 기회, 사회의 통합 기능, 지역사회에서의 지지 제공 등이 중요하다. 끝으로 정신지체는 정신질환의 이환 위험도가 일반인에 비해 3~4배 높다. 따라서 이들의 문제를 최소화하고 정상 사회에 편입시키기 위한 다양한 접근이 이루어지고 있다. 장애인 올림픽, 춤, 여행, 외출 등 다양한 기회를 통하여 이들에게 적절한 운동, 사회 및 오락 활동을 돕는다. 이와 함께 문제행동이나 부적절한 사회기술을 보완하기 위한 행동수정 요법에 근거한 여러 가지 프로그램이 개발되어 시행되고 있으며 자해, 상동증, 난폭행동, 과잉행동 등은 약물 투여에 의해 증상이 완화되기도 한다.

지지적 정신치료가 필요한 경우가 많은데 학령전기에는 대개 말이 늦고 또래관계가 어렵다. 학령기에는 학습, 사회기술 습득과 자조능력의 지연으로 인해 자아상이 낮고 과제를 회피하거나 수동적 태도, 우울감, 공격적 행동이 나타난다. 청소년기가 되면 대개 적응을 해 나가지만 초기의 수동적이거나 공격적 행동이 계속되기도 한다. 그렇기 때문에 이 같은 부적응을 방지하기 위해서 긍정적인 자아상을 심어 주도록 노력하고 스스로 자신의 가치를 느낄 수 있도록 돕는다. 마지막으로 부모상담이 매우 중요한데 대개 부모들의 심리반응을 보면 부정-분노-타협-수용의 단계를 거친다. 그러나 일부는 심한 갈등을 겪거나 혹은 정신지체에 대한 잘못된 견해를 갖기도 하고 또한 유전상담이 필요한 경우도 있다(다음 자녀가 정신지체를 가질 확률은 심한 원인불명의 경우 3~9%, 뇌막염 0%, 다운증후군 1~10%, 알코올중독 30~50%, fragile X 증후군 10~80%, PKU 100%이다).

2) 자폐성장애

자폐증이란 진단이 처음으로 사용된 것은 1943년 미국의 소아정신과 교수인 Leo Kanner 박사가 신체적 발달이나 외모는 정상인데 다른 사람과 어울리지 못하고, 말이 늦고, 말을 하더라도 제대로 의사소통을 하지 못하고, 언어 사용에 혼란이 있으며, 반복적인 놀이, 같은 놀이나 행동을 되풀이하며, 상상력은 부족하지만 기억력은 좋은 특이한 아이들 11명을 증례보고하면서 '유아자폐증(early infantile autism)'이라고 부르기 시작하면서부터다.

그 후 여러 사람들이 이 같은 특이한 증상을 보이는 아이들이 많이 있다는 것을 재차 확인하고 수많은 연구와 치료가 이루어져 왔다. 그러나 아직까지 이런 증상을 일으키는 원인은 규명되지 못하고 있다. 자폐증이라고 이름 붙여진 것은 자폐(autism)란 말이 움츠러들고 자기도취에 빠져 있음을 나타내는 뜻이기 때문이다. 한때는 아동기 정신분열증이라고 불리기도 했는데 이는 이들 환자들이 자폐적인 경향을 보이는 경우가 많기 때문에 붙여진 이름이지만 현재는 서로 관계가 적은 것으로 생각하고 있다. 아직도 일부에서 숫기가 없어 또래들과 잘 어울리지 못하거나 혼자 놀기를 좋아하는 경향이 있는 아이까지도 자폐라고 하는 경우가 있는데 이는 크게 잘못된 것이다.

자폐아동들이 신체적인 외모에서 특이한 이상 소견을 보이는지 여부에 대해서는 여러 연구들이 있어 왔지만 이들에게서 공통적인 신체적 외모에서의 특이 소견은 관찰되지 않고 있다. 이들은 단지 다음과 같은 행동특성에서 이상 소견을 보일 뿐이다(〈표 3-5〉 참조).

먼저 자폐증에서 가장 중요한 증상으로 간주되고 있는 사회관계 형성의 질적 결함은 다음과 같은 구체적인 증상들을 볼 수 있다. ① 여러 비언어적 행동의 사

〈표 3-5〉 자폐증의 특징적 행동특성

1. 상호교류적인 사회관계 형성의 질적 결함
2. 의사소통의 질적 결함
3. 행동이나 관심의 폭이 극도로 제한됨

용에 심한 결함을 보인다(예: 눈맞춤, 표정, 제스처, 상호작용), ② 발달 수준에 적합한 또래관계를 형성하는 데 실패한다. 즉, 또래와 어울리거나 잘 사귀지 못한다. ③ 즐거움, 관심을 나누려는 자발성의 결여(관심 있는 것을 보이거나, 가져오거나, 지적하지 못한다)를 보인다. ④ 사회적 혹은 감정적 상호교류의 결여를 보인다. 이러한 증상들로 인하여 이들은 다른 사람에게 거의 관심이 없거나 어울리지 못하여 부모들이 "이 아이는 또래들과 사귀지 못해요." "눈을 마주치지 않아요." "사람을 봐도 아는 척하지 않아요." 등을 호소하게 된다.

두 번째 중요한 증상으로 의사소통의 질적 결함을 보인다. 구체적으로 ① 언어발달의 지연 혹은 결여(대치하려는 보상적인 노력 없이)가 있다. 즉, 이 아동들은 말을 하지 못하거나 매우 늦다. ② 말을 하더라도 대화로 시작하거나 지속하는 능력의 심한 결함을 보인다. ③ 상동증적인 혹은 반복적인 언어 혹은 기이한 언어를 사용하는 경향이 있다. 따라서 이들은 흔히 앵무새같이 따라 하는 반향어, 대명사('나'를 '너') 혹은 조사, 의문문의 잘못된 사용 혹은 억양이나 음운의 이상 등을 나타난다. ④ 발달 수준에 적합한 자발적인 가상놀이 혹은 사회모방놀이가 결여된다. 흔히 이 아동들은 "장난감 자동차를 죽 늘어 놓기만 하고 엎어 놓고 바퀴만 굴린다." "장난감을 제대로 가지고 놀지 못한다."는 이야기를 많이 듣는다. 상징사용의 결함으로 인해 적절한 수준에 맞는 놀이를 할 수 없기 때문이다.

셋째, 행동이나 관심의 폭이 극도로 제한된 증상을 보인다. 즉, ① 한 가지 이상 이상한 행태로 상동적이고 제한된 형태의 집착을 보인다. ② 특이하고 비기능적인 일상 혹은 의식에의 완고한 집착이 심하다. 예로, 편식이 심하거나 혹은 자기 장난감을 절대로 바꾸지 못하게 한다. ③ 상동적이고 반복적인 매너리즘(예: 손이나 손가락을 흔든다, 꼰다, 몸을 움직인다)을 자주 보인다. ④ 물건의 일부분에 지속적으로 집착한다.

그 외에 자폐증의 공통적이고 필수적인 증상이라고 간주되지는 않지만 자주 부수적으로 동반되는 증상들로 다음과 같은 것들이 흔하다. ① 지능발달이 저하된다. 따라서 자폐아동들의 대부분(약 70%)에서 중등도의 정신지체가 동반된다. ② 자세나 행동에서 이상을 보인다. 예로, 상동증(흥분할 때 팔을 흔들거나, 겅중겅

중 뛰거나, 찡그리는 모습), 발끝으로 걷는 것, 팔이나 몸의 이상한 자세, 운동조절 능력 저하 등이 있다. ③ 자극에 이상한 반응을 보여 지나치게 둔감(아픈 것, 찬 것 혹은 뜨거운 것에 무감각한 반응)하거나 혹은 지나치게 민감(어떤 소리에 이상하게 귀를 막거나, 닿는 것을 싫어함)하다. 혹은 어떤 빛이나 냄새를 이상하게 좋아한다. ④ 먹고, 마시고, 자는 데 이상함을 보여 지나치게 편식이 심하거나, 음료수를 지나치게 마시거나, 놀라서 밤에 자주 깬다. ⑤ 기분 변화의 이상으로 기분이 수시로 바뀌거나, 별 다른 이유 없이 낄낄 웃거나 운다. 혹은 감정을 못 느끼는 것 같거나, 두려움이 없어 보이거나, 별것 아닌데도 지나치게 두려워한다. ⑥ 자해행동(예를 들어, 머리 찧기, 손톱이나 손 물어뜯기 등)이 심하다.

자폐증의 발병시기는 대부분 만 3세 이전에 발견된다(사실 자폐증의 경우 발병시기보다는 발견시기가 적절한 표현이다). 가끔 5~6세 이후에 알았다고 하는 경우가 있는데 어렸을 때의 발달 과정을 주의 깊게 살펴보면 그 이전부터 문제가 있었음을 알 수 있다. 예를 들어, 옹알이를 안 했거나, 눈을 맞추지 않았거나, 너무 순해 혼자만 지냈거나 하는 따위다. 아주 드물게 분명히 정상적으로 자라던 아이가 갑자기 사회성과 인지 기능이 상실되면서 자폐증상을 보일 수 있는데 이러한 경우를 헬러씨 증후군(Heller's syndrome), 붕괴형 정신병(disintegrative psychosis)이라고 부르기도 한다.

다른 아동들과 마찬가지로 발달해 감에 따라 많은 변화가 일어난다. 특징적으로 학령전기에는 자폐적인 모습이나 언어를 포함한 의사소통의 심한 지연 등 고전적인 자폐증의 양상을 뚜렷이 보인다. 학령기가 되면 대부분의 자폐아동들은 제한적이지만 부모와 애착을 형성하고 사회적인 반응양상에서 구분이 일어난다. 물론 아직 상당히 왜곡되어 있지만 의사소통능력도 생겨난다. 그러나 자위행동이나 자해행동 등이 나타나기 때문에 다루기가 더 어려워지기도 한다. 사춘기가 되면 일부는 상당한 호전을 보이기도 하고 일부는(10~35%) 뚜렷한 이유 없이 심하게 퇴행하기도 한다. 또한 사춘기 때(11~14세) 경련이 시작되는 경우가 많은데(20~30%) 특히 심하게 지체된 자폐에서 더 흔하다. 성인기가 되면 많은 자폐환자들은 여전히 장애를 갖지만 인지 기능과 의사소통이 좋은 일부에서는 대인관계의 잔재적인 장애는 갖지만 개인적, 직업적인 성취를 이룰 수 있다.

다른 장애와의 감별 진단이 중요한데 난청(귀머거리), 발달성 언어장애(말 늦는 아이), 정신지체(저능), 과잉행동장애, 모성결핍(반응성 애착장애), 정신분열병, 비전형 자폐증을 포함한 기타 전반적 발달장애들과 구별하여야 한다. 아직 특별한 치료법은 개발되어 있지 않기 때문에 완쾌시키지는 못하지만 조기교육과 부모상담, 약물치료 등을 통하여 상당 정도 호전시켜 부분적으로 독립생활을 할 수 있다.

3) 학습장애 및 언어장애

특정 기술의 획득이나 수행에서의 발달상 결함은 흔히 아동기에 처음 나타나는데 종종 일생 동안 지속되는 경우가 있다. DSM-IV(1994)에서는 크게 세 가지를 포함한다. 첫째, 학습장애로 여러 가지 학습기술—특히 읽기(reading), 산술계산(arithmetic), 쓰기(expressive writing)—의 습득에 장애를 초래하는 경우다. 둘째, 운동기술장애로 신체조절에 곤란을 갖는다. 마지막으로 의사소통장애로 언어발달의 결함—표현언어, 수용언어, 말더듬, 조음—이다.

이 장애들은 흔히 다른 정신질환과 공존하여 나타나는 경우가 많다. 실제로 이 같은 문제를 가진 아동들은 정서나 행동문제를 갖고 학습이나 언어장애는 숨겨진 채 단지 부수적인 문제로 남아 있는 경우가 많다. 이 장애는 흔히 전체적인 지능에 비해 상대적으로 초래되는 결함으로 정의되는 경우가 많다. 그러므로 임상적 관찰과 면접만으로도 진단이 유추될 수 있지만 반드시 지능검사와 특정 기술에 대한 표준화된 검사에 의해 측정되어야만 진단할 수 있다.

비교적 흔하게 나타나기 때문에 전 학령기 아동의 10~15%에 해당하는 것으로 알려져 있다. 가족력이 뚜렷이 있고 남녀비도 차이를 보여 대개 3~4: 1로 남자에서 흔하다. 이 예외가 수용성 언어장애다.

비록 원인은 확실하지 않지만 대뇌피질 혹은 이들 특정 기능과 관련된 다른 대뇌 영역의 발달지연, 기능이상 혹은 손상과 관련된 것으로 여겨진다. 그러나 유전적 혹은 기질적 이상에 대한 직접적 증거의 정도가 장애마다 다르며 비기질적 요인 또한 연관된 것으로 여겨진다.

학습장애, 언어장애, 운동조절장애는 다른 정신질환과 공존하는 경우가 많다. 대개 그 이유는 낮은 자존감('나는 바보다'), 자제력 부족, 수동적 태도, 경직성, 학습결손 등이다. 행동장애가 많이 나타나는데 학교 부적응 전에 선행하고 심지어 학교 진학 전에 시작할 수도 있다. 시간이 지나면서 경한 정도는 교육 등으로 호전될 수도 있지만 일부는 성인기까지 결함이 지속되기도 한다. 또한 동반된 행동문제 등도 발달상의 결함 정도를 넘어 지속되는 경우가 있다.

평가는 지능검사, 특정성취도검사, 행동관찰에 의한다. 이때 정신지체, ADHD, mood disorder, 기타 정신 및 신경장애의 가능성을 평가하여야 한다. 시력 및 청력의 장애도 악화시키거나 유사한 양상을 보일 수 있으므로 감각지각검사도 포함해야 한다.

이들은 특수교육의 대상이 되어야 한다. 이때 '개인별 교육계획(individual educational plan: IEP)'이 아동별로 수립되어야 한다. 이 계획에 따라 부분학습, 종일특수학급, 특수학교, 기숙학교 등이 마련된다. 이때 다학제적 접근이 필수적이다. 왜냐하면 많은 전문가와 교사가 한 아동의 치료와 교육에 관련되기 때문이다. 특히 발달상 혹은 교육상 변화나 전이시기에는 더욱 그렇다. 그러나 최근의 관심에도 불구하고 이들은 매우 광범위하고 경우에 따라서는 일생 동안 지속되기도 한다. 또한 치료나 교육에서도 광범위하게 적용되고 있지만 아직 뚜렷한 비교연구는 부족하다. 약물치료 또한 많이 사용되고 있지만 학습, 운동기술, 언어장애에서는 효과가 없다. 현재까지 알려진 바로는 이들 장애가 주로 유전과 신경발달의 문제에서 기인하는 것으로 알려져 있지만 사회환경적 요인도 중요하고 뿐만 아니라 합병증을 동반하는 것이 더욱 중요하다. 그러므로 정신사회적 및 대인관계 요소가 치료와 예후에서 핵심적인 역할을 한다.

(1) 학습장애

읽기, 쓰기, 산술능력의 습득과 수행에 결함을 갖는 것이다. 소위 학습지진이나 학습부진(slow learner)과는 질적으로 다르다. 즉, 교육 기회, 저능, 운동 및 감각(시, 청각)장애, 신경계 장애에서 기인되는 경우는 제외된다. 따라서 이들 장애를 정의함에 있어 위와 같은 경우를 제외하기 위해서 지능지수에 비해 성취도가 2년 혹은 2표준편차 이상 결함을 보일 때로 규정한다. 흔히 학습부진이라고 하면 개인의 학습 가능성, 지능에 비교하여 기대되는 성취 수준에 미달되는 경우로 선천적으로 능력이 부족하여 아무리 노력을 해도 학습이 성장, 성취되기 어려운 경우를 지칭하는 학습지진(주로 정신지체 혹은 경계선 수준의 지능)과는 구별된다. 지능지수가 111 이상으로 높은 중학생의 5~12%가 학년평균 이하의 성적을 갖는다는 연구라든지, 학습부진은 아니지만 정상 지능을 갖는 초등학생에서 독해력장애의 빈도가 3.8%라는 보고, 미국 교육부의 1985~1986년도 사이에 4.73%의 학생이 학습장애라는 보고 등을 종합하여 보면 상당히 많은 수가 정상 지능을 갖음에도 불구하고 기대되는 정상적인 학업 수행에 많은 지장이 있음을 알 수 있다.

미국에서 장애아를 위한 교육을 규정하고 있는 공법(public law: PL) 94-142에 의하면, "학습장애(specific learing disabilities: LD)란 이해 과정이나 구화언어 및 문자언어에서 작용하는 기초 심리 과정들의 하나 또는 그 이상에 장애가 있는 것을 말하며 이 장애는 듣고, 생각하고, 말하고, 읽고, 쓰며, 철자법 또는 숫자계산에서 불완전한 능력으로 나타난다. 학습장애에는 지각장애나 뇌손상, 미소 뇌기능 장애, 난독증 및 발달성 실어증 등은 포함되지만 주로 시각, 청각 또는 운동장애, 정신지체, 정서장애 혹은 환경적 · 문화적 · 경제적 실조의 결함에 의한 것은 제외된다."고 정의하고 있다.

원인은 여러 설명이 가능하지만 출생 전 또는 출생 후의 두뇌발달 과정에서 어떤 이유에서든지 인지 기능 중의 지각, 기억, 통합 또는 배출 기능의 어느 한 부분 또는 여러 부분의 결함에 의한 것으로 간주되고 있으며 이들이 의학에서 논의되는 이유는 아직 확실치 않지만 두뇌 기능의 결함과 연관되어 있고 또한 이들은 앞의 사례에서 보여 주는 학교 부적응, 본드 남용과 같이 이로 인하여 각종 정신질환에 노출될 확률이 매우 높기 때문이다. 학습장애는 아직 잘 알려져 있지 않은 장애다. 또한 원인적으로도 확실히 밝혀져 있지 않고 경우에 따라서는 나이가 들면서 서서히 좋아지는 경우도 많다. 어떤 경우에는 정신지체나 게으르고 의욕이 없는 아동으로 간주되어 소홀히 다루어지기 쉽다. 그렇지만 주의 깊게 유심히 살펴보면 매우 특이한 면을 가지고 있음을 알 수 있고 이러한 독특한 성질을 잘 이해하여 최대한 이들의 핸디캡을 줄여 줌으로써 정상이거나 정상에 가까운 적응을 시켜 줄 수 있다. 또한 흔히 생각하는 것보다 빈도도 흔하기 때문에 앞으로 많은 관심을 가질 필요가 있다.

(2) 언어장애

지능, 감각, 정서적인 원인이 아닌 언어 생산 혹은 이해의 결함을 말한다. 여기에는 두 가지 형태, 즉 수용성(대부분 표현성을 겸한 혼합형) 언어장애와 표현성 언어장애가 있다. 그 외에 조음장애가 있는데 이는 엄격한 의미에서 언어장애라기보다는 운동성 말하기의 결함이다. 또한 말더듬을 한 형태로 포함시키기도 한다.

유전적인 요인이 강하게 작용하는 것으로 알려져 있고 그 외에 발달학적 요인으로 흔히 두 가지 견해로 설명되고 있다. 하나는 생애 초기 두뇌손상으로 인한 언어의 비특정 발달지연으로 보는 견해다. 다른 하나는 신경인지 결함, 청각 진행의 문제, 언어적 결함 등 특정 부분에 초점을 맞춘다.

많은 연구들이 적어도 일부 아동들에서 두뇌 구조나 기능의 이상을 입증하고 있다. 그러나 이들 중 어느 하나도 아직 뚜렷한 결론을 내리기는 미흡하다.

아동은 여러 가지 문제로 내원하게 되는데 결함의 형태와 연령에 따라 달라진다. 걸음마기나 학령전기에는 주된 관심이 아이가 말을 할 것인가 여부, 아이가 간단한 지시를 이해하는지 여부, 언어 수준 등이다. 학령기가 되면 문법적으로, 어의적으로 더욱 복잡한 과제를 수행함에 있어서 이해, 표현 등이 더 문제가 된다.

수용성 언어장애가 있는 아동은 언어의 이해뿐 아니라 표현에서도 결함을 보인다. 결과적으로 이 형태가 더욱 심각한 문제를 초래한다. 표현성 언어장애 아동은 일반적으로 언어의 이해는 문제가 없고 단지 표현에만 문제를 갖는다. 아주 어린 아이의 경우에는 전혀 말을 하지 못하는 경우도 있다.

언어장애를 갖는 아동들은 흔히 여러 가지 정서적 및 행동문제를 동반한다. 어린 아동들에서는 충동성, 산만함, 공격성, 자신감 결여, 참을성 부족, 불안, 사회적 미숙함을 보인다. 청소년기에도 나타날 수 있는데 불안, 강박증, 위축, 공격적, 경직을 보인다. 이 장애에서 정신병리의 동반은 약 50%까지 보고한다. 역으로 소아정신과 환자의 약 1/2에서 언어장애를 갖는다고 알려져 있지만 대부분 간과되는 경우가 많다.

표준화된 언어검사를 통해야 정확한 진단이 가능하지만 주의 깊게 살펴보면 아동의 언어장애나 결함을 발견할 수 있다. 구체적으로 다섯 가지 영역으로 나누어 평가한다. 즉, 내재언어, 언어이해, 언어생산, 조음 및 음운, 화용언어다.

많은 아동들은 학령기에 도달하면 호전된다. 그러나 이들에게도 작은 문제는 계속되는 경우가 많다. 학령전기에 발달성 언어장애를 가진 아동을 10년 동안 추적한 연구에서 단지 30%만이 정상적으로 교육받고 있었음이 보고되었다. 나머지는 낙제하거나 특별학급에서 교육받고 있었다. 또한 언어검사에서 62%가 평균 이하의 점수를 얻었다. 또한 학습장애와 기타 정신질환과 밀접한 관련이 있었다. 다른 추적 연구에서도 비슷한 결과를 얻었는데 불량한 예후와 연관된 요인들로 표현성보다 언어이해의 결함, 사회기술의 부족, 정신병리와 운동실조 등이 있었다.

6. 외현화 장애

1) 적대적 반항장애

적대적 반항장애(oppositional defiant disorder)란 두드러지게 반항적이고, 복종하지 않고, 도발적인 행동을 보이지만 규칙을 어기거나 혹은 타인의 권리를 침해하는 반사회적 행동이나 공격적 행동이 두드러지지 않은 특징을 갖는 아동들에게 내려지는 진단이다. 일부 학자들은 품행장애(conduct disorder, 흔히 청소년비행)와 질적으로 다른 질병이 아니고 품행장애의 경한 형태로 간주하기도 한다. 따라서 국제질병분류(ICD-10, 1992)에서는 품행장애의 한 아형으로 분류하지만 미국정신의학회는 품행장애와 별개로 분류하고 있다(DSM-IV, 1994).

앞에서도 논의한 바와 같이 질병으로서의 개념이 아직 확립되어 있지 않기 때문에 그 빈도에서 약 2~20%까지 매우 다르게 보고된다. 여자에 비해 남자에게 2~3배 많고 과잉행동증에서 흔히 동반된다.

이들의 특징적 행동으로는 품행장애와 달리 타인의 권리에 대해 중대한 침해가 없으면서 따지고 말 안 듣는 행동이다. 뻔뻔하고, 부정적이고, 도발적이다. 이 같은 행동은 특히 교사와 부모를 향하는 경우가 많고 또래관계에서도 나타나지만 강도가 낮다.

이들은 논쟁에서 자기학대적 태도를 취한다. 즉, 부모와의 논쟁에서 지거나 자존심이 손상될 때는 오히려 자기가 원하는 것을 기꺼이 포기해 버린다(예를 들어, "그래 그러면 내가 안 사면 그만이잖아."). 경한 정도의 수동-공격적이거나 비열한

〈표 3-6〉 적대적 반항장애(ODD)의 미국정신의학회 진단 기준(APA, 1994)

A. 적어도 6개월 동안 다음 항목들 중에서 네 가지(혹은 그 이상)의 부정적, 적대적, 반항적 행동 양상들이 지속된다.
  (1) 종종 화를 터뜨린다.
  (2) 종종 어른들과 언쟁을 한다.
  (3) 종종 어른들의 요구나 규칙에 따르기를 반항하거나 거부한다.
  (4) 종종 고의적으로 사람들을 괴롭힌다.
  (5) 종종 자신의 실수나 잘못을 다른 사람들에게 전가한다.
  (6) 종종 과민해지거나 다른 사람들에 의해서 쉽게 기분이 상한다.
  (7) 종종 성내고 분노한다.
  (8) 종종 원한이나 앙심을 품는다.

  주의: 이 행동이 동일 연령이나 동일 발달 수준의 개인들에게서 전형적으로 관찰되는 것보다 더욱 빈번하게 발생할 때에만 규준에 맞는다고 간주한다.

B. 행동상의 장애가 사회적, 학업적, 직업적 기능에 임상적으로 중요한 손상을 유발한다.
C. 이 행동들이 정신증 혹은 기분장애의 경과 중에만 나타나는 것은 아니다.
D. CD의 진단 규준에 맞지 않아야 하고 만일 연령이 18세 이상이면 반사회적 성격장애(anti-social personality disorder)의 진단 규준에 부합되지 않아야 한다.

행동을 하기도 하지만 때로는 지나치게 순종적이거나 완벽하게 행동하기도 한다.

남자아이인 경우 까다로운 기질과 활동량이 부산한 아이에서 더 문제가 되기 쉽다. 학교에 들어가서는 자긍심이 낮고, 기분 변화가 심하고, 참을성이 없고, 욕을 잘하고, 술이나 담배, 그 외의 불법약물에 다른 아이들보다 조숙하게 접하기 쉽다. 부모, 교사, 또래들과도 문제를 일으킨다. 양육자가 자주 바뀌거나, 아이를 심하게 다루거나, 관심을 제대로 쏟지 않거나, 일관되게 다루지 못하는 가정에서 발생률이 높다. ADHD가 가장 잘 발병하며 그 외에 학습장애나 의사소통장애(언어장애)가 관련된다. 적대적 반항장애를 가진 아동들 중 대략 20~25%는 3년이 지나면 더 이상 장애를 보이지 않게 되지만 52% 이상은 이 기간이 지나도 계속해서 이러한 양상을 보인다. 이 같이 계속해서 반항장애를 나타내는 아동들 중 약 절반가량(처음 전체 ODD 아동의 25%)은 3년의 추적기간 내에 행실장애로 이행할 것이라고 하였다. 적대적인 행동은 신체적 공격성, 재산침해, 신분위배와 같은 품행장애에서 나타나는 행동들과는 일종의 발달적 관계를 갖는다.

적대적이고 반항적인 행동은 대부분 부모나 교사의 권유에 의해 내원하게 된다. 아동들은 스스로는 잘못이 없고 타인(부모, 성인, 또래)의 탓으로 돌린다. 진단에서 가장 중요한 것은 지속적이라는 것이다. 정상적으로 '공포의 두 살'이라는 말이 있듯이 2~3세의 걸음마기 아동들과 청소년들에게서는 반항적 행동이 나타난다. 만일 이 시기라도 이 같은 행동이 6개월 이상 지속적일 때는 진단을 내릴 수 있다. 그 외에 품행장애나 기분장애와의 감별이 중요하고 과잉행동장애의 동반 여부, 정신지체, 경계선 지능, 학습장애의 동반 여부 등의 감별이 중요하다.

원인으로는 유전적, 신경학적, 기질적 요인도 관여되지만 현재로는 심리사회적 기전이 중요한 것으로 알려져 있다. 즉, 부적절한 훈육, 충동조절의 문제를 갖는 부모의 역할 모델에 따른 아동의 동일시, 부모의 부재(unavailability) 등이 중요하다.

이들을 치료하는 데는 긍정적 강화, 효과적으로 지시하기, '격리(time out)', 토큰제(token economy)와 같은 행동수정 기법을 가르치는 부모상담이 중요하다. 전통적인 개인 및 가족 정신치료는 일차적인 문제에는 도움이 되지 못한다.

2) 주의력결핍 과잉행동장애

1920년대 초 미국에서 뇌염의 유행(1917~1918년) 후 생존 아동들에서 산만하고 활동적이며 충동조절, 인지 기능(기억을 포함한)의 장애를 기술하는 여러 논문들이 있었다. 그 후 과잉행동의 원인으로 뇌손상이 주요 연구대상이 되어 출산 시 손상, 홍역, 납중독, 간질, 대뇌손상 등이 보고되고 또한 실험동물에서 전두엽손상 후 비슷한 증상 발현이 보고되었다. 그리하여 1950~1960년대에는 이들을 '두뇌손상아' '미세두뇌손상' 혹은 '미세두뇌기능장애(MBD)' 등으로 명명하였다. 1950년대 말부터 1960년대 초에 걸쳐 아동의 뇌손상에 의한 단일 증후군 개념에 대해 많은 비판들이 제기되어 결국 MBD라는 용어는 사라지고 이 같은 불명확한 원인론에 입각한 명명보다는 관찰이 가능하고 정의할 수 있는 것에 근거하여 '난독증' '언어장애' '학습장애' '과잉행동아증후군' 등으로 불렸다. 1970년대에 이에 관한 수많은 연구들이 진행되어 수천 편의 논문들이 쏟아져 나왔다. 1980년대 이후 미국에서 이 질환을 주의력결핍장애(ADD)라고 부르다가 그 후 다시 주의력결핍 과잉행동장애(attention-deficit/hyperactivity disorder: ADHD)로 변화되었다.

이 아동들은 흔히 생후 초기부터 까다롭거나 활동이 많은 특징을 보이는 경우가 많다. 흔히 '철이 없다, 씩씩하다, 극성맞다, 남자답다' 등의 말을 들으면서 자라다가 유치원이나 초등학교에 다니기 시작하면서 단체생활을 시작한 후에야 발견되고 주목하게 된다. 수업 중에는 가만히 앉아 있어야 하고, 질서나 규칙을 지키고, 비교적 긴 시간을 집중해서 공부해야 하는 등의 제한이 가해지는데 이런 일을 수행하는 데 여러 가지 곤란을 겪는다. 부모나 교사들이 아동의 문제를 인식하게 되는 것이 대개 이 시기이며 부모보다는 교사들이 먼저 상담을 권유하는 경우가 많다. 왜냐하면 가정에서는 증상이 심하지 않거나 혹은 두드러지지 않지만 몇십 명의 단체생활에서는 훨씬 심해지고 더 잘 눈에 띄기 때문이다.

이 질환은 심하게 움직이고 부산스러운 과잉행동, 집중력이 짧고 끈기가 없어 쉽게 싫증을 잘 내는 주의산만함, 참을성이 적고 감정 변화가 많은 충동적 행동의 세 가지 주된 특징적 행동을 갖는다. 나이가 들면서 과잉행동은 줄어들어 초등학교 고학년이 되면 부산한 모습은 보기 어렵지만 끈기가 없고 주의산만한 모습과 욱하는 충동적인 면은 남아서 성인이 되어서도 문제를 일으키는 경우가 많다. 또한 여러 가지 동반질환으로 품행장애와 적대적 반항장애와 같은 행동문제, 학습장애나 언어장애와 같은 인지나 학교적응과 관련된 문제, 그리고 자긍심 저하나 우울 등 정서장애를 자주 동반한다. 따라서 단순히 산만한 것 이외에 이러한 문제가 얼마나 심각한 수준에 있는가 여부를 평가하는 것이 중요하다.

이들의 치료는 크게 세 가지 방법이 협력하여야 한다. 즉, 중복장애 아동과 같은 원칙에서 교육적, 인지-행동적, 약물치료가 상호보완적으로 필요하다. 이 같은 치료가 이루어지는 첫 단계로 진단을 확실하게 하는 것이 중요하다. 그런 후에 이 진단이 뜻하는 바가 무엇인가와 앞으로 어떻게 해 나가야 할 것인가를 설명해 준다. 일반적으로 증상이 가볍거나 주변(가정, 학교, 사회)과의 문제가 심각하지 않을 때는 약물치료 없이 환경조절이나 부모상담, 행동수정 방법 등을 우선적으로 시행한다. 그러나 대개 임상에서는 문제가 비교적 중한 경우가 많기 때문에 약물치료가 우선적인 경우가 많다. 이때는 부모와 아동에게 약물치료를 충분히 받아들일 수 있도록 설명하고 장기간 사용해야 한다는 것도 미리 알려 준다. 그리고 정기적으로 치료 효과 및 약물의 부작용 여부를 평가한다. 검사실검사를 이용하기도 하지만 대개 간단한 평가척도나 구조화된 설문지를 사용한다. 가장 널리 코너스씨 단축형 평가척도가 사용되고 있다.

약물치료는 이들 환자의 75% 정도에서 효과가 있다. 여러 가지가 처방되지만 가장 효과적인 것은 중추신경자극제(각성제)로 암페타민(dextroamphetamine), 메칠페니데이트(methylphenidate), 페몰린(pemoline) 등이 있고 그 외에 여러 약제들이 이차적으로 사용된다. 치료 시작 전에 약물의 효과와 한계에 대해 설명해 주고 반드시 적절한 교육 혹은 행동수정 프로그램이 배려된 후에 투여하도록 한다. 메칠페니데이트를 예로 들면, 초기에 아침 및 점심에 각각 5mg을 사용하고 2주간 목표증상의 호전이 없으면 용량을 10mg으로 늘린다. 다시 2주간 호전 여부 및 부작용 등을 살펴보면서 약을 증량하여 경과를 관찰한다. 만일 효과가 없으면 약물을 바꾸거나 혹은 아동을 다시 평가, 진단한다. 약물투여는 학년 말까지 지속하고 주말이나 방학은 중지하고 새 학년이 되면 4~6주간 약물치료가 다시 필요한지 여부를 재평가한다. 아동이 틱이나 뚜렛장애를 갖거나 가족력이 있을 경우 증상을 악화시킬 수 있기 때문에 약물 선택에 조심하고 지속적으로 투여할 경우 성장억제가 있을 수 있으므로 정기적으로 체중, 신장 등을 평가해야 한다.

약물치료 이외의 방법으로 정신치료, 인지-행동요법, 교육적 방법, 부모 및 가족상담 등이 있다. 이 외에도 훼인골드식사법, 비타민요법, 저당분식사법, 미네랄요법, 감각-통합이론에 근거한 방법들, 생체되먹임법 등 매우 다양한 방법들이 제시되고 있지만 아직 과학적으로 입증되지 않았기 때문에 권고할 만하지 않다.

7. 불안장애 및 분리불안장애

아동 및 청소년에서 불안장애는 가장 흔한 정신질환으로 인식되고 있다. 일시적인 공포나 불안은 정상적인 발달 과정 중에 흔히 나타나는 것이지만 불안장애(anxiety disorder)란 지나친 공포와 걱정, 공포성 회피, 전반적 각성과 기대불안, 공황발작을 갖는 질병군을 말하며 학교생활이나 대인관계에서 상당한 기능장애를 일으킨다. 불안장애 카테고리에는 많은 유형이 속하는데 분리불안장애(separation anxiety disorder)는 불안의 대상이 집이나 애착대상으로부터 분리나 분리의 예기에 대해 불안해하기 때문에 상황이 국한되어 있다. 이와는 달리 범불안장애는 특정한 대상이 없이, 특정공포증은 높은 곳, 폐쇄된 장소, 동물 등 특정한 대상에 대한 지나친 공포를 나타내는 것으로 구별짓는다. 그리고 보다 나이가 들면 광장공포증, 공황장애 혹은 사회공포증 등이 발병할 수 있다. 그 외에 강박증, 외상후 스트레스장애(PTSD), 적응장애(adjustment disorder) 등이 있다.

이 같이 불안장애에는 여러 유형이 있지만 아동들에게 가장 흔한 것으로 분리불안장애가 있다. 이것은 과거 Johnson(1941) 등이 학교공포증이라고 명명하였으나이들이 학교를 두려워하는 것이 아니라 부모와 떨어져 지내는 것에 대한 두려움으로 학교 가는 것을 기피하고 불안해하는 일종의 신경성 질환임이 밝혀지게 되어 최근에는 학교공포증보다는 분리불안장애라고 부르고 있다. 이들의 초기 증상으로는 학교에 관해 막연한 불평을 늘어 놓고 학교 가기를 싫어한다. 학교에 갈 시간이 다가오면 불안해하거나 심지어는 공포에 질리기도 한다. 억지로 학교에 등교한 후에도 중도에 돌아오거나 불안해하기 때문에 양호실을 통해 집으로 온다. 그리고 특징적으로 학교에 가지 않고 집안에 머물러 있을 때는 비교적 잘 지낸다. 어린 아이들은 급성으로 시작하는 경우가 많으나 초등학교 고학년 또는 중 · 고등학생은 서서히 발병한다. 사소한 사고나 질병, 수술, 휴일이나 방학, 이사, 전학, 교우의 전학이나 사망과 같은 일을 겪고 난 후 유발되는 경우가 많다. 이 같은 증상 외에 신체증상으로 위장되어 나타나는 경우가 많다. 오심(헛구역)이나 식욕 저하, 구토, 현기증, 두통, 복통, 전신무력감, 설사, 통증, 빈맥 등이 많고 흔히 주말 저녁이나 월요일 아침과 같이 등교 직전에 심하다. 그러나 이 같은 신체증상을 병원에서 진찰 · 검사받아 보면 이상이 발견되지 않는다.

치료에 있어서는 우선 부모(혹은 양육자)상담이 필요하다. 부모는 아이의 불안이 위와 같은 과정을 통해 생기는 것임을 이해하고 지나치게 의도적으로 아이를 떼어 놓으려고 하거나 일부러 아이 혼자 내버려 두고 숨어서 어떻게 하나 지켜보는 등의 행동을 삼간다. 오히려 집안일을 할 때도, 외출을 할 때도 데리고 간다. 아이로 하여금 엄마가 옆에서 지켜는 보지만 도움 없이 스스로 재미있게 놀아 보도록 격려하며 단계적으로 서서히 엄마에게서 떨어져 지내는 거리와 시간을 늘려 나간다. 이와 함께 또래들과 노는 시간, 여럿이 함께 즐기는 기쁨, 집 밖에서 보내는 시간을 경험하도록 기회를 조금씩 늘려 나간다. 아이는 엄마를 들볶으면서 집안에서만 심심하게 지내는 것보다는 약간은 두렵고 괴롭지만 관심을 밖으로, 또래로 돌리게 되고 그곳에서의 즐거움으로 엄마와 떨어져 지내는 고통을 이겨 나간다. 만일 유치원이나 학교에 가지 않으려 한다면 연령이나 지능이 너무 뒤지지 않는 이상 원칙적으로 가능한 한 빠른 시간 내에 학교를 보내야 하는데 이때 부모는 교사와 충분히 아동에 관해 논의해야 한다. 보통 체계적인 탈감작(systematic desensitization) 방법으로 집에서부터 시작해서 최종적으로는 편안하고 안정된 상태로 교실에 앉아서 수업을 받는 과정까지를 단계적, 점진적으로 극복해 나가도록 계획한다. 이때 부모와 아동을 열심히 격려해 주고 지속적으로 지지해 준다. 부모는 우선 아동 곁에서 지켜 보고 있다가 아동이 학교에 적응하는 정도에 따라 서서히 함께 있는 시간을 줄여 나가고 떨어져 있는 거리를 늘려 나간다. 불안감이 너무 심하여 이 같은 단계를 수행하기 어려울 정도라면 약을 복용시킨다. 항우울제로 사용되는 이미푸라민(imipramine) 등이 사용되는데 효과는 매우 신속하고 강력하다.

8. 기타 장애

1) 틱 장애

틱(tic)이란 반복적으로, 빠르게, 갑작스럽게, 조절할 수 없게 근육을 움직이거나 소리를 내는 것으로 얼굴, 손, 다리 등 몸의 어떤 부위에서도 생길 수 있다. 틱 중에서 몸을 움직이는 것을 운동 틱(motor tic), 소리를 내거나 음, 단어 혹은 문장 등을 반복하는 것을 음성 틱(vocal tic)이라고 부른다. 틱은 자기도 어쩔 수 없이 일어나지만 잠시 동안은 의지로 멈출 수 있기도 하고, 스트레스가 높아지면 심해지고, 다른 활동에 몰두하면 약화되기도 한다. 잠이 들면 거의 나타나지 않는다. 대부분의 틱은 초기에는 심하지 않기 때문에 자기 스스로나 주위에서도 잘 알지 못하지만 심해지면 자주, 심하게 나타나 생활하는 데 많은 지장을 주기도 한다. 운동 및 음성 틱을 단순형, 복합형으로 구분하기도 하는데 그 기준은 명확치 않다. 단순 운동 틱 중에서 흔한 것으로 눈깜박임, 목 젖히기, 어깨 들썩이기, 얼굴 찡그리기, 기침하기가 있다. 흔한 음성 틱으로는 헛기침, 툴툴거림, 킁킁거림, 콧바람내기, 큰기침하기 등이 있다. 복합 운동 틱으로 흔한 것은 얼굴 움직이기, 몸치장하기, 펄쩍뛰기, 만지기, 발 구르기, 냄새 맡기가 있고 복합 음성 틱으로는 단어나 문맥에 어긋나는 글귀의 반복, 욕설증(coprolalia, 주로 외설적인 말), 동어반복증(palialalia), 반향어증(echolalia) 등이 있다.

틱의 원인은 아직 확실치 않지만 현재 추정으로는 중추신경계 신경생화학적 이상(특히 도파민, dopamine)으로 생각되고 있다.

틱 장애(tic disorders)는 증상의 지속기간, 틱의 다양함, 발병연령 등에 의해 일과성 틱장애, 만성 틱장애, 뚜렛장애 등으로 구분한다. 이 가운데 가장 심한 형태로 뚜렛장애가 있는데 이 같은 증상으로 해서 사회적으로, 직업상 혹은 그 외의 여러 영역에서 기능에 장애를 초래하거나 심하게 고통을 받는다. 틱의 발생부위, 숫자, 빈도, 복잡성, 심각도는 시간에 따라 변하는데 흔히 머리에서 시작하여 신체 다른 부위로 퍼져 나간다. 음성 틱은 위에서 언급한 여러 가지가 일어나는데 그중에서도 욕설증은 환자의 약 10%에서 동반된다. 복잡형 운동 틱도 흔한데 만지기, 주저앉기, 다리 구부리기, 이상한 걸음 등도 나타난다. 약 절반에서는 한 가지 틱이 일시적으로 몰아서 나타나는 경우가 많은데 가장 흔하게 눈깜빡임이 나타난다. 그 외에 얼굴이나 신체의 다른 부위에 틱이 나타나는데 혀 내밀기, 주저앉기, 코 킁킁거림, 한쪽 발로 뛰기, 헛기침, 말더듬기, 말 우물거림 등이 나타난다.

빠르면 2세에도 발생할 수 있지만 대개 아동기나 초기 청소년기에 발병하는데 발병연령의 중앙값은 7세경이다. 병의 경과는 일생을 지속하지만 대부분은 청소년기와 성인기를 지나면서 증상의 심각도, 빈도, 다양성이 줄어들어 호전된다. 일부는 보통 성인기 초기에 완전히 없어지기도 한다.

틱장애에 대한 교육을 통해서 일부러, 의도적으로 유발되는 것이 아니라는 것을 인식시키는 것이 필요하고, 대부분은 성인이 되면 호전되며, 정신분열병이나 치매와 같은 심각한 질병과는 관련이 없다는 것으로 안심을 시킨다. 이와 함께 틱의 유전성, 신경생물학적인 것과 심리적인 면을 설명해 주고 학교 교사와 긴밀한 협조가 필요함을 알려 주어야 한다. 왜냐하면 학업 수행이나 대인관계에서 여러 가지 문제들이 발생하기 때문이다.

틱 자체가 객관적으로 측정하기 쉽기 때문에 많은 행동치료적 접근이 이루어졌는데 아직 그 효과에 대해서는 논란이 많다. 틱증상을 완화시키는 가장 좋은 방법은 약물치료지만 틱을 완전히 없애지 못하는 경우도 많다. 할로페리돌(haloperidol)이 약 30여 년 이상 사용되어 왔으며 그 외에 피모짓(pimozide), 리스페리돈(risperidone) 등이 처방되고 있다.

2) 아동기 성정체감 장애

아동기 성정체감 장애(gender identity disorder of childhood)의 가장 핵심적인 증상은 아동이 자기의 주어진 성(별)에 대해 지속적으로 고민하고 상대 성이 되고 싶어 하는 욕구를 갖는 것이다. 이들이 반드시 후에 성인기에 성전환증이 되는 것은 아니지만 성전환증 환자들의 대부분은 아동기 성정체감 장애의 과거력을 갖는다.

3) 의도적(선택적) 함구증

의도적(선택적) 함구증(elective mutism, selective mutism)은 학교와 같이 중요한 장소에서 지속적으로 말하기를 거부하는 것이다. 몸짓이나 약간의 더듬거리는 말로 의사소통을 할 수도 있다. 그렇지만 대개 집에서는 정상적으로 말을 한다.

흔히 실어증(aphasia), 벙어리는 말을 하고 싶어도 말을 할 수 있는 신경 조절 기능이나 발성기관의 기능이 상실되었기 때문에 말을 못하는 것이지만 함구증은 말을 할 수는 있지만 다른 원인에 의해 말을 하지 않는 것이다. 반드시는 아니지만 기질이상, 반항적 행동, 그 외에 사회적 민감, 대인공포, 사회적 위축이 흔하다. 최근에는 사회공포증 혹은 외상후 스트레스장애와 유사한 형태의 불안장애의 아형으로 간주하는 경향이 높다. 따라서 과거 정신역동적 놀이치료를 강조하던 것에서 최근에는 SSRIs 계통의 항우울제를 투여하여 빠르고 우수한 효능을 보고 하고 있다.

4) 반응성 애착장애

반응성 애착장애(reactive attachment disorder: RAD)는 뚜렷하게 부적합하거나 병적인 양육과 관련하여 거의 대부분의 사회적, 대인관계 측면에서 관계의 심각한 장애를 말한다. 이 중의 일부는 발육부진 혹은 병원증으로 불리기도 한다.

자폐증과 때로 혼동하기도 하는데 이 장애를 갖는 아동들은 ① 근본적으로 사회적 반응능력은 정상이다. ② 적절한 환경이 주어지면 상당한 정도로 호전될 수 있다. ③ 의사소통의 장애가 뚜렷하지 않다. ④ 지속적이고 심한 인지 기능의 결함이 없다. ⑤ 지속적으로 제한된, 반복적, 상동증적 패턴이 없다는 점에서 두 장애를 구별한다. 이 병명이 탄생하게 된 근거는 ① 공중보건의 중요성 때문이다. 즉, 부모의 적절한 양육부재에 대한 새로운 인식이 필요하게 된 것이다. ② 존재의 인정으로 단순히 모성결핍 등으로 간주되어 왔던 것이 분명하게 아동에게 질병을 유발할 수 있다는 점을 인정하게 된 것이다. ③ 다른 진단 준거와 다른 점이 분명하게 존재하기 때문이다.

9. 아동학대

아동학대(child abuse and neglect)는 영아살해로 시작하여 동서고금을 막론하고 인류의 역사와 더불어 존재해 왔다. 학대의 유형과 빈도, 그리고 심한 정도에는 차이가 있을 수 있으나 부모의 교육 정도, 빈부, 연령, 종교 등에 커다란 차이가 없이 발생하는 사회적 문제로 간주되고 있다. 아동학대는 대체로 가정 내에서 일어나는 아동학대와 가정 바깥에서 행해지는 아동학대로 구분된다. 가정 내 아동학대에는 신체학대, 성학대, 정신적 학대, 방임이 있고 가정 외 아동학대에는 집단시설 내의 아동학대, 미성년자 노동력 착취, 매춘을 포함한 부당한 상업적 이용 등이 있다. 아동학대의 후유증은 신체적 손상뿐만 아니라 성장장애, 학습지진을 포함한 정신적, 정서적 손상을 수반하기 때문에 무엇보다도 예방이 우선되어야 한다.

'아동학대는 범죄다.' 아동학대는 이제 더 이상 가정 내에 머무르는 것이 아니고 또한 힘 없는 아이들이라고 해서 단지 보호받는 것만이 아니다. 이런 시각으로 1999년 말 아동복지법이 개정되어 아동학대를 근절하고자 하는 국가적인 노력이 시작되었다. 아동복지법에 의하면, "아동학대는 보호자를 포함한 성인에 의하여 아동의 건강, 복지를 해치거나 정상적 발달을 저해할 수 있는 신체적, 정신적, 성적 폭력 또는 가혹행위 및 아동의 보호자에 의하여 이루어지는 유기와 방임을 말한다."고 규정하고 있다. 아동복지법에는 구체적으로 그 유형을 구분하고 있지는 않지만 흔히 다음의 네 가지로 구분하고 있다.

첫째, 신체학대란 '아동의 신체에 손상을 주는 학대행위'라고 규정하고 있는데 이것을 자세하게 풀이하면 보호자가 아동에게 신체적 손상을 입히거나 또는 신체적 손상을 입도록 허용한 우발적 사고를 제외한 모든 행위를 포함한다. 여기서 신체적 손상이란 구타나 폭력에 의한 멍이나 화상, 찢김, 골절, 장기 파열, 기능의 손상 등을 말하며 또한 충격, 관통, 열, 화학물질이나 약물과 같은 다른 방법에 의해서 발생한 손상을 모두 포함한다. 둘째, 성학대는 '아동에게 성적 수치심을 주는 성희롱, 성폭행 등의 학대행위'로 규정한다. 즉, 성학대란 성기나 기타의 신체적 접촉을 포함하여 강간, 성적 행위, 성기 노출, 자위행위, 성적 유희 등 성인의 성적 충족을 목적으로 아동에게 가해진 신체적 접촉이나 상호작용 모두를 말한다. 셋째, 정서적 학대란 '아동의 정신건강 및 발달에 해를 끼치는 정서적 학대행위'로 아동에게 가해진 신체적 구속, 억제 혹은 감금, 언어적 또는 정서적 위협, 기타 가학적 행위를 포함한다. 아동의 인격, 존재, 감정이나 기분을 심하게 무시하거나 모욕하는 행위, 명백하게 아동에게 가해진 잔혹하고 학대적인 부당한 대우를 포함하며 신체적 혹은 성적 학대에 대한 위협이나 위해행위, 고의적·반복적으로 아동에게 의식주를 제공하지 않는 행위, 아동에게 부당한 노동을 강요하거나 아동을 상업적으로 이용하는 행위를 말한다. 넷째, 방임이란 '자신의 보호·감독을 받는 아동을 유기하거나 의식주를 포함한 기본적 보호·양육 및 치료를 소홀히 하는 방임행위'로 규정한다. 보호자가 고의적, 반복적으로 아동에 대한 양육 및 보호를 소홀히 함으로써 아동의 건강이나 복지를 해치거나 혹은 정상적인 발달을 저해할 수 있는 모든 행위를 말하며 방임에는 의료적 처치의 거부 등 신체적 방임, 유기, 장시간 아동을 위험한 상태로 방치하는 등의 부적절한 감독, 교육적 방임, 정서적 방임 등이 있다. 그 외에도 아동복지법에서는 아동을 보호하기 위해 여러 행위를 금지하고 있다.

아동학대가 중요한 것은 학대받은 아동들이 신체적, 정신적 후유증을 남겨 때로는 성인기까지 이로 인한 발달상의 많은 저해나 정신병리를 초래할 수 있고, 이들이 성인이 되었을 때 또 다른 가해자가 될 가능성이 높기 때문이다. 따라서 아동 양육이나 교육에 관여하는 당사자들은 이에 대해 깊이 이해하고 아동을 보호하기 위해 적극적으로 관여해야 한다.

10. 아동 정신병리의 진단 및 평가

아동 정신병리를 평가하기 위해서는 아동의 정서, 인지, 신체 및 행동의 기능 상태를 파악하여야 하고 그것은 가정, 학교 및 아동이 속한 사회나 문화적 배경하에서 평가되어야 한다. 이런 맥락 속에서 파악된 증상이나 진단, 문제점은 우선순위에 따라 그 중요도를 파악한 후 적절한 설명 가능한 평가자의 실행가설에 따라 이에 합당한 치료계획을 설정한다. 이 같은 아동에 대한 진단적 평가 목적은 ① 정신병리가 존재하는지 여부의 판정, ② 치료나 개입이 필요한지 여부의 판정, ③ 치료방침과 계획을 세우고, 가족과 아동의 치료 참여를 촉진시키기 위해서다.

1) 아동 정신병리의 진단평가 방법

아동을 진단평가하는 데는 다양한 방법이 이용된다. 첫째, 가장 중요한 것은 부모 및 아동을 직접 면담하고 진찰하는 방법이다. 둘째, 부모, 교사 혹은 아동 자신이 직접 평가하는 평가척도를 이용하는 방법이 있다. 셋째, 가정방문, 학교생활 관찰법, 홈비디오 자료 이용법 등 직접관찰법이 있다. 넷째, 다양한 종류의 심리 검사를 시행하기도 한다. 다섯째, 보다 정교하게 시행되는 뇌파검사와 같은 신경 생리기능검사, Brain CT scan, MRI 등 뇌영상검사를 포함하는 의학적 혹은 실험실 검사법이 있다. 이 외에도 혈액검사, 염색체검사, 대사이상검사, 호르몬검사 등이 있다.

2) 면담 방법

아동의 정신병리를 진단평가하는 데 가장 중요한 방법인 임상면담은 크게 병력 청취와 정신상태검사(mental status examination: MSE)로 나눈다. 임상면담은 임상가들에게 아동과 관련한 자세한 부분까지 임상적 단서를 찾을 수 있는 기회를 제공하지만 때로는 임상가들 사이에 일치되지 않는 경우도 있어 객관화하거나 정량화하기가 어렵다는 단점도 있다. 따라서 신뢰할 수 있는 면담을 수행하기 위해서는 앞에서 언급한 임상가로서의 전문적인 요건을 갖추기 위한 교육 및 훈련이 요구된다.

대부분의 임상면담은 부모, 그 가운데서도 대개 어머니와 먼저 면담을 시행하게 된다. 특히 아동의 연령이 어릴수록 부모를 먼저 면담하게 되는데 청소년의 경우 부모를 먼저 만날 것인지, 청소년을 먼저 면담할 것인지를 선택하여야 한다. 간혹 함께 면담을 수행하기도 하지만 대부분의 경우 각각 별도의 면담시간을 갖는 것이 바람직하다. 때로는 전 가족이 함께 면담을 할 수도 있다.

병력청취 이외에 정신상태검사, 그 밖의 자료 검토(교사보고서, 성적표, 과거 진료기록 등), 부모 및 가족과의 면담 및 평가, 질문지나 평가척도의 활용, 심리검사 및 검사실검사 등이 시행되고 마지막으로 이들을 종합하여 진단 및 평가의 종합(diagnostic formulation)을 거쳐 치료 및 대책을 수립한다.

3) 진단평가의 특수한 예

(1) 언어평가

- 내재언어(inner language): 상징의 사용 여부를 평가한다.
- 언어 이해(language comprehension): 몸짓 없는 지시에 따르는 능력, 상황에 맞고 문맥을 벗어난 질문에 답하는지, 지속적인 대화가 가능한지, 추상적 내용을 이해하는지, 추론을 이끌어 내는지 여부를 평가한다.
- 언어 생산(language production): 사용하는 말의 양, 유창성, 수준, 언어의 형태(억양과 기능 단어의 사용 여부), 문법(어순, 대명사 사용, 시제 등), 어의(어휘의 사용범위) 등을 평가한다.
- 조음 및 음운(phonation): 음성적 특성인 음도, 세기, 음질 및 운율적 특성인 억양, 강세(stress), 리듬(rhythm) 등을 평가한다.
- 화용언어(pragmatic language): 눈맞춤/몸짓 등과 같은 사회관습에 대한 적절성 여부, 대화유지능력/공통의 관심사 유지/대화에서 순서를 지키는 일, 연령수준에서의 이해도/관용적 표현의 이용/은유적 표현 등을 평가한다.

(2) 발달과제 및 발달의 이정표

- 발달과제 달성 여부
- 발달의 이정표

(3) 가족관계

- 부모와의 관계: 애착/분리
- 가족 구조 및 가계도(genogram)
- 가족주기

(4) 척도 및 질문지 사용

■ 전반적 평가도구

흔히 광대역 평가척도라고도 하는데 장애아동의 문제행동이나 정서 상태를 전반적으로 평가하는 데 이용된다. 가장 널리 사용되는 것으로 아동행동조사표(Child Behavior Checklists: CBCL)가 있다. 112문항의 임상척도와 사회성척도로 구성되며 4~18세 아동을 대상으로 부모가 평가하는 것이 가장 기본형이고 이 외에 교사용(CBCL-TRF), 청소년자기보고형(YSR), 영유아용 등이 있다.

■ 특정 질환에 대한 척도

여기에는 특정 장애 혹은 질환에 대해 구체적으로 평가하기 위해 각 영역별로 구분되어 있다. 즉, 우울척도, 불안척도, 강박 및 틱 척도, 행동장애척도, 발달장애(자폐증)척도, 식사장애척도 등 다양한 영역별로 수많은 척도들이 사용되고 있다.

(5) 기타 진단평가 방법

■ 심리검사

심리검사는 주요 사용 목적에 따라 인지, 성격, 발달검사 등으로 구분하고 자극특성에 따라 객관적 및 투사적 검사, 그리고 시행대상에 따라 개인 및 집단검사로 구분한다.

영역별로 인지발달 및 지능검사, 시각-운동 통합능력검사, 학업성취도검사, 성격발달 및 성격구조검사, 주제통각검사, 정신병리 및 진단검사, 신경심리검사 등이 있다.

■ 검사실검사

장애아동의 의학적 원인을 규명하기 위해 주로 시행하는 검사실검사는 매우 다양하다. 항목별로 보면 호르몬검사, 혈청검사 및 뇌척수액검사, 신경전달물질/대사물 및 효소 측정, 중금속 및 독성검사, 염색체 및 유전자검사 등이 있고 각 항목별로 수많은 검사들이 포함된다. 이들은 각 장애 영역에 따라 필요에 의해 시행된다.

■ 뇌영상 및 뇌기능검사

크게 구조적 뇌영상검사로 대뇌전산화단층촬영술(Brain CT Scan), 대뇌자기공명영상술(Brain MRI), 뇌기능검사로 단일광전자방출전산화단층촬영(SPECT), 양전자방출전산화단층촬영(PET), 기능성 MRI, 뇌파검사(EEG), 정량화 뇌파검사(qEEG), 사건유발뇌전위검사(ERP), 수면다원검사(polysomnography) 등이 있다.

11. 아동 정신병리의 치료: 의학적 접근을 중심으로

1) 치료의 목표

장애아동을 치료함에 있어서 단순히 장애 증상을 완화하는 것뿐 아니라 정서 및 행동상의 기능 수준 증진, 기능 수행 결함의 교정, 정상 발달을 저해하는 요인을 제거하는 것이 치료의 목표가 된다.

이러한 목표를 달성하기 위한 몇 가지 원칙이 있다. 첫째, 치료에 앞서서 철저하고 포괄적인 평가가 중요한데 이때 단순히 진단명뿐 아니라 아동의 발달 수준 및 발달과제의 성취 여부를 평가하고 덧붙여 학교, 사회, 가정 내에서 아동의 역할이나 상호관계, 영향을 평가하여야 한다. 둘째, 아동의 문제는 선천적인 요인(nature)과 환경적인 요인(nurture)을 모두 포함하는 생물 · 심리 · 사회적(biopsychosocial) 관점에서 포괄적인 접근이 이루어져야 한다. 예를 들어, 주의력결핍 과잉행동장애가 유전적 혹은 발달학적 요인에 기인한다고 하더라도 부모의 양육, 환경적인 요인이 중요하게 작용한다. 치료에 있어서도 단순히 약물 투여가 아닌 부모상담, 정신치료, 인지-행동치료, 교육적 접근 등이 필요하다. 셋째, 치료에 있어서 다방면 전문가들의 팀 접근(multidisciplinary team approach)이 필요하다. 즉, 소아과의사, 심리학자, 사회사업가, 간호사, 영양사, 교사, 언어치료사 등의 도움을 필요로 하는 경우가 적지 않고 또 도움이 아니라 이들 간의 협력과 상호보완적인 접근이 유용하다. 마지막으로 단순히 부모를 포함한 가족들이 수동적인 위치 혹은 질병의 원인제공자로서가 아니라 또 다른 치료자 혹은 치료의 보조자로 협력하여야 한다. 따라서 아동의 치료에서 의사는 다른 분야의 전문가들과 협력할 뿐만이 아니라 환아의 부모, 가족들과도 치료적 동맹관계를 맺고 치료에 적극 개입시키도록 노력하여야 한다.

2) 약물치료

약물치료(pharmacotherapy)를 시행할 때 그것을 '어떻게 시행하는가' 하는 것이 매우 중요하다. 따라서 의사는 장애아동에게 약물치료를 시행할 때 다음과 같은 항목들을 고려하여 처방한다. 즉, ① 적응증, ② 치료 효능, ③ 치료작용의 기전, ④ 약물의 화학적 특성, ⑤ 약역동학, ⑥ 용량 및 용법, ⑦ 여러 제제 및 제형, ⑧ 가격, ⑨ 식약청 지침, ⑩ 부작용, ⑪ 부작용을 줄이기 위한 주의, ⑫ 특정 부작용에 대한 대책, ⑬ 독성작용, ⑭ 금단 효과, ⑮ 약물 상호작용, ⑯ 진단검사 소견에 대한 영향, ⑰ 초기 의학적 평가, ⑱ 의학적 추적 방법, ⑲ 금기사항, ⑳ 자살 목적 혹은 과용량 복용 시 위험성, ㉑ 남용 가능성, ㉒ 치료기간, ㉓ 듣지 않을 때 사용할 대체약물 등이다.

최근 소아 및 청소년 정신장애에 대한 약물치료가 예전에 비해 주목받고 있고 그 비중이 높아지고는 있지만 아직도 여러 문제점을 가지고 있다. 그것은 대개 아동 및 청소년들이 발달 과정에 있기 때문에 발생하는 문제이거나 이들을 대상으로 하는 연구가 부족한 것에서 기인하는 경우가 많다. 그것에 대해 ① 약물의 안정성과 효과, 부작용이 체계적으로 입증되어 있지 않다. ② 발달에 영향을 미칠 것으로 추측되나 장기 추적연구가 부족하다. ③ 성인과의 반응에 차이가 있을 것이라는 체계적인 결과가 부족하다. ④ 소아정신질환의 진단 및 분류가 아직 체계적이지 못하다. ⑤ 전통적으로 환경적인 요인이 중요시되어 약물치료가 간과되어

〈표 3-7〉 정신장애의 종류에 따른 약물요법

정신장애	주요특징	약물요법
발달장애		
정신지체	지능 및 적응력 저하 공격성 및 자해행동	프로프라놀롤, 클로니딘 클로나제팜, 리튬 아편길항제, 항정신병약
자폐증	사회성 결여, 언어장애	정신지체와 유사
특수발달장애	학습, 언어, 운동 등 지연	피라세탐(?)
행동장애		
ADHD	산만, 충동, 과잉행동	각성제, 아토목세틴, 클로니딘부프로피온
품행장애	공격적/비행 짜증, 공격성, 자해 치료	각성제(?), 항정신병약(?) 정신지체와 유사
정서장애		
아동기불안장애	지나친 불안	클로나제팜, SSRI계 항우울제 부스피론
적응장애(불안)		로라제팜
성인기불안장애(공황장애, 광장공포증 등)		클로나제팜, 삼환계항우울제 부스피론
강박증		클로미프라민, 플루오세틴
기분장애		
주요 우울증	성인기와 비슷	SSRI계 항우울제 항우울제+항정신병약 항우울제+기타 여러 약제 병행
양극장애(우울증)		주요 우울증과 유사
양극장애(조증)	심한 짜증과 분노 정신병 증세가 혼함	리튬, 리튬+항정신병약 카바마제핀, 발프로산 리튬+카바마제핀, 기타 약제
양극장애(혼합형)		리튬+항정신병약 등 정신충격치료
틱장애		
뚜렛장애	운동 및 음성 틱 ADHD, OCD 증상 혼함	클로니딘, 클로나제팜 프로프라놀롤, 항정신병약
기타		
정신병 혹은 정신병적 증상들		항정신병약
야뇨증		이미푸라민, 데스모프레신

(?)는 효과에 있어서 다소 불확정적인 경우임.

왔다는 점 등이 지적되고 있다.

이런 문제점에도 불구하고 최근 장애아동의 행동중재에 약물치료가 널리 처방되고 그 효능이 인정되면서 점차 사용이 늘고 있다. 〈표 3-7〉에 각 장애별로 약물치료가 적용되는 경우와 약물 사용에 대해 정리하였다.

12. 요약

앞에서 소개한 것 외에도 아동이기에 매우 다양한 장애가 나타날 수 있다. 물론 가장 중요한 것은 이들을 조기 발견하여 필요하다면 적절한 치료 개입을 하는 것이다. 그러기 위해서 아동의 특성과 정상 발달에 많은 관심을 기울여야 할 것이다. 그리고 필요하다면 전문가와 즉시 상의하는 자세가 요구된다.

이와 함께 부모를 포함한 아동의 양육자 혹은 교사들에게 요구되는 것으로 아동의 '적절한 양육조건' 에 대한 이해와 '아동-양육자의 조율' 이 필요하다. 여기서 조율이란 아동의 특성에 맞춰 양육자가 적절한 양육환경을 제공해 나가는 것을 말한다. 예로, 까다로운 기질을 가진 아동에 대해 부모나 양육자가 어떻게 대하고 또한 아동의 요구에 얼마나 민감하게 반응할 수 있는가 하는 점, 즉 유아와 양육자의 궁합을 잘 맞추는 것('goodness of fit') 등이다. 다른 하나는 적절한 양육조건인데 예를 들면 양육자의 역할 가운데 가장 중요한 것이 아동의 건강과 안전을 지키는 일이다. 여기에는 음식, 주거환경, 의복, 개인위생 등 가장 기본적인 보호 이외에 적절한 수입 및 경제 관리, 안정된 정서환경의 제공, 적절한 생활지도 및 학습 경험의 제공 등이 포함된다. 이것은 조기 발견과 개입과 같은 좁은 범위가 아닌 매우 광범위한 내용을 포함하고 또한 예방적인 조치다. 따라서 아동기 장애의 예방 혹은 악화 방지, 치료적 개입에 모두 필요한 사항이라고 할 수 있다. 이것은 모두 효율적인 부모교육을 통해서 이루어질 수 있는 것이기 때문에 개별적인 아동의 지도뿐 아니라 부모교육이 매우 절실하고 조기 발견을 위한 교사의 예민한 관찰과 이해가 꾸준히 시행되어야 할 것이다.

학습과제

1. DSM-IV의 아동기 정신병리를 찾아보고 각 장애의 진단 기준을 찾아보시오.
2. 자폐증의 진단과 치료적 접근의 최신 지견을 살펴보시오.
3. 말이 늦고 의사표현이 어려운 아동을 어떻게 구별하는지 알아보시오.
4. 말 안 듣는 아이를 어떻게 이해하고 치료하는지 원칙을 살펴보시오.
5. 불안하고 소극적인 아동을 어떻게 이해하고 치료하는지 원칙을 살펴보시오.
6. 약물치료와 심리치료의 상호보완적인 측면에 대해 살펴보시오.

참고문헌

안동현(2004). 아동, 청소년정신보건사업-연구조사. 서울: 한양대학교 정신건강연구소.

정동영, 김형일, 정동일(2001). **특수교육 요구아동 출현율 조사연구**. 서울: 국립특수교육원.

American Academy of Child and Adolescent Psychiatry (1997). Practice parameters for the psychiatric assessment of children and adolescents. *J Am Acad child Adolesc Psychiatry, 36*(10S), 4S-20S.

American Academy of Child and Adolescent Psychiatry (1997). Practice parameters for the psychiatric assessment of infants and toddlers(0-36 months). *J Am Acad child Adolesc Psychiatry, 36*(10S), 21S-36S.

Benham, A. L. (2000). The Observation and Assessment of Young Children Including Use of the Infant-Toddler Mental Status Exam. IN: *Handbook of Infant Mental Health* (2nd ed.), Ed. by Zeanah, C. H., New York: The Gulford Press, pp. 249-265.

Gilliam, W. S., & Mayes, L. C. (2000). *Developmental Assessment of Infants and Toddlers.* IN: *Handbook of Infant Mental Health* (2nd ed.), Ed. by Zeanah, C. H., New York: The Gulford Press, pp. 236-248.

Kestenbaum, C. J. (1997). The Clinical Interview of the Child. IN: *Textbook of Child and Adolescent Psychiatry* (2nd ed.), Ed. by Wiener, J. M., Washington, DC:

American Psychiatric Press, Inc., pp. 79-88.

King, R. A., & Schowalter, J. E. (1997). The Clinical Interview of the Adolescents. IN: *Textbook of Child and Adolescent Psychiatry* (2nd ed.), Ed. by Wiener, J. M., Washington, DC: American Psychiatric Press, Inc., pp. 89-94.

Mash, E. J., & Dozois, D. J. A. (2003). Childhood psychopathology: A developmental-systems perspective. IN: *Childhood Psychopathology* (2nd ed.), Ed. by Eric, J., Mash, & Russell, A., Barkley, New York: The Gulford Press, pp. 3-71.

McGoldrick, M., Gerson, R., & Petry, S. (2008). *Genograms: Assessment and Intervention* (3th ed.). New York: W. W. Norton & Company. 이영분, 김유숙, 정혜정, 최선령, 박정희 공역(2011). **가계도: 사정과 개입.** 서울: 학지사.

Mrazek, D. A. (1997). A psychiatric perspective on human development. IN: *Psychiatry.* Ed. by Tasman, A., Kay, J., & Lieberman, J. A., Philadelphia: W. B., Saunders Company, pp. 63-74.

Sadock, B. J., & Sadock, V. A. (2007). *Kaplan & Sadock's Synopsis of Psychiatry* (10th ed.). Philadelphia, Lippincott Williams & Wilkins, pp. 1138-1157.

Shafer, D., Lucas, P., & Richters, J. E. (Eds.) (1999). *Diagnostic Assessment in child and Adolescent Psychopathology.* New York: The Guilford Press. 안동현 외 공역 (2004). **아동 및 청소년 정신병리의 진단평가.** 서울: 학지사.

Skodol, A. E., Shaffer, D., & Gurland, B. (1997). Psychopathology Across the Life Cycle. IN: *Psychiatry.* Ed. by Tasman, A., Kay, J., & Lieberman, J. A., Philadelphia: W. B., Saunders Company, pp. 449-476.

Zeanah, C. H., Larrieu, J. A., Heller, S. S., & Valliere, J. (2000). Infant-Parent Relationship Assessment. IN: *Handbook of Infant Mental Health* (2nd ed.), Ed. by Zeanah C. H., New York: The Gulford Press, pp. 222-235.

•제4장•

아동 심리검사 및 평가

개요

이 장에서는 아동기의 특성을 고려하여 아동을 대상으로 한 심리평가 과정에서 고려해야 할 점과 아동에게 실시할 수 있는 심리검사의 유형과 종류, 그 특성 및 해석 방법에 대해 알아본다.

학습목표

1. 아동 심리평가에서 고려해야 할 점을 알아본다.
2. 평정척도를 통한 평가 방법의 장단점을 알아본다.
3. 아동의 지적 발달 수준을 평가할 수 있는 도구들과 특성에 대해 알아본다.
4. 웩슬러 지능검사의 특징과 측정 영역에 대해 알아본다.
5. 아동기 주의력문제의 평가 영역과 그에 해당하는 검사도구의 특성을 알아본다.
6. 그림검사를 포함한 투사법검사를 통해 아동의 정서적 영역을 평가하는 방법을 알아본다.

제 4 장

아동 심리검사 및 평가

1. 아동기와 아동 심리평가의 특성

심리평가의 목적이나 기본 원리는 아동이나 성인이나 동일하다. 객관적이고 정확한 평가는 아동에 대한 이해를 돕고 효과적이고 체계적인 치료적 계획을 세우는 데 기초가 된다. 그러나 대상이 아동이나 청소년이라면 성인을 평가할 때와는 다른 몇 가지 특성을 고려해야 한다.

첫째, 발달정신병리학적인 관점과 지식이 활용되어야 한다. 하나의 정신병리는 역사를 가지고 있다. 단순한 하나의 증상도 그러하며 그 개인의 발달 과정에서 많은 발달적 요인들과 연계되어 있다. 그리고 향후에도 여러 가지 요인에 의해 발달하고 변화해 나갈 것이다. 아동기의 문제를 바라보는 관점은 이러한 발달적 맥락을 고려해야 한다. 즉, 아동 및 청소년기는 이미 성격의 기본틀이 형성된 성인기에 비해 변화의 가능성이 더 많다. 따라서 하나의 병리적 현상이 발달심리학적 관점에서 어떻게 맞물려 있는지 고려할 수 있어야 하며, 그래야 현재 관찰되는 문제들이 어떻게 전개되어 나갈 것인지 예상할 수 있고, 하나의 증상을 하나의 시점에서 단편화하여 파악하는 것을 방지할 수 있다.

또한 아동기의 변화는 성인기에 비해 급격하다. 아동기의 1~2년은 성인기의 그것과는 비교할 수 없을 정도로 속도가 빠르고 가변적이다. 따라서 아동의 평가 결과는 성인기에 비해 연령 기준을 더 세분화하여 적용해야 하며 아동 심리평가 결과를 해석할 때는 연령에 따른 정상적 발달 과정에 대한 지식을 고려해야 한다. 그래야 현재 평가 중인 아동이 정상적인 다른 아동들에 비해 발달이 늦는지 빠른지 알 수 있기 때문이다. 이를 위해서는 정상 아동들의 발단단계에 관하여 각 시기별 발달특성 및 발달과업을 숙지하고 다양한 발달 이론가들의 이론적 틀을 고려해야 한다.

또 다른 특징은 상호작용하는 대상 자체의 차이와 관련된다. 모든 심리평가는 평가자와 피평가자 사이의 역동적 상호작용의 장 속에서 이루어진다. 성인을 평가하는 경우 평가자와 피평가자가 연령과 성숙도 면에서 비교적 동등하다. 그러나 아동을 평가하는 경우는 다르다. 성인보다 통제하기 어렵고, 목적하는 대로 따라주지 않을 수 있고, 예상했던 것과는 다른 돌발적인 행동을 보일 수 있다. 이때 평가자는 피평가자인 아동을 어른의 시각에서 대하게 되는데 이에 따른 이점과 위험성을 항상 염두에 두어야 한다. 평가 과정이 잘 진행될 수 있도록 부모의 자아를 가지고 아동의 행동과 정서를 관리하는 과정도 필요하다. 반면에 아동의 눈높이에서 아동이 보이는 반응의 의미를 파악할 수 있어야 한다. 이것은 모든 평가와 치료 과정의 기초인 '공감'과 관련된 문제다. 즉, 아동의 시각에서 공감할 수 있어야 평가에 대한 자발적인 동기를 이끌어 낼 수 있고 그 반응을 제대로 이해할 수 있다.

마지막으로 아동기는 그 특성상 보호자에게 더욱 의존적이며 따라서 보호자의 영향력이 더 크다는 점을 염두에 두어야 한다. 따라서 아동평가 과정에서는 부모를 포함한 가족관계의 특성을 면밀하게 평가해야 한다. 부모의 성격이나 가치관, 아동과의 상호작용 패턴은 아동기에 결정적인 영향을 미치는 매우 중요한 요인이다. 이러한 가족관계 요인들이 현재 아동이 보이는 문제들과 어떤 관련이 있는지

면밀하게 평가해야 한다. 이러한 부모의 영향력은 현재 그 아동이 보이는 문제를 초래하는 중요한 요인인 동시에 향후 치료계획을 세우고 치료를 해 나가는 과정에서 반드시 고려해야 하는 중요한 요인이 된다. 그래서 아동 심리평가에는 부모에 대한 심리평가도 동반된다.

2. 면담 및 행동관찰

면담 및 행동관찰은 성인 심리평가에서도 중요한 것이지만 특히 언어적 표현능력이 제한되어 있는 아동을 대상으로 심리평가를 하는 과정에서는 더욱 중요하다. 아동 본인과의 면담뿐 아니라 부모와의 면담이 아동 심리평가의 중요한 과정이다. 아동이 직접 구체적으로 말로 보고하기 어려운 행동특성에 관해 주변 사람들의 관찰 결과를 듣는 것이며 아동행동을 직접 관찰함으로써 많은 중요한 정보를 얻을 수 있기 때문이다.

1) 평가면담

'평가'란 면담 및 검사 결과를 포함하여 피검자에 대해 수집한 모든 정보를 통합하여 어떤 목적에 필요한 결론을 내리는 과정을 말한다. 검사 결과만으로 내린 결론은 매우 제한적이다. 현재 시점에서 왜 검사를 받게 되었는지, 그 검사가 어떤 목적으로 활용될 것인지, 그 검사 결과가 부모나 치료자에게 어떤 의미를 갖게 되며 현재 아동이 가진 문제에 어떤 영향을 미칠 것인지에 관한 모든 정보를 알고 예측할 수 있어야 합목적적인 평가를 할 수 있다. 이 과정에서 면담은 매우 중요하다. 면담은 여러 가지 형식으로 이루어질 수 있다. 정해진 형식 없이 임상가의 판단에 따라 필요한 정보를 얻는 비구조화된 방식도 있고 미리 정해진 면담지를 토대로 진행하는 구조화된 방식도 있다. 어떤 방식이건 면담은 전체 평가 과정에서 다음과 같은 중요한 기능을 한다.

첫째, 면담은 전체 평가 과정을 안내하는 전반적인 틀을 제공한다. 즉, 평가의 틀과 방향을 설정하게 해 준다. 예를 들어, 현재의 아동에게 어떤 심리평가가 가능한가, 사용 가능한 검사의 종류는 무엇인가, 아동이 주로 보이는 문제 영역은 무엇이며 어떤 검사 과정에 더욱더 주력할 것인가, 검사시간은 얼마나 걸릴 것인가, 어떤 검사 수행 시 어떤 어려움이 있을 것인지 등을 예상하게 해 준다. 이러한 점들을 고려하며 진행되는 평가는 그렇지 않은 경우보다 더 효율적이다. 이런 점에서 면담은 전체 평가 과정의 틀과 방향을 설정하는 중요한 역할을 한다.

둘째, 면담은 검사자료를 해석하기 위한 중요한 정보를 제공해 준다. 검사가 진행되는 장면은 아동의 실제 문제가 발생하는 상황과는 다른 '실험실' 상황이다. 이러한 상황에서 얻은 단편적인 개개의 검사 결과만으로는 의미를 통합적으로 해석하는 데 제한점을 갖는다. 평가된 결과만으로는 그것이 무엇을 의미하는 것인지 그 임상적 의미를 알기 어려운 경우가 많다. 즉, 피검자의 성장 과정, 가족관계, 현재의 문제가 나타난 시점을 포함한 다양한 배경정보는 심리검사를 통해 얻은 정보의 의미를 보다 분명하고 통합적으로 이해하게 해 주는 중요한 정보의 원천이다.

셋째, 면담은 보다 풍부하고 심층적인 검사반응을 도출하기 위한 유대관계(라포)를 형성할 수 있는 첫 단계이자 좋은 기회다. 유대관계의 성패는 대개 첫 만남이나 평가의 초반부에 결정된다. 반응하지 않는 물리적 속성을 측정하는 다른 검사와 달리 심리검사는 평가자나 평가 시의 상황이 주는 미묘한 영향에 따라 평가대상의 반응이 달라질 수 있는 복합적이고 유동적인 속성을 지니고 있다. 따라서 동일한 피검자를 검사하더라도 검사 당시 피검자와의 유대관계가 어떠했는가에 따라 그 결과는 상당히 달라질 수 있다. 요컨대, 심리검사 결과는 피검자와 검사자 간의 유대관계 및 상호작용의 산물이며 첫 면담 과정은 이러한 유대관계의 질과 방향을 설정하는 중요한 단계다.

면담은 또한 평가 결과만으로는 파악할 수 없는 가치 있고 미묘한 정보를 얻을 수 있게 해 준다. 심리평가 과정은 피검자와 검사자 간의 역동적인 의사소통 과정이며 이 의사소통 과정에는 언어화하고 점수화할 수 있는 통로뿐 아니라 비언어적인 통로를 통해 나타나는 보다 중요한 정보가 소통될 수 있다. 평가 과정에서만 관찰하고 수집할 수 있는 정보는 항상 제한적이다. 면담은 평가상황을 넘어서서 아동의 문제가 발현되고 있는 생활의 장 전체를 파악하는 데 중요하고도 미묘한 정보를 얻을 수 있는 기회가 된다.

2) 행동관찰

면담을 하고 검사를 실시하는 모든 평가 과정에서 아동은 어떤 행동을 보인다. 그것은 언어적, 비언어적 행동 모두를 포함하는 것이다. 아동기는 특히 언어적 표현능력이 성인처럼 세련되게 발달되어 있지 않기 때문에 그 언어적 반응내용 이외에 그가 보이는 다양한 행동적 특성을 면밀하게 관찰하는 것이 매우 중요하다. 성인과의 의사소통도 그러하지만 특히 아동은 언어보다도 행동으로 표현하기 때문이다. 이렇게 표현된 아동의 행동에 대한 정보는 평가 결과를 해석하는 데 매우 풍부한 의미를 부여한다. 단지 어떤 과제에서 성공했고 실패했는지, 얼마나 잘했는지에 관한 정보뿐 아니라 그러한 행동의 구체적인 과정에 대해 더 세심하게 관찰할 수 있다면 그 반응에 대한 양적 측정 결과를 보충해 주는 의미 있는 자료가 된다.

평가상황에서 아동이 보이는 다양한 행동이 있다. 먼저 대기실에서 기다리는 동안 무엇을 하고 있으며 보호자와 어떻게 상호작용하고 있는지, 보호자와 떨어져 검사실로 들어올 때 어떤 반응을 보이는지, 낯선 사람인 검사자를 만났을 때 어떤 태도를 보이는지, 어른인 평가자와 정서적 유대관계를 잘 형성하는지 아니면 어떤 문제가 있어 보이는지와 같이 본격적인 평가가 시작되기 전에 보이는 모든 행동양상이 중요한 정보를 제공한다. 검사가 시작되면 아동은 평가자뿐 아니라 평가과제인 검사도구와도 상호작용한다. 이것은 '문제해결' 상황에 직면하여 아동이 어떤 특성을 보이는지 관찰할 수 있는 기회다. 이는 아동에게 도전과 자극을 주는 상황이며 아동은 그 상황에서 어떤 식으론가 반응한다. 특정한 과제에 대해 어떤 특정한 패턴을 보이는지, 해결하기 쉽거나 어려운 과제에 직면할 때 어떤 방식으로 대처하는지, 일정한 주의력을 어느 정도 유지할 수 있는지, 아동이 보이는 일반적인 문제해결 패턴에 어떤 특징이 있는지, 해결이 어려운 과제에 직면하는 좌절상황에서 아동의 정서조절 방식은 어떠한지 등이 드러난다. 도전이 주어지는 과제 수행 과정에서는 특히 이러한 성공과 좌절에 대해 아동이 어떻게 대응하며 어떤 정서를 제대로 표현하는지 보다 생생하게 관찰할 수 있다는 점에서 그냥 이야기만 나누는 면담 과정에서는 알기 어려웠던 풍부한 행동적 특성을 관찰할 수 있다. 이것은 숫자로 표현된 양적인 검사 결과의 배경에 있는 정보들이다. 어떤 사건도 그 사건 자체만으로는 의미를 갖지 못한다. 반드시 그 배경을 토대로 이해될 수 있고 의미를 갖게 된다는 점에서 평가자는 전경과 배경을 통합하여 전체적인 상을 그릴 수 있게 된다. 행동관찰 자료는 이러한 통합적 해석을 위해 매우 중요한 정보를 제공한다.

3. 평정척도를 통한 평가

심리검사는 크게 질문지를 통한 자기보고형 검사와 검사자와 함께 하는 검사로 나눌 수 있다. 자기보고형 검사는 아동 자신 혹은 보호자나 교사 또는 전문가가 아동의 특정한 영역에 관해서 미리 제작된 질문지에 응답하도록 하는 것이다. 자기보고형 검사는 간편하게 사용할 수 있으며 시간을 절약해 주고 객관적인 평가가 가능하다는 장점이 있는 반면 그 결과 해석에 있어서 고려해야 할 제한점도 많다. 평정척도를 통한 평가의 장점을 살펴보면 다음과 같다.

- 발생빈도는 낮지만 관찰회기 내에 관찰할 수 없는 중요한 행동특성을 알아낼 수 있다. 이는 타인들은 잘 모르지만 아동과 함께 밀착하여 오랜 시간을 함께 보내는 부모나 교사만이 관찰할 수 있는 중요한 행동특성이 있을 수 있기 때문이다.
- 아동이 자발적으로는 잘 보고하지 않는 중요한 측면을 평가할 수 있다. 수줍

음이 많고 위축되어 있거나 혹은 언어표현능력이 불충분하기 때문에 자신이 가진 문제를 모두 정확히 보고할 수 없는 경우 아동에 대해 잘 알고 있는 중요한 타인들에 의해 정보를 얻을 수 있다는 장점이 있다.

- 생태학적 타당도(ecological validity)가 높은 정보를 얻을 수 있다. 아동이 병원이나 상담기관을 방문하여 낯선 사람 앞에서 미리 준비된 도구를 통해 이끌어 내는 행동은 별로 자연스러운 것은 아니다. 따라서 아동의 문제가 실제 발생하고 있는 집이나 학교에서 아동이 자연스럽게 행동하는 가운데 노출되는 행동들을 알아내기 위해서는 부모나 교사 혹은 또래들에 의한 평정척도 결과가 더 정확한 정보를 제공해 줄 수 있다.
- 부모, 교사, 또래 등 아동에게 중요한 다양한 정보원천으로부터 정보를 얻고 이를 비교해 봄으로써 아동의 문제에 관해 평정자들이 가지고 있는 태도와 평가 기준 등을 비교해 볼 수 있다. 이는 치료적으로도 중요한 고려사항이 된다.

평정척도를 통한 평가의 단점을 살펴보면 다음과 같다.

- 평정척도에 포함된 내용에 대해서만 정보를 얻을 수 있다. 이는 어떤 평정척도이건 아동이 보이는 문제행동의 전 영역을 세밀하게 다 포괄할 수 있을 정도로 만들 수는 없기 때문이다.
- 평정자의 특성에 따라 평정내용이 달라질 수 있다. 즉, 평정자는 각자 자신만의 성격특성과 가치관을 가지고 있으며 따라서 더 엄격하거나 관대하게 평가할 수 있다. 또한 피평정자인 아동과의 관계에 내재된 정서적 태도에 따라 실제보다 더 긍정적으로 혹은 더 부정적으로 아동을 평가할 수 있다.
- 대부분의 평정자들은 극단적인 평가를 피하려는 경향이 있다. 아동이 가진 문제가 아주 심각하다거나 전혀 없다는 등의 극단적인 평가치는 피하게 되고 중간 정도의 문제를 가진 것으로 평정되는 경향이 있다.
- 아동이 처한 상황적 요인이 간과될 수 있다. 질문지를 받아들고 '문제행동'

에 대해서만 초점을 맞추어 아동을 평가하기 때문에 그 문제행동이 일어나는 상황적 요인을 간과하거나 무시함으로써 상황적 요인이 아동의 문제행동에 미치는 영향을 찾아내지 못할 수 있다.

- 평가는 명시적이건 암묵적이건 항상 비교 과정을 내포하고 있다. 또한 심리적 속성은 절대영점을 갖지 않는다. 따라서 절대적으로 객관적인 평가는 있을 수 없으며 평정자가 기준점을 두고 있는 어떤 비교대상에 비추어 아동의 문제행동이 어느 정도인지가 평가될 수밖에 없다. 평정지의 결과를 해석할 때 평정자의 기준점이 정상적인 범위에서 얼마나 일탈되어 있는지를 항상 세심하게 고려해야 하는 이유가 여기에 있다.

먼저 부모와 교사가 평정할 수 있는 몇 가지 대표적인 척도들을 살펴보면 다음과 같다.

1) 아동 · 청소년 행동평가척도

Achenbach(1991)가 개발한 것을 국내에서는 오경자, 이혜련, 하은혜, 홍강의(1997)가 표준화하였다. 크게 우울, 위축, 신체증상을 포함한 내현화 척도와 비행, 공격성, 성문제 등을 포함한 외현화 척도, 그리고 사회능력척도로 구성되어 있다.

- 대상: 4~18세의 아동 및 청소년
- 문항: 120문항(한국판, 117문항)
- 국내 표준화: 오경자 등(1997)
- 평정방식: 3점 척도(0: 전혀 아니다, 1: 가끔 그렇다, 2: 자주 그렇다), 표준점수(T점수)

구체적인 척도 구성 및 내용은 〈표 4-1〉과 같다.

〈표 4-1〉 아동 · 청소년 행동평가척도(CBCL)의 구성 및 내용

척도명(괄호 안은 미국판 척도명)		척도내용
사회능력척도	사회성척도 (social)	속해 있는 모임, 단체의 개수, 참가 활동의 활발한 정도, 친구의 수, 친구와 어울리는 정도, 형제자매, 또래, 부모 등 사회적 관계의 질을 평가하는 문항으로 구성
	학업수행척도 (school)	국어, 수학, 사회, 과학, 영어 등 5개 과목별 학업 수행 정도, 특수학급에 있었는지 여부, 휴학 여부
	총 사회능력 점수 (total competence scale)	사회성척도와 학업수행척도의 합
문제행동척도	위축척도 (withdrawn)	사회적인 위축, 철수, 소극적 태도 등을 평가하는 9개 문항
	신체증상척도 (somatic complaints)	의학적 증거가 없이 신체적 증상이 나타나는 정도를 평가하는 9개 문항
	우울/불안척도 (anxious/depressed)	정서적으로 우울하고 지나치게 걱정이 많거나 불안한 정도를 평가하는 14개 문항
	사회적 미성숙 척도 (social problems)	발달상의 문제와 사회적으로 미성숙하고 비사교적인 측면을 평가하는 8개 문항
	사고의 문제 척도 (thought problems)	비현실적이고 기이한 사고내용이나 이와 관련한 행동을 평가하는 7개 문항
	주의집중문제척도 (attention problems)	주의집중력의 문제와 이에 따른 행동상의 문제를 평가하는 11문항
	비행척도 (delinquent behavior)	비행행동을 평가하는 13개 문항
	공격성척도 (aggressive behavior)	공격성, 싸움, 반항행동 등을 평가하는 20개 문항
	성문제척도 (sex problems)	4~11세에만 적용되는 특수 척도로 6개 문항
	정서불안정척도	6~11세에만 적용, 우리나라 특유의 요인, 10개 문항
	내재화문제척도 (internalizing problems)	소극적이고 사회적으로 위축된 행동, 신체적 증상 등 내재화되고 과잉통제된 행동을 평가하는 척도
	외현화문제척도 (externalizing problems)	타인에 해를 끼치거나 공격적인 행동, 싸움, 비행 등 외현화되고 과소통제된 행동을 평가하는 척도
	총문제행동척도 (total behavior problems)	전체 문제행동 문항을 합한 것으로 문제행동 정도를 지수화할 수 있음

2) 코너스척도

Conners(1990)가 개발하고 이후 개정되었으며 국내에서는 10문항으로 구성된 단축형 척도를 오경자와 이혜련(1989)이 번안하여 임상집단 아동을 대상으로 연구한 결과 16점 이상이면 주의력결핍 과잉행동장애(ADHD) 아동으로 진단할 수 있다고 보고하고 있다.

- 대상: 부모용(3~17세), 교사용(3~14세)
- 문항: 부모용 87문항(단축형 20문항), 교사용 59문항(28문항)
- 평정방식: 4점 척도(0: 전혀 아니다, 1: 약간 그렇다, 2: 꽤 그렇다, 3: 매우 그렇다), T점수 및 백분위 점수로 전환하여 사용
- 측정 영역: 주의력결핍 및 과잉행동, 가족문제, 정서조절문제, 분노조절문제 등

3) 아동인성검사

홍창의 등은 미국에서 개발된 아동용 성격검사(personality inventory for children)를 KPI-C(Korean personality inventory for children)로 표준화하여 쓰다가 타당도를 저하시키는 척도를 수정하여 한국 아동인성평정척도(Korean personality rating scale for children: KPRC)로 개정해서 현재 사용하고 있다(조선미 외, 2006). 보호자가 평정하는 척도이며 3개의 타당도 척도와 11개 영역(자아탄력성, 언어발달, 운동발달, 불안, 우울, 신체화, 비행, 과잉행동, 가족관계, 사회관계, 정신증)을 평가하는 하위척도로 구성되어 있다.

- 대상: 3~17세(부모보고)
- 문항: 117문항
- 평정방식: 4점 척도(T점수 사용)

다음은 아동 자신이 스스로 평정할 수 있는 몇 가지 척도들이다.

4) 아동용 발현불안척도

아동용 발현불안척도(revised children's manifest anxiety scale: RCMAS)는 성격 특성으로서의 불안을 느끼기 쉬운 경향성을 측정한다. 1951년 Taylor가 개발한 척도를 1978년 Reynolds와 Richmond가 개정한 것이다. 국내에서는 최진숙과 조수철(1990)이 초등학교 4~6학년 학생을 대상으로 조사 연구한 결과 남학생은 13.72±5.76, 여학생은 13.39±5.64의 평균치를 보였다.

- 대상: 초등학생
- 문항: 37문항(9개의 허구문항 포함)
- 평정방식: 예/아니요

  문항 예

  1. 나는 마음을 결정하기가 어렵다. (예/아니요)
  2. 나는 일이 마음대로 되지 않으면 신경이 날카로워진다. (예/아니요)
  3. 다른 사람들은 나보다 일을 쉽게 해내는 것 같다. (예/아니요)

5) 소아우울척도

소아우울척도(children's depression inventory: CDI)는 성인용 우울척도인 벡-우울척도(Beck depression inventory)를 8~13세 아동에게 적합하게 수정한 것이다(Kovacs, 1983). 총 27문항이며 0~2점에 해당하는 문항으로 구성되어 있다. 한국에서는 조수철과 이영식(1990)에 의해 번안되고 타당화되었다. 소아우울척도의 몇 가지 문항의 예는 다음과 같다.

문항 예

2. (　　) 나에게 제대로 되어 가는 일이란 없다.
   (　　) 나는 일이 제대로 되어 갈지 확신할 수 없다.
   (　　) 나에겐 모든 일이 제대로 되어 갈 것이다.
3. (　　) 나는 대체로 무슨 일이든지 웬만큼 한다.
   (　　) 나는 잘못하는 일이 많다.
   (　　) 나는 모든 일을 잘못한다.

4. 지적 발달에 대한 평가

1) 발달검사

발달검사는 유아기의 발달상황을 전반적으로 평가한다. 유아기는 아직 지적 발달이 분화되어 있지 않으며 신체적, 정서적, 지적 발달은 서로 밀접하게 연관되어 있다. 따라서 각 월령마다 보편적으로 유아들이 성취해 나가는 보편적인 행동발달 기준에 비추어 해당 유아가 어느 정도 발달이 뒤처져 있는지 혹은 앞서 있는지를 알아볼 수 있다. 주로 평가하는 발달 영역은 부모나 타인들과 상호작용하는 정도를 평가하는 사회성 영역, 먹고 입고 대소변을 보는 자조행동, 운동능력(대근육, 소근육, 시각-운동협응력), 언어표현과 이해능력이 포함된다. 이러한 영역에서 해당 유아가 어느 정도의 발달 상태에 있는지를 알아봄으로써 지적 측면의 발달상황뿐 아니라 이후에 아동기와 청년기를 거쳐 갈 때 어느 정도의 지적 성취를 보일 수 있을지 대략적인 예상을 할 수 있다.

현재 국내에서 사용 가능한 발달검사는 신희선 등(2005)이 표준화한 덴버 발달검사(한국형 Denver-II)와 베일리 발달검사(K-BSID-II), 게젤 발달검사 등이 있다.

2) 인물화 지능검사

아직 언어표현능력이 충분히 발달하지 못한 학령기 전의 어린 아동을 대상으로 지적 능력을 평가할 때 유용한 방법 중의 하나는 그들이 그린 그림을 살펴보는 것이다. 직관적으로 우리는 각 연령대마다 아동이 그리는 그림에 질적인 차이가 있다는 것을 알 수 있다. 이 차이를 객관화된 방식으로 평가할 수 있다면 아동의 지적 발달 수준을 알 수 있을 것이다. 그런데 아동이 그리는 그림의 대상 중 가장 친숙한 것이 인물이다. 세상에 태어나 처음 접하는 것이 인물이며 이후에도 지속적으로 사회적 공간에서 살아가기 때문이다. 따라서 아동이 '인물'에 대하여 어느 정도 분화되고 통합된 정신적 표상을 가지고 있고 그 표상을 어느 정도 재현해 낼 수 있는가 하는 것을 객관적인 기준에 비추어 평가할 수 있다면 그것은 지적 능력에 대한 평가치가 될 수 있을 것이다.

인물화를 통한 지능평가는 이러한 가정에서 출발한다. Goodenough와 Harris (1950)는 이러한 가정하에 인물화 지능검사를 표준화하였으며 이 방식을 국내에서도 적용하여 김재은 등(1973)이 인물화를 통한 간편지능검사법을 개발한 바 있다. 이 검사법은 3~13세까지의 아동을 대상으로 실시할 수 있으며 아동이 그린 인물화의 각 구성요소를 60가지 평가항목으로 나누어 점수를 합산하여 지능지수를 산출하도록 되어 있다.

이 방식의 지능산출 방법은 언어능력이 제한되어 있는 아동에게 실시할 수 있고 아동에게 친숙한 인물화를 통해 간편하게 아동의 지능 수준을 추정할 수 있다는 장점이 있다. 반면에 인물화를 통한 지능지수와 여타 다른 지능 성숙도의 측정치 및 학교성적과의 상관관계가 그리 만족할 만한 수준은 아니듯이(r=.35-.45), 아동화를 통한 지능추정치가 순수하게 지적인 발달만을 반영하는 것인지에 관해서는 해석의 여지가 있다(이미순, 정승아, 2009). 따라서 인물화 지능검사 결과만으로 아동의 지적 발달 수준을 정확하게 평가하는 것은 제한점이 있으므로 가급적 다른 지적 발달의 측정치와 종합적인 검토를 통해 평가하는 것이 바람직하다.

3) 시각운동통합검사

언어능력이 미숙한 어린 아동을 대상으로 간편하게 실시할 수 있는 또 다른 지필방식의 검사는 시각운동통합검사(developmental test of visual-motor integration: VMI)다. 이 검사는 4~13세 아동을 대상으로 하며 발달장애나 학습장애가 있는 아동을 조기에 선별하기 위한 목적으로 개발되었다. 집단적으로 혹은 개별적으로 실시할 수도 있는데 모사하기가 매우 쉬운 도형(수평선, 수직선, 원, 십자가 등)에서부터 모사하기가 상당히 곤란한 도형(육각형, 삼차원의 원, 입방체, 별모양 등)에 이르기까지 난이도가 높아지는 총 24개의 기하학적 도형이 제시된다. 아동은 이를 보고 따라 그린다. 아동이 세 번 연속 실패하기 전까지 모사할 수 있었던 도형의 개수를 원점수로 하여 연령점수, 표준점수(평균 10, 표준편차 3), 백분위를 산출할 수 있다.

이 방식은 인물화검사를 통한 지능추정과 유사한 장점과 단점을 지닌다. 즉, 이 검사법의 기본 가정대로 시각-운동 통합능력 자체가 지적 성숙의 중요한 지표가 될 수 있다는 점에서 언어능력이 제한된 발달지체 아동이나 아주 이른 연령의 아동을 간편하게 선별해 낼 수 있다는 점에서는 장점을 갖는다. 실제로 VMI로 측정한 평가치는 손가락 사용능력 및 쓰기능력을 포함한 학습준비도, 뇌손상 및 정신지체, 지능지수 등과 유의한 상관관계를 보이고 있다. 그러나 이러한 상관관계가 인물화를 통한 지능추정 결과와 마찬가지로 .30~.50 정도로 아주 높지는 않았던 점을 고려한다면(박화문, 구본권, 1990) 결과 해석을 하는 데 있어서 다른 검사자료를 통합적으로 고려해야 예측타당도가 더 높아질 것이다. 또한 전반적인 지적 발달은 정상적인 수준이지만 시각 기능 및 미세한 운동 기능에만 국한된 장애를 가진 아동의 경우에는 평가 결과가 과해석될 수 있는 위험성도 있다는 점을 염두에 두어야 한다.

4) 웩슬러형 지능검사

웩슬러형 지능검사는 가장 널리 쓰이고 있는 대표적인 개인용 지능검사다. 다른 지능검사와는 달리 웩슬러형 지능검사가 가진 몇 가지 특징이 있다.

첫째, 개인용 지능검사로 피검자와 검사자가 일대일로 마주 앉아 실시한다. 이는 집단용 지능검사에서 놓치기 쉬운 피검자의 다양한 행동특성을 관찰할 수 있게 해 준다. 또한 결과 해석에 있어 이러한 정보를 고려하기 때문에 피검자에게만 독특한 융통성 있는 해석을 할 수 있게 해 준다. 아울러 문제상황에서 피검자가 보이는 특정한 행동 패턴은 지적인 능력에 대한 평가뿐 아니라 성격특성에 대한 정보를 제공해 줄 수도 있다.

둘째, 지능산출법에 있어서 편차지능지수(deviation IQ)를 사용한다. 이전의 Binet식 지능검사처럼 정신연령과 생활연령을 통해 지능지수를 산출하는 방식(비율지능지수)은 연령이 높아짐에 따라 지능지수가 왜곡되는 단점이 있어 특정 연령 이상의 피검자를 대상으로 실시하는 데는 제한점을 가지고 있었다. 그러나 편차지능지수에 의해 산출된 점수는 해당 연령에 속한 전체 규준집단 피검자들의 평균치에서 해당 피검자가 이탈된 정도를 기준으로 점수가 산출되는 것이므로 어떠한 연령대의 피검자이건 그 IQ 점수는 상대적으로 동일한 의미를 갖게 된다.

셋째, 웩슬러형 지능검사는 언어성과 동작성 지능지수를 산출할 수 있으며 모두 11개의 소검사로 구성되어 있다. 즉, 언어자극과 시각자극을 모두 사용하여 지능지수를 산출하기 때문에 전반적인 지능 수준을 통해 개인 간 비교를 할 수 있을 뿐 아니라 구체적인 하위영역 간에 어떤 강점과 약점이 있는지 개인 내 특성들 간의 편차를 비교 검토할 수 있다는 장점이 있다.

참고로 다음은 지능지수를 산출하는 데 쓰이는 두 가지 방법을 비교한 것이다.

- **비율지능지수**(ratio IQ)

$$\text{산출공식: 지능지수(IQ)} = \frac{\text{정신연령}(MA)}{\text{생활연령}(CA)} \times 100$$

• **편차지능지수**(deviation IQ)

$$\text{산출공식: 표준점수}(z) = \frac{\text{개인의 점수} - \text{규준집단의 평균}}{\text{규준집단의 표준편차}(SD)}$$

$$\text{따라서 개인의 점수} = \text{규준집단의 평균} + z \times SD$$

$$\text{웩슬러 지능지수(IQ)} = 100(\text{평균}) + z \times 15(\text{표준편차})$$

이 산출 방법에서 알 수 있듯이 웩슬러형 지능검사로 측정된 지능지수는 표준편차 단위를 사용하기 때문에 개인 간 비교가 가능하며 평균이 100, 표준편차가 15인 점수로 변환한 것이다. 예를 들어, 웩슬러형 지능검사 결과 IQ 130을 얻었다면 이는 규준집단의 평균치(100)에 비해 표준편차로 2배 위에 위치하는 점수라는 의미를 갖는다.

웩슬러형 지능검사는 피검자의 연령대에 따라 유아용, 아동용, 성인용의 세 가지가 있으며 모두 한국 실정에 맞게 표준화되어 있다.

(1) 한국 웩슬러 아동용 지능검사

한국 웩슬러 아동용 지능검사(Korean Wechsler intelligence scale for children III: K-WISC Ⅲ)는 1991년에 개정된 미국의 웩슬러 아동용지능검사(WISC-Ⅲ)를 기반으로 한국 실정에 맞게 수정·번역하여 표준화한 것이다(곽금주, 박혜원, 김청택, 2001). 그 이전까지는 K-WISC(이창우, 서봉연, 1974)가 쓰였고 이후 미국에서 1974년에 제작된 WISC-R을 1991년에 한국교육개발원에서 표준화한 KEDI-WISC가 사용되어 왔다.

웩슬러형 지능검사는 그것이 유아용이든(K-WIPPSI) 아동용이든(WISC-Ⅲ) 아니면 성인용이든(K-WAIS) 상관없이 모두 웩슬러가 가정하는 지능에 대한 개념과 정의를 바탕으로 제작되었다는 공통점이 있다. 지능에 대한 개념은 시대에 따라 변해 왔고 현재도 변해 가고 있는 중이긴 하지만 웩슬러가 생각했던 지능이란 특수한 영역에 제한된 능력이 아니라 총체적인 적응능력으로서의 그 무엇이다. 즉, 웩슬러가 생각했던 지능은 '합목적적으로 행동하고, 합리적으로 사고하며, 자신의 환경을 효율적으로 다루어 나갈 수 있는 개인의 총체적인 능력'인 것이다. 따라서 웩슬러형 지능검사는 이러한 총체적인 능력으로서의 지능을 측정하기 위한 검사들로 구성되어 있는데 크게 후천적인 교육과 연습 등 경험의 영향을 많이 받는 언어적 능력과, 보다 선천적이고 환경을 다루는 직접적인 능력과 관련된 동작

〈표 4-2〉 한국 웩슬러 아동용 지능검사(K-WISC III)의 구성과 내용

구분	소검사	문항수	내용
언어성검사	② 상식	30	일상적인 사건, 물건, 장소, 사람들에 대한 아동의 지식을 알아보기 위한 것으로 정해진 일련의 질문들을 말로 제시한다.
	④ 공통성	19	두 가지 대상 사이의 공통점에 대해 구두로 질문한다.
	⑥ 산수	24	수개념 및 계산능력을 묻는 일련의 질문을 들려주고 암산으로 답하게 한다.
	⑧ 어휘	30	구두로 제시하는 단어를 듣고 그 뜻을 설명하고 정의해야 한다.
	⑩ 이해	18	다양한 일상생활 상황에 관한 의미를 질문하면 구두로 대답한다.
	⑫ 숫자*	8	검사자가 숫자를 불러주면 아동은 이를 바로, 그리고 거꾸로 따라한다.
동작성검사	① 빠진 곳 찾기	30	여러 색상으로 이루어진 물건이나 장면 그림에는 중요한 부분이 빠져 있다.
	③ 기호 쓰기	59/119	일련의 간단한 형태(A형)나 숫자(B형)가 단순한 기호와 짝지어져 있다. 아동은 형태나 숫자에 대응하는 기호를 그려 넣는다.
	⑤ 차례 맞추기	14	다양한 상황을 묘사하는 그림카드 조각들이 뒤섞여 배열되면 아동은 논리적인 인과관계를 추론하여 그 순서를 맞추어야 한다.
	⑦ 토막 짜기	12	인쇄된 기하학적 형태나 검사자가 직접 제시하는 기하학적 형태를 보고 각 면이 각각 두 가지 색상으로 디자인된 정육면체의 토막을 사용하여 제시된 형태와 똑같이 맞추어야 한다.
	⑨ 모양 맞추기	5	일상적인 물건, 동물, 사람 등의 퍼즐 조각이 미리 정해진 방식으로 제시되면 아동은 그 조각을 맞추어 의미 있는 완성된 형태로 맞추어야 한다.
	⑪ 도형 찾기*	45	쌍으로 이루어진 도형들로서 각 쌍은 표적부분과 반응부분으로 구성되어 있다. 아동은 두 부분을 훑어보고 표적모양이 반응부분에 있는지 여부를 지적한다.
	⑬ 미로*	10	별도의 반응지에 난이도 순서로 제시된 미로의 출구를 연필을 사용하여 선으로 그려 나가야 한다.

* 표는 보충검사. 각 소검사 앞에 붙어 있는 원문자는 실시 순서임.

성 능력을 측정하는 동작성 소검사로 구성되어 있다.

K-WISC Ⅲ의 기본적인 특징은 이전까지의 웩슬러형 지능검사가 취해 온 형식과 같으며 각 소검사의 구성과 측정내용은 〈표 4-2〉와 같다.

즉, 언어성 소검사와 동작성 소검사로 구성되어 전체 지능을 산출한다는 점, 그리고 각각의 소검사에 포함된 문항내용도 시대 변화에 맞게 몇 가지 새롭게 수정된 것을 제외하면 이전 판과 크게 차이는 없다. K-WISC Ⅲ로 개정되면서 몇 가지 수정사항과 차이점은 생겼다. 첫째, 요인분석 연구 결과에 근거하여 그 이전의 아동용 웩슬러 지능검사(K-WISC, KEDI-WISC)에서는 제공하지 않았던 네 가지 세부 지표점수를 산출할 수 있다. 둘째, 아동이 검사 과정에 조금 더 흥미를 가질 수 있도록 소검사를 실시하는 순서에 변화를 주었다. 예를 들면, 시각자극으로 구성되는 동작성 소검사를 먼저 실시한다. 셋째, KEDI-WISC의 12개 소검사 외에 '도형 찾기'라는 새로운 소검사가 첨가되었으며 시대에 맞지 않는 문항을 제거하고 시대에 맞는 문항이 추가되었고 그림자극도 아동이 보다 쉽게 흥미를 가질 수 있도록 원색으로 인쇄되었다. 그 밖에도 실시할 수 있는 연령대상이 KEDI-WISC에서는 만 5~15세까지였으나 미국판에서 제시했던 원래의 연령대(만 6~16세까지)로 다시 바꾸었다.

각 지표점수를 구성하는 소검사들은 〈표 4-3〉과 같다.

〈표 4-3〉 요인분석에 의한 K-WISC Ⅲ의 소검사들

요인 Ⅰ: 언어이해	요인 Ⅱ: 지각적 조직화	요인 Ⅲ: 주의집중	요인 Ⅳ: 처리속도
상식	빠진 곳 찾기	산수	기호 쓰기
공통성	차례 맞추기	숫자	도형 찾기
어휘	토막 짜기		
이해	모양 맞추기		

각 소검사들이 측정하는 내용은 다음과 같다.

- 상식: 아동의 주변 환경으로부터 정보를 습득하고 체계화할 수 있는 능력을 측정한다. 이는 아동의 초기 환경, 학교생활 및 문화적 경험, 주변 환경에 대한 호기심과 지적 성취 욕구 등에 의해 영향을 받는다.
- 공통성: 대상들 간의 공통점과 차이점을 유추하는 능력, 그것을 일반화하고 정의할 수 있는 능력, 언어적 개념형성능력, 추상적 사고능력을 측정한다.
- 산수: 수개념, 수리능력, 주의집중력, 논리적 사고능력을 측정한다.
- 어휘: 어휘력 및 학습능력, 언어표현력, 개념형성능력을 측정한다. 아동의 학습능력이나 개념의 풍부성, 기억력, 문화적 경험의 영향을 받는다.
- 이해: 생활 경험에 대한 이해력, 사회적 관습과 규칙, 도덕규범에 대한 이해력, 과거 경험을 평가하고 종합하고 일반화하는 능력 등을 측정한다. 이는 아동의 문화적 경험 및 일상적 경험으로부터 일반적 법칙을 유도할 수 있는 능력, 도덕 개념의 발달 수준 등과 관련된다.
- 숫자: 주의력과 단기기억능력, 청각적 자극을 재구성하는 능력 등을 측정한다.
- 빠진 곳 찾기: 일상적으로 접할 수 있는 사물이나 상황에서 중요한 것과 지엽적인 것을 구분하는 능력, 집중력, 시각적 예민성, 시각적 기억력, 주변 환경과의 접촉 강도 등을 측정한다.
- 차례 맞추기: 사회적 상황에 대한 이해력, 계획능력, 전체 상황을 이해하고 분석하는 능력, 타인에 대한 정서적 공감능력 등을 측정한다.
- 토막 짜기: 시각-운동 협응능력, 시-공간 관계에 대한 분석과 통합능력, 추상적 개념화 능력 등을 측정한다.
- 모양 맞추기: 시각-운동 협응능력, 부분과 전체의 관련성을 파악하는 능력, 모호한 상황에서의 대처능력, 지각구성능력 등을 측정한다.
- 기호 쓰기: 시각-운동 협응능력, 정신적 작업의 민첩성 및 순발력, 단기기억능력, 주의집중력을 측정한다.
- 미로: 계획능력 및 지각구성능력, 시각-운동 협응능력 및 정신운동 속도와

민첩성 등을 측정한다.

- 도형 찾기: 시각적 예민성, 주의력, 정신운동 속도와 민첩성, 주의지속능력을 측정한다.

(2) 한국 웩슬러 유아용 지능검사

한국 웩슬러 유아용 지능검사(Korean-Wechsler preschool and primary scale of intelligence: K-WPPSI)의 기본적인 구성과 체제는 웩슬러 아동용 지능검사와 같지만 학령 전기의 아동을 대상으로 실시하는 검사인만큼 K-WISC Ⅲ와는 몇 가지 차이점이 있다. 첫째, 만 3세~7세 3개월 아동을 대상으로 실시할 수 있다. 다만 이 연령대보다 어린 영재 아동이나 이 연령대보다 나이가 많은 지체 아동인 경우에도 지적 연령을 추정하는 데 사용할 수 있다. 둘째, 이 연령대의 아동은 기호와 숫자를 다룰 수 있는 능력이 제한되므로 K-WISC Ⅲ의 숫자에 대응하는 '문장' 소검사로 바꾸었고 기호 쓰기에 대응하는 '동물 짝짓기' 소검사로 대치되었다. 이 두 가지 소검사는 전체 지능을 산출하는 점수로는 포함되지 않으며 보충검사로 사용된다. 셋째, K-WISC Ⅲ의 동작성 소검사 중 '차례 맞추기'가 빠지고 '도형' 소검사가 포함되었다. 이 소검사는 K-WISC Ⅲ나 K-WAIS에는 없는 것으로 제시된 그림을 보고 똑같은 도형을 찾는 것과 아동이 그림을 보고 따라 그리는 과제다.

5) 학업성취도검사: 기초학습기능검사

1989년 한국교육개발원에서 개발되었으며 유치원에서 초등학교 6학년(만 5~12세) 아동을 대상으로 하는 개인용 검사다. 정보처리, 읽기, 셈하기, 쓰기와 관련된 5개의 요인을 측정하며 이러한 요인에 대한 측정 결과를 아동의 일반적인 지능발달 수준과 비교 · 검토하여 아동의 학습능력의 특성과 학습장애를 진단하는 데 유용한 정보를 제공할 수 있다.

각 하위검사의 원점수를 바탕으로 학년규준, 연령규준, 학년 및 연령별 백분위가 산출되어 해당 아동의 학습능력을 각 영역별로 또래들의 수준과 비교할 수 있다. 지능검사는 아동의 일반적인 지적 능력을 평가하는 반면 학업성취도검사는 특정한 영역의 학습능력과 성취도를 평가한다는 차이점이 있다. 따라서 지능검사 결과와 성취도검사를 비교해 본다면 능력에 비해 어느 정도의 성취도를 보이고 있는지, 특정 학습능력에 어떤 장애가 있는 것은 아닌지 등을 판단하는 유용한 자료가 될 수 있다.

아울러 이러한 평가 결과는 해당 아동의 학습준비도에 관한 정보를 제공하여 그 학생을 지도하는 교사의 교수–학습 내용, 학급배치와 같은 교육적 목적뿐 아니라 학업능력이 정상 수준에 비해 얼마나 떨어지고 어떤 특정한 학업기술 영역에 어느 정도의 장애가 있는지를 판별하는 임상적 목적으로도 활용될 수 있다. 기초학습기능검사의 구성 및 측정 요인은 〈표 4–4〉와 같다.

〈표 4–4〉 기초학습기능검사의 구성요소 및 측정 요인

기능	구성요소	하위 검사명	측정 요인
정보처리	관찰	정보처리 (60문항)	길이, 무게, 크기에 대한 관찰
	조직 관계 맺기		묶기, 분류하기, 공간적 특성과 시간에 따라 순서 짓기 능력
			추론 및 적용능력, 유추, 부조화된 관계 알기
언어	문자와 낱말의 재인	읽기 I (50문항)	문자를 변별하고 낱말을 다른 사람들이 이해할 수 있는 소리음으로 읽는 능력
	철자의 재인	쓰기 (50문항)	사물, 숫자, 기호, 문자를 변별하는 능력, 낱말의 정확한 철자와 발음을 이해하는 능력
	독해력	읽기 II (50문항)	비교적 긴 문장의 의미를 이해하고 그 문장에 포함된 내용을 기억할 수 있는 독해력
수	기초개념 이해	셈하기 (60문항)	숫자, 변별, 수 읽기 등 셈의 기초능력
	계산능력		가감승제, 십진기수법, 분수, 기하, 측정 영역의 계산능력
	문제해결력		실생활에 필요한 기초적인 수학적 개념과 지식

6) 사회성숙도검사

사회성숙도검사(social maturity scale: SMS)는 1935년 미국에서 처음으로 적응행동능력을 측정하기 위한 표준화된 검사가 개발되기 시작한 이래 1965년 5판으로 개정된 바인랜드 사회성숙척도(vineland social maturity scale: VSMS)가 출간되었다. 한국판 사회성숙도검사는 김승국과 김옥기(1977, 1995)에 의해 한국에서 표준화되고 개정되어 사용되고 있다.

이 척도로 측정하는 적응행동이란 자조, 이동, 작업, 의사소통, 자기관리, 사회화 등을 포함하는 일상생활에서의 적응능력과 사회적 능력을 포함하는 개념이다. 0~30세의 정상 혹은 장애인을 대상으로 적응행동의 성숙도를 평가하는 117개의 문항들로 구성되어 있다. 피검자를 가장 잘 알고 있는 보호자나 주변사람을 면담하여 각각의 문항에 대해 검사자가 평가한다. 점수는 1점(+), 0.5점(±), 0점(−)의 3단계로 부여하여 총점을 계산하여 해당 총점에 해당하는 사회연령(social age: SA)을 산출한다. 사회지수(social quotient: SQ)는 Binet식 지능검사의 비율지능지수를 산출하듯이 사회연령을 생활연령으로 나눈 다음 100을 곱하면 된다. 이 '사회지수'가 지능지수처럼 그 개인의 현재 적응행동 수준을 나타낸다.

이 검사는 단순히 발달검사에서 측정한 아동의 발달 수준을 나타내는 지표를 넘어서서 실제의 일상적, 사회적 상황에서 그 능력을 발휘할 수 있는지를 평가한다는 점에서 보다 현실적인 적응능력에 대한 지표를 제공해 준다. 아울러 청소년기와 성인에 해당하는 연령범위까지 측정할 수 있는 문항이 포함되어 있기 때문에 정상인뿐 아니라 장애를 가진 성인까지도 평가할 수 있다. 또한 언어표현능력이 제한되어 있거나 지적 능력이 떨어지기 때문에 의사소통이 어렵고 따라서 언어적 상호작용을 요하는 여타 지능검사로 측정하기 어려운 장애인을 평가할 수 있다는 장점이 있다. 그러나 당사자에 대한 직접면담이나 실제 생활에서 보이는 행동관찰 자료가 아닌 보호자의 관찰 결과를 활용한다는 점에서는 몇 가지 제한점이 따를 수 있다. 따라서 보호자가 보고하는 단순한 응답 결과에만 의존하는 것은 부정확한 결과를 얻게 될 수 있다. 즉, 그 문항이 의미하고 있는 다양한 구체적

〈표 4-5〉 사회성숙도검사의 문항 예

측정 영역	번호	1~2세용 문항	연령
L(이동)	18	방에서 혼자 걸어다닌다. 걸음마한다.	1.01
SHD(자조-옷 입기)	19	끈을 매지 않은 양말을 혼자서 벗는다.	1.09
O(작업기술)	20	연필이나 크레파스로 아무렇게나 그린다.	1.10

인 상황에 대한 자세한 질문을 통해 실제로 어느 정도의 기능 수준을 보이는지 세밀하고 객관적인 방식으로 면담을 진행해야 한다. 〈표 4-5〉에는 사회성숙도검사의 문항 예가 나와 있다.

5. 주의력평가

아동기에 가장 빈번하게 발생하는 문제 중의 하나가 주의력과 관련된 것이다. 즉, 산만하고 충동적인 특성을 보이는 아동은 학교에서 공부뿐 아니라 또래나 교사와의 상호작용과 같은 사회적, 정서적 영역에서도 이차적으로 문제가 발생할 가능성이 높다. 성인에 비해 아동은 주의집중력과 자기통제력에 있어서 미숙한 것이 당연하다. 따라서 해당 아동이 또래의 보통아이들에 비해 정확하게 어느 정도로 주의력과 관련된 영역에서 일탈되어 있는지를 객관적으로 평가할 수 있는 방법이 필요하다.

사실상 모든 심리검사 도구가 아동의 주의력을 평가할 수 있다. 주의력이란 다른 인지 기능은 물론이고 정서적인 측면과 항상 결합되어 있기 때문에 만일 어떤 아동이 주의력에 문제가 있다면 시행되는 모든 심리검사 과정에 영향을 미치기 때문이다. 그러나 아동이 보이는 주의력을 보다 면밀하고 체계적으로 평가하기 위해서는 각 심리검사 도구가 측정하고 있는 속성과 그 검사로 측정된 결과 사이의 관계를 종합적으로 검토해 본 뒤에 결론을 내려야 한다. 즉, 아동이 보이는 직접적인 행동에 대한 관찰자료, 부모나 교사의 보고자료, 그리고 검사실에서 아동이 수행한 평가 결과 등을 종합하여 해당 아동이 정말 주의집중력과 관련된 문제가 있다고 볼 정도인지를 판단해야 한다. 예를 들어, K-WISC Ⅲ의 지표점수 중 '주의집중' 요인에 해당하는 '산수'와 '숫자' 소검사의 점수를 검토해 볼 수 있다. 또한 지필검사로 시행되는 BGT, VMI, DAP, Rey-복합도형검사 등에서 묘사된 그림의 질적 특징 가운데 충동성이나 계획력을 반영하는 측정지표에도 주목해야 한다. 또한 부모나 교사가 평가하는 자기보고형 설문지의 하위 측정 항목 중에서 충동성이나 산만성과 관련된 요인의 점수가 어떠한지 보아야 한다. 아울러 부모가 보고하는 아동의 발달특성이나 행동특성 중에서 주의산만 요인과 관련된 행동목록이 어떻게 전개되어 왔는지, 어떤 상황에서 더 심각한지 등에 관해 면밀한 면담이 필요하고 기타 교사나 학급의 또래들이 평가한 행동관찰 자료도 중요하다. 이러한 자료들을 많이 확보할 수 있다면 아동의 일차적인 문제가 정말 주의집중력 영역에 한정되어 있는지, 아니면 다른 정서적 요인과 결합되어 있는지, 아니면 정서적 요인에 의해 이차적으로 파생된 것인지를 보다 신뢰롭게 판단할 수 있을 것이다.

주의집중능력을 발휘하는 데 관여하는 세부적인 인지 기능은 다양하다. 예를 들어, 특정한 목표자극에 재빨리 주의를 기울일 수 있는 주의능력(attention) 혹은 탐지능력(orienting), 탐지된 목표자극과 설정된 문제해결의 목표를 위해 얼마나 오랫동안 안정된 심리적 에너지를 투자할 수 있는지 알아보는 주의지속능력(sustained attention), 목표와 무관한 다양한 자극들을 선택적으로 억제하거나 산만함을 유발하는 방해자극을 차단할 수 있는 선택적 주의력(selective attention) 및 억제능력(inhibition) 등이 주의집중력과 직결된 세부 기능들이다. 아울러 주의력과 관련된 이러한 모든 세부 인지 기능이 목적으로 하는 특정한 문제해결의 목표를 향해 얼마나 유기적이고 통합적으로 조직화되어 기능할 수 있는가 하는 보다 상위 수준의 통합된 기능 영역을 평가하는 것도 중요하다. 이러한 고차적인 기능은 아동의 전반적인 자기조절능력(self regulation)과 관련되며 특히 계획력, 조직화 능력, 억제능력, 유연성, 작업기억능력 등이 포함되는 전두엽 기능 혹은 실행 기능(executive function)의 영역들이다. 이러한 모든 주의력 관련 기능 영역을 모두 평가할 수 있는 도구를 만들기는 어렵고 또 효율성에도 문제가 있을 것이다. 따라서 각각의 특정한 주의 기능에 초점을 맞춘 개별적인 검사를 선택적으로 혹은 종합적으로 시행하여 결론을 내려야 한다.

현재 이러한 다양한 주의력 관련 세부 기능을 선별적으로 평가할 수 있는 지필검사 및 전산화 검사들이 개발되어 있다. 그중 대표적인 것이 지속적 주의력을 평가하는 연속수행과제(CPT)와 고위 인지 기능(혹은 실행 기능) 평가과제들이다.

1) 연속수행검사

연속수행검사(continuous performance test)는 처음에는 간질발작 동안의 주의력 손실을 탐지하기 위한 목적으로 개발되었으나 현재는 다양한 자극과 실시 방법이 개발됨으로써 주의력에 문제가 있는 아동을 포함하여 다양한 정신과적 장애가 가진 주의력장애 양상을 측정하기 위한 도구로도 사용되고 있다. 최근에는 대개 실시와 채점 면에서 보다 정확하게 객관적인 결과를 얻을 수 있다는 점에서 전산화된 방식으로 개발된 검사들이 선호되고 있다.

연속수행과제는 대개 청각자극과 시각자극으로 구성되며 목표자극(target)과 방해자극(distractor)이 무작위로 제시되는 가운데 피검자는 목표자극에 반응하는 형식으로 제작된다. 다양한 형식의 연속수행검사가 있는데 어떤 검사의 경우에는 목표자극에 반응하는 것이 아니라 목표자극에 대한 반응을 회피하는 조건이 삽입될 수도, 목표자극 전에 특정한 다른 자극이 제시되어야 목표자극에 반응하도록 요구하는 보다 복잡한 조건을 삽입하는 경우도 있다. 아울러 각각의 청각 및 시각자극을 추상적 도형, 동물, 문자나 숫자 등으로 다양하게 변형하여 사용하기도 한다. 또한 이처럼 자극의 종류나 자극이 제시되는 방법 외에도 자극이 제시되는 시간간격, 난이도, 과제의 길이, 총 목표자극의 비율 등을 조정하여 목적에 맞게 변형시킬 수도 있다.

다양한 형식의 연속수행과제가 있으나 측정 영역은 대개 동일하며 주로 사용되는 측정지표는 다음과 같다.

- 지속적 주의력(sustained attention)
  - 정반응 개수(correct responses): 목표자극에 정확하게 반응한 개수
  - 누락오류(omission error): 반응하지 못한 목표자극의 개수
- 충동통제력(impulse control): 개입오류(commission error)의 개수로 측정
- 민감도(d′): 정반응(hit)과 오반응(false alarm)의 비율로 계산
- 반응의 안정성과 일관성: 시간에 따른 정반응과 오반응의 변산

외국에서는 TOVA가 사용되고 있으며 현재 TOVA의 형식을 적용하여 홍강의 등(1999)이 개발한 주의력 진단 시스템(ADHD diagnostic system: ADS)이 상품화되어 사용되고 있다.

[그림 4-1]은 ADS에서 사용되는 시각자극과 청각자극의 예다.

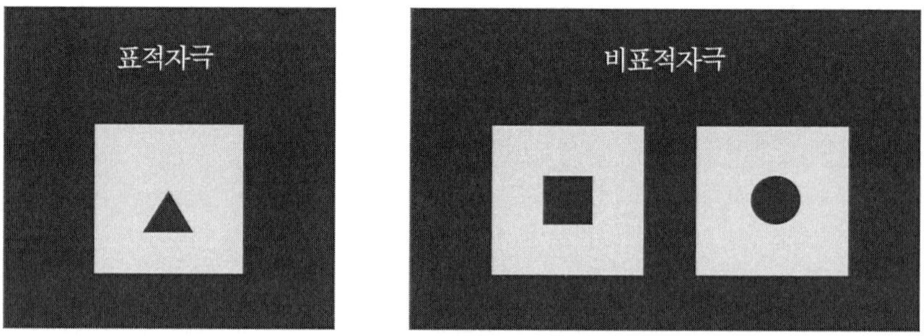

[그림 4-1] ADS에 사용되는 시각 · 청각자극의 예

2) 색채-단어 간섭과제

색채를 명명하는 단어와 그 단어가 인쇄된 색채가 다른 카드를 보여 주고 피검자에게 단어가 아닌 인쇄된 색채의 이름을 말하라고 하면 단어가 의미하는 색채의 명칭 때문에 간섭을 받아 반응시간이 지연된다. 일찍이 이러한 효과는 1930년대에 실험심리학자인 Stroop에 의해 발견되어 '스트룹 효과(Stroop effect)'라 불렸다. 스트룹 효과는 자동적으로 처리되는 글자의 의미를 계속 억제하며 선택된

반응만을 유지할 수 있는 능력을 요구하는 것으로 해석될 수 있고 따라서 스트룹 자극은 충동억제력 및 선택적 주의력을 측정하는 지표로 사용되고 있다. 이러한 억제능력 및 선택적 주의력은 전두엽 기능과 밀접한 관련이 있는데 주의력결핍장애를 가진 아동은 현재 전두엽 기능의 문제로 이해되고 있으므로 스트룹 과제는 이러한 능력에 얼마나 장애가 있는지를 측정하는 도구로 사용될 수 있다.

3) 선로잇기검사

선로잇기검사(trail making test) 역시 아동의 주의력을 측정하는데 정신운동 속도, 지각적 유연성, 분할시각주의력 등을 측정한다. 비교적 간단한 지필검사로 사용될 수도 있고 전산화된 검사로도 사용된다. 이 검사는 여러 숫자가 무작위로 나열되어 있는 용지를 받아들고 숫자의 순서에 따라 연필로 숫자를 이어 나가는 형식(A형)과, 숫자와 문자가 혼합되어 있어서 숫자와 문자를 번갈아 가며 연결해야 하는 형식(B형)이 있다. 그러나 아동에게 문자는 처리하기가 익숙하지 않는 자극이므로 문자대신 색채를 사용하는 아동용 선로잇기검사도 사용된다.

4) 카드분류검사

카드분류검사(wisconsin card sorting test)는 고위 인지 기능(전두엽 기능) 혹은 실행 기능을 측정하는 검사다. 이 검사를 통해 계획능력, 추상적 개념형성능력, 인지적 유연성, 충동성, 지속적 주의력 등이 측정된다. 아동의 앞에는 삼각형, 별, 십자가, 원이 인쇄된 네 장의 카드가 제시된다. 이어서 각각 색깔, 모양, 개수의 차원에 따라 다양한 조합으로 만들어진 하나의 카드가 연속적으로 제시된다. 이때 아동은 미리 제시된 네 장의 카드 중 현재 제시받은 한 장의 카드가 어떤 유형의 카드로 분류되어야 하는지를 결정해야 한다. 아동은 색깔, 모양, 개수 등의 차원을 기준으로 삼아 반응하게 되는데 검사자는 그것이 맞았는지 틀렸는지 계속 피드백을 준다. 아동은 그 피드백을 근거로 하여 어떤 기준에 의해 카드를 분류해야 하는

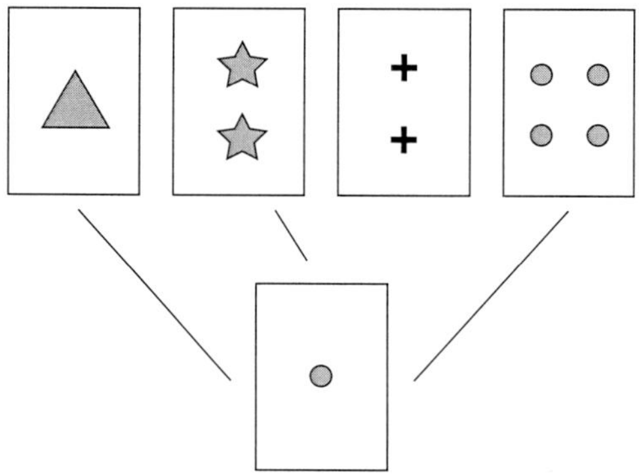

[그림 4-2] 위스콘신 카드분류검사

지 결정하게 된다. 검사자가 주던 피드백은 무작위로 그 기준이 바뀐다. 따라서 아동은 '틀렸다'는 피드백이 주어질 때 기준이 어떻게 바뀌었는지 탐색해야 하며 이전의 결정 기준을 바꾸어야 한다. 이러한 과제 수행 과정에는 각각의 차원에 따라 어떤 유형으로 분류할 수 있는지, 이전의 기준을 유연하게 바꿀 수 있는지, 피드백에 의해 얼마나 정보를 얻을 수 있는지를 파악하는 능력 등이 요구된다.

6. 정서적 영역에 대한 검사

아동기의 특성상 자신의 내적인 상태를 언어로 표현하는 것은 많은 제한을 받는다. 성인과는 달리 아동에게는 언어 이전의 표현수단이 더 유효할 때가 많다. 이러한 언어 이전의 표현수단 중에서 중요한 것이 아동의 놀이와 그림이다. 놀이 장면에서 아동이 표현하는 다양한 행동양상과 관계적 행동의 의미, 그리고 그림을 통해 표현되는 특징은 아동의 정서 상태나 그 내용을 알려 주는 중요한 수단이다. 요컨대 성인기에 해당하는 아동기의 문자는 그림과 행동이라고 할 수 있다. 주변의 친숙한 사물, 인물, 상황을 묘사하는 가운데 아동은 그 대상을 향한 자신의 정서를 드러낸다. 아동이 그린 그림을 통해 아동의 정서적 특징을 알아보는 것은 주로 정신역동 이론에 근거한 투사적 검사의 해석을 통해 이루어진다.

1) 그림검사

아동은 물활론적 세계관(animism)을 가지고 있으며 근본적으로 생물과 무생물의 구분이 없다. 아동은 자신의 주변에 있는 모든 대상, 자연 그 자체를 살아 있는 것으로 여겨 자신의 정서를 투영하기 쉽고 이를 중요한 표현수단으로 삼는다. 그 중에서도 아동에게 가장 친숙한 대상은 동물, 나무, 집, 그리고 사람이다. 이러한 대상들은 아직 언어표현능력이 충분치 못한 아동이 자신을 표현할 수 있는 친숙한 소재라고 할 수 있다. 아동으로 하여금 이러한 대상을 소재로 그림을 그리거나 놀이에 참여하도록 유도하여 그 과정과 결과를 분석하는 것은 아동 심리평가의 또 다른 주요 영역이다.

(1) 인물화검사

인물화검사(draw a person test: DAP)는 아동의 지적 발달에 관한 것뿐 아니라 아동이 그린 인물화에 투사된 아동 자신의 자아상과 세상에 대한 태도를 알아볼 수 있는 중요한 자료다. 아동이 그린 인물화에는 자신의 정서나 욕구뿐 아니라 자신에게 가장 중요한 인물인 부모나 형제들에 대한 태도도 표현된다. 투사적 검사로서의 인물화검사는 아동에게 익숙할 뿐 아니라 간편하게 실시할 수 있기 때문에 아동 심리평가에서 자주 활용된다. 주로 연필과 지우개를 사용해서 그리는 경우에는 연필과 지우개를 사용하는 방식에서, 그리고 한 가지 색만으로 대상을 묘사하는 독특한 특징을 관찰할 수 있다. 또한 연필이 아닌 크레용이나 색연필, 물감을 사용해서 그릴 때는 아동의 색채 사용방식을 살펴봄으로써 또 다른 특징을 관찰할 수 있다.

어떠한 경우이든 아동이 그린 그림의 특징을 해석하는 데 있어서 공통된 측면은 있다. 즉, 인물뿐 아니라 집과 나무 혹은 그 밖의 어떤 대상이든 상관없이 아동이 그리는 대상 및 그림을 그리는 과정에서 공통적으로 드러나는 몇 가지 특징에 대한 해석적인 의미를 먼저 검토해 볼 필요가 있다.

- 지우개의 사용: 지나치게 지우개를 자주 사용하는 것은 심리적으로 과도한 불안, 강박적 특성, 우유부단함과 관련되며 자주 지우개를 사용함에도 불구하고 그림의 질이 별로 나아지지 않는다면 신경증적 갈등이나 지적 능력의 제한 또는 심한 경우 뇌의 기질적 문제를 갖는 경우가 있을 수 있다.
- 그림의 위치: 용지의 중앙에 그림이 위치하는 경우가 가장 일반적이며 이는 아동기의 자연스러운 자아중심성을 반영한다. 그러나 그림이 좌측 혹은 우측에 극단적으로 위치한다거나 용지의 상단 혹은 하단에 집중하여 그리는 경우 해석적 의미들이 부여될 수 있다. 예를 들어, 지나치게 아동이 위축되어 있거나, 세상과 주변 사람들에 대해 적대적인 태도를 가지고 있거나 아니면 우울한 상태에 있지 않은지 검토해 볼 필요가 있다. 그러나 이러한 경우에도 그림검사 외의 검사 결과에서 유사한 특징이 발견되는 경우에 한하여 보다 확실하게 해석해 볼 수 있다.
- 필압: 과도하게 강한 필압으로 그려져 있는 경우 긴장 수준이 높거나 공격적인 성향 혹은 행동화 경향성이 높을 수 있다. 반면에 이것은 적응적인 특징일 수도 있다. 즉, 아동이 자기주장적이고 포부 수준이 높은 경우에도 강한 필압이 나타날 수 있다. 이와 반대로 필압이 지나치게 약한 경우는 우유부단하고, 유약하며, 불안정한 성격특성을 가진 경우가 많으며, 불안하거나 에너지 수준이 낮은 경우에도 이러한 특징이 나타날 수 있다.
- 그림의 크기: 일반적으로 성인의 그림에 비해 아동의 그림은 용지에 비해 대상의 크기가 커지는 경향이 있다. 중요한 것은 제시된 용지에 비례하여 적절한 균형을 맞추고 있는가 하는 점이다. 용지에 비해 과도하게 큰 그림은 자아팽창적이고 과도한 자기중심성을 반영할 수 있다. 그러나 때로는 약하고 부적절한 자아상을 보상하기 위한 시도일 수도 있다. 그림의 크기가 지나치게 작은 경우는 대개 불안과 관련되며, 억제되어 있고, 수줍음이 많으며, 회피적인 성향을 갖고 있거나, 우울한 정서가 내재되어 있을 수 있다.
- 선과 음영: 선이 굵고 주저함이 없이 강한 경우 안정적이고, 일관되며, 포부수준이 높은 특성을 가질 수 있고, 스케치하듯 그린 선은 불안정하며, 소심한

특징 혹은 완벽주의적이고 세심한 특성을 나타낼 수 있다. 음영의 경우 진한 음영이 반복되어 나타나면 정서적인 적응상의 문제를 가질 수 있고 불안이나 우울과 관련된 정서가 내재되어 있을 수 있다.

이러한 일반적인 특징 이외에 인물화검사에서만 특징적으로 고려해 볼 수 있는 몇 가지 측면이 있으며 그 해석적 의미는 다음과 같다.

- 머리: 머리는 지적 기능이나 공상활동과 관련된 신체부위이며 정신분석학적인 용어로 말한다면 자아(ego)의 기능과 관련된다. 따라서 정상적인 경우에는 다른 어떤 신체부위보다 머리 부분을 그리는 데 더 많은 정성을 기울이며 나머지 신체부위와 균형 잡힌 그림으로 묘사되는 것이 보통이다. 균형이 맞지 않을 정도로 지나치게 머리를 크게 그린 그림은 지나친 공상 경향 또는 지적 성취에 대한 열망, 과대한 자아상을 시사한다. 또한 머리의 크기가 지나치게 클 뿐 아니라 눈, 코, 입 등 세부사항까지 지나치게 정교하게 묘사하는 경우도 있는데 성인이라면 편집증(paranoia) 환자에서 이러한 양상을 보이는 경우가 많다. 그러나 아동의 경우에는 균형에 맞지 않게 머리를 크게 그리는 경향이 일반적이며 다른 심각한 정신병리가 관찰되지 않는 성인의 경우라면 정서적인 미성숙함을 반영하는 경우가 많다. 반면에 머리의 크기가 지나치게 작다면 자아 기능이 약하거나 지적, 성적, 사회적으로 약하고 부적절한 성향을 반영한다.
- 머리카락: 머리카락이 강조된 그림은 남성인 경우 남성다움에 대한 집착, 성적 욕구에의 몰입, 공격성향을, 여성인 경우에는 자기애적 성향이나 동성애적 성향을 시사한다. 만일 음영이 강하게 머리카락을 묘사한다면 분노나 적대감 또는 불안감이 내재되어 있지 않은지 살펴보아야 한다.
- 눈: 유달리 눈이 강조되거나 지나치게 세부적으로 묘사되었다면 의심이나 피해망상과 같은 편집적 성향을 나타낸다. 여성은 남성보다 일반적으로 눈을 크게 그리는 경향이 있으며 남성인 경우 동성애적 성향을 반영할 수 있다. 반

면에 눈이 지나치게 작거나, 눈을 감고 있거나 아니면 눈동자가 생략된 그림은 내향적 성향, 자기몰입, 불안이나 우울성향을 나타낸다.

- 코: 남성의 경우 코는 성기의 상징이며 여성의 경우 자존심을 나타낸다. 따라서 코가 강조된 그림은 성기능의 약화나 부적절감, 성적인 불능과 관련된 성적 집착 혹은 보상하기 위한 시도일 수 있다. 일반적으로 코가 강조되었지만 크게 기괴한 방식으로 묘사된 것이 아니라면 자기주장, 공격성을 시사한다.
- 입: 정신분석 이론에 의하면, 발달단계상 입은 모든 욕구 만족을 위한 최초의 통로다. 따라서 입이 강조된 그림이라면 그것이 구강적 의존성 혹은 구강공격성을 나타내는 것인지 검토해 보아야 한다. 특히 아동기에는 치아를 그리는 경우도 있는데 이런 경우라면 그러한 구강적 공격성이 더 분명하게 표출된 것일 수 있다.
- 다리, 발: 다리나 발은 머리와 몸통을 지탱하며 현실과 접촉하는 부분이다. 따라서 머리나 상체에 비해 다리가 빈약하게 묘사되거나 대충 그린 그림 또는 다리를 생략한 그림 등은 지나친 공상 경향, 현실감의 결여 또는 현실접촉과 현실대처에 대한 자신감 부족 등을 시사한다. 여자아이인 경우에는 신발까지 세부적으로 묘사하는 경우가 드물지는 않지만 남자아이라면 신발은 대충 묘사하는 경우가 많다. 일반적으로 다리에 비해 발은 대충 그리거나 생략하는 경우가 많다.
- 팔, 손: 팔과 손은 세상과 접촉하고 세상을 조작하고 통제하는 기관이다. 따라서 팔을 뒤로 감추고 있거나 몸체에 붙여 경직된 자세로 그린 그림은 대인관계에서 위축되어 있음을 반영한다. 반면에 팔을 지나치게 벌리고 있는 그림은 의존성을, 손을 감추고 있거나 주머니에 넣고 있는 그림은 성적인 죄책감이나 수치심을 반영하는 것일 수 있다. 손가락을 세부적으로 묘사하는 경우는 드물며 적절하게 생략된 형태로 자연스럽게 그리는 것이 보통이다. 성인의 경우 손톱까지 묘사하는 경우는 거의 없지만 아동기에는 가끔 나타날 수 있는데 이는 내재된 적대감이나 공격적 성향을 시사하는 것일 수 있다.
- 옷차림: 일반적으로 옷을 입고 있는 것으로 그리는 것이 보통이며 아동이라

하더라도 성기를 노출시킨 그림은 드물다. 여아는 남아에 비해 옷에 많은 장식(리본, 꽃 등)을 묘사할 수도 있다. 그러나 남아의 경우에도 옷차림에 단추를 그리는 경우는 자주 있는데 이는 의존욕구나 퇴행적 경향 또는 충동을 통제하려는 욕구를 반영하기도 한다. 옷의 주머니나 손에 가방을 들고 있는 것도 그러한 의존욕구나 모성결핍감을 드러내는 것일 수 있다.

- 자세: 성인인 경우 팔을 벌리고 있는 것은 의존성의 반영일 수 있지만 아동기의 인물화에서는 마치 허수아비처럼 그려진 인물이 팔을 벌리고 서 있는 모습으로 그리는 경우가 많다. 또한 아동기의 인물화는 뛰거나 달리거나 또는 어떤 포즈를 취하고 있는 모습이 묘사되는 등 성인보다 동적인 요소가 많이 첨가될 수 있다. 그러한 움직임이나 자세가 얼마나 능동적인지 혹은 수동적이고 위축되어 있는지를 살펴볼 필요가 있다.

(2) 동적 가족화검사

인물화검사를 확장하여 하나의 용지에 자신을 포함한 가족구성원 전체가 무엇인가를 하는 그림을 그려 보도록 한다. 그림을 다 그린 후 그려진 인물상이 누구를 나타내는지, 순서는 어떠했는지, 무엇을 하고 있는지 질문해 본다. 이러한 특징을 통해 아동이 속한 가족 전체의 역동적 분위기와 가족 간에 내재된 갈등, 가족 간의 응집력이나 기타 정서적 내용이 드러난다. 동적 가족화검사(kinetic family drawing: KFD)에서 주로 검토해 보아야 할 몇 가지 측면과 그 해석적 의미는 다음과 같다.

- 인물의 묘사 순서: 아동이 지각하는 가족 내의 서열을 반영한다. 일반적으로 기대되는 순서(아버지-어머니-자신-형제 등)에서 일탈되는 경우 첫 번째로 그려진 인물이 가족관계 내에서 어떤 의미를 차지하고 있는지 탐색해 볼 필요가 있다. 다만 아동기에는 자아중심성으로 인해 자신을 먼저 그리는 경우가 많다.
- 인물의 크기: 그려진 인물의 크기는 역시 아동이 지각하는 그 인물의 심리적

크기를 반영한다. 일반적으로 크게 그려진 인물은 가족 내에서 가장 중요한 위치를 차지하고 있고 가장 많은 권위와 역할을 담당하고 있을 가능성이 높다. 반면에 가장 작게 그려진 대상은 가족역동 내에서 가장 소외되어 있거나 가장 무시받고 있는 존재일 가능성이 있다.

- 인물의 위치: 용지를 상하로 나누었을 때 용지의 위쪽에 그려진 인물은 아래쪽에 그려진 인물보다 가족 내에서 주도적인 역할을 담당하고 있거나 혹은 아동의 존경의 대상이거나 아니면 아동에게 압박감을 주는 존재일 수도 있다. 또한 좌우의 방향도 의미가 있을 수 있는데 좌측은 보다 수동적이고 안전지향적이며 내향적인 속성을, 우측은 보다 적극적이고 개방적이며 외향적인 속성을 반영할 수 있다.
- 인물 간의 거리: 인물들 간에 묘사된 물리적 거리는 아동이 지각하고 있는 심리적 거리감을 반영한 것일 수 있다. 일반적으로 보다 친밀감을 느끼는 인물들은 서로 가까이에 근접하여 묘사하고 거리감을 느끼거나 배척하고 싶은 마음이 잠재되어 있을 경우에는 거리를 멀리하여 묘사할 것이다.
- 인물 간의 상호작용, 방향: 가족구성원 간의 의미 있는 상호작용이 전혀 없이 묘사되는 경우도 있고 심지어는 용지에 구획을 그어 각자 분리된 공간 속에 폐쇄된 가족화를 그리는 경우가 있는데 이는 실제 아동이 지각하고 있는 가족의 모습일 수 있다. 반면에 상호작용을 하고 있는 그림이라면 구성원 중 누가 어떤 사람과 어떤 상호작용을 하고 있는 것으로 묘사되었는지 살펴보고 아동에게 질문을 해 볼 수 있다. 이때 가족 전체가 참여하는 상호작용인지 아니면 특정한 구성원끼리만의 상호작용인지 혹은 누군가가 소외되어 있는지, 그 상호작용을 하는 인물들 간에 얼마나 능동적 · 수동적 역할을 하고 있는지 등을 살펴보고 역동적 의미를 탐색해 볼 수 있다.
- 인물의 생략 혹은 타인의 첨가: 가족구성원이 너무 많거나 또는 아동과 라포가 제대로 형성되어 있지 않았다거나, 그림을 그리기 귀찮거나 지루해서 가족구성원을 다 그리지 않을 수도 있다. 그러나 그렇지 않은 경우에 가족화를 그려 달라는 요구를 했음에도 불구하고 구성원 중의 누군가를 그리지 않았다

면 그것은 매우 이례적인 경우이며 반드시 그 의미를 탐색해 보아야 한다. 일반적으로 아동이 배척하고 싶거나, 적의를 가지고 있거나, 강력한 갈등관계에 놓여 있는 인물일 가능성이 있다. 처음에는 그렸다가 나중에 지운 경우라면 더욱 분명하다. 가족구성원이 아닌 타인이 첨가된 경우도 의미가 있다. 이것은 가족구성원 내에서는 아동이 정서적으로 친밀감을 느낄 만한 대상이 없거나 소외되어 있기 때문일 수도 있고 첨가된 그 특정한 인물과의 관계에 현재 집착하고 있기 때문일 수도 있으므로 역시 아동이 가족화를 다 끝낸 후 연상적 질문을 해 볼 필요가 있다.

2) 기타 투사적 검사

아동에게도 로르샤흐 검사(Rorschach test)를 실시할 수 있지만 아동기의 특성을 고려한 해석이 필요하다. 즉, 구조적 요약(structured summary)에 계산된 각각의 점수 항목의 의미는 성인의 그것과 같지만 비교 기준을 재조정하여 해석해야 한다. 예를 들어, 성인보다는 아동기에 더 특징적인 자아중심성, 정서통제력이나 지각적 통합력의 미숙함, 언어사용법의 미숙함, 그리고 성인보다는 아동기에 더 활성화되기 쉬운 공상적이고 환상적인 사고 경향을 고려하여 성인의 규준으로 판단해서는 안 된다.

성인에게 실시되는 주제통각검사(TAT)는 초등학교 고학년인 경우에도 적합한 경우가 있을 수 있으나, 대개 아동에게 친숙한 동물로 묘사된 아동용 주제통각검사(CAT)를 실시한다. 아동용 주제통각검사의 해석은 성인의 것과 기본적으로 동일하지만 인물이 아닌 동물이 등장하는 그림이라는 점에서 각 동물이 내포하고 있는 원초적인 상징성도 고려해야 한다.

학습과제

1. 성인 심리평가에 비해 아동 심리평가가 지닌 특성에 관해 기술해 보시오.
2. 평정척도를 통한 평가 시의 장점과 단점을 나누어서 기술해 보시오.
3. 지능산출 방법 중 비율지능지수와 편차지능지수의 차이점에 대해 기술해 보시오.
4. 아동용 웩슬러 지능검사의 언어성 검사와 동작성 검사를 구성하는 소검사들을 나열해 보시오.
5. 주의력평가에서 사용되는 주요 검사의 특징에 대해 기술해 보시오.
6. 인물화검사를 해석할 때 검토해야 할 사항에 대해 기술해 보시오.

참고문헌

곽금주, 박혜원, 김청택(2001). K-WISC Ⅲ: Korean-Wechsler Intelligence Scale for Children-III. 서울: 도서출판 특수교육.

김승국, 김옥기(1977). 사회성숙도검사 표준화 연구. 단국대학교 논문집, 10, 155-178.

김승국, 김옥기(1995). 사회성숙도검사. 서울: 중앙적성출판사.

김재은, 김동극, 여광응(1994). 인물화에 의한 간편지능검사. 서울: 교육과학사.

박경숙, 윤점룡, 박효정(1989). 기초학습기능검사. 서울: 한국교육개발원.

박화문, 구본권(1990). 시각-운동통합발달검사: VMI(실시요강). 서울: 도서출판 특수교육.

신희선, 권범선, 임성오(2005). 발달문제 위험아동 선별을 위한 한국형 Denver-II 검사의 타당성에 관한 연구. 아동간호학회지, 11(3), 316-321.

오경자, 이혜련(1989). ADHD 평가도구로서의 단축형 Conners 평가척도 연구. 대한신경정신의학회 추계학술대회 발표.

오경자, 이혜련, 홍강의, 하은혜(1997). K-CBCL 아동 · 청소년 행동평가척도. 서울: 중앙적성출판사.

이미순, 정승아(2009). 인물화검사로 측정된 아동의 지능지수와 사회성 발달과의 관계. 아동과 권리, 13(1), 89-107.

조선미, 박혜연, 김지혜, 홍창희, 황순택(2006). 한국 아동인성평정척도(Korean Personality Rating Scale for Children: KPRC)의 표준화 연구. 한국심리학회지: 임상, 25(3),

825-848.

조수철, 이영식(1990). 한국형 소아우울척도의 개발. **신경정신의학**, 29(4), 943-956.

최진숙, 조수철(1990). 소아불안의 측정: RCMAS의 신뢰도와 타당도 검사. **신경정신의학**, 29(3), 691-702.

홍강의, 신민섭, 조성준(1999). **주의력장애 진단 시스템 사용 설명서**. 서울: 한국정보공학.

Achenbach, T. M. (1991). *Manual for the Child Behavior Checklist and 1991 Profile.* Burlingtom, VT: University of Vermont.

Conners, C. K. (1990). *Conners Rating Scales Manual.* Toronto: Multi-Health Systems.

Doll, E. A. (1965). *Vineland Social Maturity Scale: Condensed manual of directions.* Minesota: American Guidance Service.

Goodenough, F. L., & Harris, D. B. (1950). Studies in the psychology of children's drawing: II 1928-1949. *Psychological Bulletin, 47*(5), 369-433.

Kovacs, M. (1983). *The Children's Depression Inventory: A Self-rated Depression Scale for School-aged Youngsters.* Unpublished Manuscript, University of Pittsburgh.

• 제5장 •

상담윤리

개요

윤리, 상담, 전문직에 대한 기초적 논의와 함께 생물의학윤리에서 시작한 4대 원리와 그에 기반하여 발전한 상담윤리에 대해 논의한다. 이와 함께 윤리의 관리체계, 자격관리, 윤리적 및 법적 고려사항과 상담 과정에서 부딪치는 윤리적 사항에 대한 결정 과정, 윤리적 행위에 대한 법적 집행의 문제를 다룬다. 마지막 부분에서 아동 상담윤리의 특수성으로 아동권리의 발전 과정과 상담윤리에서의 의의가 논의된다. 아동의 특수한 문제로 유능성과 함께 실제 부딪칠 수는 있는 사항에 대해 기술한다.

학습목표

1. 전문직의 핵심적인 특성을 이해한다.
2. 생물의학윤리에서의 4대 원리를 이해한다.
3. 윤리의 관리체계와 자격관리의 단계와 유형을 이해한다.
4. 윤리적 사항을 결정하는 과정을 이해한다.
5. 아동권리의 발전과 상담에서의 의의를 이해한다.
6. 아동 상담윤리에서 아동의 유능성에 대해 이해한다.

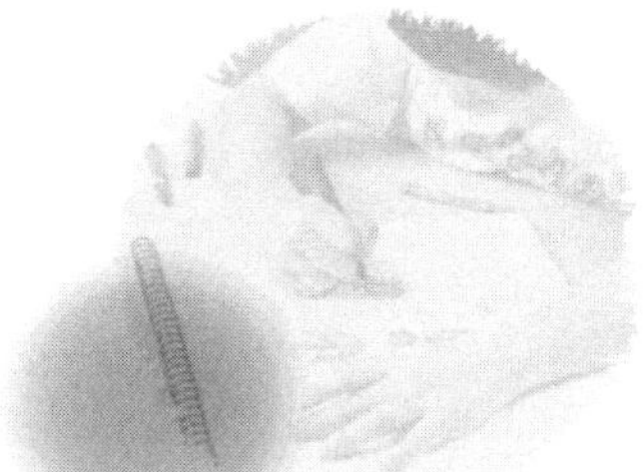

제 5 장
상담윤리

1. 상담과 윤리

1) 윤리

윤리(ethics)란 철학에서 바람직한 행동이 무엇인가에 관한 이론을 논의하는 것을 말한다. 이와 유사한 개념으로 도덕(morality 혹은 morals)이 있는데 이는 집단의 개인 간 관계에서 무엇이 옳고 그른지에 대해 정의하는 것이다. 반대로 윤리는 상이한 집단의 개인 간 관계를 다루고 종종 균형 잡힌 권리들을 수반한다. 이런 점에서 도덕원리(moral principles)는 선행(virtue)과 같은 모든 인류에게 적용되는 인간행동의 이상을 일컫는다. 윤리가 이론적인 것에 비해 도덕은 실제 특정 행동보다 윤리적 원리의 적용과 더 많이 연관된다. 철학적으로 윤리는 이론적이며 여기에는 몇 가지 대표적인 철학적 이론들이 있다.

가장 대표적인 윤리이론으로 공리주의(utilitarianism)가 있는데 이는 J.

Bentham 및 J. S. Mill을 대표로 하며 최대 다수의 최대 행복을 인간행동의 규범으로 삼는다. 이 이론은 가장 널리 통용되고 있지만 때로는 정의(justice)나 개인의 권리가 희생될 수 있는 위험이 있다. 두 번째로 의무론(deontological ethics)이 있고 I. Kant로 대표된다. 그는 행위는 동기, 목적, 결과에 관계없이 올바른 행위와 의무에 중점을 두어야 한다고 주장하였다. 즉, 언제나 거짓말을 해서는 안 되고 언제나 사람을 죽여서도 안 된다. 이 이론에 근거하면 비치료적 인간대상 연구는 시행할 수 없고 낙태도 절대로 금해야 한다. 세 번째 이론으로 계약론(contractarian ethics)이 있는데 J. Rawls(*A Theory of Justice*, 1971)가 대표적이다. 그는 정의의 개념을 공평성(fairness)으로 발전시켰는데 무엇을 할지 결정하는 데 있어 개인은 무지의 베일(veil of ignorance) 뒤에 자신을 놓고 누가 체계 내에 존재하는지 알지 못한다는 것을 가정해야 한다고 하였다. 그는 일반윤리보다는 경제적 윤리, 분배적 윤리를 강조하였으며 사회의 복리를 결정하고 높은 세율을 부자에게 부과하는 데 있어 우리는 누가 부유하고 가난한지 알지 못한다는 것을 가정해야 한다고 주장하였다. 그는 전체로서 집단의 최대유용성보다 개인의 권리와 가치를 지지하였다. 그 외에 아리스토텔레스로 대표되는 미덕론적 윤리(virtue ethics), 공산사회주의적 관점(communitarian ethics), 궤변론(casuistry), 여성주의적 윤리(feminist ethics) 등이 있다(Rowan & Zinaich, 2003; Lubit et al., 2007).

이와 같은 철학적 관점에서의 윤리를 기반으로 한 전문가 윤리(professional ethics)가 있는데 철학적 윤리가 선과 악이 무엇이고 무엇이 가치 있는 것인가에 대한 이론적 분석이라면, 전문가 윤리는 전문직의 수행에 있어 규칙이나 기준에 따른 수용할 수 있는 혹은 좋은(acceptable or good) 직무수행을 일컫는다. 이에 대해서는 앞으로 자세히 살펴본다.

2) 상담

Ivey 등(1987)은 상담과 정신치료를 다음과 같이 구별하여 정의하고 있다. 가장 넓은 범주로 '도움(원조, helping)' 을 제시하고 그 범주 안에 '면담(inter-

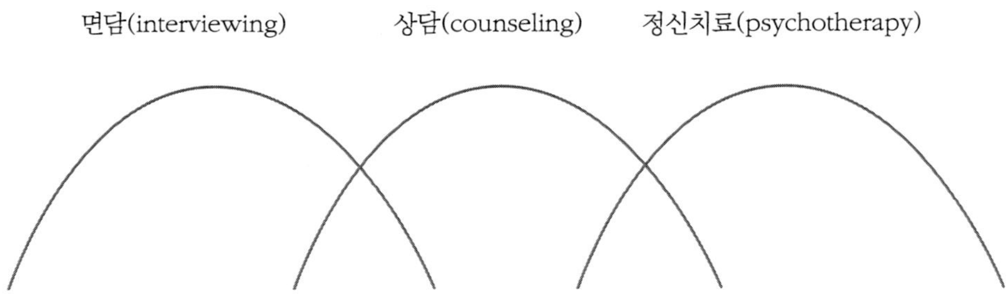

[그림 5-1] 면담, 상담, 및 정신치료의 범위

출처: Ivey et al. (1987: 19).

viewing)' '상담(counseling)' '정신치료(psychotherapy)'를 구분하고 있다. 이 구분에 의하면, 도움은 한 개인이 다른 사람에게 도움을 주는 것을 말한다. 이것은 여러 가지로 나타날 수 있는데 친구로서 이야기를 들어주는 행위로부터 병원에서 전문가로서 치료를 행하는 것까지 다양한 스펙트럼으로 존재한다.

면담은 자료수집, 의사결정, 간략한 회기로 구성되며 대개 복지기관, 채용면접, 진로상담 등에서 사용된다. 상담은 정상인이 자신의 목표를 달성하거나 보다 효율적으로 기능할 수 있도록 돕는 보다 심화된 과정이라고 할 수 있다. 대부분은 정상(normality)적인 것을 다루지만 때로 임상적인 문제를 다루기도 한다. 이와 다르게 정신치료는 행동 및 사고 변화, 성격 재구성과 관련하여 내담자와 치료자 간의 장기간의 계약에 의해 수행된다. 따라서 흔히 임상적 혹은 비정상적인 집단을 대상으로 한다.

3) 전문직

전문직(profession)이란 무엇인가? 많은 논란이 있지만 Bayles(2003)는 다음과 같이 전문직의 특성을 논의하고 있다. ① 전문직을 수행하기 위해서는 상당한 수련이 요구된다. 예를 들어, 변호사가 되기 위해서는 법학대학원에서 적어도 3년 이상을 수료하고 상당 기간 수습과정을 거쳐야 한다. ② 수련은 의미 있는 지적 요소가 포함되어야 한다. 예를 들어, 벽돌공, 이발사 등도 수련이 필요할 수 있지만 이것으로 이들이 수행하는 일을 전문직이라고 하지는 않는다. 따라서 일 보다 타인에게 조언과 서비스를 제공하는 것이 전문직의 특징이다. ③ 수련받은 능력이 사회적으로 중요한 서비스를 제공한다. 예를 들어, 의사, 변호사, 교사, 회계사, 건축사 등은 사회적으로 매우 중요한 기능을 담당하고 있다.

이 외에도 Bayles는 전문직의 핵심적인 특성으로 자격부여(credentialing), 구성원의 조직화(organization), 직무수행에서의 자율성(autonomy)을 제시하였다. 물론 여기서 직업으로서의 전문직과 전문화(profesionalization)는 구별이 필요하다. 전문화란, 예를 들어 사법경찰에게 기준에 맞춰 직무를 수행할 수 있도록 기술이나 방법을 일정기간 교육 및 수련시킴으로써 보다 나은 수준으로 높이는 것이다. 그렇다고 이들을 전문직이라고 하지는 않는다.

Bayles(2003)는 이러한 전문직의 핵심적인 특성을 다음 세 가지로 제시하였다. 첫째, 사회적으로 중요한 서비스를 제공한다. 의사는 건강, 변호사는 법률, 회계사는 재정, 교사는 지식, 건축사는 안전 등을 수행한다. 둘째, 전문직은 직무를 수행하는 영역과 진입에 있어 독점권을 행사한다. 예를 들어, 의사가 진료행위를 하기 위해서는 법적으로 의사면허를 수여받아야 한다. 셋째, 전문가의 역할이 법적으로 보호되는 독점적이지만 그 가운데 일부는 상당한 정도의 공공의 통제를 받는다. 이것은 회원자격의 통제뿐 아니라 수가 결정, 광고 제한 등 직무수행에 있어서도 통제를 받을 수 있다. 이러한 세 가지 특성—기본적인 사회적 가치의 수행(serving basic social values), 독점권(monopoly), 자기조절(self-regulation)—

〈표 5-1〉 현대사회에서 전문직 직무의 변화 양상

주제	변화 양상
업무 수행	단독 수행에서 팀 수행으로
지식의 활용	단일 전공에서 다양한 전공으로
보상체계	서비스에 대한 지불에서 급여로
이타주의에 대한 범위	감소하고 있음
동료에 의한 평가	증가하고 있음
프라이버시	감소하고 있음

출처: Gloria, V. et al. (1974); Bayles(2003: 61)에서 재인용.

은 현대사회에서 전문직의 역할과 관련하여 가장 핵심적인 주제다. 이것은 과거 전문직 직무와 상당한 차이를 보이는데 이를 도식화하면 〈표 5-1〉과 같다.

이 가운데 특히 전문직 윤리와 관련된 것은 독점권과 자기결정인데 Bayles(2003)는 전문가가 수행하는 직무를 권리와 특권의 개념으로 설명하고 있다. 즉, 그들이 수행하는 전문적 직무는 권리(right)가 아니라 국가 혹은 사회로부터 부여받은 특권(previlege)이라는 것이다. 만일 이것이 권리라면 아무런 방해를 받지 않고 모든 사람이 어떤 방식으로 수행하든지 허용되어야만 한다. 하지만 이들이 수행하는 직무가 사회적으로 중요한 서비스를 제공하기 때문에 특권으로서 행사하도록 법적으로 보호해 주는 것과 동시에 이들에게 의무를 부과하는 것이다. 하지만 이들의 직무를 수행하기 위해서는 높은 수준의 지적 수련과 판단이 요구되기 때문에 비전문가가 그들의 행위를 평가할 수 없다. 그러므로 일반인에게 요구되는 것보다 훨씬 엄격한 수준의 자기조절이 요구되며 바로 이것이 전문직 윤리(professional ethics)가 중요한 이유다.

2. 상담에서 윤리의 실제 사항

1) 윤리원리

생물의학윤리(biomedical ethics)에서 가장 기본적인 원리로 다음의 4대 원리가 제시되고 있다(Gillon, 1994). 즉, ① 선행(beneficence), ② 악행금지(non-maleficence), ③ 자율존중(respect for autonomy), ④ 정의(justice)가 그것이다. 이 4대 윤리원리는 Beauchamp와 Childress(1979)의 제안 이후 의학을 비롯하여 많은 대인 서비스 전문직 윤리규정에 적용되어 왔다. 상담 분야에서도 이 원리는 가장 기본적인 지침으로 인식되고 있다. 그 외에 Epstein(1994)은 이 원리에 비밀유지(confidentiality), 정직(성실, veracity)을 추가하여 6대 원리를 제안하기도 하였다.

이후 미국심리학회(American Psychological Association: APA)에서 윤리원리와

행동지침을 제정하면서 심리학자에게 적용될 수 있는 5대 일반원리를 제시하였다. 이것은 ① 선행 및 악행금지(beneficence & nonmaleficence), ② 신의 및 책임(fidelity & responsibility), ③ 성실(혹은 완전, integrity), ④ 정의(justice), ⑤ 개인의 권리와 존엄성에 대한 존중(respect for people's right & dignity)을 제시하였다.

그 외에 캐나다심리학회 윤리규정(2000), 미국사회복지사협회 윤리규정(1999), 미국부부및가족치료협회 윤리규정(2000), 미국상담협회 윤리규정(2005), 미국의학협회 의학윤리규정을 정신과에서 적용할 수 있도록 수정 · 보완하여 총 9개의 장으로 나누어져 있는 미국정신의학회(2006) 윤리규정 등 다양하다(Koocher & Keith-Spiegel, 2008). 이 같이 전문직에 따라 표현이나 범위는 다소 다르지만 기본원리는 모두 동일하다고 할 수 있다. 따라서 이러한 기본 원리가 전문가 윤리에서 가장 핵심적인 것이라고 할 수 있고 전문직에 따라 그 표현이나 범위 등에서 다소 차이를 보인다.

2) 윤리의 관리체계

윤리의 관리(governance)에 대해서 Cotton과 Tarvydas(2007)는 전문가 양성 및 수련과정과 밀접하게 관련이 있다고 하면서 미국의 경우 다음과 같이 5개 수준의 윤리관리 체계를 제시하고 있다. 가장 낮은 단계가 고등교육기관(colleges & universities)에서 수행하는 교육 및 연구 프로그램에 대한 인가(accreditation) 수준이다. 전문적 인가(professional accreditation)는 대학의 교육/연수과정을 자발적으로 인가기관(정부기관일 수도 있고 미국 교육부로부터 허가받은 민간기관일 수도 있다)으로부터 조사받아 인가를 받는다.

두 번째 단계는 윤리규정이 선언적으로만 있고 강제규정이 있지 않은 전문가조직에 의한 것이다. 미국의 예를 들면 국제결혼및가족상담협회, 미국상담협회의 분과인 집단작업전문가협회 등이 있다.

세 번째 단계는 ACA, APA와 같이 강제적 윤리규정을 갖고 운영하는 전문가조직에 의한 윤리관리다. 이 단계에서 조직들은 입회 단계에서 강제윤리규정을 제공할 뿐 아니라 회원들의 규정 준수 여부를 감독하고 분과 조직에게도 윤리규정의 준수를 강제한다.

네 번째 단계는 자격이나 면허를 부여하는 전문가조직에 의한 것이다. 예를 들면, 국립상담가자격인증원 같은 단체에 의해 수행되는 것이다. 여기서 자격(certification)은 흔히 전문가 자격(professional certification)을 일컫는 용어로 사용되며 어떤 일을 전적으로 유능하게 수행할 수 있음을 보통 시험을 합격함으로써 부여한다. 대개 두 가지 형태가 있는데 한 가지는 평생 자격이 부여되는 경우와 일정 기간이 지나면 자격을 갱신하는 형태가 있다. 하지만 자격증(certification)이 반드시 법적으로 어떤 일을 수행하도록 하는 것은 아니고 이런 경우는 면허(licensure)라고 하며 면허는 공공을 보호할 목적으로 전문가조직에 의해 부여된 자격을 국가가 허가한다. 대표적인 것이 의사면허, 운전면허 등이다.

마지막 단계는 법원에 의한 사법적 관리 단계로 이 단계에서 관리하는 것은 대개 부당행위에 국한되는 경우가 많다. 그리고 대개 민사소송으로 다루어진다. 그 외에 일부 직무범위 내에서 행위가 이루어졌는지 여부가 다루어지기도 한다.

3) 자격관리

면허(licensure)란 면허를 갖지 않은 사람에 의해 전문적인 일을 수행하지 못하도록 한 개인에게 전문직 수행을 법률적으로 허가하는 것이다. 면허상실(revocation)은 법률에 의해 전문적 수행의 권리를 상실하는 것이고 면허정지(suspension)는 법률에 의한 전문적 수행의 일시적 상실을 말한다. 따라서 면허를 획득한다는 것은 매우 어려운 일인데 예를 들어 미국의 경우 전문 상담가 면허를 취득하려면 대부분의 주에서 석사학위 소지자가 학위취득 후 1년 이상 슈퍼비전을 받으면서 전문직 수행을 하여야 한다. 그런 후에 까다로운 시험에 합격하여야 한다. 심리학의 경우도 비슷하지만 대개의 경우 박사학위를 요구한다. 만일 윤리규정에 어긋나는 행위로 인해 문제가 발생하면 학회(혹은 협회)로부터 징계

(censure)를 받거나 혹은 회원자격을 상실할 수도 있다. 경우에 따라 법률에서 규정한 윤리위반의 경우에는 면허정지 혹은 상실 등의 법적 처벌을 받을 수도 있는데 미국의 경우 학회(혹은 협회)의 윤리규정(혹은 강령, 지침)과 법률규정은 대개 비슷하다. 따라서 상담 영역에 종사하는 전문가들은 이러한 전문직 윤리규정에 대한 깊은 이해가 필요하다.

이러한 체계는 한국의 경우 의사면허(medical licensure)를 예로 들 수 있는데 의사면허는 '한국보건의료인국가시험원'에서 시험을 시행하고 보건복지부장관이 허가한다. 다음으로 정신과 전문의 자격은 대한의사협회가 주관이 되면서 대한신경정신의학회가 시행하여 보건복지부장관이 자격(certified board)을 부여한다. 그 하위단계인 '소아청소년정신과 전문의'는 대한소아청소년정신의학회에서 자체적으로 교육 및 수련과정을 수료한 자격을 갖춘 전문가에게 심사를 통해 별도의 시험이 없이 자격(certified subspeciality-board)을 부여한다. 그리고 가장 기초 단계인 의학교육과정은 교육과학기술부와 보건복지부가 일정 자격요건을 갖

〈표 5-2〉 미국 정신보건 관련 전문가의 자격요건 및 수련과정

	정신과 의사	심리사	상담사	사회복지사	정신과 간호사	결혼 및 가족치료사
국가 공인	+	+	+	+	+	±
교육과정	의과대학(6/8)	심리/교육(4)	상담/교육(4)	사회복지(4)	간호(2, 3, 4)	?
학위요건	M.D./D.O.	Ph.D, Ed. D, Psy.D	M.Ed./M.A./ M.S./M.C.	M.S.W.	M.A.	M.A./M.S.
수련기간	1+>3	박사 후>5	석사, 석사 후 1~2	석사 후 1~2	수련/시험	석사 후 1~2
기타	ABPN	ABPP/ABPS	NBCC/CRCC, AASCB	ACSW/ NASW	ANA/ANCC/ NLN	AAMFT
직무범위	처방, 진단, 정신치료, 상담	심리검사, 정신치료/ 상담	학교, 사역, 최면, SA	임상 사회복지사: 전문 사회복지사 (>2), 전문가 (>3, 시험)	검사(−), 처방(−)	*시험(−), 대신 슈퍼비전>2

출처: Cottone & Tarvydas(2007: 17-24)를 저자가 요약하여 표로 정리함.

춘 고등교육기관에 의과대학 혹은 의학전문대학원을 인가하여 그 과정을 수료한 대학(원) 졸업생에 한하여 의사국가고시 응시자격을 부여한다. 여기에서는 해외에서 의학교육을 받은 졸업생의 자격을 인정할지 여부가 쟁점이 되고 있다.

4) 윤리적 고려사항의 단계

윤리적 및 법적으로 고려할 사항에 대해 상담을 수행하면서 시간적 관점에 따라 논의하면 다음과 같이 정리할 수 있다.

〈표 5-3〉 윤리적 및 법적 고려사항에 대한 시간적 관점

I. 초기 단계
- A. 상담 전 단계
  1. 광고
  2. 기관 연계의 오용을 피한다.
  3. 비용문제
  4. 기부에 의한 서비스
- B. 서비스 제공과 연관된 주제
  1. 상담자 기술, 경험 및 수련의 적정성(유능성)
  2. 내담자에 대한 더 나은 서비스 선택권
  3. 협력하는 상담자 관여
  4. 이중관계 갈등
- C. 정보제공에 근거한 동의 관련 주제
  1. 목적, 목표, 기법에 관해 교육하는 구조
  2. 절차에 관한 규칙 및 제한점에 대한 설명
  3. 슈퍼비전 및 자문에 관한 고려
  4. 치료의 실험적 방법

II. 상담 진행 단계
- A. 비밀유지
- B. 비밀유지와 관련한 특별한 주제
  1. 아동
  2. 집단

C. 자문
D. 기록 보관
III. 위기상황
A. 자신에 대한 위해
B. 타인에 대한 위해
C. 아동학대
D. 논란 영역(예: AIDS, 죽어가는 내담자)
IV. 종결 단계

출처: DePauw(1986); Cottone & Tarvydas(2007: 53)에서 재인용.

초기 단계에서 가장 중요한 것은 상담자의 유능성(competency)이다. 상담자의 기술, 경험, 수련이 적절하고 충분한가 하는 점이다. 이와 함께 직무의 범위 및 상담자의 유능성 유지가 논의되어야 한다. 두 번째로 중요한 사항이 정보제공에 근거한 동의(informed consent)와 관련한 주제다. 상담을 진행하면서 부딪치는 문제로 중요한 사항은 비밀유지(confidentiality)와 관련한 것이다. 특히 아동의 경우 부모들과의 관계에서 문제가 된다. 그 외에도 학교, 장애인, 집단, 질병(AIDS 등), 임신, 법률 위반 혹은 범죄, 보험, 아동학대, 자해 및 타해의 위험성 등 다양한 요인들에서 비밀유지의 원리와 관련한 윤리적 딜레마가 발생한다. 이들 개별적 주제에 대해서는 다음에서 자세히 논의한다.

5) 윤리적 결정 과정

윤리적 딜레마에 직면하게 되면 상담자는 전문가로서 판단을 내려야만 한다. 이것을 적절하게 수행하기 위한 전제조건으로 기본적인 윤리원리에 대한 인식과 상충하는 이익 사이의 갈등에 대한 이해가 필요하다. 또한 딜레마를 해결하고 윤리적으로 행동하기 위한 적절한 결정기술의 적용이 필요하다. 이에 대한 합리적이고 체계적인 과정에 대해 Kitchner(1984)가 논문을 발표한 이후 많은 제안들이 있어왔다. 〈표 5-4〉에 대표적인 제안 몇 가지를 단계별로 정리하였다.

〈표 5-4〉 윤리적 결정 과정의 모델 요약

	Welfel(2006)	Corey, Corey, & Callanan(2003)	Koocher & Keith-Spiegel (2008)
1단계	윤리 감수성의 개발	문제의 인식	윤리가 진정으로 관여되는 사안 인지 여부를 결정한다.
2단계	사실과 사례의 사회문화적 맥락의 명료화	관련된 잠재적 이슈를 인식한다.	해결 가능한 기제로서 적용할 만한 유용한 지침인지를 자문한다.
3단계	중심적 이슈 및 가능한 옵션의 규정	합당한 윤리적 지침을 검토한다.	당신이 하려는 결정에 영향을 미칠 수 있는 가능한 모든 요인을 고려하도록 잠시 여유를 취한다.
4단계	전문적 기준 및 합당한 법/규정의 검토	적용 가능한 법률 및 규정을 알아본다.	신뢰하는 동료에게 자문한다.
5단계	윤리적 정보를 찾아본다.	자문을 구한다.	모든 관여된 영역, 합당하다면 기관 및 일반인을 포함해서 권리, 책임, 취약성을 평가한다.
6단계	윤리원리를 사안에 적용한다.	행동에 대한 가능성 있고 그럴듯한 경과를 생각해 본다.	대안적 결정을 만든다.
7단계	슈퍼바이저 및 신뢰할 수 있는 동료에게 자문을 구한다.	여러 가지 결정의 결과에 대해 열거해 본다.	각각의 결정에 대한 결과를 열거한다.
8단계	심사숙고하고 결정한다.	행동의 가장 좋은 결과에 대해 결정한다.	결정한다.
9단계	슈퍼바이저에게 알리고 행동을 취하면서 문서화한다.		결정을 실행에 옮긴다.
10단계	시험에 대해 반추해 본다.		

출처: Welfel(2006); Koocher & Keith-Spiegel(2008)에서 재인용; Cottone & Tarvydas(2007).

이 외에도 Forester-Miller & Davis(1996), Hill, Glaser, & Harden(1995), Stadler(1986), Steinman, Richardson, & McEnroe(1998), Tarvydas(2007), Pope & Vasquez(2007) 등의 4~18단계의 모델들이 제안되고 있다.

6) 윤리적 행위의 법적 집행

어떤 사람들이, 어떤 행위를, 어떻게 하는 것이 비윤리적인 행위인가? 여기에 몇 가지 예를 들어본다.

미국심리학회 윤리위원회에 제기된 사례들(2000~2004년)을 보면 5년간 총 164건이 있었는데 가장 많은 경우가 면허상실(loss of licensure)로 92건을 차지하여 약 2/3에 달한다. 그다음이 성관계(성인) 59건, 성관계를 제외한 이중관계 24건, 아동양육권 25건, 보험/비용문제 18건, 기타 법적 분쟁 14건, 기타 부적절한 직무수행 11건, 비밀유지 10건, 중대 범죄(8건), 유능성 부족(7건) 순이다. 나머지는 5건 미만으로 매우 드문 경우다(Pope & Vasquez, 2007).

이것은 전문가들에 대한 설문조사에서 나타난 윤리적 딜레마와는 많은 차이를 나타낸다. Pope와 Vette(1992)가 미국심리학회 회원 1,319명을 대상으로 조사한 딜레마의 순위를 보면 비밀유지(18%), 불명확한 혹은 이중관계(17%), 비용지불 주체/계획/세팅/방법(14%), 수련 관련 사항(8%), 사법심리학(5%), 연구(4%), 동료의 행위(4%), 성적 주제(4%), 평가(4%) 등의 순으로 보고하고 있다.

또 다른 자료를 보면 미국에서 심리학자들에 대한 징계(discipline, 1983~2005년)는 총 2,858건이고 순위별로 보면 환자와의 성적/이중관계(866), 비전문적/비윤리적/태만한 직무수행(845), 범법 처벌(265), 부정(사기)행위(155), 기록미비(135), 비밀유지 위반(129), 부적절한 슈퍼비전(124), 장해(impairment, 113), 면허신청사기(51)로 조사되었다. 캐나다의 경우는 같은 기간 총 109건이 있었고 비전문적/비윤리적/태만한 직무수행이 39건, 환자와의 성적/이중관계가 35건으로 가장 높게 나타났으며 그 외는 비밀유지 위반(5), 진료과오(4), 범법 처벌(4) 등이 차지하였다.

미국심리학회 보험관련부서(Insurance Trust)의 자료에 의하면, 이들이 소송당한 이유를 보면 대략 효과 없는 치료/자문 혹은 의뢰하지 않은 경우가 29%로 제일 높고 다음으로 진단 실패 혹은 부적절 16%, 양육권 분쟁 10%, 부적절한 성관계 9%, 비밀유지 위반 8%, 자살 4%, 슈퍼비전 관련 등이 3%의 순이었다.

이런 여러 자료들, 즉 설문을 통해 회원들이 겪는 윤리적 주제부터 학회에서 징계당하거나 법적으로 소송당하는 경우까지 다양하게 제시되었다. 이 같이 윤리적 문제는 일상적인 직무수행에서뿐 아니라 심지어는 법적인 책임까지 져야 하는 무거운 책임의 문제이기도 하다.

3. 아동 상담윤리의 특수성

1) 아동의 권리

(1) 역사적 관점

아동 혹은 청소년은 법적으로 영유아(infant), 아동(child), 미성년자(minor), 소년 혹은 청소년(juvenile, youth, adolescent) 등 다양한 용어 혹은 개념으로 불리고 있다. 특히 법적으로 규정할 때 각 법률에 따라 많은 차이를 보인다. 최근 유엔아동권리협약(CRC)의 규정에 따라 18세를 많이 적용하기는 하지만 아직도 각 법률에서 규정하는 연령은 많은 차이를 보일 뿐 아니라 그들에게 부여되는 의무 혹은 권리에서도 많은 차이를 보이고 있다.

미국의 경우 아동의 위치 및 권리를 크게 4시기로 나누어 발전된 것으로 제시하고 있다. 가장 먼저 19세기 이전은 아동을 부모의 소유물로, 때로는 부모가 생사여탈을 할 수 있도록 허용한 절대부권(patriae potesta) 시기(Stubborn Child Act, 1638, Massachusetts)다(Lawrence & Kurpius, 2000). 19세기는 국가부권(parens patriae) 원리의 시대로 'Chapsky v. Wood' 의 판례에서 최초로 '아동 최상의 이익(the best interests of the child, 흔히 자의 최대 복리로도 번역됨)' 을 인식한 시기다. 이러한 원리에 입각하여 부모의 보호 · 감독이 결여된 아동의 경우 국가가 대신하여 감독권을 행사하였다. 20세기 들어서면서부터 아동학대 금지, 아동노동 금지, 의무교육 실시, 비행청소년 보호처분 및 선도 등이 시행되었다. 하지만 이후 미국에서 1967년경까지 이러한 국가의 감독권 행사가 지나치게 왜곡되면서 이에 대한 비판이 일어나기 시작하였다. 1967년 Kent v. United states, In re Gault의 판례로 인해 미성년자도 성인들과 마찬가지의 권리가 있음이 인정되었다. 이후부터 현재까지 미국에서는 미성년자의 경우도 성인과 동등한 권리를 누릴 수 있도록 하고 있지만 아동, 부모, 국가 삼자가 균형을 이루어 최상의 공리적 해결을 이루려고 하고 있다. 특히 최근 '성숙한 미성년자(mature minor)'의 개념이 대두되면서 특히 더 많은 논쟁이 되고 있다. 하지만 이에 대해 명확한 기준이 제시되지 못하고 있고 미국 연방대법원에서는 미성년자의 성숙도는 개별적 사안으로 결정되어야 한다고 정하였다(Nurcombe & Partlett, 1994).

이것은 미국뿐 아니라 1989년 유엔아동권리협약(CRC)에서 아동들도 한 인간으로 개인의 시민적 권리를 폭넓게 인정해야 한다는 원리를 참여권(participation)의 형태로 강조하고 있기 때문에 많은 국가에서 이 문제를 풀어 나가기 위해 노력하고 있다.

(2) 법적 관점

"자녀의 성(姓)과 본관을 바꿔 달라는 신청이 법원에 쇄도하고 있다. 올해부터 호주제를 대신해 가족관계등록제가 시행된 데 따른 것이다. ……(중략)…… 서울지방법원의 한 판사는 '개정 민법에 자(子)의 복리를 위해 필요할 때라고 규정돼 있는 만큼 성·본 변경이 자녀에게 실제로 좋을지를 종합적으로 따져 보자는 것'이라고 말했다. ……(중략)…… 판사들이 친부와 자녀의 친밀도를 따질 때 중시하는 잣대는 양육비를 제대로 지급해 왔는지와 자녀와 정기적으로 만나고 있는지다. ……(중략)…… 또 어머니와 새아버지의 혼인기간이 지나치게 짧다면 변경 여부를 까다롭게 판단하겠다는 것이 판사들의 입장이다. 기간을 정확히 못박기 어렵지만 1년 이상은 되어야 하지 않느냐는 의견이 적지 않다. 아이가 계부나 성이 다른 형제와 얼마나 친한지, 성이 다른 형제와 같은 학교에 다니고 있는지, 친부가 사망했을 경우 친가의 제사나 명절에 참석하는지, 변경 청구에 어머니의 '보복감정'이 숨어 있는 것은 아닌지도 들여다본다. ……(중략)…… 김 판사는 '재혼한 여성의 자녀를 진정 자기 자식으로 여긴다면 친양자로 입양할 것을 권하고 싶다.'고 했다."(중앙 Sunday, 2008. 2. 3. 47호, 16쪽)

이 기사에서도 적시하고 있지만 최근 아동에 관한 사항과 관련하여 가장 크게 논의되는 것이 "자의 복리(혹은 '아동 최선의 이익', the best interests of the child)" 개념이다. 이것은 CRC 제3조에서 "공공 또는 민간사회복지기관, 법원, 행정당국 또는 입법기관에 의해 시행되는 아동에 관련한 모든 활동에 있어서 아동의 최선의 이익이 최우선적으로 고려되어야 한다."라고 제시한 이후 이에 대한 논의와 구체적인 실행에 대해 많은 진전이 이루어지고 있다(Grientens, 2005).

최근 이혼 등으로 인하여 양육권(custody) 분쟁이 증가하고 있다. 미국과 같이 이혼율이 아주 높은 국가에서는 양육권 분쟁과 관련하여 아동심리학자, 소아정신과 의사, 사회복지사 혹은 아동상담사들이 이런 분쟁에서 전문가로서 아동 및 부모, 관련자들을 평가하고 전문가로서 의견을 제시하는 기회가 많아지고 있다. 이에 대해 미국심리학회(APA)의 윤리규정을 중심으로 심리학자로서 지켜야 할 윤리지침을 간략하게 요약하면 〈표 5-5〉와 같이 해야 할 일(DO's)과 하지 말아야 할 일(DON'Ts)로 나눌 수 있다(Ackerman, 2001).

Willemsen과 Willemsen(2008)은 특히 아동의 양육권과 관련하여 다음과 같은 사례들을 제시하면서 심리학적 및 윤리적 관점에서 논의하였다.

〈표 5-5〉 양육권 관련하여 아동상담가의 역할과 윤리지침

하지 말아야 할 일(DON'Ts)	해야 할 일(DO's)
전문성을 넘지 마라.	시작할 때 비용(fees)에 대해 상의하라.
자격을 사칭하지 마라.	비밀보장의 한계를 내담자에게 고지하라.
이중(dual)관계를 피하라.	과거 보고되지 않은 아동학대를 보고하라.
무자격자에게 원 자료를 제공하지 마라.	경고 및 보호의 법적 의무를 숙지하라.
시대에 뒤떨어진 검사를 사용하지 마라.	기록을 보관하라.
검사안정성(security)을 위반하지 마라.	
보수가 부족하다고 기록을 보류하지 마라.	
양부모를 안 만나고 권고를 작성하지 마라.	
부수비용에 근거하여 작업하지 마라.	

출처: Ackerman(2001: 38-39)를 저자가 표로 정리함.

사례 1: 1968년 한 아버지가 두 아이와 함께 체코에서 미국으로 건너왔다. 몇 년 후 아버지가 암으로 사망하였는데 아버지가 투병하는 동안 아이들을 보살펴 주던 이웃사람과 체코에 사는 어머니와 양육권 분쟁이 벌어졌다[In re B. G. (1974) 11 Cal.3d 679]. 캘리포니아 대법원은 사실심 법원(trial court)은 어머니가 아이에게 '유해하다는 것(detrimental)' 이 발견되어야만 이웃이 입양을 할 수 있다고 하였다. 재판에서 법원은 유해함을 발견하고 이웃에게 양육권을 넘겨 주었다.

사례 2: 생모가 시간적으로 철회가 가능하고 장래 입양부모로부터 양육권을 되찾을 수 있는 기한인 6개월 마지막 날, 자신의 딸 Haley의 입양에 대한 동의를 철회하였다(In re Haley A.[1996, 49 Cal.App. 4th 1351]). 캘리포니아 항소법원은 동의 철회가 적절하다고 판단하여 자의 최대복리에 대한 고려 없이 Haley를 생모에게 돌려보낼 것을 명령하였다. 캘리포니아 대법원이 재심을 받아들였지만 아이는 세 살이 되었고, 공개입양에 동의하였으며, Haley는 여전히 입양부모와 살고 있으며, 생모를 만나고 있었다. 즉, 대법원은 실제로 이러한 일이 일어나고 있기까지도 이 주제에 대해 결정하지 않았다.

사례 3: 유명한 Baby Jessica 사례에서 생부모는 생모가 아버지를 다른 사람으로 말하여 생부가 입양에 반대할 권리를 가지지 못했다고 하여 입양부모로부터 양육권을 되찾으려고 하였다[In re B.G.C.(Iowa 1992) 496 N.W.2d 239]. 생부모가 출생 후 수주 내에 주장하였지만 아이는 입양부모의 양육하에서 2년 이상을 끌었다. 결국 법원은 아동의 최대복리 고려 없이 입양을 무효화하고 생부모에게 양육권을 부여하였다.

사례 4: 인디안 원주민 아이를 백인부부가 키우고 있었는데 그녀 부족이 그들 부족의 전통을 가르칠 수 있는 친척이 키워야 한다는 주장으로 입양에 대해 이의를 제기하였다[In re Bridhet R.(1996) 41 Cal.App.4th 1483]. 캘리포니아 항소법원은 아동은 입양부모와 이미 형성된 관계를 유지할 헌법적 권리를 갖는다는 취지에서 이 주장을 기각하였다.

사례 5: 아동의 생부가 자살한 후에 재혼한 어머니와 계부가 친조부모의 면접교섭권(visitation)을 금지하려고 하였다. 가족이 살았던 워싱턴은 아동의 최대복리에 근거하여 면접교섭 신청(petition)을 누구에게나 허용하는 법률을 갖지만 워싱턴 대법원은 법률이 위헌적이라며 친조부모의 방문을 금지하도록 어머니에게 허용하였다.

사례 6: 부부로 사는 두 동성애 여자 중 한 사람이 임신을 하고 함께 엄마로 아이를 키우기로 하였다. 하지만 몇 년 후에 이들이 헤어지면서 생모가 다른 여인이 아이를 만나는 것을 거부하였다. 법원은 면접교섭권은 오직 이혼, 부성(paternity) 혹은 청소년의존행동(juvenile dependency action)의 경우에만 가능하다고 판시하였다. 그러한 소송이 진행되지 않았기 때문에 아동의 최대복리와 관계없이 면접은 허용될 수 없었다. 다른 캘리포니아 법정에서도 입법 과정에서 이 문제의 해결을 다루도록 미루었다.

사례 7: 이혼 후 어머니가 멀리 떨어진 곳에서 새 직업을 얻고자 하였는데 그로 인해 아버지는 정기적으로 아이를 만나기가 어려워질 수밖에 없었다. 캘리포니아 대법원은 양육부모는 이사를 할 권리가 있고 면접교섭은 이사 여부에 따를 수밖에 없다고 판시하였다. 법원은 이사로 인해 양육권을 변경할 수 있지만 양육부모가 이사로 인하여 면접교섭이 더 어려워지고 아동의 최대복리가 아니라고 해서 이사를 막을 수는 없다고 하였다.

Willemsen과 Willemsen(2008)은 이들 사례를 제시하면서 다음과 같은 다섯 가지 일반 윤리원리를 제시하였다. ① 아동을 인간으로 존중하며 아동은 소송에서 매우 취약하다는 것은 인식해야 한다. ② 양육권 결정과 면접교섭 계획은 궁극적으로 아동과 가장 중요한 애착관계를 고려하여 결정한다. ③ 양육권 결정은 아동에게 안정적이고 장기간 살아갈 상황을 제공하도록 신속하게 결정되어야 한다. ④ 누가 부모역할을 하든지에 관계없이 부모로서 적합하여야 한다. ⑤ 아동의 중요한 애착을 방해한다면 가족의 자율성—양육부모가 아동의 생활에서 일상적인 행위에 대해 결정할 수 있는 권리—에 대한 존중은 제한되어야 한다.

2) 윤리원리 적용에 있어서 아동의 고려사항

이미 앞에서 논의한 윤리원리가 아동에서 적용되기 위해서는 다음과 같은 아동의 특성을 고려하여야 한다(Graham, 1994). 즉, 유능성(competence)의 문제다. 아동이 연령이 증가하고 인지능력이 발달해 감에 따라 자신과 관련한 사항을 이해하고 의사결정을 할 수 있는 유능감이 증가하게 되고 아동에게 설명(explanation), 동의(assent)가 이 능력에 따라 결정되게 된다. 이와 함께 부모 혹은 양육자(혹은 후견인)의 아동을 대변한 허락(근접동의, proxy consent)이 필요하다. 이것은 아주 어린 영유아의 경우 혹은 학령기 초기에는 크게 충돌하지 않지만 학령기 후기 내지 청소년기에는 충돌하는 경우가 적지 않다. 따라서 위의 윤리원리를 적용할 때 종종 윤리적 딜레마가 발생할 수 있다.

이러한 논쟁에서 유능성(competency), 능력(capacity), 성숙도(maturity), 자발성(voluntariness), 성숙한 미성년자(mature minor) 등 용어가 혼동되어 혹은 거의 동일한 개념으로 사용되고 있다. 여기서 특히 치료상황에서 유능성을 결정하는 것이 중요한데 다음과 같은 요인들이 관여한다.

1. 선택을 하는 근거
2. 선택한 옵션이 합리적이고 가능한 경과를 갖는다는 근거
3. 주제에 대한 실질적인 이해
4. 합리적인 이유에 근거한 선택
5. 이해하는 능력

보통 유능성은 14세 이상의 연령에서 가능하다고 간주하고 있고 체계적인 평가절차에서 다음의 요소들, ① 지식(knowledge), ② 교육능력(educability), ③ 인지능력(cognitive capacity), ④ 자기결정능력(capacity for self-determination), ⑤ 자유로운 감정표현(emotional freedom)이 평가되어야 한다(Nurcombe & Partlett, 1994).

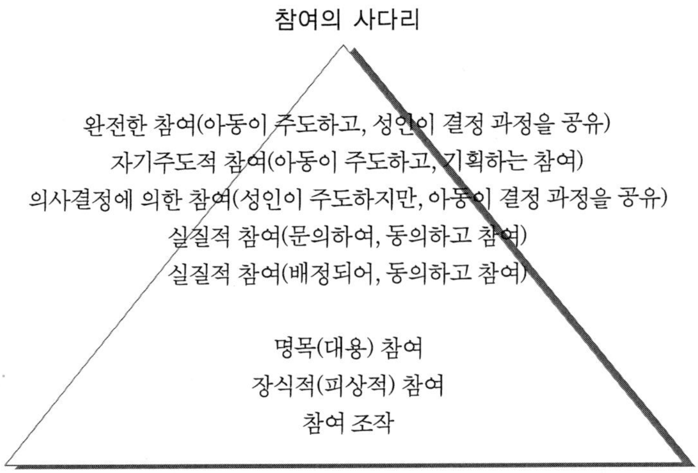

[그림 5-2] 아동이 결정 과정에 능동적으로 참여하는 정도

출처: Hart(1992); Daniels & Jenkins(2000: 15)에서 재인용.

유능성과 관련하여 의사결정을 하는 데 있어 아동의 능동적 관여의 정도를 [그림 5-2]와 같이 제시할 수 있다(Hart, 1992). 이 개념은 Sherry Arnstein이 '참여의 사다리'라는 용어로 처음 제안하였는데 Roger Hart(1992)에 의해 의사결정에서 도입하였다. 여기서 하위 세 단계는 진정한 참여라고 할 수 없고 네 번째 단계부터를 실질적 참여라고 할 수 있다.

이러한 아동의 참여 정도는 유능성과 밀접하며 결국 아동의 자율성(autonomy) 문제로 이어진다. 이 주제에 대해 영국의 Victoria Gillick 사례(1985)가 있다. 간단히 소개하면 Gillick은 지역보건소로부터 그녀의 16세 미만의 5명 딸들이 그녀에게 알리지도 않고 동의도 구하지 않은 채 의사에게서 피임교육 및 처치를 받았다는 통보를 받았다. 이에 대해 그녀는 어떤 의사라도 그런 행위를 하는 것은 가장 적절하게 자녀를 돌볼 부모로서의 권리를 침해하는 것이라고 주장하였다. 더 나아가 성행위에 대해 법적으로 허용된 연령 미만의 소녀를 부추긴다면 범죄행위를 하는 것이라고까지 주장하였다. 일부 재판관들은 어머니의 주장에 동조하기도 하였지만 결국 어머니의 주장은 기각되었다. 판결은 아동의 권리를 인식시킨 것, 즉 아동은 부모와 독립적으로 알 권리가 있다는 것이었다. 이것은 영국에서 1989년 아동법(Children Act)에서 보다 분명해졌는데 부모의 책임(responsibility)이라는 개념으로 재규정되었다.

3) 구체적인 윤리지침 주제

(1) 치료자의 능력

■ 전문성의 요소

상담가 혹은 치료자의 능력(전문성, competence)을 적절하게 갖추는 것이야말로 윤리적 행위의 기본이다. 여기에는 흔히 두 가지 개념을 포함하는데 지적 전문성(intellectual competence)과 정서적 전문성(emotional competence)이다(Koocher & Keith-Spiegel, 2008). 혹은 전문성의 구성요소로 지식(knowledge), 기술(skill), 성실성(diligence)을 제시하기도 한다(Welfel, 2006). 이러한 전문성을 보장하거나 유지하기 위해서 교육 및 수련과정, 자격수여 절차 등에서 전문가 조직들은 많은 노력을 하지만 이것을 완벽하게 보장하기란 사실상 불가능하다. 하지만 앞에서도 그 구성요소로 세 가지를 제시하였듯이 전문성을 보장하고 이를 높이기 위한 많은 노력이 있어 왔고, Peterson과 Bry(1980)가 102명의 교수와 슈퍼바이저들이 126명의 심리학 박사과정 학생들을 평가한 항목 가운데 가장 핵심적인 유능성의 요소로 제시한 네 가지를 보면 ① 전문가로서의 책임감(professional responsibility), ② 대인관계의 원만함(interpersonal warmth), ③ 지능(intelligence), ④ 경험(experience)을 꼽고 있다(Koocher & Keith-Spiegel, 2008, p. 74).

■ 수련과 관련한 문제(Koocher & Keith-Spiegel, 2008, pp. 70-100)

전문성이 학위(degree)로 결정되는가? 법학이나 의학은 J.D., M.D.로 단일화되어 있다. 하지만 심리학 분야는 매우 다양하다. Ph.D., Ed.D., Psy.D., M.A., M.S. 등이 있고 그 외에 미국의 경우 C.A.G.S., D. Sc., Ed.S., D.M.H., Th.D.,

M.Ed., M.S.S.S. 등도 가능하다. 그 외에 '관련학과(closely related degrees or a closely related field)'로 넓혀져 있기 때문에 매우 다양한 전공 분야를 가질 수 있다. 하지만 1990년대 이후 각 주에서 제한하여 이러한 관련학과 조항이 많이 사라지고 있다.

이와 유사한 문제로 박사학위와 석사학위자의 전문성 문제가 있다. 반드시 박사학위자가 유능하다고는 할 수 없다. 현재 미국심리학회에서는 석사학위자에 대한 프로그램은 인가하지 않고 있는데 이 분야의 수련에서 반드시 포함되어야 할 것으로 다음을 제시하고 있다. 즉, ① 정확하게 명시된 수련 및 자격요건, ② 그러한 수련범위 내에서의 임상실습, ③ 비슷한 전문가들에게도 적용될 수 있는 윤리 조항들이다. 그리고 구체적인 커리큘럼은 ① 행동의 생물학적, 인지-정서적, 사회적 기초, ② 심리학의 역사와 체계, ③ 심리학적 측정과 연구 방법, ④ 자료분석 기법, ⑤ 임상의 과학적 기반, ⑥ 평가 및 진단, ⑦ 문화적 · 개인적 다양성이다.

■ 직무에 대한 전문적 규준

전문성을 규정하는 것은 매우 어렵지만 미국심리학회 윤리규정을 보면 전문가 유능성(전문성) 항에 다음과 같이 여섯 개 항목을 제시하고 있다. 또한 미국상담가협회는 여덟 개 항목을 제시하고 있는데 심리학회 항목과 일부 동일한 것도 있지만 다소 상이한 항목들도 있다.

이 가운데 가장 중요한 것이 영역(경계선)문제다. 자기직무범위, 수련 및 교육범위 내에서 직무를 수행한다는 것이 지켜져야 할 문제다. 이와 함께 상담가(혹은 치료자)의 신체적, 정신적, 사회적 건강을 유지하는 것이 매우 중요하다. 소위 소진하거나(burnout), 기능을 할 수 없을 정도로 전문성이 저하되거나 지장을 받는다면 직무수행을 제한하거나 포기해야 한다. 그리고 적절한 후임자 혹은 동료에게 자신의 직무를 인수인계하여야 한다.

〈표 5-6〉 미국심리학회(APA) 윤리규정 가운데 유능성

1. 전문성의 경계**
2. 응급 서비스의 제공
3. 전문성의 유지**
4. 과학적이고 전문가적인 판단의 기초
5. 타인에게 업무의 위임
6. 개인적 문제와 갈등**

〈표 5-7〉 미국상담협회(ACA) 윤리규정 가운데 유능성

1. 전문성의 경계**
2. 임상의 새로운 특수 영역
3. 취업을 위한 정적 질 관리
4. 효과성의 모니터
5. 윤리적 강제 규정에 대한 자문
6. 연수 교육**
7. 장해**
8. 상담가 능력 상실 혹은 실무의 종료**

** 두 가지 윤리규정 가운데 공통적인 사항임.

(2) 프라이버시, 비밀유지, 특권

프라이버시(privacy), 개인적 사생활은 보호되어야 한다. 이것을 상담가가 지켜주어야 하는 것으로 비밀유지(confidentiality)와 특권(privilege)의 개념이 대두된다. 비밀유지란 '내담자에 관한 정보를 그 어떤 누구와도 논의하지 않는 전문가의 행위'를 말한다. 이것은 법률이나 법령, 판례 혹은 윤리규정 등에 의해 정해진다. 특권(privilege 혹은 privileged communication)은 비밀유지와 혼동하여 사용되는 경우가 많은데 재판에서 증언하지 않을 수 있도록 보호받을 수 있는 특별한 관계를 일컫는 말이다. 전통적으로 변호사-변호인, 남편-아내, 의사-환자, 일부 성직자-신도에서 인정받는다. 최근 내담자-정신보건요원에서 인정되는 경우도 있다.

■ 비밀유지와 관련한 주제

비밀유지와 관련한 몇 가지 딜레마가 발생하기도 한다. 그 예로 다른 상담가와의 논의 혹은 자문, 슈퍼비전, 사례회의(case conference) 발표, 가족의 요구, 기타 보험회사 등의 요구, 강의 및 연구자료의 활용 등 다양하게 발생할 수 있다.

Appelbaum과 Gutheil(2000)은 비밀유지와 관련하여 '비밀유지의 원(circle of confidentiality)' 이라는 개념을 고안하였다. 원 안에 있는 사람들 내에서는 내담자(환자)의 동의 없이 환자에 대한 정보를 공유할 수 있다. 예를 들면, 환자가 입원한 경우 정신과 전공의, 담당교수(슈퍼바이저), 담당직원, 필수적인 자문의는 이 원내에 위치한다. 환자의 가족, 변호사, 담당하지 않는 의사, 과거 치료자, 경찰 등은 원 바깥에 위치한다. 상담가(치료자)는 비밀유지의 원 개념을 활용하여 어떤 누구와 정보를 동의 없이 공유할 수 있는가를 판단하여야만 한다.

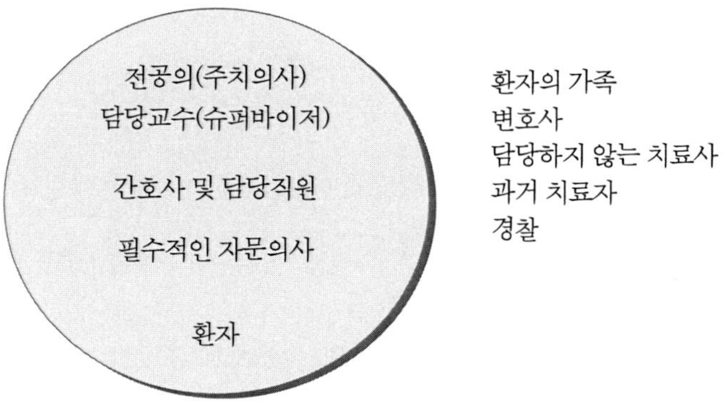

[그림 5-3] 비밀유지의 원

출처: Appelbaum & Gutheil(2000); Duckworth, K. et al. (2007: 2294-2295)에서 재인용.

■ 비밀유지 및 특권의 제한

비밀유지와 특권에 대해 제한과 예외가 제기되는데 다음과 같은 것들이 그 예다.

• 내담자 자신에 의한 경우: 자신에 관한 기록이지만 내담자가 원한다고 하여 모든 기록을 내어 줄 것인지 여부에 대해서는 논란이 있을 수 있다. 하지만 일반적으로 내담자가 원한다면 제공하는 것을 원칙으로 한다. 또한 내담자 자신이 보험회사와 합의를 위해서 혹은 다른 상담자에게로 이행하기 위해 자신에 관한 기록 등을 공개할 것을 요구하는 경우가 있다. 이것을 수행하기 위해서는 몇 가지 절차가 필요하다.
• 법원의 명령: 예를 들어, 전문가로 법정증언(expert witness)을 할 때 혹은 법률자문을 할 때 비밀유지에 제한을 받게 된다. 내담자의 심신 상태에 대한 재판 과정에서의 진술(stand to trial), 양육권 결정에서 부모의 적합성 판정 등 다양한 경우가 있을 수 있다.
• 소송: 상담자를 상대로 이의 혹은 소송을 제기하거나 혹은 제삼자를 상대로 소송을 제기할 때 비밀유지가 제한받을 수밖에 없다.
• 법률에 근거한 경우: 가장 중요한 것이 아동학대 및 방임에 관한 보고의무 사항이다. 이것은 '자의 복리'가 우선하기 때문에 비밀유지 원리에 앞서 제한을 받는다. 그 외에 예를 들어, 내담자가 범죄와 연관되어 있을 때 어떻게 할 것인가 하는 문제가 제기될 수 있다. 도둑질한 물건의 판매예정 혹은 마약 등의 밀거래에 관련된 내용 등이 있을 수 있는데 아직 이것을 보고해야 하는 강제규정은 대부분 존재하지 않는다.
• 위험한 내담자와 경고 및 보호의 의무: 역사상 매우 유명한 사례가 있다. 소위 '타라소프 사례(Tarasoff v. Board of Regents of the University of California, 1976)'로 알려져 있는데 이 사례의 개요는 다음과 같다.

1969년 인도에서 해양건축학(naval architecture)으로 유학하던 프로젠위트 포달(Projenjit Poddar)이라는 대학생이 자신은 타티아나 타라소프(Tatiana Tarasoff)라는 여성을 죽이려고 계획하고 있음을 미국 캘리포니아 버클리 대학교 학생건강진료소에서 근무하던 심리치료사(psychologist)인 Dr. Moore에게 고백하였다. 치료자와 학생건강진료소의 상사는 포달이 강제 수용되어야 한다고 결정하고 교내 경찰에게 그를 체포할 것을 요청하였다. 경찰은 그를 체포하였지만 그가 논리정연하였고, 위험을 구체적으로 보이지 않았고, 타라소프 양으로부터 떨어져 있겠다는 약속을 하여 곧 석방하였다. 그 사건 이후 더 이상 정신치료는 지속하지 않았고 2개월 후 포달은 타라소프의 집으로 가 그녀를 칼로 찔러 죽이고 말았다.

그녀의 부모는 주립대학 당국, 치료진, 교내 경찰을 위험한 환자를 구속하지 못한 것과 희생자 혹은 관련자들에게 위험에 대해 경고하지 않은 것에 대해 소송을 제기하였다. 캘리포니아 법원은 정부의 면책특권을 이유로 소송을 기각하였다. 두 번째 소송에서 법원은 환자가 '타인에 대해 심각한 폭력의 위험이 있음' 을 결정하거나 혹은 결정해야만 하는 치료자는 '환자의 질병에서 유래하는 위험으로부터 타인을 보호하는 데 합당한 조치를 해야만 하는 의무' 를 갖는다고 판결하였다. 즉, 법원은 가능성이 있는 희생자에게 경고하는 데 그치는 것이 아니라 그를 보호할 의무가 있다고 판결하였다. 그리고 법원은 피고들의 주장, 즉 그들은 타라소프를 돌볼 의무를 가지고 있지 않다는 것과 정신질환자에 의한 폭력을 예측하는 것은 본래 정확하지 않다는 것, 비밀유지가 정신치료에 필수적이라는 것을 기각하였다(Tarasoff v. Board of Regents, 1976).

법원은 환자와 의사 혹은 정신치료자는 특별한 관계이기 때문에 '제삼자의 이익에 대한 의무' 도 지우는 것이 마땅하다고 하였다. 여기서 중요한 것으로 정신치료에서 비밀유지란 타인에 대한 위험을 피할 필요가 있다면 이 둘을 저울질해야만 한다. 즉, '보호하기 위한 특권은 대중의 위험이 시작하면 끝난다(The protective privilege ends where the public peril begins).' 고 판결은 적고 있다.

이 사례 이후 치료자(혹은 상담가)는 '보호의무(duty to protect)' 가 있음이 강조되었고 비밀유지뿐 아니라 위험한 환자를 상담하면서 대중에 대한 보호의무를 가짐이 강조되었다.

(3) 정신치료 및 동의

상담을 하는 데 있어 내담자와 상담가는 치료적 관계를 설정하여야 한다. 이때 필요한 것이 바로 충분한 설명을 듣고 자유로운 선택을 하는 동의 절차다. 이미 유능성에서 논의하였지만 정보제공에 근거한 동의(informed consent)에 중요한 3요소로 유능성(competence), 지식(knowledge), 의지(volition)가 있다. 여기서 핵심적인 것은 내담자에게 상담을 시작할지 여부에 대해서 합리적인 결정을 내릴 수 있도록 하기 위해 합당한 정보를 공개하는 것이다. 다음으로 중요한 것이 결정을 내리는 데 있어서 압력이나 강요가 배제된 자유로운 상태에서 선택할 수 있도록 하는 자유의지에 의한 동의다. 그러기 위해서 치료자(혹은 상담자)는 적절하고 타당한 정보를 내담자의 수준에 맞도록 충분하게 제공하여야 한다. 그리고 그 결정을 내리는 데 있어 아무런 압력이나 강요를 행사해서는 안 된다. 그리고 내담자는 이렇게 제공된 정보를 충분히 이해하고 자유의지에 의한 결정을 내릴 수 있는 유능성을 갖추어야 한다.

역사적으로 아동의 권리는 종종 무시되어 왔다. 일반적인 처우에서도 그렇지만 예방접종의 실험대상이라든지 실험연구의 대상으로도 아무런 보호를 받지 못한 경우가 많았다. 특히 아동보호시설이나 정신지체 기숙학교, 고아원과 같은 열악한 환경에 놓여 있던 아동의 경우는 더욱 심했다. 아동의 권리가 몇 차례의 중요한 변환기를 맞이하여 현재와 같이 그들의 권리가 보호될 뿐 아니라 존중되는 계기를 맞고 있다.

물론 아동뿐 아니라 성인들도 실험연구에서 종종 그들의 권리가 박탈되거나 무시되는 경우가 적지 않았다. 인류 역사에서 크게 주목받게 된 것은 아이러니하게도 나치 독일의 잔학한 반인륜적인 인체실험이 밝혀지면서였다. 이를 계기로 뉘렌베르그규정(Nuremberg Code, 1947)이 제정되고 인간을 대상으로 그들이 직접 참여하는 실험연구에서 대상자들의 안전에 대한 보호와 정확한 정보를 제공한 이후에 자발적인 참여가 강조되기 시작하였다. 이와 함께 소위 '탈리도마이드(thalidomide) 약화(藥禍) 사고' 에 따른 약물 개발 과정에서의 안정성에 대한 의문, 냉전시대에 비밀리에 자행되었던 방사선 노출 실험연구 등이 맞물리면서 이런 것을 막고자 하는 세계의사회(World Medical Association)의 헬싱키선언(1964)이 기폭제가 되었다고 할 수 있다.

하지만 이런 규정 혹은 선언에도 불구하고 비합법적이거나 혹은 의심이 가거나 불미스러운 실험연구들이 여전히 진행되었다. 이에 미국에서 소위 '벨몬트보고서(1979)'를 토대로 미국 연방규정이 제정되고 그 이후 전 세계적으로 실험연구에 대한 윤리규정이 강제되기 시작하였다.

아동의 권리는 항상 그들이 법적 무능력자이거나 자기결정권을 갖지 못한다는 제한점으로 많은 논란이 되어 왔다. 마찬가지로 실험연구에 참여하는 문제도 논란이 되어 왔다. 특히 미국에서 1950년대와 1960년대에 걸쳐 소위 '윌로우브룩 주립병원(Willowbrook State Hospital)'에 수용된 정신지체 아동들을 대상으로 간염균을 주사하여 병의 자연 경과를 실험한 연구에서 그 부모들이 자녀를 대신하여 실험연구에 참여하는 동의서를 작성한 것이 '아동을 대신하여 부모가 동의한다.'는 것에 대해 의문점을 던지게 하였다. 특히 치료적 연구(therapeutic research)가 아닌 비치료적 연구(non-therapeutic research)일 경우에 그 문제가 더욱 도전받게 되었다.

최근 아동을 보호하고 그들의 권리를 존중하려는 노력의 일환으로 비록 보호의무자(대개 부모)의 동의(consent)는 물론 미성년인 아동의 동의(consent) 혹은 승인(assent)을 확보하도록 규정하고 있다. 그리고 가장 중요한 것으로 동의서(informed consent)를 설명하고 획득하는 과정 및 절차에 대해 강조하고 있으며 연구심의위원회(IRB) 혹은 윤리위원회(IEC)의 가장 중요한 임무 중에 하나로 대상자의 안전 및 복지를 보호하는 것이 강조되고 있다.

동의는 치료 과정과 연구참여 과정 등 다양한 영역에서 이루어지는데 기본적인 원리에 있어서는 차이가 없지만 특히 비치료적 연구참여에서 중요하다.

4. 요약 및 결론

상담가는 전문직으로 새롭게 부각되고 있다. 아동 영역에서는 특히 그렇다. 그런 점에서 최근 한국놀이치료학회에서 윤리규정을 제정하여 발표한 것은 매우 의미 있는 일이라고 할 수 있다. 물론 미국심리학회 등의 규정을 참조하여 한국상담학회, 한국임상심리학회 등에서도 유사한 윤리강령 내지 지침을 제정하여 발표하였다. 그런 점에서 한국아동심리치료학회에서도 윤리규정에 대해 준비할 필요가 있고 이것을 통해 그 기초작업의 일부를 수행하였다고 할 수 있다. 앞으로 이러한 기초연구를 토대로 학회의 목적, 목표, 수련과정과 범위 등을 충분히 검토하여 윤리규정을 제정해야 할 것이다.

또한 미국심리학회 및 미국상담가협회 등의 윤리규정, 그리고 국내의 몇몇 윤리규정에서 제안하고 있는 기본 윤리원리를 포함하여 세부적인 주제들에 대한 폭넓은 검토가 필요하다. 하지만 검토대상에서 가장 어려웠던 점은 각 윤리규정이나 윤리원리의 논의에서 아동상담에 대한 사례나 연구, 논의가 매우 부족하다는 점이다. 앞으로 이러한 점을 보완하여 조속한 시일 내에 윤리규정의 제정이 이루어질 것으로 기대한다.

학습과제

1. 아동상담과 관련한 전문가집단의 윤리규정을 찾아 비교해 보시오.
2. 실제 임상장면, 연구실 혹은 학과 등에서 목격 혹은 경험한 윤리적 딜레마를 설정하고 단계에 따라 어떻게 결정할 것인지를 수행해 보시오.
3. 아동상담 혹은 심리치료와 관련하여 윤리적 문제가 쟁점이 된 공개 사례를 수집하여 문제점을 살펴보시오.
4. 아동의 유능성을 어떻게 측정하고 결정할 것인지에 대해 토의해 보시오.
5. 연구 수행 및 논문 혹은 저서 발간과 관련한 윤리지침에 대해 살펴보시오.

참고문헌

유재령(2007). 아동상담자 윤리강령에 나타난 기본 윤리영역 연구. **놀이치료연구**, 10(1), 1-18.

조현춘, 조현재 공역(2003). **심리상담과 치료의 이론과 실제(제6판)**. 서울: 시그마프레스, pp. 49-73. Corey, G. (2001). *Theory and Practice of Counseling and Psychotherapy*, 6th ed., Thomson Learning, Inc.

중앙 Sunday, 2008. 2. 3. 47호, 16쪽.

한국임상심리학회 윤리강령.

한국상담학회 윤리강령.

한국놀이치료학회 놀이치료사 윤리강령 및 행동지침.

Ackerman, M. J. (2001). *Clinician's Guide to Child Custody Evaluations* (2nd ed.). New York, John Wiley & Sons, Inc., pp. 11-39.

Bayles, M. D. (2003). What is a profession? IN: *Ethics for the Professions*. Ed. by Rowan, J. & Zinaich, S., Jr. Belmont, CA, Wadsworth/Thomson Learning, pp. 56-62.

Cottone, R. R., & Tarvydas, V. M. (2007). *Counseling Ethics and Decision Making* (3rd ed.). Upper Saddle River, NJ, Pearson Education, Inc.

Daniels, D., & Jenkins, P. (2000). *Therapy with Children: Children's rights, confidentiality and the law*. London, SAGE Publications.

Duckworth, K., Blumberg, L., Bienenfeld, D., Kahn, M., & Kapp, M. (2003). *Law, Ethics, and Psychiatry*, pp. 2289-2313.

Epstein, R., & Okasha, A. (2008). *Professional Ethics and Boundaries*, pp. 64-76.

Gillon, R. (1994). Preface: Medical ethics and the four principles. IN: *Principles of Health Care Ethics*. Ed. by Raanan Gillon. Chichester, John Wiley, & Sons, pp. xxi-xxxi.

Graham, P. (1994). Children: Problems in paediatrics. IN: *Principles of Health Care Ethics*. Ed. by Raanan Gillon. Chichester, John Wiley, & Sons, pp. 657-669.

Graham, P. (1995). Ethics and child psychiatry. IN: *Psychiatric Ethics* (2nd ed.). Ed. by Sidney Bloch, Paul Chodoff, Oxford, Oxford University Press, pp. 341-363.

Grientens, H. (2005). Serving the ebst interests of children and youth in a globalizing and diverse world: Some introductory thoughts. IN: Grientens, H., Lahaye, W., Hellinckx, W., & Vandemeulebroecke, L. (eds.). *In the Best Interests of Children and Youth: International Perspectives* (Studia Paedagogica 42). Leuven, Leuven University Press, pp. 13-24.

Holmes, J., & Lindley, R. (1994). Ethics and psychotherapy. IN: *Principles of Health Care Ethics*. Ed. by Raanan Gillon. Chichester, John Wiley, & Sons, pp. 671-680.

Ivey, A. E., Ivey, M. B., & Simek-Downing, L. (1987). *Counseling and Psychotherapy: Integrating skills, theory, and practice* (2nd ed.). Englewood Cliffs, NJ: Prentice-Hall, Inc., pp. 13-21.

Johnson, O. A. (1999). *Ethics: Selections from Classical and Contemporary Writers* (8th ed.). Fort Worth, Harcourt Brace College Publishers, pp. 1-11.

Karasu, T. B. (1999). Ethical aspects of psychotherapy. IN: *Psychiatric Ethics* (2nd ed.). Ed. by Sidney Bloch, Paul Chodoff, Oxford, Oxford University Press, pp. 135-166.

Koocher, G. P., & Keith-Spiegel, P. (eds.). (2008). *Ethics in Psychology and the Mental Health Professions: Standards and Cases* (3rd ed.). Oxford, Oxford University Press, Inc.

Lawrence, G., & Kurpius, S. E. R. (2000). Legal and ethical issues involved when counseling minor in nonschool setting. *Journal of Counseling & Development, 78*, 130-136.

Nurcombe, B., & Partlett, D. F. (1994). *Child Mental Health and the Law*. New York, The Free Press, pp. 39-71.

Peterson, D. R., & Bry, B. H. (1980). Dimension of Perceived Competence in Professional Psychology. *Professional Psychology, 11*, 965-971.

Pope, K. S., & Vasquez, M. J. T. (eds.). (2007). *Ethics in Psychotherapy and Counseling: A Practical Guide* (3rd ed.). San Francisco, CA, John Wiley & Sons, Inc.

Pope, K. S., & Vette, V. A. (1992). Ethical dilemmas encountered by members of the American psychological Association: A national survey. *American psychologist, 47*, 397-411. Available at http://kspope.com

Pritchard, J. (1998). Codes of Ethics. IN: *Encyclopedia of Applied Ethics, vol 1*, San Diego, Academic Press, pp. 527-533.

Welfel, E. R. (2006). *Ethics in counseling and psychotherapy: Standards, Research and Emerging Issues* (3rd ed.). Belmont, CA: Thomson/Brooks/Cole.

Willemsen, E., & Willemson, M. (2008). *The best interest of the child: A child's right to have stable relationships must be central to custody decisions.* Accessed on Jan 6, http://www.scu.edu/ethics/publications/iie/v11n1/custody.html

• 제6장 •

놀이치료

개요

이 장에서는 놀이치료의 접근 중 아동중심, 정신역동, 대상관계/주제, 부모 놀이치료에 대하여 소개하고자 한다.

내담자중심 상담 이론을 기본으로 하는 아동중심 놀이치료는 아동을 가장 중요한 존재로 보고 적절한 환경이 주어졌을 때 스스로 성장하고 치유할 수 있는 힘을 가지고 있다고 본다. 아동중심 놀이치료에서는 선별된 놀잇감을 제공하고 자연스러운 의사소통 매체인 놀이를 통해 자기를 표현하고 탐색할 수 있도록 하는데 이때 치료자와 아동의 관계가 매우 중요하다고 본다.

정신역동적 놀이치료는 정신분석 이론을 근간으로 하고 있으며 주로 해석적 치료 방법으로 문제를 해결할 수 있다고 본다. 치료자는 아동의 언어, 놀이, 꿈 등을 활용하여 아동의 의식적 · 무의식적 생각과 감정을 해석하고 부적절한 감정을 이해하도록 도와서 보다 성숙하고 연령에 적절한 틀로 통합할 수 있도록 돕는다.

대상관계/주제 놀이치료는 대상관계 이론과 애착발달 이론을 접목하여 부모–자녀 관계의 발달 과정을 모형으로 한 관계치료다. 아동의 대상관계 유형에 따라 놀이주제를 분류하고 해석하려고 한다. 대상관계 유형에는 무애착, 양가적, 수동공격적/의존적, 반항적/통제적, 손상된 라포로치망 대상관계가 있다. 치료자는 아동이 치료적 관계 안에서 영유아기에서 멈추었거나 왜곡된 관계에 도전하게 하여 왜곡된 작동 모델을 보다 건강한 대상관계로 수정할 수 있도록 돕는다.

부모놀이치료는 내담자중심 상담 이론과 행동치료의 요소를 통합한 것으로 기본적으로 심리교육적 또는 교육적 개입 모델을 지향한다. 치료자는 부모를 치료매개자로서 교육하고 부모의 놀이치료에 대한 피드백을 주어 아동에 대한 이해를 높이도록 돕는다.

학습목표

1. 각 놀이치료 접근의 배경을 이해한다.
2. 각 놀이치료 접근에서 문제를 보는 관점과 치료목표를 이해한다.
3. 각 놀이치료 접근에서 개입 방법의 공통점과 차이점을 안다.
4. 각 놀이치료 접근에서 아동의 놀이가 갖는 의미와 치료자의 역할을 안다.

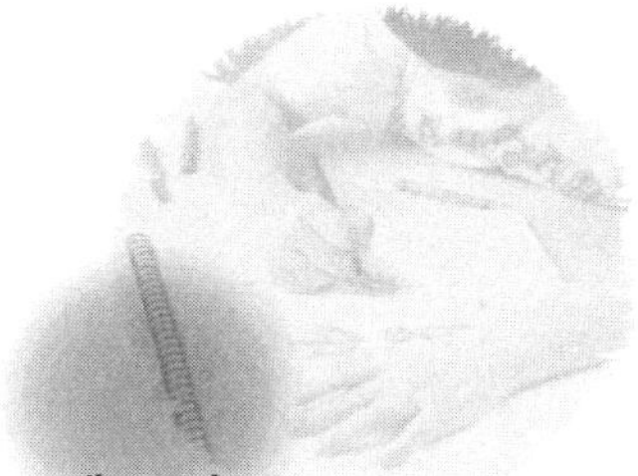

제 6 장

놀이치료

1. 아동중심 놀이치료

1) 역사적 배경

아동중심 놀이치료는 인간중심 또는 내담자중심 상담 이론에 근거를 두고 있기 때문에 붙여진 이름이다. 내담자, 즉 아동을 가장 중요시하는 것이 이 이론의 근거이고 목표다.

아동중심 놀이치료 접근에 주로 영향을 미친 사람은 내담자중심 상담 이론을 개발한 Carl Rogers(1951)와 이를 놀이치료에 적용한, 그의 제자이자 동료였던 Virginia Axline(1969)이다. Rogers(1951)는 놀이치료가 관계 형성, 부정적 · 긍정적 감정 인식, 금지되고 억압된 감정의 표현, 통찰의 획득 등의 측면에서 심리치료와 동일한 기능을 갖고 있다고 보았다. 아동중심 놀이치료 접근은 내담자중심 접근과 같이 아동과 '함께함' 의 과정을 중시한다(Landreth, 1991; Landreth &

Sweeny, 2003). 최근에는 아동중심의 놀이치료 접근에서도 무의식의 과정을 조합하려는 움직임이 있다(West, 2002).

2) 아동중심 놀이치료의 이론

아동중심 놀이치료 이론의 핵심은 아동 자체에 있다. 즉, 아동이 갖고 있는 조건이나 처한 상황, 즉 연령이나 신체적 · 심리적 발달 상태 또는 문제 등과 상관없이 아동 자체를 볼 것을 강조한다. 아동에게는 언제나 변화할 능력이 있음을 발견하고 아동 문제의 배경 또는 진단명에 따라 편견을 가지고 보는 것을 지양하며 아동에게 존재하는 변화 과정을 향한 아동의 타고난 힘, 즉 내적 역동성을 중요하게 본다. 아동중심 접근에서 발달은 물결모양의 역동적이고 성숙해 가는 되어짐(becoming)의 과정이다(Rogers, 1989).

아동은 성장을 촉진하는 적절한 환경이 주어질 때 환경적 제한으로부터 스스로 벗어나 성장하고 치유할 수 있는 힘을 가지고 있다. 모든 사람들에게는 되어짐의 과정을 가져오는 형성적 성향(formative tendency)이 있어서 적절한 환경은 개인의 능력과 관계능력의 발달을 가져온다. 아동중심 놀이치료의 기초를 보려면 Rogers(1951)가 기술한 인격의 기본 구인을 먼저 보는 것이 중요하다.

첫째, 사람 또는 유기체를 강조하는데 이는 아동이 신체뿐 아니라 사고, 감정, 행동을 포함한 자기지각으로 구성되어 있음을 의미한다. 아동은 개인적 세계와 지속적으로 변화하는 경험세계와 상호작용하고, 거기에 반응하며, 결과적으로 하나의 전체 체계이자 자기실현을 향해 투쟁하는 존재로 모든 아동에게서 지속적이고 역동적인 대인상호작용이 일어난다.

두 번째 구인인 현상학적 장은 아동이 경험한 모든 것으로 이루어진다. 즉, 각 아동에게 존재하는 현실이라고 할 수 있다. 이러한 경험에는 특정한 시간에 의식적 수준이든, 내적 또는 외적으로든 개인이나 유기체에게 일어난 지각, 사고, 감정, 행동을 포함한 모든 것이 포함된다. 현상학적 장은 삶을 바라보는 내적 준거다. 다시 말하면 아동이 지각하는 것은 무엇이든 아동의 현실이 되고 따라서 아동의 수만큼 현실이 존재하게 된다(Landreth & Sweeney, 2003). 이러한 점은 아동중심 놀이치료의 기본 원리를 이룬다. 치료자가 아동 개인과 관계를 맺으려 한다면 객관적 사실이나 사건 자체보다 아동이 현실을 판단하고 받아들이는 현상학적 세계와 먼저 접촉하고 이해해야 한다.

세 번째 구인은 자기(self)로서 자기는 타인과의 상호작용에서 발달해 온 아동의 현실인 현상학적 장이 분화된 것이다. 아동의 정서 및 행동에 사람들이 반응한 방식은 '나(me)' 개념을 형성한다.

Rogers는 현상학적 장과의 지속적인 상호작용 때문에 아동의 자기가 성장, 변화한다고 보았다. 이러한 아동의 현상학적 장을 이해하고 수용하는 치료자의 비판단적 분위기를 경험하게 하는 놀이치료는 아동이 자기를 발견할 수 있는 현상학적 장이 된다. 놀이치료를 통해 아동은 자신의 행동과 자기 개념을 일치시킬 뿐 아니라 자기 개념을 긍정적으로 변화시킨다.

아동중심 놀이치료는 자기발견과 자기탐색의 여정을 아동과 함께 떠나는 것이다. 아동에게 선별된 놀잇감을 제공하고, 아동의 자연스런 의사소통 매체인 놀이를 통해 자기를 표현하고 탐색할 수 있는(감정, 사고, 경험, 행동) 안전한 관계 발달을 촉진하며, 이러한 과정에 대해 잘 훈련받은 놀이치료자가 아동과 맺는 역동적인 대인관계라고 정의할 수 있다(Landreth, 1991). 이런 놀이치료 정의는 관계를 중시하고 치료의 성패는 치료관계의 발달과 유지에 달려 있다고 본다.

아동중심 놀이치료에서 강조하는 내용을 요약하면 다음과 같다.

- 문제보다는 아동 개인
- 과거보다는 현재
- 생각이나 행위보다는 감정
- 설명보다는 이해
- 교정보다는 수용
- 치료자의 안내보다는 아동의 안내
- 치료자의 지식보다는 아동의 지혜를 중요하게 여긴다.

아동중심 놀이치료의 일반적 목적은 자기실현을 위한 아동의 내적 자기안내 노력과 일치한다. 다음과 같은 측면에서 아동중심 놀이치료는 아동에게 도움을 주는 것을 목표로 한다(Landreth & Sweeney, 2003).

- 긍정적인 자기 개념을 계발하게 한다.
- 자기책임을 받아들이게 한다.
- 자기안내능력을 갖게 한다.
- 자기수용적이게 한다.
- 자기의존적이게 한다.
- 자기결정적 의사결정에 참여하게 한다.
- 통제감을 경험하게 한다.
- 대처 과정에 민감하게 한다.
- 내적 평가출처를 개발하게 한다.
- 자신을 신뢰하게 한다.

이러한 목적을 달성하려면 치료자는 아동에게 진정한 수용과 이해적인 태도를 보여 주어야 한다. 그럴 때 아동은 자신의 내적 가치를 인식할 수 있다. 진정한 이해와 수용의 촉진을 위해 아동중심 놀이치료에서는 가능한 한 질문을 하지 않는다. 또한 아동이 치료자에게 의존하지 않도록 하기 위해 칭찬도 피한다. 칭찬을 피하는 것은 기존의 교육 장면에서 강조하는 것과는 상당히 달라 보이는 접근이라고 할 수 있지만, 인간의 부적응과 건강하지 못한 의존은 평가적인 관계 패턴에서 생기는 것이다. 또한 질문은 아동이 정서세계가 아닌 인지세계에 집중하게 만들기 때문에 부정적이다. 평가적 관계 패턴은 관계의 주체가 아동이 아닌 성인에게 있음을 암시적으로 전달하는 것이기 때문에 아동에게서 내적 동기를 박탈한다고 본다(Sweeney & Landreth, 2003). 이러한 이론적 가정 때문에 치료자는 아동이 놀이를 주도하도록 허용하며 아동의 놀이에 대한 평가를 피하고 아동 스스로 자기안내, 자기평가, 책임을 배울 수 있도록 격려해야 한다.

3) 개입의 실제

아동중심 놀이치료를 논할 때 치료적 제한 설정을 배제할 수 없다. 그만큼 이 접근에서는 제한 설정을 중요시하고 치료적으로 필요하다고 본다. 아동이 실제로 살아가는 환경은 완전히 자유롭거나 허용적이지 않기 때문에 이에 대한 적응이 필요하며 환경을 예측하고 안전을 느끼기 위해서는 제한 설정이 필요하다. 그런 의미에서 제한 설정은 치료적이라고 할 수 있다. Moustakas(1959)는 관계를 위해 반드시 제한이 필요하다고 하였는데 그 이유는 모든 인간이 어떤 면에서든 제한적 요소 속에 살아가기 때문이라고 할 수 있다. 관계를 맺고 유지한다는 것은 관계 내에 존재하는 규칙을 지켜야 한다는 것이며 대인관계의 건강한 적응, 치료적 맥락에서 관계적 회복을 위해서는 이 제한에 따라 자신의 잠재력을 발휘하도록 하는 것이 필요하다.

아동중심 놀이치료 과정에서 제한 설정의 목표는 구체적 행동보다 과정을 중시한다. 제한 설정의 기본 근거는 다음과 같다(Landreth & Sweeney, 2003).

- 제한은 치료관계의 경계다.
- 제한은 아동에게 신체적, 정서적 안전을 제공한다.
- 제한은 아동을 안전하게 하려는 치료자의 의도를 보여 주는 것이다.
- 제한은 치료가 현실에 근거를 두게 한다.
- 제한은 치료자가 아동에게 긍정적이고 수용적인 태도를 갖게 한다.
- 제한은 해를 입거나 보복의 두려움 없이 아동이 부정적 감정을 표현할 수 있게 한다.
- 제한은 안정성과 일관성을 제공한다.
- 제한은 아동의 자기책임감과 자기통제를 촉진하고 증진한다.
- 제한은 상징적 방식으로 정화(catharsis)를 제공한다.
- 제한은 놀이치료실을 보호한다.
- 제한은 법적, 윤리적, 전문적 기준을 유지할 수 있게 한다(Landreth, 1991;

Landreth & Sweeney, 2003; Sweeney, 1997).

Landreth(1991)는 제한 설정 과정을 ACT로 요약하였다.

- 인정하라(acknowledge): 아동의 감정, 소원, 바람을 인정하라. 이런 것들은 반영과 수용을 필요로 한다. 아동은 자신의 감정과 의도를 인정받았을 때 제한에 더 잘 반응한다.
- 전달하라(communicate): 비처벌적이고 비권위적 방식으로 제한이 있음을 전달하라.
- 제공하라(target): 사회적으로 수용 가능한 대안을 제공하라. 아동의 자기표현을 막지 않으면서도 사회적으로 수용 가능한 범위에서 자신을 표현할 수 있게 하는 것이다.

제한이 필요한 상황이 발생할 때 제한이 존재한다는 것을 아동에게 알려 준다. 위축된 아동의 경우 놀이치료 초기에 금지행위 목록을 알려 주면 아동의 탐색과 표현을 위축시킬 수 있다. 제한이 필요할 때 치료자는 담담하고 확고한 접근을 하여 아동이 질책당한다는 느낌을 갖지 않게 한다. 치료자는 부모나 권위인물이 아니어야 하며 제한은 촉진적이고 구조화된 것이어야 한다. 또한 제한은 전체에 해당하는 것이어야 하며 조건적(조건적 제한은 혼란스러우며 힘겨루기를 일으킨다)이어서는 안 된다.

2. 정신역동적 놀이치료

1) 역사적 배경

1920년대까지만 해도 정신분석가가 아동의 심리적 문제를 도울 수 있는 구체적 치료기법은 존재하지 않았으나, Freud가 성인의 정신분석치료에서 얻은 통찰을 아동치료에 적용할 수 있는 길을 열었다.

가장 잘 알려진 아동치료는 Freud가 손자에게 행한 분리게임(S. Freud, 1909)과 어린 한스의 치료다. 어린 한스의 치료는 Freud의 지도를 받아 내과의사인 그의 아버지에 의해 이루어졌다. Freud는 아동 직접관찰을 통해 유아의 본능적 삶에 관한 그의 가설을 만들었다.

Hug-Hellmuth(1921)는 아동상담 기법으로 놀이치료를 처음 사용한 임상가였다. 아동상담의 개척자 중의 한 사람인 그는 아동의 무의식적, 성적 판타지에 집중되었던 기존의 통찰중심의 상담기법을 발달적 관점과 조화시켰다.

또 다른 개척자라고 할 수 있는 Anna Freud(1946)와 Melanie Klein(1932, 1975)은 아동에게 사용할 수 있는 정신분석적 치료기법을 발전시켰다. 베를린 정신분석학파였던 Klein은 아동의 놀이를 성인의 자유연상과 동일한 것으로 보았다. 아동이 갖고 있는 불안이 분석가와의 관계에서 활성화되고 적절히 해소되기 위해서는 무의식적 판타지가 언어화(해석)에 의해 동기화되어야 한다고 보았다. 그녀는 유아일지라도 치료자가 처음부터 아동과 해석적 관계를 수립해야 한다고 주장했다.

Klein은 투사 과정에 대한 직접적 해석 작업을 중요하게 보고, 아동이 자신에게 있는 감정을 다른 사람에게 전이하여 탐욕이나 시기심 같은 원치 않는 감정이 다른 사람에게 있다고 지각하는 것이 아동기의 공통적인 무의식적 판타지라고 하였다. 또한 아동의 자기감(sense of self)이 이런 식으로 파편화되는 것이 유아의 발달에서 정상적으로 나타나는 과정이긴 하지만 유아기를 지나 지속될 때에는 병리의 원인이며 해석의 대상이라고 하였다. 그녀는 투사적 동일시(projective identification)의 개념을 제안하면서 치료자에게는 투사적 동일시가 스트레스를 주긴 하지만 아동이 받아들일 수 없는 감정을 치료자가 '담아 주는(containing) 역할'을 한다는 점에서 치료적으로 긍정적이라고 보았다.

Klein의 영향을 받은 Winnicott(1965, 1971)도 아동분석의 새로운 기법을 소개하면서 아동의 초기경험이 병리에 중요한 영향을 미친다고 보았으며 초기 삶이 중요하다는 Klein의 주장을 강조했다. Winnicott은 담아 주는 역할과 유사한 개념인 '안아 주는 환경(holding environment)'을 강조하고 그림 그리기와 같은 치료자의 비언어적인 개입기법을 강조하였다.

그는 자기와 대상 사이의 중간영역(transitional area)에 관한 개념을 제안했는데 이는 주관적 대상과 실제로 객관적 대상이 동시에 인식되는 곳으로 현실과 판타지가 함께 존재하는 곳이라고 할 수 있다(Winnicott, 1971). 이러한 중간영역을 과도기적 단계로 거쳐야만 아동은 건강하게 현실세계로 나아갈 수 있다고 보았다. 그의 이론에서 놀이는 중간영역 또는 중간현상이라고 할 수 있다.

아동권리의 맥락에서 상담자가 불완전하게 발달한 아동의 자아를 위해 부모처럼 지지적 환경이 되어야 한다고 주장하는 Pine(1985) 같은 사람들도 나오게 되면서 클라인학파의 아동분석가들의 절제된 해석과는 질적으로 다른 지지적 맥락에서의 해석과 치료상황에서 치료자가 적극적이고 '실제적인' 참여자가 되어야 한다는 여론이 정신역동적 치료자들 사이에서 최근 들어 더욱 강해지고 있다(Altman, 1992; Warshaw, 1992).

2) 정신역동적 놀이치료의 이론

모든 정신분석학파가 동의하는 한 가지 공식화된 요소가 없음에도 불구하고 이들이 기술하는 가정의 공통적 핵심은 존재한다. 이를 Fonagy와 그의 동료들(1996a, b)이 제시한 것을 중심으로 요약하면 다음과 같다.

(1) 심리적 인과관계

정신역동 치료자들은 인간의 의식적인 생각과 행동에는 의식적 인식 밖에서 작용하면서 인과관계적 영향을 미치는 무의식적 세계가 있다고 본다. 과거처럼 무의식을 금지된 또는 부인된 감정과 생각이 저장되는 단순한 물리적 공간이라는 의미로 보지 않으며 만족이나 안전에 대한 소망과 연관된 무의식적 판타지가 아동의 행동, 그리고 정서를 조절하고 이들의 사회적 환경을 적절히 다루는 데 깊은 영향을 준다고 본다.

(2) 대인관계적 상호작용

타인에 대한 아동의 기대를 결정하고 자기와 타인표상, 그리고 아동의 내적 세계의 특성을 결정짓는 것은 부모를 비롯한 다른 사람과의 대인관계적 상호작용이며 이는 아동으로 하여금 대인관계 상호작용의 정신표상적 구조를 만들게 한다. Bowlby(1973, 1980)가 초기 부모와 아동의 관계 경험을 기초로 개념화한 '자기-타인에 대한 작동 모델' 개념은 대표적인 정신표상 구조 모델이다.

(3) 갈등

정신역동 이론에서는 정신내적 갈등이 아동에게 고통(또는 안전감의 결여로 느껴진다; Brenner, 1982)을 일으킨다고 본다. 불운한 아동기 환경은 아동을 압도하는 갈등을 일으키거나 생애 초기경험에서 기인한 갈등을 정상적으로 적절히 다루는 능력을 갖지 못하게 한다(Winnicott, 1965). 양육자의 상실과 같은 외상이나 장기간의 학대는 양립할 수 없는 이상적인 소원(예: 지나치게 이상적인 부모상을 만들어 냄)을 만들어 내 건강한 성격을 저해한다.

(4) 방어

아동은 정신내적 세계에 존재하는 갈등의 의미와 강도를 낮출 수 있는 정신기제를 가지고 있으며 이를 통해 수용할 수 없는 무의식적 소원을 수정하게 된다. 그것이 바로 방어기제인데 이는 개인이 현실에 적응하고 수용할 수 없는 무의식의 충동을 조절하는 기능을 하지만 발달단계상 매우 초기 방어기제인 분열이나 투사적 동일시 등은 심각한 병리를 일으킬 수 있다.

(5) 전이

아동에게 존재하는 내면화된 대인관계 표상이 외부세계에서 타인에 대한 아동의 행동을 결정하고 치료장면에서 활성화되는데 이것을 전이라고 한다. 치료자와의 관계에서도 전이는 활성화되기 때문에 치료자는 이를 통해 아동이 타인에 대해 갖고 있는 기대를 객관적으로 볼 수 있다.

현대 정신역동 치료자들은 아동이 놀이에서 치료자에게 주는 암시적 역할에 대한 주관적 반응을 광범위하게 해석하는 경향이 있어, 아동이 준 역할 탐색을 통해 치료자들은 아동이 갖고 있는 역할관계의 표상과 그것에 대한 감정을 잘 이해할 수 있게 된다.

(6) 전인(whole person)

현대의 정신역동 아동 심리치료는 환경에서 아동의 현재 상태, 과거의 관계역사, 그리고 관계에 대한 적응을 강조한다. 심리치료사들은 일반적으로 그들이 제공하는 심리치료가 아동의 삶에 중요한 '안아 주기'나 '담아 주기' 기능을 갖고 있다고 생각하며 이는 해석과 통찰을 넘어 아동의 적응적 발달을 촉진하는 내면세계의 재통합이나 조직화를 이루어 내는 데 목표를 둔다. 따라서 치료자는 아동에 대한 전인적 조망을 가지고 아동의 생물학적, 환경적, 정신내적 모든 측면을 다루어야 한다. 개방적이고 착취적이지 않은 성인과의 관계 형성은 병리적 경험의 건강한 해결을 가져오면서 새로운 내면화의 기초가 된다.

3) 개입의 실제

정신역동적 접근에서는 정신표상의 장애에 대한 치료가 주로 해석적 치료 방법으로 해결된다고 본다. 이는 왜곡된 생각의 해소와 거부된 또는 일관성 없는 자기와 타인 개념을 통합하는 데 목적이 있다. 분열적이고(억압된) 유아적 생각을 아동의 발달에 적합한 정신 구조로 재통합하는 것이 치료목표다(Abrams, 1988).

정신역동적 개입은 주로 신경증적 증상을 가진 아동에게 보다 효과적인 것으로 알려져 있으며 아동의 정신표상의 모양이나 조직을 변화시키는 것이 목표다(Sandler & Rosenblatt, 1962). 예를 들어, 아동은 자신의 무의식적 공격성을 수용할 수 없어 이를 왜곡시켜 아버지를 잔인하고 격렬한 모습으로 표상한다. 그러나 이러한 왜곡은 초기 발달단계에나 적절한 것이기 때문에 아동에게 깊은 혼란을 가져온다(Abrams, 1988).

치료자는 아동의 언어, 놀이, 꿈 또는 기타 행동을 활용하여 아동의 의식적, 무의식적 생각과 감정의 모델을 만들어 낸다. 이런 모델에 기초해 치료자는 아동이 비합리적이거나 부적절한 감정을 이해하도록 돕는다. 이러한 과정이 잘 진행된다면 이런 종류의 이해는 발달 과정상 초기의 사고양식을 보다 성숙하고 연령에 적절한 틀로 통합하는 결과를 가져온다.

이 과정에 놀잇감이나 게임을 사용하는 치료자들이 있는가 하면 아동들이 좀 더 자기탐색 과정에 개입하도록 격려하는 치료자들도 있다. 대부분의 치료자들은 아동행동의 무의식적 요소에 주의하며 정서적 어려움의 원인을 찾기 위해 아동에 관한 부모나 교사의 정보를 가지고 아동의 판타지와 놀이를 해석하려는 경향이 있다. 주로 치료자가 관심을 가지고 살피는 주제는 아동의 신체에 대한 염려, 의식적 또는 무의식적 파괴적 충동, 그리고 양육자, 형제, 또래들과의 관계문제 등이다.

정신역동적 치료자들이 대부분 사용하는 표준기법에는 다음과 같은 것들이 포함된다.

- 치료자의 제안, 재보증(reassurance) 또는 정보제공을 통해 아동의 불안을 낮추거나 역량감과 숙달감을 증진시킬 목적의 지지적 개입하기
- 아동과의 치료적 교류를 지지하고 발전시키기 위해 아동의 언어나 행동을 요약 진술하거나 의역하기
- 아동의 언어나 정서를 명료화하기. 이것은 자기패배적이고 자기파괴적인 행동, 반복적인 경향성과 같은 행동의 측면에 주의를 환기시키거나 그에 대한 해석을 받아들이도록 준비시킨다.
- 아동이 인식하지 못해 찾기 어렵거나 받아들이기 어려워하는 것의 표상을 확인한 후 해석을 통해 제거하기. 이런 이유로 아동은 언어화에 어느 정도 저항하기 때문에 해석은 아동이 최대한 받아들일 수 있도록 시기에 적절해야 한다.

치료자의 개입은 방어, 소원, 과거 또는 현재 경험을 조합한 것에 대한 개입이다. 정신역동적 상담활동은 '전이 속에서의 작업' 이라고 할 수 있다(Strachey, 1934). 아동과 치료자의 상호작용은 관계에 대해 아동이 갖고 있는 내적 표상이 치료자와의 관계에서 표현되는 것이며 치료를 진행할수록 표상에 얽혀 있는 정서적 에너지도 증가한다. 치료 과정에서 불안, 갈등, 방어에 대한 아동의 반응을 이해하도록 돕는 것이 치료작업의 핵심이라고 할 수 있다.

전이관계 속에서 치료자와의 작업을 통해 아동의 왜곡된 정신표상이 확인되고, 명료화되고, 이해받으며, 아동 사고의 성숙한 측면으로 재통합된다(Abrams, 1988).

치료를 종결할 때는 ① 증상의 개선, ② 가족 및 또래관계 개선, ③ 정상적 발달기회를 이용할 수 있는 능력, ④ 새로운 환경 스트레스를 다룰 수 있는 능력, ⑤ 치료를 보다 효과적으로 활용할 수 있는 능력(치료를 유용한 것으로 경험하고, 치료자가 해석작업을 계속하도록 허용하며, 비난과 분노뿐 아니라 감사를 나타내며, 통찰, 유머, 건강한 자기냉소를 나타낼 때 등이다(Kernberg, 1995)). 이런 종류의 '전통적인' 정신역동적 치료는 일주일에 1회씩 1년여에 걸쳐 이루어진다.

3. 대상관계/주제 놀이치료

1) 역사적 배경

대상관계 이론은 정신역동 이론의 한 부분이기도 하지만 여기서는 특히 대상관계 이론과 애착발달 이론을 접목하여 아동치료에 적절하게 사용한 이론적 접근을 제시하고자 한다. 이 아동상담은 Helen Benedict(2003)가 Glickauf-Hughes와 Wells(1997)가 성인치료에 적용한 대상관계 유형과 애착 이론을 통합하여 아동치료에 응용한 것으로 주로 대상관계/주제 아동상담이라고 부른다. Benedict에 따르면, 아동의 대상관계 유형에는 다섯 가지가 있으며 유형에 따라 각기 다른 치료목표를 세우게 된다. 이 접근은 혼란된 대상관계 출현의 무대가 되는 아동-보호자 관계와 아동에게 나타나는 구체적인 내적 작동 모델(internal working model)의 틀을 가지고 아동의 초기경험을 강조하는 접근이다. 이 접근에서는 또한 대상관계 유형에 따라 나타나는 아동놀이의 주제를 분류하고 해석한다. 여기서는 Benedict(2003)가 제시한 접근을 중심으로 요약 · 기술하였다.

2) 대상관계/주제 놀이치료의 이론

대상관계/주제를 중심으로 한 아동상담은 기본적으로 부모-자녀 관계의 발달과정을 모형으로 한 관계치료다. 치료의 초기단계는 항상 아동과 치료자 사이의 안전기지관계(secure base relationship)를 형성하는 것이다. 이러한 치료관계가 구축되면 치료작업 단계가 시작되며 이때 치료자의 과제는 영유아기에서 멈추었거나 왜곡된 관계에 도전하는 것이다. 치료자와의 관계 안에서 이루어지는 이러한 도전을 통해 아동은 왜곡된 작동 모델을 보다 건강한 대상관계로 수정할 수 있다. 아동에게 필요한 구체적인 도전은 아동이 보여 주는 대상관계 발달 유형에 따라 치료자가 결정하게 된다.

(1) 무애착(unattached) 대상관계

생애 초기에 부모로부터 방임이나 거부를 당하거나 안전한 애착관계를 형성하지 못한 아동은 어릴 때 아동이 표현한 욕구가 충족되지 않았기 때문에 자기파편화의 감정이 나타나게 된다. 아동은 이러한 감정을 피하기 위해 다른 사람들로부터 방어적으로 위축되며 아동의 자기는 사람과의 관계를 거부한다. 이런 문제는 생애 첫 몇 달 동안 부모-자녀 관계에 문제가 있을 때 발생할 수 있는 대상관계 유형이다. 생애 초기의 전공생적 단계에 고착된 수준이라고 할 수 있다.

아동에게 미성숙, 신경학적 문제 또는 감각결손 등이 있어 외부세계에 반응할 능력이 없거나 양육자에게 심각한 우울증, 약물중독 또는 성격장애와 같은 문제가 있으면 상징적 관계가 발달하지 않아 신뢰, 대상관계, 양육을 받아들이는 능력이 왜곡되고 자기조절에 문제가 나타나게 된다.

이런 아동들은 주로 영아기와 아동기 초기의 반응성 애착장애를 보여 정서나 행동을 조절하는 능력이 손상되며 2~11개월 사이에 조화로운 양육자와의 관계에서 습득되는 자기조절능력 발달이 이루어지지 않는다(Schore, 1994).

아동상담 장면에서 나타나는 이들의 놀이는 공격성, 고집, 자기양육, 불안정성이 특징이다. 놀이에서 표현되는 대인관계는 치료자의 통제, 경계 설정, 그리고 아동의 경계파괴가 주로 나타난다. 아동상담의 목표는 여러 가지가 있으며 그중 첫 번째는 양육에 대한 수용을 증가시키고 방어를 감소시키는 것이다. 두 번째 목표는 자신의 욕구를 스스로 수용하는, 응집된 자기감(sense of self)을 발달시키는 것이다. 이러한 목표들을 달성하기 위해 필요한 것은 퇴행을 촉진하고 치료자에 대한 공생적 전이가 발달하도록 하는 것이다. 공생적 유대로부터 점차 분리/개별화를 이루어 가면서 인내력이 증가하고 결과적으로 감정표현과 자기조절기술이 증진된다.

(2) 양가적 대상관계

유아가 1~24개월경이 되면 인지능력과 더불어 운동근육 기능이 발달하면서 엄마로부터 떨어져 환경을 활발하게 탐색하게 되고 그 과정에서 자신이 엄마와 분리되어 있음을 점점 강하게 느낀다. 자신이 혼자라는 것을 인식하게 되며 자신의 능력의 한계를 깨달으면서 다시 엄마에게 의존하게 되는 시기로, 이 시기의 아동은 새로운 능력과 기술을 통해 얻어진 자율과 엄마와 다시 친밀해지고 싶은 마음 사이에서 갈등을 겪는다(최영민, 2002).

이 시기의 아동은 정상적인 분리불안을 느낀다. 양가적 대상관계에 머무는 아동은 이러한 라프로치망(재결합)을 획득하려고 노력하는 시점에서 공생적 유대로부터 분리/개별화로 나아가려는 노력이 양육자의 심각한 병리나 상실로 인해 양육자의 관심, 지지, 인정 등의 철회를 불러일으켰을 때 나타난다.

이러한 아동들은 자신의 행동에 대해 극도로 양가적이며 매달림과 분노를 번갈아 나타낸다. 자기표상은 일관성이 부족하고 자기와 타인 모두에 대해 전적으로 좋거나 전적으로 나쁜 내적 작동 모델 사이에서 동요한다. 기분과 감정에 빠른 변화가 있으며 삼켜져 버릴 것 같은 공포와 버림받음의 공포 사이에 사로잡혀 있는 것으로 보인다.

이런 아동의 놀이에서 자주 나타나는 놀이주제는 항상성(일관성), 분리, 착한 사람과 나쁜 사람 놀이 등이다. 또한 모든 어른동물들을 한 줄로 쌓아올리는 놀이와 같이 분류하고 명명하는 활동을 많이 하는데 이러한 활동은 이들에게 통제감을 주기 때문이다. 이들의 관계는 통제에 대한 욕구로 점철되어 있다고 할 수 있다.

양가적인 대상관계를 보이는 아동을 위한 주요 치료목표는 분리/개별화 과정을 다시 시작하는 것이다. 치료자는 아동이 자신과 타인에 대해 갖고 있는 분열된 표상을 통합하도록 도우며 그로 인한 대상항상성의 증진과 함께 각각의 것을 통합하도록 촉진한다. 또한 좌절을 인내하는 능력을 기르도록 해야 한다.

(3) 수동공격적/의존적 대상관계

이 유형의 대상관계를 보이는 아동은 어느 정도 자기인식을 가지고 있으나 통합된 자기가 부족하고 자아의 힘이 불균형하다. 이들은 자기조절, 만족지연, 결과 예상 또는 스트레스 인내에 어려움이 있으며 스스로를 달래지 못한다. 타인과의 관계에서 타인을 매혹적이지만 일관성 없고 신뢰할 수 없는 존재로 지각한다.

결과적으로 이 아동들은 다른 사람에게 알려져 관심을 받고 싶은 바람과 자신이 가진 부정적 감정을 다른 사람들이 알게 되면 거절당하게 될 것이라는 두려움에 사로잡혀 있다. 이들은 관계에서 수동적이며 겉으로 드러난 순종과 내면에 숨겨진 저항 사이에서 동요한다.

수동공격적/의존적 대상관계는 학대, 방임, 희생양, 아동의 부모화(parentification) 같은 경우에서처럼 아동의 의존욕구가 일관성 있게 충족되지 않았을 때 주로 발달한다. 이 아동들의 놀이는 안전, 위험, 공격성, 파괴, 고침의 주제로 나타난다. 또한 양육적인 놀이, 착한 사람 대 나쁜 사람 놀이를 하며 치료자와 긍정적 관계를 유지하려고 노력한다. 아동들은 대부분 위험과 안전 또는 파괴와 고침으로 나타나는, 행함과 취소의 양가감정을 나타낸다.

이런 유형의 아동을 위한 치료목표는 아동의 욕구를 실제적으로 충족시켜 주는 사람들의 수용적 행동을 통해 그들과 신뢰를 재구축하는 것이다. 두 번째 목표는 적절한 주장을 하도록 격려하여 수동공격적 행동을 감소시키는 것이다. 마지막 목표는 안정적이고 통합된 자기감(sense of self)을 촉진하는 것으로서 이는 자존감의 증진, 자기진정, 좌절인내라는 중간목표 달성을 필요로 한다.

(4) 반항적/통제적 대상관계

이러한 대상관계는 분리/개별화 단계 후반부에 양육자와의 관계에 손상이 있는 경우 발생한다. 이 아동들은 반항적이며 수치심과 의심, 그리고 내면의 높은 행동 기준을 만족시키지 못했다는 느낌에 사로잡혀 있으며 상담을 받는 동안에도 이 아동들의 놀이에는 억압되거나 상황을 통제하려는 강렬한 욕구가 나타난다. 다른 사람을 아동의 통제감과 관계를 위협하는 존재로 지각하는 경향이 있기 때문에 자신에 대한 보호로서 힘겨루기와 반항을 주로 보인다.

반항적/통제적 대상관계는 양육자가 아동의 정서, 충동, 자율적 행동을 지나치게 통제하고 제한할 때 나타나는 경향이 있다. 그 이유는 아동이 한창 자율성을 시험하는 2~3세 사이에 아동의 자율에 대한 충동을 양육자가 잘 인내하지 못했기 때문이다. 이러한 성향을 지닌 양육자는 자율성이 아직 나타나지 않는 어린 시기에 편안해하며 결과적으로 안정된 자기감이 성공적으로 발달하게는 하지만 그 이후가 문제가 된다.

이런 아동의 놀이는 경직되고, 충동적이며, 자발성이 결핍된 상태로 나타낸다. 어떤 형태로든 통제감의 상실은 수치심과 불안을 일으킨다. 놀이에서 지배적으로 나타나는 주제는 무능함(예: 집이 무너지거나 인형이 지붕에서 떨어진다), 위험, 힘 있는 자의 역할이다. 숙달놀이를 하는 데 있어 빈번하게 실패하고 분류하기와 청소하기 같은 통제중심의 주제로도 놀이한다. 또한 또래관계 등 대인관계에서 격렬하게 통제하고자 하며 협력하기를 거부하고 경계를 파괴하는 놀이를 한다. 주로 독립, 위험, 탈출과 같은 놀이주제에 집중하는 경향이 있다.

반항적/통제적 대상관계 아동을 위한 치료목표는 통제문제와 관련하여 설정해야 한다. 이 아동은 통제욕구보다 관계를 가치롭게 여기는 것을 배워야 한다. 치료자는 힘겨루기를 반드시 피해야 하며 진실한 자율성을 촉진해야 한다. 또한 아동이 자율감을 느낄 때, 그리고 관계를 추구할 때 안전하다는 것을 느끼게 해 주어야 한다.

(5) 손상된 라프로치망(재결합) 대상관계

이 대상관계 유형은 대상항상성이 발달하지 못하고 왜곡이 일어난 경우다. Mahler가 말한 라프로치망 단계 동안이나 그 직후에 나타나는 것으로 손상된 라프로치망은 자기, 타인, 그리고 관계에 대해 나타나는 아동의 내적 작동 모델을 심하게 손상하는 방식으로 하위단계의 양가감정을 해결한 아동에 해당한다. 이러한 아동은 자신의 순수한 감정과 욕구를 인식하지 못하며 다른 사람을 볼 때 그들 나름의 욕구를 지닌 통합된 사람으로서 보기보다는 자신의 욕구를 충족시켜 주는 대상으로 보고 다른 사람과 착취적 관계를 맺는 경향이 있다.

이들은 Winnicott(1965)이 말한 거짓성숙(pseudomature)과 거짓자율성(pseudo-autonomous)을 성취한다. 손상된 라프로치망 대상관계는 양육자가 아동의 욕구와 감정을 거부할 때 발생한다. 이런 아동의 부모들은 아동을 자신의 심리적 욕구를 충족시키는 대상으로 이용하고 한 인간으로서 아동을 수용할 능력이 없는 사람들이 대부분이다.

이들의 관계는 착취적이기 때문에 다른 사람과 관계가 필요하거나 인정이 필요할 때는 상대를 이상화하며, 그러한 욕구를 충족시키지 못한다고 판단되면 상대를 평가절하하는 태도를 보이고 조종하고 통제하려 한다. 이들이 놀이하는 모습을 보면 놀이 자체가 억압되고, 자발성이 부족하며, 스스로를 달랠 수 없다. 라프로치망이 손상된 아동은 감정과 욕구를 느끼지 못하며 자기감정을 알고는 있지만 받아들일 수 없어 숨기고 있는 수동공격적/의존적 대상관계 유형의 아동과 달리 감정 자체를 전혀 인식하지 못한다.

행동 면에서도 이 아동은 부모화(parentification)와 거짓성숙을 나타낸다. 이들의 놀이는 제한적이다—자기양육, 자기수정, 독립, 가게놀이에서 가게에 있는 좋은 물건은 팔지 않고 통제하는 등 저장하기의 주제들이 나타난다. 대인관계에서 이들은 타인을 통제하려 하는데 특히 어른을 돌보려는 것이 특징적이다. 또한 이들은 치료자가 아동을 모방하기를 주장하고, 치료자를 놀리며, 통제와 관련된 다른 놀이를 고집한다.

이 아동을 위한 치료목표는 아동이 거짓자기로부터 벗어나 진정한 자기를 느끼게 하는 것이다. 따라서 상담의 목표는 순수하게 다른 사람과 관계 맺는 능력을 강화하는 것이다. 두 번째 목표는 자신의 욕구와 감정을 인식하게 하고, 다른 사람을 통제하려는 시도를 포기하고, 타인의 욕구와 감정을 이해하도록 돕는 것이다. 마지막 목표는 자발적이고, 연령에 적절한 놀이를 격려하고, 자기를 달래는 능력을 증진시키는 것이다.

3) 개입의 실제

대상관계/주제 놀이치료에서는 효과적인 개입을 위해 아동의 반응성, 발달민감성, 초대의 세 가지 구성요소를 강조한다.

첫째, 이 접근은 기본적으로 지시적 및 비지시적 치료를 통합한 개입으로 아동반응적 접근이라고도 불린다. 아동의 욕구와 반응에 따라 치료자의 지시적 개입 정도가 결정된다. 따라서 치료자의 개입은 아동의 놀이 및 치료자와의 상호작용 패턴과 조율 또는 조화하여 이루어진다(Benedict & Mongoven, 1997).

둘째, 대상관계 아동상담자는 아동의 발달상의 욕구에 계속적으로 적응해 가야 한다. 대상항상성 획득과 아동의 자아 기능(언어, 인지, 정서 및 사회적 발달) 발달이라는 측면에서 아동의 발달 수준을 항상 확인하는 것이 치료자에게 필요하며 그 수준에 맞추어야 한다.

셋째, 치료자가 만들어 내는 개입의 유형이다. 이 치료단계의 기본 목표는 아동의 내적 작동 모델에 도전하는 것이다. 이러한 도전은 아동을 초대하는 형식으로 이루어진다(Gil, 1991). 치료자(그리고 다른 사람으로 확장)는 아동에게 새로운 놀이 방법을 개방적으로 제안해야 하며 치료자와 상호작용할 수 있는 새로운 방법을 제공해야 한다.

초대는 치료자가 아동의 놀이를 조성해 갈 책임을 진다는 점에서 지시적이기 때문에 전통적인 비지시적 놀이치료와 다르다. 그러나 초대의 개방적 특성 때문에 지시적인 치료와는 근본적으로 다른 특성을 갖고 있으며 그 이유는 아동이 심리적으로 안전한 분위기 속에서 치료자의 초대를 자유롭게 무시하거나 거절할 수 있기 때문이다.

아동이 놀이하는 주제들은 주로 공격성, 가족과 양육, 안전과 통제, 탐색과 숙달, 성과와 같은 중요하고도 광범위한 내용에 관련된 것들인데 등장인물을 등장시켜 이런 주제들을 이끌어 간다.

대상관계/주제 아동상담의 핵심기법은 초대개입과 더불어 아동의 반응성과 발달적 민감성이다. 이에 해당하는 한 가지 기법은 조화(attunement)의 개념과 관련된 것이다. 치료자가 아동과 조화하는 방식은 여러 가지가 있다. 많은 아동들, 특히 애착을 형성하지 못했거나 반항적이거나 2차적인 자폐적 대상관계를 보이는 아동에게는 감정을 반영하는 방법이 꼭 필요하다. 치료자가 언어로 감정을 표현해 주는 것이다. 특히 수동공격적/의존적 대상관계와 양가적 대상관계를 보이는 아동에게는 안전기지, 즉 통제하지 않으면서도 정서적 지원과 안전의 제공이 균형을 이루는 방식으로 조화를 촉진해야 한다.

모든 유형의 대상관계 유형 아동을 위한 치료개입의 중요한 영역은 항상성과 관련된 부분이다. 이를 위해 치료자는 놀이의 자취를 보존하고(디지털 카메라가 이 점에서 적절하다.) 숨바꼭질놀이를 통해 항상성을 유지하려는 아동의 노력을 읽어 주어야 한다.

또 다른 기법은 자기조절을 촉진하는 기법인데 특히 애착 형성을 하지 못한 아동과 그보다 덜 심각한 수동공격적/의존 아동에게 유용하다. 분노에 대해서는 부드러운 블록을 던지게 하는 방법을 사용하기도 하고 욕구좌절에 대해서는 부드러운 담요로 몸을 감싸게 하는 방법을 사용하기도 하는데 이는 감정표현을 촉진한다.

무엇보다 모든 대상관계 유형의 아동에게 가장 중요한 상담기법은 안전하다는 것을 느끼게 하는 것이다. 치료자는 아동이 표현하는 격렬한 감정에 위협당하지 않아야 하며 아동이 표현하는 격렬한 감정을 치료자가 감당하고 담아 줄 것이라는 것을 아동이 알아야 한다. 제한을 설정하는 이유도 안전 때문이라고 할 수 있다. 제한이 있다는 것을 제시하고 어떤 것이든 아동이 선택하게 하고 그 결과를 아는 상태에서의 선택은 자신의 선택이 만들어 내는 결과를 알아야만 회복될 수 있는 양가적 대상관계 유형을 가진 아동들에게 매우 필요하다.

4. 부모 놀이치료

1) 역사적 배경

현대사회의 가족들은 여러 가지 어려운 문제와 상황에 직면해 있다. 가족들이 속한 세계가 극적인 변화를 거듭하고 있고 가족해체를 겪고 있다. 이런 어려움과 변화에 직면하면서 가족을 강하게 만드는 교육에 부모들이 그 어느 때보다 열성적으로 참여하는 시대가 되었다. 부모 놀이치료는 아동과 가족을 약화시킬 수 있는 문제를 극복하거나 예방하는 데 매우 유용한 방법이며 1960년대에 사회, 정서, 행동문제를 가진 아동을 돕기 위해 Guerney 부부에 의해 개발되었다(B. Guerney, 1964a; L. Guerney, 1976a; L. Guerney, 1980).

부모 놀이치료는 기본적으로 심리교육적 또는 교육적 개입 모델을 지향한다. 교육적 모델을 지향하는 이유는 이러한 접근이 심리치료에 대한 부모들의 저항을 줄일 수 있다고 보기 때문이다. 교육적 모델은 변화가 새로운 행동이나 기술의 습득을 통해 부적절한 행동을 대치하고 변화가 일어남을 전제로 한다. 이것은 체계적인 기술훈련 방법을 통해 성취된다. 교육적 모델에서는 타인에게 긍정적 변화를 미치는 기술을 준전문가나 비전문가인 치료매개자 또는 변화매개자에게 가르치고 이들이 전문가의 훈련과 슈퍼비전을 받아 내담자에게 전달하는 것이다(Guerney, Stollak, & Guerney, 1971; Authier, Gustafson, Guerney, & Kasdorf,

1975).

이것은 전통적인 의료적 모델과는 완전히 다른 접근이며 훈련이 긍정적 치료 효과를 갖고 있다고 보는 입장이다. 부모 놀이치료는 초기에 비해 많은 전문가들이 사용하고 있고 교육적 모델을 첨가한 것뿐 아니라 가족구성원을 위해 치료자의 역할을 할 수 있도록 한 가족구성원을 개입시킨다는 점에서 매우 독특하다.

부모 놀이치료를 개발한 Guerney는 아동중심 놀이치료자이자 로저스학파의 상담자였다. 또한 그는 Sullivan의 대인이론(Sullivan, 1953)을 훈련받았다. 이런 배경과 경험으로 인해 그는 놀이치료를 부모에게 적용하여 부모-자녀 관계 형성을 도울 수 있는 방법으로 보았다. Guerney는 Freud의 정신분석에도 익숙한 학자였다. Rogers는 Freud의 지시에 따라 Rogers의 딸이 그녀의 어린 자녀에게 아동중심 놀이치료를 할 수 있게 하였다(Fuchs, 1957).

아동심리학자였던 Baruch(1949)는 예방적 목적에서 부모들이 자녀와 놀이할 것을 제안하는 책을 저술하였고, Moustakas(1959)도 아동들과 놀이치료를 끝낸 후 어려움이 다시 생기지 않도록 하기 위해 부모에게 놀이 회기를 추천하기도 하였다.

이런 초기의 역사를 거쳐 1990년대로 오면서 부모 놀이치료의 사용이 많이 증가하였고 놀이치료의 한 분야로서 확고한 위치를 잡아 가고 있다(L. Guerney, 2003). 또한 대상이 되는 부모와 아동의 범위도 확대되었다. 이혼가정의 편부모(Brantton & Landreth, 1995), 미국 내 중국이민가족(Chau & Landreth, 1997), 만성질병으로 입원한 아동의 부모(Glazer-Waldman, 1991), 투옥 중인 부모(Harris & Landreth, 1997), 아버지를 대상으로 한 연구(Landreth & Lobaugh, 1998), 그리고 한국에서 일반 어머니들과 예비부모(장미경, 1998, 2004)를 대상으로 한 연구들이 이루어져 오고 있다.

2) 부모 놀이치료의 이론

부모 놀이치료에서 부모들은 비전문 치료매개자(대행자)의 역할을 하며 전문가의 지도와 감독하에 자신의 자녀에게 놀이치료를 실시한다. 부모들에게 교육하는 놀이치료의 접근은 아동중심 놀이치료(Axline, 1969)다. 아동중심 놀이치료를 교육하는 것은 Rogers의 인간중심 상담이론이 전통적으로 준전문가를 양성하는 데 가장 많이 활용되어 왔고 다른 접근에 비해 비교적 짧은 시간에 학습할 수 있기 때문이다(Guerney, 1980).

부모 놀이치료가 적절한 아동은 약 2~12세 사이의 아동이지만 부모와 아동의 상호작용 방법을 변형하면 더 어린 아동이나 더 나이 든 아동들에게도 적용할 수 있다. 이 접근은 개별 부모, 예비부모, 부부 등에게 적용할 수 있다. 부모 놀이치료를 부모에게 가르치는 과정에 대한 이론적 접근은 내담자중심 치료와 행동치료의 요소를 통합한 것이라고 할 수 있다. 행동치료적 방법은 부모들에게 놀이 회기를 수행하는 기술을 가르칠 때 사용된다. 모델링, 역할극, 행동시연 등의 방법이 각 단계마다 사용된다. 모든 기술훈련은 Rogers(1951, 1969)의 상담원리에 따라 수용, 공감, 따뜻함, 긍정적 관심의 분위기 속에서 이루어지며 이는 학습과 변화를 최대화하는 역할을 한다.

부모 놀이치료의 목표는 두 부분에서 설정되는데 첫째는 아동이고 둘째는 부모를 위한 목표다(VanFleet, 1994).

(1) 아동을 위한 치료목표

- 아동으로 하여금 충분히, 그리고 건강하게 자신의 감정을 인식하고 표현할 수 있게 한다.
- 아동에게 경청받을 수 있는 기회를 준다.
- 아동으로 하여금 효과적인 문제해결 및 대처기술을 개발하도록 돕는다.
- 아동의 자신감과 자존감을 높인다.
- 부모에 대한 아동의 신뢰와 확보를 높인다.
- 부적응적인 행동과 현재의 문제를 감소 또는 제거한다.
- 친사회적인 행동을 개발하도록 한다.
- 모든 측면에서 건강하고 균형 잡힌 발달을 도모하는 개방적이고 응집적인 가

족 분위기를 촉진한다.

(2) 부모를 위한 치료목표

- 일반적인 아동발달에 대한 부모의 이해를 돕는다.
- 특정 자녀에 대한 부모의 이해를 증진한다.
- 아동의 삶에서 부모뿐 아니라 놀이와 정서가 중요함을 인식하게 한다.
- 아동에 대한 부모의 좌절감을 감소시킨다.
- 보다 나은 자녀양육을 위한 다양한 기술을 개발하도록 돕는다.
- 부모로서의 능력에 확신을 갖게 한다.
- 자녀와 대화할 수 있는 문을 열고 개방하도록 격려한다.
- 부모가 한 팀으로 함께 일할 수 있게 한다.
- 자녀를 향한 따뜻함과 신뢰의 감정을 키우도록 한다.
- 자녀 및 양육과 관계된 부모 자신의 문제를 다룰 수 있도록 위협적이지 않은 집단 분위기를 만든다.

3) 개입의 실제

(1) 개입기법

구조화 기술 놀이 회기를 위한 구조화 기술은 아동이 전체 틀을 이해하고 발생할 수 있는 문제들을 피하기 위해 필요한 기술이라고 할 수 있다. 아동이 유지해야 하는 경계를 알려 주고 아동을 초대하는 허용적인 분위기를 만들기 위해서도 구조화 기술이 필요하다(VanFleet, 1994).

■ 놀이실 들어가기

놀이실은 아동이 살고 있는 집의 어느 장소를 의미한다. 놀이실에 들어가기 전에 부모는 아동에게 매우 특별한 방이며 특별한 시간을 갖는다는 것을 알려 주어야 한다. 놀잇감을 가지고 많은 것을 할 수 있지만 할 수 없는 것이 있을 때는 알려 주겠다고 한다.

■ 중간에 화장실 가기

놀이 회기를 시작하기 전에 화장실에 다녀오게 하는 것이 좋다. 중간에 아동이 화장실에 가야 하는 상황이 생기면 가도록 허용하고 화장실에 다녀오는 데 걸린 시간만큼 더 놀이할 수 있다는 것을 화장실에 가기 전에 알려 준다. 한 회기에 1~2회 정도면 충분하다. 특정한 공간 안에서 놀이하는 것이 경계로써 작용하며, 아동이 자기조절 효과를 갖고 있기 때문에 자주 들락거리도록 허용해서는 안 되며, 다만 아동의 건강 등에 특별한 문제가 있을 경우에는 자주 허용한다.

■ 놀이실 떠나기

놀이치료자가 하는 놀이 회기와 마찬가지로 끝나기 5분 전과 1분 전에 시간을 아동에게 알려 준다. 이것은 아동이 미리 마음의 준비를 하고 떠날 수 있도록 하는 것이다. 부모가 놀이 회기를 하기 때문에 끝날 시간이 되었을 때 아동이 더 놀겠다고 조르는 경우가 흔하다. 이때 부드럽고 공감적인 태도를 보이지만 규칙을 확고하게 지켜 정해진 시간을 넘기지 않도록 해야 한다.

■ 공감적 경청

부모에게 공감적 경청기술을 가르치는 것이 매우 중요하다. 아동의 감정과 욕구를 부모가 이해하고 있음을, 그리고 수용하고 있음을 아동에게 알리는 것이 얼마나 중요한지를 부모에게 교육시키는 것이다. 공감적 경청기술은 ① 부모의 관심을 아동에게 보여 주는 것이며, ② 아동의 의도나 감정에 대해 부모가 잘못 알고 있는 것을 분명하게 해 주며, ③ 아동으로 하여금 자신의 감정을 분명히 인식할 수 있게 하여 건강한 방식으로 감정을 표현하는 능력을 증진하는 효과가 있다 (VanFleet, 1994).

■ 놀이하기

부모는 부모로서 또는 교육자로서가 아닌 아동과 함께 놀이하는 추종자로서 자녀와 놀이할 수 있는 기술을 배운다. 놀이는 배우는 것이 아닌 자연스러운 행동이지만 대부분의 부모들은 놀이와 학습을 잘 구분하지 못한다. 부모가 놀이내용을 주도하거나, 방향을 알려 주거나, 아동이 전개하는 것보다 앞서서 놀이를 해서는 안 된다. 그렇게 하면 아동은 곧 놀이에 흥미를 잃고 밖으로 나가고자 한다.

■ 제한설정하기

제한설정은 아동중심 놀이치료의 제한설정하기 기술과 동일하다. 먼저 아동이 무엇인가를 하고자 하는 또는 하지 않고자 하는 감정을 먼저 읽어 주고, 그러나 제한이 존재한다는 것을 알려 준 다음, 대안적으로 할 수 있는 것을 제안한다(예: 벽에 그림을 그리고 싶구나. 하지만 벽은 그림 그리는 곳이 아니다. 그림을 그리고 싶으면 저기에 있는 종이에 그릴 수 있다.). 하지만 많은 아동들이 한 번에 이런 제안을 받아들이는 것은 아니기 때문에 부모의 인내가 필요하다.

(2) 부모 놀이치료 과정

부모 놀이치료는 치료자와 부모가 일대일로 할 수도 있고 소집단으로 할 수도 있기 때문에 어떤 형태를 취하느냐에 따라 과정은 달라질 수 있으나 그 안에서 이루어지는 내용은 개별이나 집단이나 동일하다고 할 수 있다. 여기서는 Landreth (1991)가 제시한 10회의 부모 놀이치료를 중심으로 과정을 설명하기로 하겠다.

■ 집단구성

부모 놀이치료는 한 부모 또는 양부모에게 치료자가 개별적으로 실시할 수도 있고 집단으로 실시할 수도 있다. 집단으로 할 경우에는 8~10명 정도가 적합하며 다른 부모들의 경험이나 공통적인 감정과 긍정적인 피드백을 받음으로써 참여효과가 상승되는 장점이 있다.

■ 구조화

집단으로 부모 놀이치료를 할 경우에는 개방집단 형태로 집단에 들어가고 나감이 자유로운 방식을 사용할 수도 있고(Guerney, 1964a) 일정한 회기 수를 정해 놓고 하는 방법도 있다(Landreth, 1991). 교육과 집단상담의 방식을 통합적으로 사용하기 때문에 간단한 강의, 염려 나누기, 피드백, 놀이치료 시범 보이기 등의 방법을 써서 부모들이 놀이치료의 기본 기법을 습득할 수 있도록 돕는다.

한 회기에 소요되는 시간은 대략 2시간 정도이며 주 1회, 8~10주 정도 실시한다. 12회 정도의 훈련 회기가 지나면 부모들이 가정에서 특정한 자녀와 30분 정도의 놀이 회기를 주 1회 정도 실시하는 과제를 준다. 그 사이에 몇 가지의 놀잇감을 준비하게 하고 가정에서 놀이할 장소와 시간을 정하게 한다. 그다음 주에 부모들이 모여 함께 피드백을 주는 과정을 갖는다. 부모들은 비디오카메라로 녹화한 것을 가져오거나 특정 자녀와 직접 부모들의 관찰하에 놀이 회기를 갖기도 한다. 이 점에서 다른 접근과 구별된다고 할 수 있다. 부모의 놀이 회기를 함께 관찰한 후 다른 부모들과 함께 기술과 감정을 나누고 놀이치료자는 강화를 통해 동기를 격려하고 새로운 기술을 가르친다.

■ 가정놀이 회기

가정에서 부모가 자녀와 놀이할 때에는 어떤 방해도 받지 않는 장소와 시간이어야 한다. 전화도 받지 말아야 하고 방문객도 받지 말아야 한다. "○○와 이제부터 특별한 놀이를 할 거다."라고 알려 주고 미리 놀잇감을 펴 놓는다. 놀이시간이 끝나기 5분 전과 1분 전에 미리 시간을 알려 준다. 이때 사용되는 놀잇감은 그 외의 시간에는 가지고 놀 수 없도록 한다.

학습과제

1. 아동중심 놀이치료에서 제한이 갖는 의미에 대해 설명하시오.
2. 정신역동적 치료자들의 주요 역할과 표준기법에 대해 정리하시오.
3. 대상관계/주제 놀이치료에서 대상관계의 유형에 따른 놀이의 특성에 대해 설명하시오.
4. 부모 놀이치료에서 부모가 놀이치료자로서 갖는 가치에 대해 생각해 보시오.

참고문헌

유미숙, 이영미, 장미경 공역(1999). **놀이치료 아동중심적 접근**(Garry L. Landreth 저). 서울: 상조사.

이재연, 서영숙, 이명조 공역(1999). **아동상담과 치료**. 서울: 양서원.

장미경(1998). 아동중심 놀이치료 기법을 이용한 부모-자녀관계 증진 훈련 프로그램의 효과. 숙명여자대학교 대학원 박사학위 청구논문.

장미경(2004). 부모놀이치료를 이용한 대학생 예비부모교육 프로그램의 효과. **한국생활과학학회지, 13**(2), 213-223.

최영민(2002). 분리와 개별화-대상관계의 발달. **정신분석, 13**(2), 131-142.

Abrams, S. (1988). The Psychoananlytic process in adults and children. *Psychoanalytic Study of the Child, 43,* 245-261.

Altman, N. (1992). Relational perspectives on child psychoanalytic psychotherapy. In N. J. Sholnick & S. C. Warshaw (Eds.), *Relational perspectives in psychoanalysis* (pp. 175-194). Hillsdale, NJ: Analytic Press.

Authier, J., Gustafson, K., Guerney, B., & Kasdorf, J. (1975). The psychological practitioner as a teacher: The theoretical-historical and practical review. *Counseling Psychologist, 5,* 31-50.

Axline, V. M. (1969). *Play therapy.* New York: Ballantine.

Baruch, D. (1949). *New ways to discipline.* New York: McGraw Hill.

Benedict, H. (2003). Object relations/thematic play therapy. In C. E. Schaefer (Eds.),

Foundation of play therapy. Hoboken, NJ: John Wiley & Sons, Inc.

Benedict, H. E., & Mongoven, L. B. (1997). Thematic play therapy: An approach to treatment of attachment disorders in young children. In H. Kaduson, D. Cangelosi, & C. E. Schaefer (Eds.), *The playing cure: Individualized play therapy for specific childhood problems* (pp. 277-315). New York: Aronson.

Bowlby, J. (1969). *Attachment and loss. Vol. 1: Attachment*. London: Hogarth Press and Institute of Psycho-Analysis.

Bowlby, J. (1973). *Attachment and loss. Vol. 2: Separation: Anxiety and anger*. London: Hogarth Press and Institute of Psycho-Analysis.

Bowlby, J. (1980). *Attachment and loss. Vol. 3: Loss: Sadness and depression*. London: Hogarth Press and Institute of Psycho-Analysis.

Brenner, C. (1982). *The mind in conflict*. New York: International Universities Press.

Fonagy, P., & Targe, M. (1996a). *An outcome study of psychotherapy for patients with borderline personality disorder*. New York: International University Press.

Fonagy, P., & Targe, M. (1996b). Playing with reality II: The development of psychic reality from a theoretical perspective. *International Journal of Psychoanalysis, 77*, 459-479.

Fonagy, P., & Target, M. (1996c). Predictors of outcome in child psychoanalysis: A retrospective study of 763 cases at the Anna Freud Centre. *Journal of the American Psychoanalytic Association, 44*, 27-77.

Fonagy, P., & Target, M. (1996d). Psychodynamic developmental therapy for children: A contemporary application of child psychoanalysis. In E. D. Hibbs & P. S. Jensen (Eds.), *Psychosocial treatment research with children and adolescent*. Washington, DC: American Psychological Association and the National Institutes of Health.

Freud, A. (1928). *Introduction to the technique of child analysis*. New York: Disease Publishing.

Freud, A. (1946). *Psycho-Analytical Treatment of Children*. Imago Publishing Co. Ltd., London.

Freud, S. (1909). Little Hans case study. *The standard edition of the complete psychological works of Sigmund Freud by James Strachey*. London: Hogarth Press and the Institute of Psycho-analysis, 1974.

Fuchs, N. (1957). Play therapy at home. *Merrill-Palmer Quarterly, 3,* 89-95.

Guerney, B. (1964a). Filial therapy: Description and rationale. *Journal of Counseling Psychology, 28*(4), 303-310.

Gil, E. (1991). *The Healing Power of play.* New York: Guildford Press.

Glickhauf-Hughes, C., & Wells, M. (1997). *Object relations psychotherapy: An individualized and interactive approach to diagnosis and treatment.* New York: Aronson.

Guerney, B. (1964a). Filial therapy: Description and rationale. *Journal of Counseling Psychology, 28*(4), 303-310.

Guerney, B., Stollak, G., & Guerney, L. (1971). The practicing psychologist as an educator: An alternative to the medical practioner model. *Professional Psychology, 2,* 276-282.

Guerney, L. (1976a). Filial therapy program. In D. Olson (Ed.), *Treating relationships* (pp. 67-91). Lake Mills. IA: Graphic Publishing.

Guerney, L. (1980). Client-centered(nondirective) play therapy. In C. Schaefer & O' Conner (Eds.), *Handbook of play therapy* (pp. 21-64). New York: Wiley.

Guerney, L. (1983a). Play therapy with learning disabled children. In C. Schaefer & K. O'Conner (Eds.), *Handbook of play therapy* (pp. 419-435). New York: Wiley & Sons.

Guerney, L. (2003). History of filial therapy. In R. VanFreet & L. Guerney (Ed.), *Case book of filial play therapy.* Family Enhancement & Play Therapy Center.

Hug-Hellmuth, H. (1921). On the technique of child-analysis. *International Journal of Psychoanalysis, 2,* 287-305.

Kernberg, O. R. (1995). Child Psychiatry: Individual Psychotherapy. In H. I. Kaplan & B. J. Sadock (Eds.), *Comprehensive Textbook of Psychiatry* (6th ed., pp. 2239-2412). Baltimore: Williams & Wikins.

Klein, M. (1932, 1975). *The psychoanalysis of children.* Hogarth Press & Institute of Psychoanalysis.

Landreth, G. (1991). *Play therapy: The art of relationship.* Bristol, PA: Accelerated Development.

Landreth, G. (2002). *Play therapy: The art of the relationship* (2nd ed.). New York:

Brunner-Routledge.

Landreth, G., & Sweeny, D. (2003). Child-centered play therapy. In K. O'Conner & L. Braverman (Eds.), *Play therapy theory and practice: A comprehensive presentation*. New York: Wiley.

Moustakas, C. (1955a). Emotional adjustment and the play therapy process. *Journal of Genetic Psychology, 86*, 79-99.

Moustakas, C. (1959). *Psychotherapy with children: The living relationship*. New York: Harper and Row.

Pine, F. (1985). *Developmental theory and clinical process*. New Haven, CT: Yale University Press.

Rogers, C. (1951). *Client-centered therapy*. Boston: Houghton Mifflin.

Rogers, C. (1989). *On becoming a person: a therapist's view of psychotherapy*. New York: Houghton Mifflin.

Sandler, J. (1987). *From safety of the superego: selected papers of Joseph Sandler*. New York: Guilford Press.

Sandler, J., & Rosenblott, B. (1962). The concept of the representational world. *Psychoanalytic Study of the Child, 17*, 128-145.

Schore, A. N. (1994). *Affect regulation and the origin of the self: the neurobiology of emotional development*. Hillsdale, NJ: Lawrence Erlbaum Association, Inc.

Sullivan, H. (1953). *The interpersonal theory of psychiatry*. New York: Norton.

Strachey, J. (1934). The nature of the therapeutic action of psychoanalysis. *International Journal of Psychoanalysis, 50*, 275-292.

Sweeney, D. (1997). *Counseling children through the world of play*. Wheaton, IL: Tyndale House.

VanFleet, R. (1994). *Filial therapy: Strengthening parent-child relationships through paly*. Sarasota, FL: Professional Resource Press.

Warshaw, S. C. (1992). Mutative factors in child psychoanalysis: A comparison of diverse relational perspectives. In N. J. Skolnick & S. C. Warshaw (Eds.), *Relational perspectives in psychoanalysis* (pp. 141-173). Hillsdale, NJ: Analytic Press.

West, J. (2002). *Child-centred play therapy* (2nd ed.). Arnold: London.

Winnicott, D. W. (1971). *Therapeutic consultation in child psychiatry*. London: Hogarth Press and the Institute of Psycho-analysis. (Sutton-Smith & Roberts, 1971).

Winnicott, D. W. (1965). *The maturational process and the facilitating environment*. London: Hogarth Press.

Winnicott, D. W. (1965/2006). *Family and individual development*. New York, NY: Routledge.

• 제7장 •

발달놀이치료-테라플레이 놀이치료

개요

이 장에서는 발달놀이치료의 접근 중 테라플레이 놀이치료에 대해서 소개한다. 테라플레이 놀이치료는 정신분석, 대상관계, 자기심리학, 상호작용발달 이론을 기초로 하고 애착발달에 초점을 둔 놀이를 통한 부모-자녀 관계 향상을 목표로 하는 단기간 치료 방법이다.

테라플레이 놀이치료에서 부모-자녀 관계와 아동의 발달 측면, 치료의 가정과 목표, 치료 영역, 치료 실제와 과정, 치료 진행 과정과 단계, 그리고 치료지침을 구체적으로 다루고, 장애별 적용에 대해서 간략히 소개하며, 특히 자폐장애 아동을 대상으로 하는 치료를 장애 각론으로 실제 임상적용에 도움이 되도록 설명한다.

학습목표

1. 테라플레이 놀이치료 접근의 배경을 이해한다.
2. 테라플레이 놀이치료 전반에 대해 이해한다.
3. 자폐 아동의 테라플레이 놀이치료 적용에 관해 이해한다.

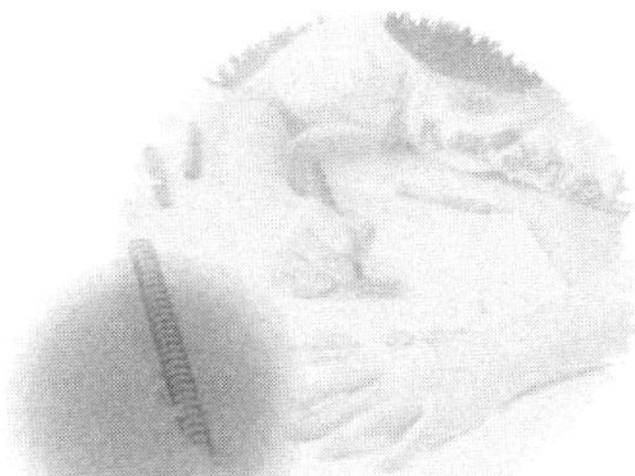

제 7 장

발달놀이치료-테라플레이 놀이치료

1. 테라플레이 놀이치료의 역사적 배경

테라플레이 놀이치료는 발달적 접근의 놀이치료 방법으로 Ann Jernberg(1979)가 정신분석 이론, 자아심리학, 대상관계 이론, 발달의 상호작용 이론에 기초하여 발전시켰다. 1967년 헤드스타트 프로그램으로 시작되어, 1971년 테라플레이라는 명칭을 만들었고, 1976년 서비스마크로 등록하였다. Ann Jernberg는 Austin Des Lauriers(1962, 1969)와 Viola Brody(1978, 1993)의 기본적 개념을 가져왔다. Des Lauriers는 환상을 무시하고 지금-여기를 강조하면서 직접적 신체접촉과 눈맞춤을 통한 아동과 치료자 간의 친밀함, 서로에 대한 강한 개입을 주장하였다. Brody는 치료자와 아동 간의 접촉하기, 흔들어 주기, 노래 불러 주기, 꼭 안아 주기 등 양육적 관계를 강조하였다. 또한 테라플레이는 Ernestine Thomas의 관점인 아동의 건강, 잠재력, 강점에 대한 확고한 희망적 믿음을 중요한 특징으로 한다.

테라플레이 놀이치료는 즐거움과 함께 참여하기를 강조하는 단기치료로 친밀하고, 신체적이며, 재미있으며, 부모가 적극적으로 참여하는 특징을 갖는다. 생의 초기에 형성되는 정상 영아와 부모와의 건강한 상호관계를 모델로 하는 테라플레이 놀이치료의 목표는 첫째, 아동의 부적절한 문제해결 방식과 행동을 건강하고 창의적이며 연령에 적절한 문제해결 방식과 행동으로 대치시킨다. 둘째, 아동의 자기존중감을 증진시킨다. 셋째, 아동과 양육자 간의 관계를 향상시키는 것이다. 이러한 목표를 달성하기 위해 구조화, 도전, 개입, 그리고 양육과 즐거움으로 이루어진 관련된 놀이를 편안한 분위기에서 참여하고 공감적 분위기를 조성하면서 실시한다.

2. 테라플레이 놀이치료의 이론

1) 테라플레이 놀이치료에서 부모-자녀 관계와 아동의 발달

(1) 부모의 책임과 아동의 안전감 발달

영아기의 안전, 보호, 성장은 부모의 책임이다. 6개월 영아는 약 먹기, 두꺼운 옷 입기를 거부하나 부모는 이를 수행하려고 한다. 한 살이나 두 살 시기에는 길거리의 위험 등에서 부모의 보호와 지도가 필요하다.

(2) 부모의 양육과 아동의 신뢰감, 공감능력 발달

- 신생아의 초기 욕구는 아기가 요청하는 것이 아니고 보살피는 부모의 양육에 의해 만족되며, 이런 보살핌을 통해 사랑을 느끼고, 중요하다고 느끼며, 편안함, 안전감을 느끼고, 부모와 눈맞춤, 부모에게 접근, 옹알이 등의 반응을 시작한다.
- 부모와의 관계를 통한 안전감, 편안함은 부모 이외의 다른 사람에 대한 신뢰, 다른 사람에 대한 공감을 갖게 한다.

(3) 부모의 자극 제공과 아동의 탐색능력 발달

- 아동이 부모에게 반응하도록 아동을 만지거나 놀래키기, 흥분시키기, 움직이게 하기 등의 자극을 제공하여 아동이 자신으로부터 벗어나 다른 세계와 접촉하도록 탐색을 발달시킨다.
- 부모와의 깍꿍놀이, 무등타기, 몸을 던져 주기나 돌려주기를 통해 아동은 안전감을 갖고 흥분, 즐거움을 통한 모험, 탐색, 새로운 것에 대한 기대를 발달시킨다.
- 이러한 부모와의 즐거움을 통한 아동은 자기존중감, 신뢰감을 증진시킨다.

(4) 부모의 규칙 제공과 아동의 자기존중감 발달

- 부모가 아동을 즐겁게 양육하면서 규칙을 제공하므로 부모는 책임을 지는 사람이며 아동은 아동의 역할을 함으로써 규칙에 대한 이해를 발달시킨다.
- 부모는 위험으로부터 아동의 안전을 지키기 위해 아동이 머물러야 하는 경계를 정하고 제한을 둔다.
- 부모의 제한, 규칙, 억제 등은 즐겁고 재미있는 놀이상황에서 이루어지므로 아동은 부모의 규칙 등에 반응하고 따르게 되며 이때 아동은 자기존중감을 증진시키게 된다.

(5) 부모의 도전 제공과 아동의 능력감 발달

- 부모는 아동에게 새로운 장소, 낯선 사람의 방문, 새로운 음식, 미끄럼타기 등 도전할 수 있는 기회를 제공하여 유능감을 발달시킨다.
- 부모의 격려와 보호 아래 아동은 넘어지면서 걷기 노력, 미끄럼타기의 흥분, 새로운 경험에 도전하여 성공을 통해 능력감, 수행감을 발달시킨다.

2) 테라플레이 놀이치료의 가정과 목표

테라플레이 놀이치료의 가정과 목표는 다음과 같다(김태련, 박랑규, 윤진영, 2005).

- 변화의 가능성과 변화의 필수적인 요소인 아동과 부모 간의 긍정적 관계를 창조할 수 있다고 가정한다.
- 자신과 타인에 대한 내적 표상을 부정적인 것에서 보다 긍정적으로 변화시킨다.
- 애착 증진, 자기존중감 증진, 타인에 대한 신뢰 증진, 즐겁고 적극적인 참여를 이끌어 낸다.
- 자기존중감, 신뢰감 발달의 뿌리는 생의 초기에 있으므로 현재 아동의 정서문제의 원인이 된 시기로 돌아가 건강한 상호작용의 순환을 다시 시작할 수 있는 경험을 제공한다.
- 부모와 아동 간의 건강한 상호작용의 자연스런 양상에 따른 것으로 개인적, 신체적이며 재미있는 것이다.
- 현재 관계를 강조하고 장난감이나 다른 도구의 사용을 최소화하여 치료자와 아동 자신이 상호작용의 도구가 된다.
- 부모는 적극적으로 치료에 참여하고 치료장면에서 아동과의 건강한 상호작용을 촉진시키기 위해 노력한다.
- 생활연령보다는 현재 아동의 정서적 수준과 발달 수준에 맞춰야 하며 부모는 아동의 퇴행 요구에 공감적으로 반응하도록 노력한다. 또한 부모가 주도하는 감각운동놀이, 신체적 접촉활동을 중심으로 한다.
- 아동과 부모 간의 적극적이고 공감적인 관계를 만들어 내고, 자신이 가치 있고 사랑스럽다는 생각을 갖게 하며, 긍정적 보상이 오는 관계를 생각하게 한다.
- 건강한 내용을 잃는 시간이 길수록 다시 찾는 시간이 길어지므로 아동이 요구할 때까지 기다리지 않고 치료자가 우선 책임진다.
- 아동과 부모를 위한 단기치료이며 치료자가 중심이 되어 실시하는 적극적, 구조적 놀이치료다.

3) 테라플레이 놀이치료의 영역

테라플레이 놀이치료는 생의 초기에 형성되는 정상 영아와 부모와의 상호관계를 모델로 한다(Rieff & Booth, 1994). 이러한 목표를 달성하기 위해서 구조(structuring), 도전(challenging), 개입(intrusion), 양육(nuturing), 즐거움(playfulness)과 관련된 놀이에 이완된 분위기에서 참여하고 공감적 분위기를 조성하면서 사용한다. 또한 O'Conner(2003)는 기본적 상호작용을 위한 치료로 테라플레이 놀이치료 모델을 추천하며 자극의 강도와 수용 측면에서 테라플레이 놀이치료 영역을 설명하였다.

(1) 구조(structuring): 누가 주도할 것인가

부모는 아동에게 주어지는 자극의 정도를 감소하거나 제한한다. 구조화는 아동의 경험을 명확하게 해 준다. 이를 통해 아동은 부모에 대한 신뢰와 예측할 수 있음을 알게 된다.

(2) 도전(challenging): 아동에게 어느 정도 도전해야 하는가

아동이 경험하는 자극의 정도를 증가시킨다. 이러한 상호작용을 통해 아동이 추진하려고 하고 노력하고 독립적이 되도록 한다.

(3) 개입(engaging): 어느 시점에서 개입할 것인가

자극을 최대로 유지시킨다. 이러한 행동을 통해 아동의 최적의 기민성(alertness)과 상호작용을 유지하기 위한 흥분과 놀람의 기회를 제공한다.

(4) 양육(nurturing): 언제 아동과 안전한 신체접촉을 할 수 있는가

양육활동은 아동의 각성 수준을 감소시키거나 유지한다. 부모는 아동을 위로하고, 진정시키고, 편안하게 해 준다.

(5) 즐거움(playfulness): 모든 상호작용은 항상 즐겁고 재미있는가

모든 활동은 즐겁고 발달적으로 적절한 상호작용 맥락에서 가장 효과적이다.

테라플레이 놀이치료의 실제, 치료 과정, 진행계획, 치료단계, 치료지침은 다음과 같다(김태련, 박랑규, 윤진영, 2005).

4) 테라플레이 놀이치료의 실제

(1) 치료실

치료실은 10×10피트 정도의 단순하고, 깨끗하고, 기능적이며, 편안해야 한다. 청소가 쉬운 마루, 매트가 깔려 있는 공간이 적절하다. 마룻바닥용 쿠션이나 커다란 베개, 작은 쿠션, 세면대 설치가 필요하다. 아동의 주의가 분산되는 장난감이나 물건은 없어야 한다. 치료 중 사용하는 파우더, 비눗방울 도구, 호일, 신문 등은 눈에 띄지 않게 보관하여 사용한다.

(2) 관찰실

일방경, 음향시설이 설치된 관찰실, 비디오 설치가 필요하다.

(3) 치료시간, 횟수

한 회기는 30~45분이며 매주 1회 아동에게 직접 실시한다. 상황에 따라 주 2~3회 집중치료도 가능하다. 특히 나이 어린 자폐 아동에게 유용하다. 상호작용을 위한 활동은 아동과 그 가족이 갖는 특정한 욕구와 문제에 초점을 맞춘다. 치료 초기에는 치료자와 아동 간의 치료를 하고 이후에는 치료시간에 부모가 들어와 치료자의 도움으로 참여한다.

(4) 치료 참여자

부모, 양육자는 반드시 포함되며 교사, 보모, 조부모도 참여할 수 있다. 형제는

아동과 치료자, 부모 간에 긍정적 관계가 형성된 이후 포함한다. 치료자는 두 명이 이상적인데 한 명은 아동치료자, 다른 한 명은 부모에게 치료에 대해 해석해 주는 역할을 한다.

5) 테라플레이 놀이치료의 과정

(1) 평가 과정

평가는 4회기로 한다. 평가 초기에 부모와의 면접에서 의뢰사유, 발달력, 부모의 기대와 태도, 가정 내에서의 부모 자신의 경험, 부부관계에 관한 정보를 얻는다. 그다음 부모와 아동 간의 상호작용을 평가한다. 2회에는 어머니와 아동의 상호작용(marshak interaction method: MIM)을 평가하고 3회에는 아버지와의 상호작용을 평가한다. 이후 부모와 함께 아동 간의 상호작용도 평가한다. 이러한 상호작용은 직접 관찰하고 가능하면 녹화한다. 4회에는 부모와 치료자가 녹화된 일부분을 보고 관찰한 것을 논의한다. 부모에게 피드백을 주는데 관계의 긍정적 측면을 지적하고 적절히 진행되고 있는 상호작용을 부각시켜 준다. 피드백 회기 동안 부모가 자신의 행동을 이해할 수 있도록 돕는다. 또한 부모가 아동의 감정과 욕구를 이해하도록 돕는다. 피드백 회기가 종료될 때 치료계획을 세운다. 치료가 종결되면 치료 결과 평가로 다시 MIM을 실시할 수 있다.

(2) 치료

■ 치료 초기

활기찬 인사, 아동과 친숙해지는 활동과 아동의 눈동자 색깔, 주근깨 수, 팔 다리의 힘 등 주요 특성을 파악한다.

■ 1~4회기

부모는 해석 치료자와 함께 아동을 관찰한다. 치료에 대한 이해와 직접 참여가 가능하도록 준비한다. 특정 활동을 집에서 연습하기도 한다.

■ 5~10회기

해석 치료자와 치료실에 들어가 치료자의 지도로 아동과 직접적으로 상호작용한다. 마지막 회기에 아동의 강점, 성취를 축하하는 즐거운 파티를 실시한다. 특히 아동과 부모가 서로를 즐겁게 해 주는 경험을 갖는다.

■ 추후 치료

처음 3개월은 한 달에 한 번, 다음 1년은 4개월에 한 번 실시한다. 추후 치료회기에는 치료 중반 이후 실시한 치료를 반복한다. 각 회기의 반은 부모와 치료자가 그동안의 문제 논의, 나머지는 치료실에서 부모와 아동이 즐거운 새로운 활동을 재현하며 치료에 참여한다.

6) 테라플레이 놀이치료 회기의 진행계획

(1) 치료회기 필요 요소

- 도입(opening): 인사활동, 주의 깊게 살펴보기(check up)
- 회기 내 중심활동(session proper): 구조화 활동, 참여하기 활동, 양육활동, 도전활동
- 끝맺음(closing): 헤어짐, 바깥세상으로의 전이

(2) 치료회기 내용

- 한 회기 동안 진행되는 일련의 과정은 계획된 활동의 범위 안에서 변화가 가능하다.
- 치료회기의 시작과 종료 과정 동안에 일어나는 활동은 적극적이고 대근육 운동과 부드럽고 조용한 경험의 교차, 협동과 경쟁적 경험의 교차, 화합과 도전적 경험활동이 서로 교차하여 진행된다.

- 치료회기 동안에는 예측 가능한 활동과 지시적인 구조화된 활동이 필요하다.
- 아동의 신체적 위치를 분명히 알게 하고, 치료회기의 시작과 종료를 확실히 알게 하고, 활동의 시작과 끝을 분명히 한다.
- 치료회기의 시작은 인사활동을 통해 이루어지고 계속하여 아동의 성장을 보여 줄 수 있는 체크 활동을 통해 서로를 재인식하는 기회를 갖는다.
- 치료회기 동안의 적절한 활동은 구조화, 도전, 개입, 양육활동이 한 가지 혹은 그 이상의 조합으로 이루어진다. 또한 개입과 도전 등의 모든 활동은 치료자와 아동 간에 협력하고 동맹을 강화하고 애착을 일으키는 활동들로 구성된다.
- 치료회기의 종료는 관계의 끝이 아니고 치료회기의 끝으로서 아동의 매일의 활동을 격려하기 위해 간단한 파티를 한다. 다음 회기가 계획되어 있음을 알린다. 그리고 치료실에서 나가기 위한 준비를 하고 부모에게 직접 인도하며 치료실에서의 아동 상태를 부모에게 알려 줌으로써 두 상황 간의 연속성을 제공한다.

7) 테라플레이 놀이치료의 단계

(1) 도입

치료자와 아동의 라포 형성 단계다. 이 단계에서는 구체적인 제한과 규칙들로 테라플레이 놀이치료는 재미있을 것이고 치료자의 주도하에 프로그램이 진행될 것임을 소개한다. 대화나 통찰력보다는 활동에 초점을 둔다. 시간과 공간 개념, 그리고 참가자의 역할을 명확히 제시한다.

(2) 탐색

치료자와 아동이 적극적으로 서로를 탐색하는 단계다. 이 단계에서는 좀 색다른 시각에서 아동이 자신을 보게 된다. 때로는 역설적인 방법을 사용한다.

(3) 임시적 수용

아동이 임시적으로 참여하는 듯 보이는 단계로 아직은 아동이 치료자를 확실히 신뢰하지 못한다.

(4) 부정적 반응

친밀한 관계 형성에 아동은 확실하게 부정적 반응을 보인다.

(5) 성장과 신뢰

처음으로 아동이 '정상' 적인 상호교류의 재미를 경험한다. 온화하면서도 강하고 끈질긴 치료자의 도움으로 아동은 자신감을 갖고 세계를 믿을 준비를 한다. 치료자와 아동이 진정한 파트너로서 함께 계획한 새로운 경험들을 시도한다.

(6) 종결

- 준비: 아동의 문제행동 감소와 협조적인 행동의 증가가 명확하다면 종결을 준비한다.
- 알림: 10회기라면 7회기부터 종결 과정이 시작되며 언제가 마지막 회기가 될 것이라고 아동에게 미리 알린다. 아동이 특별한 능력을 보인 활동을 다시 해 보며 능력을 강조한다. 분리에 대해 아동이 감정 표현을 보이면 감정을 명명하고 확인시켜 준다.
- 헤어짐: 간단한 송별의식을 갖는다. 종결 시기에는 치료에 같이 참여한 친구, 가족 간에 동맹이 형성이 되므로 치료자는 따뜻한 참여자 위치를 벗어난다. 파티 주제는 미래를 향한 아동의 강함과 정체성에 대한 재확인이 중요하다. 끝으로 추후 방문일을 상기시킨다.

8) 치료지침

- 치료자는 확신을 갖고 편안하게 주도한다.

- 아동이 호감을 갖도록 하고 아동을 즐겁게 한다.
- 아동에게 반응적이고 공감해 주어야 한다.
- 치료자는 치료회기 동안 책임을 진다.
- 아동과 가능한 한 많은 신체접촉을 한다.
- 아동과 가능한 한 눈맞춤을 많이 한다.
- 아동에게만 집중한다.
- 아동의 저항 시도를 예견하고 저항하기 전에 행동한다.
- 아동이 보내는 단서에 반응한다.
- 아동 자신을 독특하고 특별하고 뛰어난 사람으로 보도록 돕는다.
- 아동의 기분이나 느낌을 확인하고 명명한다.
- 있는 그대로의 아동에게 초점을 둔다.
- 현재와 미래에 초점을 둔다.
- 치료는 자발적, 융통성 있는 진행, 즐거운 놀람이 필요하다.
- 치료자 자신이 가장 중요한 놀잇감이다.
- 치료회기는 활기 있고 낙관적, 긍정적, 건강하다.
- 치료회기는 명확히 구조화한다.
- 각 치료회기는 시작, 중간, 끝이 분명한 다양한 활동으로 구성한다.
- 각 치료회기 내 최소한 좌절, 도전, 불편함이 포함된다.
- 역설적 방식을 사용한다.
- 아동이 치료자를 좋아하는지 여부에 상관없이 치료한다.
- 아동이 분노발작 동안 치료자의 존재를 알게 한다.
- 과도한 불안이나 과잉행동이 발생하지 않도록 한다.
- 아동의 몸의 상처나 흉터에 주목한다.
- 적당한 아이디어가 없는 경우 아동의 움직임을 활용한다.

3. 테라플레이 놀이치료의 장애별 적용

다음은 장애 종류에 따라 치료목적, 치료자 역할, 치료목표를 소개한다(Theraplay Institute, 1999).

1) 자폐 아동과 전반적 발달장애 아동

(1) 테라플레이 놀이치료의 목적

애착과 참여, 자기존중감, 타인에 대한 신뢰감 높이기와 고집행동과 부적절한 행동을 감소시킨다.

(2) 치료자의 역할

치료자는 위축되는 아동이 참여하도록 격려한다.

(3) 치료목표

- 아동의 정서와 발달 수준에 따른 비언어적 상호작용을 중심으로 하여 아동이 상호교환을 해석하도록 가르친다.
- 아동은 기본적이고 애정적 표시를 알아내는 능력을 발달시키고, 다른 사람과 함께 어울리고, 양방향적 의사소통을 하려는 의지를 발달시킨다.
- 테라플레이 놀이치료는 사회적 상호작용의 기초를 이루어 아동이 고립되고 두렵고 고집하는 것에서 벗어나, 사회적이고 보다 참여적이고 진정되고 상호활동이 되도록 돕는다.

2) 주의산만 아동

(1) 테라플레이 놀이치료의 목적

자기통제와 규칙과 제한의 내재화를 통해 아동은 자신의 행동을 조절하는 것을 배운다.

(2) 치료자의 역할

치료자는 치료시간의 진행을 다양화시키고 충동조절과 만족을 지연시키는 활동을 제공한다.

(3) 치료목표

구조화된(규칙) 놀이는 자기존중감을 증진시키고 아동이 학교와 또래관계에서 성공하는 데 필요한 사회적 기술을 발달시킨다.

3) 애착장애 아동

- 안정적 애착을 갖도록 아동과 양육자 간에 건강한 상호작용을 재정립한다.
- 아동의 연령에 상관없이 양육자와의 건강한 상호작용을 경험하는 것이 도움이 된다.
- 애착장애 아동과 양육자 간에 신뢰와 애정의 유대는 아동의 상호작용을 통제하는 그들의 욕구를 늦추고, 다른 사람과 충분히 함께하고, 양육자에게 양육의 즐거움을 제공할 때 발달한다.

4) 우울장애 아동

(1) 테라플레이 놀이치료의 목적

활동적이고 도전적이며 즐거운 테라플레이가 중심이 되며 아동의 즐거움을 끌어내고 신체적 활동 수준을 높인다.

(2) 치료자의 역할

치료자는 자기존중감을 고취시키는 방법으로서 아동의 장점과 아동만이 갖는 특징에 관심을 둔다.

(3) 치료목표

아동은 성공이 가능한 활동을 통해 이행감와 능력감을 증진시킨다.

5) 공격적 아동

- 공격, 분노, 통제받는 아동의 테라플레이는 구조화(규칙)와 양육활동이 중심이 된다.
- 아동은 즐겁고, 함께하는 놀이에 참여하는 성인의 지시를 따르고, 즐거워하는 것을 배운다.
- 아동은 자신의 정서적 요구에 맞게 자유롭게 제공하는 긍정적 관심과 양육을 받아들인다.

4. 자폐/전반적 발달장애 아동을 위한 테라플레이 놀이치료

1) 역사적 배경

자폐증에 관해 11사례를 최초로 보고한 Kanner는 1943년 자폐증을 "사람과의 정감적 접촉을 발달시키고 조절하는 생물학적 체계의 선천적 결함"으로 정의하면서 자폐증의 가장 중요한 결함은 사회적 결함이라고 지적하였다. 자폐증의 초기 연구는 정신분석학적 이론에 근거하여 자폐가 내적 원인에 의해 발생한다는 심리환경적 원인을 지지하였다. 그 후 신경생물학에 기초한 인지, 언어 기능 장애가 자폐증의 일차적 결함이라는 주장이 지배적이었으나 1980년대 들어 사회성 장애가 일차적이라는 견해가 대두되었다. 최근의 연구들은 사회적, 정서적 발달 장애가 자폐증의 근본 결함이며 이와 관련한 신경생물학 과정의 이상으로 나타나는 장애일 가능성을 제시하고 있다. 그러나 아직까지 자폐장애의 성격이 완전히 규명되었다고 단정지을 수는 없으며 자폐의 기본적 결함으로 사회성 발달의 장애를 정의하고 규명하려는 연구들이 계속되고 있다. 이와 같은 연구에 따라 자폐 아동을 위한 치료교육 접근에서도 사회성 장애를 중심으로 하는 중재를 강조하는 경향이다.

다음에서는 자폐장애의 성격에 관한 연구의 흐름에 따른 자폐 아동의 사회적 상호작용의 특성과 치료적 접근 방법을 고찰한다.

2) 자폐 아동의 사회적 상호작용

자폐증은 생의 초기부터 보이는 사회성 발달의 장애가 양적, 질적으로 심각하여 일상적인 사회생활에 장애가 되는 것으로 사회성 결함은 자폐증의 여러 증상 중 가장 오래 지속되며 중증의 장애다. 이러한 사회성 장애는 호혜적 의사소통, 사회적으로 지향된 상상놀이, 가장놀이 영역에 손상이 있는 사회적 상호작용의 결함으로 영아기부터 시작되어 인지 · 언어 발달과 함께 통합되므로 어떤 한 영역에만 특정적이지 않고 전 영역의 발달에 심각한 영향을 준다.

자폐 아동이 보이는 사회적 비정상성은 연령에 따라 변하는데 특히 유아기부터 그 문제가 확실해지고 심각하여 부모와 다른 성인 간의 구별 부족, 특정한 애착행동 발달의 지체를 보인다(Rutter, 1983). 특히 나이 어린 자폐 아동은 사회성 발달에 있어서 전체적으로 심각한 문제를 보이는데 주로 성인과의 관계에서 비정상성이 두드러진다(Howlin, 1986). 이와 같이 자폐 아동의 사회적 발달은 생의 매우 초기부터 사회적 상호작용 행동의 결함을 보이므로 출생 직후 부모와의 기본적 관계 수립에 문제를 일으키며 이로 인해 이후의 사회적, 정서적 발달에 영향을 미칠 수 있다. 사회적 관계의 발달은 출생 직후부터 시작되는 것으로 출생 초기 부모와의 상호작용에서 감각 및 정서를 상호교환하고 조절하는 경험을 기초로 하여 발달한다. 그러므로 영아의 초기 사회성 발달 과정에서는 개인의 적응 상태뿐만 아니라 부모와의 관계가 중요하며 특히 이 둘 간의 사회적 상호작용이 중요하다. 따라서 사회적 관계를 성립하기 위해서는 맥락 밖에서의 고립된 행동을 치료하는 것이 아니라 사회적 상호작용 성립을 궁극적 목적으로 하여야 한다(Lord, 1993).

지금까지 설명한 바와 같이 자폐 아동의 사회적 상호작용의 장애는 발달 초기부터 부모와의 호혜적인 상호작용에 결함이 있음을 시사하고 있다. 이러한 맥락에서 최근 자폐 아동의 애착, 사회적 상호작용에 관한 연구와 치료법들이 개발되고 있다. 따라서 자폐증의 사회성 발달을 위한 치료 접근들과 자폐 아동을 위한 사회적 상호작용을 위한 테라플레이 놀이치료의 이론과 기법들을 살펴본다.

3) 자폐 아동의 사회성 발달의 치료적 접근

자폐 아동의 사회적 행동 발달을 위한 치료목표로 Lord(1993)는 근접성 유지, 모방, 차례 주고받기, 도움 요구하기와 시작행동 보이기, 사회적 상황과 적절한 행동에 대한 민감성, 단순한 수준의 공동활동과 협동, 기능놀이를 제시하였다. 사회성 결함은 자폐 아동의 결정적이고도 지속적인 문제이기 때문에 자폐 아동의 치료는 사회성 발달을 기초로 해야 하며 따라서 치료 원칙으로 구조화와 예측 가능성, 치료자의 적극적 참여, 아동의 적극적인 참여, 부모 참여, 인지 · 정서와 사회성 발달의 불가분성의 인식, 치료목표와 방법의 개별화, 자연적 환경을 제안하고 있다.

Cox 등은 자폐 장애인은 환경을 이해하고 조직화하는 데 어려움이 있으므로 사회적 세계에 대한 이해를 증진시키고 불안과 관련한 행동을 감소시키는 것이 필요하다고 하였다. 여기에는 신체적, 시각적, 개인적인 경계를 확실히 하도록 구조화를 강화하고, 안전감과 신뢰와 이해를 증진하기 위해 규칙(routines)을 제공하고, 시각적 학습 스타일에 기초한 그림, 사진 등의 조직화된 자료를 제공한다. 그리고 시각적 자료 등을 이용한 사회적 스크립트를 제공하고 각 아동에 적절한 감각자극을 제공하는 것이 필요하다(Bundy-Myrow, 2000).

자폐 아동의 애착 형성을 기초로 하는 치료 접근으로서의 테라플레이 놀이치료는 자아개념 형성, 타인과 자신이 다르다는 인식과 타인에 대한 신뢰감의 발달을 목적으로 한다. 친밀한 신체적 접촉, 눈맞춤, 차례 지키기, 모방, 공감적 주의와 의사소통 의도 등의 절차를 사용해 기본적, 사회적 상호작용을 성립하고 이를 통해 치료의 목표를 달성한다. 전통적 놀이치료에 반해서 테라플레이 놀이치료는 아동의 무의식 문제를 다루지 않고 반영, 통찰에 관한 질문이나 해석을 하지 않으며 현재 관계를 강조한다. 또한 장난감이나 다른 도구의 사용을 최소화하며 치료자와 아동 자신이 상호작용의 도구로 사용된다(Rubin & Tregay, 1989).

치료적 교육 접근(therapeutic educational approach)에는 자극적인 신체접촉이 포함되며 정감적 영향이 높은 놀이, 게임 등을 통해 자폐 아동과 의사소통한다. 자폐 아동과 접촉하기 위한 방법은 집중적이고 지속적이어야 한다. 부모는 아동과 치료자 간의 즐거운 상호작용을 관찰하고 가정에서도 실시한다. 치료회기나 집에서 모두 자극적 신체접촉으로 즐거운 분위기가 유지되므로 아동에게 상황 일반화가 자연스럽고도 용이하게 이루어진다(DesLauriers, 1978).

발달놀이치료(developmental play therapy)에서는 아동기 자폐증의 근본 원인을 출생 직후 일상적으로 시작되는 부모와의 유대(bonding) 결여로 보고 있다. 유대는 부모가 아동을 만지고(touch) 먹여 줌으로써 형성된다. 따라서 치료 목적은 아동의 자아감을 발달시키는 것으로 처음에는 치료자와 유대를 맺고 접촉 방법을 부모에게 가르침으로써 부모와의 유대로 전이되도록 한다. 신체접촉과 신체 통제, 노래 부르기 활동이 강조된다. 아동의 사회적 참여, 이해능력 증진, 세상과 자기 자신을 즐기는 것, 고립된 존재로부터 벗어남을 목표로 한다(Brody, 1997).

Greenspan(1992)은 다체계 발달 모델을 기반으로 하여 자폐증을 다체계 발달장애(multisystem developmental disorder)로 분류한다. 자폐증은 초기의 의사소통과 감각 발달의 장애로 인한 사회적 상호작용의 장애로 설명된다. 자폐 아동은 초기 대인관계 경험의 기초가 부족하므로 치료 초기에는 초기 단계의 발달이 목표가 되어야 한다. 따라서 대인관계적 의사소통이 가능한 가장 초기 단계로 되돌아가야 하며, 발달적 심리치료(developmental psychotherapy)로서 상호작용 놀이치료(interaction play therapy)가 필요하며, 부모훈련의 기법으로 floor time을 사용한다.

위의 치료 방법들의 공통점은 발달단계 초기의 부모와 아동 간 유대감 형성을 목표로 하면서 공감적이고 즐거운 분위기에서 신체접촉과 놀이 및 게임 활동 등을 내용으로 한다는 점이다. 한편, 테라플레이 놀이치료, 치료적 교육 접근, 발달놀이치료는 보다 신체적 접근을 강조하고 있는 데 비해 Greenspan은 놀이활동을 강조하면서 치료 초기에는 아동중심 접근을 지지하고 있다.

4) 자폐 아동의 테라플레이 놀이치료

자폐 아동은 구조화된 상황에서 상대방의 상호작용이 개입적일 때 보다 반응이 증가하므로 치료자 중심의 접근을 강조하는 테라플레이 놀이치료를 소개한다(Jernberg & Booth, 1999).

Rieff와 Booth(1994)에 의하면, 자폐 아동을 위한 테라플레이 놀이치료는 애착, 참여, 자존감, 타인에 대한 신뢰 증진을 위한 치료이며, 부모와 영아의 건강한 상호작용의 자연스러운 양상에 기초하며, 개인적이고 신체적인 활동을 주로 하며, 재미가 포함되는 것이라 하였다. 자폐 아동은 자극지각역치가 다르게 작용하므로 관계 형성을 위해서는 자극 강도의 수준과 초점을 다르게 적용한다.

자폐 아동의 테라플레이 놀이치료의 목적은 확실한 자아감 발달, 자신과 분리된 타인의 인식, 타인에 대한 신뢰감의 발달 및 부적절한 행동을 감소시키는 것이다.

치료 단계에는 신체접촉을 편안하게 하고, 눈맞춤, 주의집중, 차례 지키기, 모방, 의사소통을 시도하게 하기 등을 통해 기본적 상호작용을 개선시킨다.

자폐 아동에게 적용되는 테라플레이 놀이치료 영역으로는 구조화, 도전, 개입,

양육이 모두 포함된다.

(1) 치료자의 역할

- 치료를 주도하고, 위축된 아동을 격려하고, 참여하도록 격려한다.
- 아동이 세계에 대한 갖는 두려움과 압도감에서 벗어나도록 도와주는 방법을 모색한다.
- 다양한 활동과 변화를 시도하여 아동의 동일성에 대한 고집에 도전한다.
- 아동이 외부자극에 대한 수용을 인내하도록 돕는다.
- 자신과 타인에 대한 인식을 촉진하기 위해 아동이 치료자와 상호작용하도록 돕는다.

(2) 평가 과정과 치료계획

평가는 4회기로 한다. 초기에 부모와 면접을 하고, 2회에는 어머니와 아동의 상호작용(marshak interaction method: MIM)을 평가하고, 3회에는 아버지와의 상호작용을 평가한다. 이후 부모와 아동 간의 상호작용도 평가한다. 이러한 상호작용은 직접 관찰하고 가능하면 녹화한다. 4회에는 부모와 치료자가 녹화된 일부분을 보고 관찰한 것을 논의하고 치료계획을 세운다.

(3) 치료 과정

한 회기는 30분이며 매주 1~2회 아동에게 직접 실시한다. 상호작용을 위한 활동은 아동과 그 가족이 갖는 특정한 욕구와 문제에 초점을 맞춘다. 치료 초기에는 치료자와 아동 간의 치료를 하고 이후에는 치료시간에 부모가 들어와 치료자의 도움으로 참여한다.

치료기간은 아동에 따라 다르다. 사회적 상호작용이 확실해지기 시작하고 부적절한 행동이 감소하여 부모가 치료적 활동을 실시하는 것이 용이할 때 치료의 빈도를 줄이거나 종결한다. 또한 아동에게 필요한 언어, 학습, 지각기술 등 각 분야의 전문가에게 의뢰하는 과정도 포함된다.

(4) 자폐 아동을 위한 테라플레이 놀이치료 지침과 책략

Fuller(1995), Jernberg와 Booth(1999)는 자폐장애 아동에게 테라플레이 놀이치료를 적용할 때의 기법들을 다음과 같이 제시하였다.

- 아동이 아닌 치료자가 주도한다.
- 가능하면 언어적, 인지적 또는 현실세계와 동떨어진 면에는 관심을 적게 둔다.
- 가능하면 퇴행적이고 양육적인 활동을 포함시킨다.
- 치료자가 적절한 기회에 개입하여 아동의 경험을 다양화시킨다.
- 가능하면 노래로 의사소통을 시도한다.
- 치료자는 신체적인 접촉을 계속 유지한다.
- 치료자는 아동과 가능한 한 적극적으로 눈을 맞춘다.
- 아동이 진정으로 의사소통하고 싶어 하지만 말로 불가능한 경우에는 수화를 사용하게 한다.
- 거울처럼 반영해 준다. 즉, 아동의 행동이나 말을 그대로 모방한다. 이것은 공감적 반응이나 아동의 감정 상태를 인정한다는 의미가 있다.
- 아동의 정서적, 신체적 참을성에 적절한 자극을 제공한다.
- 아동이 위축될 때 격려하고 참여하도록 한다.
- 아동이 편안하도록 한 회기 안에서 활동의 수를 줄인다.
- 활동들은 단순하고 발달적으로 적절하고 이해할 수 있는 수준이어야 한다.
- 따뜻하고 양육적이고 돌보아 주는 환경을 제공한다.
- 이동하는 것을 돕기 위해 언어적, 시각적 단서를 활용한다.
- 아동의 동일성 고집에 대한 도전으로 변화와 다양성을 제공한다.
- 자신과 타인에 대한 인식을 발달시키기 위해 아동을 상호작용으로 끌어들인다.
- 적절한 제한이 필요하다.
- 적어도 6개월 이상의 치료기간이 예상된다.

(5) 자폐 아동의 사회적 상호작용 발달치료 프로그램

자폐 아동의 사회적 상호작용 발달 프로그램 개발 연구에서 테라플레이 놀이치료를 적용한 프로그램은 다음과 같다(박랑규, 1999).

〈표 7-1〉 자폐 아동에게 적용한 테라플레이 놀이치료

영역	부모-아동 관계에서의 목적	활동
애착	부드럽고 진정시키고 조용하고 돌봐주는 활동을 통해 세계는 안전하고 예측 가능하며 따뜻한 곳임을 느끼게 하고 애정과 보살핌, 칭찬을 통해 아동은 사랑스럽다는 것을 알게 한다.	흔들어 주기, 먹여 주기, 안기, 껴안기와 관련한 활동 • 로션이나 파우더 발라 주기 • 안고 노래 불러 주기 • 먹여 주기 • 솜으로 문지르기
탐색	신체적 접촉, 눈맞춤, 놀람과 변화 있는 활동을 통해 아동이 타인을 인식하도록 하며 새로운 경험이 즐겁다는 것을 알게 한다.	만지기, 놀래키기, 흥분시키기와 관련한 활동 • 까꿍놀이 • 이마, 코 마주 대기 • 비눗방울놀이 • 코 누르면서 소리내기 • 담요 그네 태우기
주도성	상호 간 협력이 요구되는 활동들로 아동의 현재 발달 수준보다 약간 높은 과제를 수행하도록 격려하며 아동의 유능감과 자신감을 증진시킨다.	• 손으로 잡아당기기 • 발로 씨름하기 • 발로 밀어서 넘어뜨리기 • 손가락에 끼운 과자 나누어 먹기 • 숨바꼭질
구조화 상황	규칙적이고 제한적인 상황에서 기대를 갖게 하는 활동을 통해 부모는 아동과 의사소통하고, 상황을 조절하고, 이끌어 가며, 아동을 즐겁게 하며 안전하게 보살핀다는 것을 알게 한다.	동요, 율동이 포함된 활동 • 세세세 • 아기 발가락 먹기 놀이 • 이빨, 귀 세어 주기 • 손바닥 찍기 • 몸 그리기
즐거움	위의 모든 활동은 따뜻하고 자발적, 낙천적, 즐거운 분위기에서 이루어진다.	

학습과제

1. 테라플레이 놀이치료를 정의하시오.
2. 테라플레이 놀이치료의 영역을 설명하시오.
3. 장애별 테라플레이 놀이치료의 적용에 대해 설명하시오.
4. 자폐 아동을 위한 테라플레이 놀이치료 지침을 설명하시오.

참고문헌

김태련, 박랑규, 윤진영 공역(2005). **테라플레이 놀이치료**. 서울: 학지사.

박랑규(1999). 자폐 영유아와 부모의 사회적 상호작용 발달을 위한 가족훈련 치료 프로그램 개발연구. 이화여자대학교 박사학위 청구논문.

임숙빈(1997). 전반적 발달장애 아동을 위한 모아 애착 증진 프로그램의 효과. 서울대학교 박사학위 청구논문.

Brody, V. (1997). *The dialogue of touch: Developmental play therapy.* Northvale, NJ: Jason & Aronson. Inc.

Bundy-Myrow, S. (2000). Group theraplay for children autism and pervasive developmental disorder. In Munns, E. (Eds.), *Theraplay: innovation in attachment-enhancing play therapy* (pp. 301-320). North Bergen: Jason Aronson Inc.

DesLauriers, A. M. (1978). Play, symbols and the development of language. In. M. Rutter & E. Schopler (Eds.), *Autism: A reappraisal of concepts and treatment.* (pp. 313-326). New York: Plenum Press.

Fuller, W. S. (1995). "Theraplay as a treatment for autism in a school-based day treatment setting." *Continuum, the Journal of the American Association for partial hospitalization, 2*(2), 89-93.

Greenspan, S. I. (1992). Reconsidering the diagnosis and treatment of very young children with autistic spectrum or pervasive developmental disorder. *Zero to Tree, 13*(2), 1-9.

Howlin, P. (1986). An overview of social behavior in autism. In E. Schopler & G. Mesivov (Eds.), *Social behavior in autism* (pp. 103-126). New York: PlenumPress.

Jernberg, A., & Booth, P. (1999) *Theraplay treatment for children*. The Theraplay institute. Newsletter.

Jernberg, A. (1979). *Theraplay: A new treatment using structured play for problem children and their families*. San Francisco: Jossey-Bass Publisher.

Jernberg, A., & Booth, P. (1999). *Theraplay: Helping parents and children build better relationships through attachment based play* (2nd ed.). San Francisco: Jossey-Bass Publisher.

Lord, C. (1993). Early social development in autism. In E. Schopler, M. Bourgondien, & M. Bristol (Eds.), *Preschool issues in autism* (pp. 61-94). New York: Plenum Press.

O'Conner, K. J. (2003). *Echosystemic play therapy: attachment disorders*. Presented at the international psychotherapy workshop. Seoul: Seoul Womens University.

Rieff, M., & Booth, P. (1994). Theraplay *for children with pervasive development disorder and autism*. The Theraplay Institute. Newsletter, Spring, 1-7.

Rubin, P. B., & Tregay, J. (1989). Play with them-theraplay groups in the classroom: *A technique for professionals who work with children*. Springfield; IL: Charles C. Thomas Publisher.

Rutter, M. (1983). Cognitive deficits in the pathogenesis of autism. *Journal of Child Psychology and Psychiatry, 24,* 513-531.

•제8장•

아동 · 청소년을 위한 인지행동치료

개요

인지행동치료는 우울증과 불안장애에서 섭식장애, 주의력결핍 과잉행동장애와 행동장애, 그리고 부부와 가족문제에 이르기까지 다양한 정서행동장애에 적용되는 심리치료 기법이다. 인지행동치료 기법은 1970년대 초기 시작부터 경험과학적 기반을 토대로 증상 및 진단체계 연구와 동시에 진행되었기 때문에 많은 연구자들이 치밀한 과학적 평가 방법을 발전시켰고 현재 이 치료기법은 증상별로 정교화되어 가고 있다.

이 장에서는 아동 · 청소년을 위한 인지행동치료의 이론과 실제에 대해 간략히 소개하고 증상에 따른 인지행동치료의 효과검증 연구를 살펴본다. 우울이나 불안장애와 같은 정서장애와 주의력결핍 과잉행동장애와 같은 행동장애를 구체적으로 치료할 수 있는 인지행동적 치료기법, 그리고 자살행동과 감정조절장애를 치료하는 다이어렉티컬 행동치료를 소개한다.

현재 인지행동치료적 접근은 행동분석이나 마인드풀니스, 정서장애와 발달적 문제 등을 적극적으로 수용하며 발전시켜 나가고 있고, 증상에 대한 치료 효과 지속성 연구 결과를 바탕으로 인증된 심리치료로 발전하고 있다.

학습목표

1. 인지행동치료의 기본 모델과 이론의 기초를 이해한다.
2. 아동 · 청소년을 위한 인지행동치료의 기본적인 사례 구성을 이해한다.
3. 인지행동치료의 내면화 및 외현화 증상에 대한 치료기법의 효과검증 연구 현황을 이해한다.
4. 인지행동치료의 현재와 발전전망에 대하여 이해한다.

제 8 장

아동 · 청소년을 위한 인지행동치료

1. 아동 · 청소년을 위한 인지행동치료의 이해

인지행동치료는 우울증과 불안장애에서 섭식장애, 주의력결핍 과잉행동장애와 행동장애, 그리고 부부와 가족문제에 이르기까지 다양한 정서행동장애에 적용되는 심리치료 기법이다. 인지행동치료 기법은 1970년대 초기 시작부터 경험과학적 기반을 토대로 증상 및 진단체계 연구와 동시에 진행되었기 때문에 많은 연구자들이 치밀한 과학적 평가 방법을 발전시켰고 현재 이 치료기법은 증상별로 정교화되어 가고 있다.

인지행동치료는 인지와 행동 혹은 환경적 요인 중 어떤 부분을 강조하는가에 따라 크게 두 개의 흐름으로 나눌 수 있다. 하나는 인지적 요인을 강조하는 흐름으로 이 관점에서는 정신장애문제의 핵심이 인지왜곡이나 잘못된 역기능적 사고에 있다고 가정하고 이러한 인지적 문제를 적극적으로 해결하는 것을 주요 목표로 한다. 따라서 치료적 활동은 대부분 왜곡된 인지체계를 수정하여 현실적이고 정확한 사고체계를 구축하고 감정과 행동의 변화로 이어지도록 하는 것이다. 반면에 행동치료적 접근을 중심으로 하는 학자들은 인지치료적 입장에서 강조하고 있는 생각과 감정반응을 행동의 일부분으로 보고 이와 연관되어 있는 다양한 행동 패턴을 수정하는 것에 관심을 갖는다. 이러한 행동을 분석하고 수정하기 위해 행동주의적 이론과 분석도구, 아울러 심리사회적 기술훈련을 다양하게 응용하여 적용한다. 이러한 인지치료와 행동치료의 흐름은 치료 이론에 있어서 다른 입장으로 보이기도 한다. 그러나 심리치료의 과학적 체계와 이론을 갖추고 있는 두 시스템은 과학적으로 절충되면서 치료적으로 활용되어 인지행동치료라는 명칭으로 연결되고 있다.

아동 · 청소년을 위한 인지행동치료는 성인 대상 치료와 마찬가지로 경험과학적 근거를 중요하게 여긴다. 성인 대상 치료와 다른 점은 다양한 발달적 요인과 사회문화적 요인을 감안하여 인지행동치료의 틀을 구성하는 것이라고 볼 수 있겠다. 인지행동치료를 성공적으로 적용하기 위해서는 기본적인 인지능력과 언어능력뿐 아니라 타인의 관점을 생각할 수 있는 능력과 언어추론능력이 필수적이다. 아이들의 현재의 발달단계와 발달과제를 고려하여 인지적으로 성숙되지 않은 아이들의 경우에는 대화 형태의 치료적 과정보다는 적극적으로 실제 상황에 대한 노출중심의 인지행동치료를 고려하고, 이에 따른 치료적 절차들을 마련하고, 이를 프로토콜화한다. 예를 들어, 언어적 접근이 어려운 아이들의 경우에는 이들의 이해 수준에 맞추어 장난감이나 그림, 게임 등과 같은 비언어적 도구를 활용하여 인지행동치료의 목표를 달성해 나가고 증상을 낮춰 간다. 사춘기 청소년의 경우에는 감정민감성이라는 발달적 과제를 안고 있고 이때 감정조절과 연관된 문제를 많이 호소하기 때문에 감정조절기술과 감정에 대한 이해를 습득시키는 훈련을 주요 치료 전략에 포함시킨다.

아동 · 청소년을 위한 인지행동치료 모델에서는 아이들의 심리적 문제가 행동적인 선행 요인과 인지적인 선행 요인에 긴밀하게 연결되어 있다고 전제한다. 따라서 아이들의 주요 행동적 요인에는 가족 내 경험과 가족 외 경험이 포함되어 있다. 부모의 정신병리와 역기능적 문제, 부부간의 문제, 아이에 대한 신체적 · 성적 학대, 교육기회 제공 여부 등이 이러한 요인이라고 할 수 있다. 인지적 요인으로는 인지왜곡과 결함으로 인해 잘못된 인지적 처리 과정을 형성하는 것을 들 수 있으며 이러한 인지적 처리 과정의 어려움은 다양한 아동·청소년기의 정서행동장애와 깊이 연결되어 있다. 예를 들어, 반사회적 행동이나 공격적 행동을 보이는 아이들은 흔히 인지왜곡이나 결함을 보이는데 인지행동치료에서는 구체적으로 왜곡되어 있는 사회적 문제해결 방식을 수정하고 새로운 심리사회적 기술을 습득시킴으로써 치료를 진행시켜 나간다. 다시 말하면 아동·청소년을 위한 인지행동치료는 역기능적이고 잘못된 인지 및 행동체계를 파악하고 이 문제에 대한 적절한 대처기술을 제공하여 습득시킴으로써 새로운 행동 패턴과 사고체계를 만들어 가게 된다.

2. 인지행동치료의 이론과 실제 개요

1) 인지행동치료의 기초 전략

아동·청소년을 위한 인지행동치료의 목표는 아이들이 자신의 왜곡된 인지를 새롭게 구성된 인지체계로 수정하고 현재의 정서상황과 행동을 변화시켜 나가도록 돕는 것이다. 이러한 치료목표를 달성하기 위해서는 다양한 치료적 전략이 필요한데 예를 들어 감정교육, 긴장이완기술, 사회적 문제해결기술, 인지재구성 훈련, 모델링, 유관성 교육, 역할극 활용 등은 치료자가 아동·청소년의 현재 상태와 문제를 고려하여 치료적으로 활용하게 된다. 다음은 일반적인 아동·청소년을 위한 인지행동치료에 활용되는 기초적인 전략들이다.

인지행동치료를 진행하기에 앞서 아이들은 치료자의 역할을 수용하고 자신의 신체적, 정서적 반응과 단서(cue)들을 자각하고 명명하며 이를 지속적으로 관찰하여야 한다. 물론 아이들은 자신들이 이해할 수 있는 용어로 자신의 인지체계와 신체반응과 정서반응을 명명하고 수정할 수 있도록 한다. 이렇게 아동·청소년들이 자신에게 정서적 자극을 일으키고 스트레스를 가중시키는 내적인 상태와 외적인 상황을 파악할 수 있도록 하기 위해서는 다양한 방법이 사용된다. 특히 호흡기법, 점진적 긴장이완 기법 등을 사용하면 스스로 긴장을 이완시킬 수 있으며 이러한 형태의 심리사회적 기술훈련이 치료의 주요 요인으로서 기능한다.

잘못된 인지를 변화시키는 과정을 위해서는 인지재구성 방법을 발달단계에 맞게 사용하게 되는데 예를 들어 자신의 '혼잣말' 을 자각하고 '생각풍선' 등의 용어를 사용하여 잘못된 인지체계를 발견하도록 한다. 마찬가지로 잘못된 귀인(attribution)을 하고 있는 것을 스스로 발견하도록 대안적인 귀인방식을 습득하여 적용하도록 한다.

문제해결 중심의 전략은 아이들에게 자신의 문제를 통제 불가능한 것이 아니라 문제에 대하여 다양한 방식으로 해결해 나갈 수 있도록 훈련시킨다. 예를 들어, 자신의 문제를 잘 기술하고, 해결 방법에 대하여 인식시키고, 이 목표를 달성하기 위해 대안을 평가하고, 가장 적절한 대안을 찾아서 적용하고, 최종적인 결과의 성공 여부를 평가하도록 한다. 이렇게 성공적으로 문제해결을 했을 경우에는 행동적으로 보상을 해 준다.

유관성 전략에 의한 보상 전략은 행동치료의 중요한 치료수단이기도 한데 치료자가 내담자의 행동을 좀 더 적응적으로 바꿀 수 있도록 하는 것이다. 가능한 한 아이들이 쉽게 달성할 수 있는 행동목표를 알려 주고, 이 목표가 달성되었을 때 적극적으로 보상해 줌으로써 그 행동을 반복할 수 있도록 돕고, 이러한 작은 목표가 실제 현실에도 일반화되어 적용될 수 있도록 치료자가 적극적으로 개입한다.

모델링 역시 인지행동치료 전략으로 많이 사용되는 기법이다. 예를 들어, 아이들에게 비디오 등을 보게 하여 그 상황에 노출시키는 상징적 모델링, 직접 다른 사람이 문제상황을 경험하게 하는 실제 모델링, 그리고 모델링할 행동을 직접 따라 하도록 하는 참여 모델링과 같은 방법 등이 있다. 이러한 모델링을 통해서 치료자는 아이들이 대안적 행동이나 인지양식을 배울 수 있도록 한다.

역할극 역시 대안적 행동양식을 습득하는 좋은 치료 전략이다. 역할극을 할 때

치료자는 가능한 한 지지적이고 위협적이지 않은 환경을 제공하여 치료상황에서 배운 기술을 잘 적용할 수 있도록 돕는다. 역할극을 사용할 때에는 실제상황 노출(in-vivo exposure)과 같이 아이들이 자신의 문제행동을 직면할 수 있도록 하는 것이 바람직한 경우도 있다. 이러한 행동치료적 요인을 치료자는 선택적으로 활용하여 유연하면서도 능숙하게 아이들에게 적용하여야 한다.

지금까지 아동 · 청소년을 위한 인지행동치료의 기초 전략을 소개하였다. 이러한 전략들은 치료자가 적극적이고 협력적으로 적용해야만 효과적인데 적극적으로 참여하는 인지행동 치료자는 실험적 연구자로서, 그러나 동시에 적극적으로 새로운 대안행동과 인지양식을 알려 주고 적용하는 역할을 하여야 한다(Farmer & Champan, 2008; Friedbert & McClure, 2002).

2) 인지행동치료의 치료 모델과 사례 구성

인지행동치료에 있어서 치료계획과 케이스에 대한 이해는 치료적 가설을 만들고 이에 대한 효과를 검증하는 과학적 과정이다. 치료자는 연구자로서 지속적으로 치료 과정에서 나오는 데이터를 분석하고 이를 토대로 윤리적인 서비스를 제공한다. 우선 치료자는 인지행동치료를 시행하기 전에 철저한 치료계획을 세워야 한다. 치료 진행 순서와 타이밍 등 개입절차에 대한 치밀한 계획과 이를 수행하기 위한 구체적인 전략, 예상되는 장애 요인에 대한 대비책 등을 미리 준비하는 것은 성공적인 치료에 필수적이다. 아이의 발달적 상황과 인지능력 등 초기 진단 과정이나 심리평가 과정에서 발견된 주요 정보를 기반으로 치료를 위한 자료를 준비하고 인지발달이 낮은 경우 시각중심의 자료를 미리 준비하고 아이들의 주증상에 따라 미리 자료와 기록지 등을 준비한다.

치료자는 각각의 개별 케이스에 대한 정확한 이해를 위해서 문제행동을 인지적, 행동적, 정서적, 신체적, 대인관계적 증상 요인을 인지행동 모델을 통해 파악한다. 이러한 증상 요인은 아이들의 발달적 요인과 문화적 요인, 이러한 증상을 일으키거나 강화시킨 행동적 선행조건과 인지적 요인에 의해 발현되거나 악화된다. 인지행동치료에서 치료를 구조화할 때에는 모호하게 해석될 수 있는 용어를 피하고 가능한 한 구체적으로 증상을 설명하고 이를 치료목표로 구체화시킨다. 다음은 인지행동치료적 증상분석의 실제 사례다.

> 현재 아홉 살 남아인 재욱이는 한국에서 유치원을 마치고 부모님을 따라 외국에 가서 학교를 다니게 되었다. 영어권 학교를 다시 다니게 된 재욱이는 한 학기가 지난 후 주의가 산만하다는 선생님의 말을 듣게 되었다. 주의가 산만하다는 용어는 매우 일반적이고 주관적이기 때문에 구체적인 치료계획을 위한 용어로는 적절하지 않다. 이러한 형태의 용어들은 구체적인 증상용어로 바꾸게 된다. 우선 행동적으로는 학교에서 선생님의 일반적인 지시사항을 따르지 않고, 충동적으로 행동하고, 가끔씩은 다른 친구들에게 공격적인 행동을 한다. 정서적인 증상으로는 자신의 뜻대로 되지 않으면 불만족해하고, 불안해하고, 짜증을 부린다. 대인관계적으로는 학교에서는 친구가 전혀 없고 집에서 가깝게 지내는 소수의 한국아이들과만 어울린다. 신체적으로는 머리가 아프고 손에 땀이 많이 난다고 호소한다. 마지막으로 인지적으로는 '나는 환자야. 나는 문제가 많은 아이이고 선생님과 부모님은 나를 싫어하셔.' 와 같은 생각을 가지고 있다. 이렇게 5개의 주요 증상을 구체적으로 기술하면 뚜렷하게 목표로 삼을 문제를 파악할 수 있다.

이러한 문제증상을 파악하는 과정에서 심리평가의 결과는 매우 유용하다. 특히 아동 · 청소년의 경우 아이 스스로뿐 아니라 부모와 선생님의 관찰에 의한 평가는 증상의 빈도와 강도, 기간을 알 수 있는 자료가 된다. 재욱이의 경우 몇 가지 객관적 심리평가 결과 주의집중력문제, 공격적 행동, 친구들과의 대인관계문제, 충동적 행동, 불안의 T점수에서 모두 70점 이상의 통계적으로 유의미한 점수를 얻었다.

발달단계에 대한 정보는 아이의 현재의 발달 상태를 알 수 있는 중요한 정보로 발달지체가 있는지, 인지능력이나 학교나 가족 내에서의 관계는 어땠는지, 학교 적응에서의 문제점 등과 같은 기초적인 정보를 정확하게 파악한다. 기타 의료 병력, 부모나 가족관계의 구체사항, 약물문제나 법적인 문제 등과 같은 주요 발달력을 파악한다. 발달적으로는 재욱이의 경우 임신기간 중에 특이증상이 없었고, 정상분만아였으며, 유아기 성장발육도 정상적이었고, 한국에 있는 유치원에서는 매우 밝고 우수한 아이였다. 그러나 부모님과 해외로 이주하게 되면서 일시적으로 어머니 혼자 양육한 기간이 1년 정도 되었다. 영어권 학교에서는 유치원부터 지금까지 충동적이고 가끔씩 있는 폭력적인 행동으로 하루에 3~5번 정도 타임아웃과 같은 처벌을 받고 있고 집에서는 부모님에게 매일 체벌을 받았다. 문제는 재욱이의 언어능력 평가 결과 한국어와 영어에서 다른 결과가 나타났는데 한국어의 경우 매우 우수한 언어능력을 보였지만 영어의 경우 기본적인 음운에 대한 이해조차 제대로 하지 못하는 것이 발견되었다. 이중언어능력 발달의 한계는 학교에서 지시사항을 따르는 것이 초기에 매우 어려웠을 것임을 파악할 수 있는 중요한 정보가 된다.

인지적 요인의 파악은 아이가 가지고 있는 자동적 사고와 가정, 인지왜곡, 스키마(인지도식) 등을 파악하는 것이다. 재욱이의 경우 자신은 환자이며 충동적으로 하는 행동을 전혀 고칠 수 없다는 생각을 가지고 있었고 부모님들과 선생님들이 자신을 미워하고 있다는 생각하고 있었다. 이러한 자동적 사고와 왜곡된 인지와 신념체계는 자신감 없는 행동으로 이어졌다.

행동적 선행조건과 결과에 대한 파악은 케이스를 이해하는 데 중요한 정보다. 전통적인 행동치료 이론에서 선행조건(A), 행동(B), 결과(C)는 선행하는 자극이 어떻게 잘못된 행동을 일으키는지를 분석할 수 있도록 한다. 이 행동이 고전적인 조건화로 이루어진 반사행동인지 아니면 조작적으로 강화된 행동인지에 대해 치료자는 행동분석을 통해서 이해하게 된다. 만일 선행조건이 특정한 문제행동을 촉발하고 있거나 스트레스원으로 작용하고 있다면 치료자는 이 행동에 대한 통제를 치료목표에 넣게 된다. 또한 행동의 결과가 강화되고 있는지 여부도 면밀하게 분석하여야 하는데 부정적 행동이 직·간접적으로 강화되고 있는지를 분석하여 이를 소거시키거나 긍정적 행동으로 대체시킨다. 이러한 강화와 처벌의 스케줄을 효과적으로 정하여 유관성을 형성시키는 것은 치료에서 매우 중요한 요소다.

재욱이의 경우에는 학교에서 지시사항을 따르지 않고 충동적이고 폭력적인 행동을 하는 것이 심했는데 문제행동의 선행조건을 강화한 요인으로는 집에서 부모님은 아이가 말을 듣지 않으면 큰 소리로 야단을 치거나 때렸고 이러한 훈육방식은 즉각적으로 재욱이의 문제행동을 통제하였다. 그러나 영어권 선생님들은 재욱이가 문제행동을 보일 때 언어적으로 훈계하고 타임아웃과 같은 방식으로 아이의 문제행동을 낮추려고 했고 체벌적 훈육에 익숙한 재욱이는 약화된 방식의 처벌에는 개의치 않고 선생님의 지시사항을 무시하고 마음대로 행동하는 경향이 있는 것으로 나타났다.

마지막으로 문화적 요인에 대한 이해는 인지행동치료를 시행할 때 깊이 고려해야 하는 요인이다. 작은 범위에서는 가족의 문화적 특성이나 지역별 특성을 고려하는 것이 가능하겠고 넓은 범위에서는 이문화수용 스트레스 정도, 인종이나 민족적 정체성 등을 고려하는 것이 치료자에게는 중요한 정보가 될 수 있다. 인지행동치료 영역에서는 문화적 요소가 등한시되어 왔으나 2000년대에 들어서 좀 더 적극적으로 문화적 차이를 주요 변인으로 취급하려는 경향이 나타나고 있다. 재욱이의 경우 부모님들은 영어권 국가로의 이주로 인한 문화충격이 심했고 초기 이민생활 적응 과정에서 부부간의 갈등도 많이 있었다. 재욱이 역시 언어적으로 큰 충격을 겪은 것으로 보인다. 특히 타율적이고 통제적인 한국적 훈육양식으로 인해 영어권의 언어중심적 훈육이 재욱이의 행동을 통제하지 못한 점은 문화차에 의한 훈육문제를 지적할 수 있는 중요한 요인이다.

이러한 기초적인 케이스에 대한 분석과 이해를 바탕으로 구체적인 치료계획을 세우게 되며 각각의 치료목표를 주기적으로 점검하여 치료발전 상황을 수치로 표기한다. 이 과정에서 예측되는 장애 요인을 미리 파악하고 대비함으로써 아이와 치료적 협력관계를 형성하고 치료방해행동과 문제 발생을 최소화할 수 있다.

3. 인지행동치료의 증상별 적용

1) 아동 · 청소년의 내면화 증상의 치료

(1) 우울장애의 치료

인지행동치료의 과학적 근거는 1970년대 성인을 대상으로 한 우울증 치료에서부터 시작한다. 1990년대부터는 아동 · 청소년을 대상으로 한 우울증의 인지행동치료 효과에 대한 많은 연구가 나오기 시작했다. 미국의 아동 · 청소년을 위한 정신건강의 주요 치료 방법을 제시하고 있는 American Academy of Child and Adolescent Psychiatry에서는 아동 · 청소년의 우울증상을 치료하기 위해 심리사회적 치료기법을 우선적으로 사용할 것을 권하고 있고 그 가운데 대표적으로 인지행동치료가 가장 과학적으로 검증되었다고 밝히고 있다(American Academy of Child and Adolescent Psychiatry, 1998).

아동 · 청소년을 위한 인지행동치료의 치료 전략에는 다음과 같은 주요 요인이 있는 것으로 나타났다. 우울과 같은 감정에 대한 교육과 통제기술을 습득시키는 것, 행동적인 기술과 문제해결기술을 습득시키는 것, 인지적 기술을 습득시키는 것, 가족 내 갈등이나 의사소통 문제해결 등이 그것이다. 우울증의 인지행동치료에는 개인치료와 그룹치료 방식이 검증되었다. 개인 인지행동치료의 대표적인 효과검증 연구로 Wood의 인지적 기술과 행동기술을 중심으로 한 우울증의 인지행동 프로그램이 무작위 비교연구에서 그 효과성이 입증되었다(Wood et al., 1996). Weisz는 일차적 · 이차적 통제대처 모델(primary secondary control coping model)에서 일차적 대처로는 상황에 대한 변화를, 이차적 대처로는 개인이 상황을 보는 관점을 바꾼다는 이론적 틀을 기초로 8~15세 아동 · 청소년에게 적용하였다. 이 프로그램은 일차적 통제기술로서 자신의 삶의 환경을 바꾸는 기술을 습득하고 이차적 통제기술로서는 인지재구성과 사회적 지지그룹 형성과 같은 적극적인 기술을 습득하게 된다. 전체는 약 11~15회기로 이루어져 있다(Weisz et al.,

1999).

그룹 인지행동치료로는 Clark의 청소년을 대상으로 하는 치료가 대표적이다. 일반적인 인지행동치료 기법, 예를 들어 부정적 생각에 대한 도전, 긴장이완훈련, 갈등조정기술, 사회성 기술 등을 회기에 가르쳐 주고 점차 긍정적이고 현실적인 인지체계를 갖도록 함으로써 우울증을 낮추게 된다. 이 청소년 우울증 대처 프로그램(adolescent coping with depression)은 이후 무작위 비교연구에서 검증되었는데 우울증을 겪고 있는 청소년의 경우 현격하게 우울증 점수가 낮아졌으며 부모의 참여 여부는 별 차이가 없는 것으로 나타났다(Clarke et al., 1990).

Stark의 자기통제기술 훈련 중심의 그룹 인지행동치료도 아동기 우울증 치료에 그 효과성이 검증되었는데 아이들에게 자기모니터링 및 자기평가 등과 같은 자기통제행동기술을 습득시키고 이것이 우울증상 완화에 얼마나 효과적인지 무작위 비교연구를 하였다. 자기통제기술을 습득시키는 형태의 프로그램은 전통적인 상담 프로그램과 그 효과에서 많은 차이가 있었다(Stark et al., 1991). 위에 언급한 치료법은 아동 · 청소년 우울증 치료의 근거 있는 심리치료에 관한 1998년 Kaslow와 Thompson의 위원회보고서에서 효과검증 기준에 가장 적합한 프로그램으로 선정된 바 있다(Kaslow & Thompson, 1998). 이후 2008년 David-Ferdon는 1998년 이후의 연구 결과들을 분석하여 경험과학적 근거가 있는 인지행동치료와 기타 치료 방법에 대하여 연구하였다. 엄격한 치료 효과 기준이 적용된 20여 가지의 연구 대부분이 인지행동치료적 기법이었으며 현재 이 외에 10여 가지 인지행동치료 기법이 과학적으로 잘 정립(well-established)되어 있는 것으로 나타났다(David-Ferdon & Kaslow, 2008).

(2) 불안장애의 치료

불안장애에 대한 인지행동치료는 Kendall에 의해서 연구되고 개발되었는데 Coping Cat이라는 인지행동 프로그램에서는 7~13세까지의 아동 · 청소년을 대상으로 불안장애를 치료하였다. 이 프로그램은 치료자를 위한 매뉴얼이 있고 각 아동에게는 워크북이 제공된다. 모두 DSM 진단체계에 있는 불안장애 진단을 받은 아이들을 대상으로 치료 프로그램이 운영되었으며 정신증과 정신지체아, 아스퍼거와 같은 심각한 발달장애 아동은 제외되었다. 이 프로그램은 심리사회적 기술훈련과 노출 요소가 포함되어 있으며 불안을 일으키는 감정 상태를 FEAR이라고 명명하여 습득시켜서 아이들로 하여금 문제상황에 대처방안을 마련하여 극복할 수 있도록 돕는다. 이 프로그램을 통해 불안한 감정에 대한 자각, 불안한 상황을 악화시키는 사고방식과 혼잣말의 역할, 문제해결기술과 불안통제기술의 활용, 자기평가와 자기강화 전략 등을 습득하게 된다. 또한 전체 8~12회기로 구성된 이 프로그램은 모델링과 실제상황 노출 등 행동치료의 기본 요소를 포함하고 있다. 두 가지의 대표적인 무작위 비교연구가 진행되었으며 71% 이상의 아동·청소년이 치료 이후에는 진단 가능한 증상이 사라졌으며 2~5년 후에도 그 효과는 지속되었다(Kendall, 1994, 2000).

불안증상에 대한 그룹인지행동치료 기법은 경제성과 공포를 일으킬 수 있는 사회적 상황에 대한 노출이 가능하다는 등의 장점으로 인해 많은 연구자들이 연구하고 있다. 대표적인 연구는 Silverman의 그룹치료 방법인데 치료자는 아동·청소년과 부모들이 적절하게 불안을 극복할 수 있도록 도와주는 전문가이며 자문가의 역할을 맡게 된다. 유관성 관리를 위한 계약이나 그룹사회성기술훈련, 자기통제훈련과 노출 기법이 주요 전략이다. 이 치료적 개입은 12개월 뒤에도 치료적 효과가 지속되는 것으로 나타났다(Silverman et al., 1999).

2) 아동·청소년의 외현화 증상의 치료

(1) 주의력결핍 과잉행동장애의 치료

주의력결핍 과잉행동장애는 부주의성과 충동성, 과잉행동이 주증상이다. 대부분 남아에게서 진단되고 있지만 실제로는 이와 연관된 다양한 요인이 복합적으로 상존하고 있다. 예를 들어, 인지능력이나 언어능력 결핍, 학습능력문제, 사회적 기능성 문제, 행동장애와 반항성 장애, 불안이나 우울장애 등이 그렇다. 이러한 이유로 ADHD 장애는 여타의 정서행동장애와 공변되는 장애로 알려져 있다.

Kendall은 이러한 증상을 다루기 위해 자기지시적 문제해결 스텝을 제안하였다. 즉, 문제의 정의 단계와 충동적 생각이나 행동을 하려고 할 때 자기지시적 스텝들을 적용하도록 하였다. 그러나 이러한 방식은 뚜렷한 경험과학적 근거를 제시하지는 못했다(Kendall, 2000; Southam-Gerow & Kendall, 2000).

그러나 Pelham의 연구에서는 행동유관성 관리 중심의 치료방식이 23개의 연구에서 매우 효과적인 것으로 나타났으며 행동치료 부모훈련 역시 효과적인 치료방법으로 나타났다. 행동치료 부모훈련은 8~16회기의 치료회기로 ADHD 증상을 보이는 아동 · 청소년을 효과적으로 다루는 행동기법을 알려 주었다. 행동유관성 중심의 치료방식 역시 효과적인 것으로 나타났는데 이는 교실에서 교사가 효과적으로 아이들에게 보상과 체벌, 포인트 시스템을 적용하여 유관성 관리를 통해 아이들의 문제행동을 줄여 나가게 된다(Pelham & Fabiano, 2008).

(2) 행동장애의 치료

Kazdin은 품행장애에 대한 인지행동적 치료의 주요 모듈로 문제해결기술 훈련을 활용하였다. 품행장애적 행동을 보이고 공격적인 행동을 보이는 아동 · 청소년의 경우 많은 인지적 과정에서 왜곡과 결핍이 발견된다. 이러한 왜곡과 결핍으로 발생하는 대인관계문제에 대체할 수 있는 사회적 기술을 습득시키고, 친구를 사귀는 것과 같은 구체적인 수단을 제공하고, 부정적인 행동의 결과를 미리 파악하게 한다. 이러한 잘못된 인지적 과정을 주요 치료목표로 삼게 되면 공격성은 주요 사건에 대한 단순반응이 아니라 이러한 사건에 대한 인식과 처리 과정의 오류에서 시작된다는 것을 알게 된다. 따라서 치료자는 이러한 상황과 사건에 대한 아이들의 평가와 예측되는 행동을 수정할 수 있도록 하고, 공격적 행동을 스스로 이해하고, 이를 친사회적 행동으로 수정해 가도록 돕는다(Kazdin et al., 1987, 1992, 1997).

Lochman은 분노극복 프로그램 중심의 인지행동치료를 개발하였는데 주요 전략은 신체적, 정서적 단서와 분노를 일으키는 환경적 촉발 요인을 파악하도록 교육하는 것이다. 이 프로그램은 그룹치료로 활용되고 있으며 3년 후에도 치료 효과가 유지되는 것으로 나타났다.

반사회적 행동 등 행동장애를 보이는 아이들은 다양한 삶의 영역에서 문제를 보이기 때문에 다중 치료 방법이 효과적이라는 것이 현재 연구자들의 공통된 의견이다. 예를 들어, 학습교육과 함께하는 아동 인지행동치료와 부모훈련과 가족치료 등 아동·청소년들의 정서적 상황과 함께 학습상황과 가족상황을 동시에 다루는 치료기법이 임상적으로 효과적인 것으로 나타나고 있으며 이것이 앞으로 중요한 연구방향이 될 것으로 보인다(Kazdin et al., 1992; Kendall, 2000).

3) 아동·청소년의 자살행동에 대한 치료와 다이어렉티컬 행동치료(DBT)

다이어렉티컬 행동치료는 American Academy of Child and Adolescent Psychiatry 자살문제위원회에서 유일하게 청소년들의 자살행동을 낮추는 치료기법으로 소개되었다(American Academy of Child and Adolescent Psychiatry, 2000). 다이어렉티컬 행동치료는 Linehan에 의해 개발되었으며 인지 및 행동치료의 이론적 체계를 따르고 있다. 외현화 증상에 대한 인지행동치료가 점차 행동분석이나 심리사회적 기술훈련으로 무게중심을 옮겨간 것과 같이 자살행동문제를 다루는 다이어렉티컬 행동이론(DBT) 역시 행동치료와 행동주의적 원리를 많이 적용하고 있다. 특히 Linehan은 동서양의 묵상과 마인드풀니스 명상적 전통을 심리사회적 기술의 일부로 적극적으로 통합하여 만성적 자살위기가 있는 경계선 성격장애자와 감정조절문제를 안고 있는 성인과 청소년들의 자기파괴적 행동을 현격하게 낮추었다(Linehan, 1993a, 1993b).

Linehan은 1970년대 초부터 경계선 성격장애와 만성적 자살행위에 관심을 갖기 시작했다. 초기에는 경계선 성격장애 증상을 보이는 만성적인 자살행위자들에게 전통적인 인지행동치료 방법을 적용했는데 환자들의 증상이 크게 나아지지 않았고 오히려 부정적인 결과가 나타난다는 사실을 발견하게 되었다. 즉, 우울증 치료에 매우 효과적인 인지행동적 치료 방법이 경계선 성격장애를 보이는 환자들에게는 도움이 되기보다 오히려 심리적으로 위축되게 만들거나 무가치한 존재로까지 느끼게 한다는 것이다. Linehan은 이러한 이유 때문에 많은 경계선 성격장애 내담자들이 중도에 치료를 포기하거나 치료자를 공격하는 것과 같은 치료방해행동을 보이는 것을 알게 되었다.

Linehan은 경계선 성격장애가 유전적 혹은 생물학적인 장애 요소와 환경적인 장애 요인의 결합으로 생겨난다고 보았다. 이를 Linehan은 생물사회 이론(biosocial theory)으로 명명하였는데 그 이유는 경계선 성격장애는 생물학적으로 결정된 감정조절 시스템 이상으로 생겨나는 생물학적 장애라는 것이다. 다시 말하면 감정조절능력 부재가 유전적으로 결정되었거나 임신 중 발생한 문제 혹은 아동기에 심한 정신적 외상으로 인해 뇌의 감정조절 기능 이상 혹은 위의 요인들이 복합적으로 작용하여 경계선 인격장애를 형성한다는 것이다. 이러한 생물학적인 장애 요인은 환경적 장애 요인으로 강화되는데 일반적으로 사회에서는 감정조절 이상을 보이는 이들을 받아들이기보다는 이러한 정서적 유약성(vulnerability)을 무시하거나 심지어 처벌하는, 비수인적(invalidating) 환경을 조성하게 된다.

Linehan은 경계선 성격장애를 생성하는 메커니즘에 대한 설명에서 이 장애는 개인과 환경이 상호작용하면서 형성되는데 개인적 차원에서는 감정조절능력문제를 극복하는 대처기제의 미발달로 장애가 심화되고, 환경적(대인관계적) 차원에서는 점점 더 이 성격장애를 보이는 이들을 무시하고 묵살하는, 비수인적 환경을 강화(reinforce)시키게 된다고 하였다.

같은 맥락에서 Linehan은 경계선 성격장애의 정서적인 어려움은 감정조절 능력 이상이라는 정서적 유약성과, 이러한 감정을 조절할 수 있는 행동적 기술 부족(behavioral skills deficit)의 결합으로 생성된다고 본다. 따라서 DBT는 정서적 유약성을 극복하는 구체적인 행동기술을 교육시키고 이를 내재화함으로써 개인의 유약성을 적극적으로 극복하도록 하는 것이 궁극적인 목표라고 할 수 있다.

DBT는 인지행동치료와 같이 지속적인 평가와 명확한 목표 설정, 환자와의 협조적 관계 유지를 중시하며 문제해결, 시연, 유관성 관리, 인지교정과 같은 다양한 인지행동치료 기법을 사용한다. 그러나 한 가지 큰 차이점은 DBT에서는 경계선 성격장애의 치료를 위해서 자살위협, 준자살행위, 자해행위 등에 대해서 때로는 전통적인 심리치료의 지원적(supportive)이며 공감적인 태도와는 정반대의 직설적이며 단호한 태도를 필요에 따라서 보이도록 권한다는 점이다. 즉, 많은 경우 자살위협이나 자살행동을 하는 이들에게 치료자가 따뜻한 반응을 보이면 이것이 긍정강화물(positive reinforcement)로 작용하여 이들의 자살행동을 더 조장하고 강화한다는 것이다. 다시 말하면 자살행위나 관념을 보일 때 따뜻한 반응을 보이면 환자는 자신에게 돌아오는 관심을 다시 얻기 위해 비슷한 행동을 반복하게 되며 스스로 이러한 생각을 막을 수 있는 대처기제 훈련을 하지 않게 된다는 것이다. 따라서 치료자는 환자가 부족한 기술의 습득과 일반화를 위해서 자신의 감정적 반응에 매우 민감해야 하며 부정적 행동을 강화하지 않도록 해야 한다.

그렇다고 치료자의 공감적이며 무조건적으로 용납하는 태도를 버려야 한다는 것은 아니다. 보다 적극적으로 이들을 인간으로서 더욱 더 이해하고 수용해야 하며 환자가 스스로 긍정적인 행동과 인지를 개발시키기 위해서 치료자는 노련한 훈련자 역할을 동시에 해야 한다.

DBT는 위에 언급한 기본적인 철학과 태도를 기반으로 하여 감정조절능력 향상, 동기부여, 새로 습득한 기술의 일반화, 치료자의 능력 향상과 동기부여, 긍정적 환경 조성의 치료목표를 갖는다. 이는 네 가지 주요 치료 모듈로 구성되어 있다.

- 핵심 마인드풀니스 훈련(core mindfulness skills training)
- 대인관계 효율성 훈련(interpersonal effectiveness skills training)
- 심적 고통에 대한 내성증진 훈련(distress tolerance skills training)
- 감정조절 훈련(emotion regulation skills training)

치료기간은 대개의 경우 초기진단 및 면접 이후 1년 동안 치료에 전념할 것을 권하며 1년 동안 내담자는 4개의 모듈을 모두 마치게 된다. 내담자는 주 1회의 개인심리치료를 통해 개인의 긍정적 행동 습득을 강화하게 되며 동시에 생명위협행동, 치료방해행동 요인을 낮추고 삶의 질을 증진시키는 행동을 강화시켜 나가게 된다. DBT 모임에서는 역시 주 1회에 4개의 모듈을 집중적으로 교육하고, 숙제를 주며, 지난주에 내준 숙제를 발표하도록 한다. 대개 그룹은 2명의 심리치료사가 참여하게 되는데 각각 역할을 분담하여 효과적인 치료와 교육이 되도록 한다.

이러한 성인중심으로 개발된 다이어렉티컬 행동치료는 경계선 성격증상을 보이는 청소년들에게 적용되어 그 효과가 검증되었으며 Miller는 청소년용 DBT 프로그램의 효과검증을 통해 자살행동과 주요 정서문제 증상 감소와 함께 이들의 입원율이 줄어드는 결과를 얻었다(Miller et al., 1997). 현재 다이어렉티컬 행동치료는 감정조절의 어려움을 겪고 자살관념이 높은 아동들을 대상으로 임상적으로 적용되고 있으며 그 치료 효과를 검증하고 있다.

4. 아동 · 청소년 인지행동치료의 발전

Kendall은 불안과 우울과 같은 내면화 장애에 인지행동치료가 매우 효과적인 반면 외현화 증상에 대해서 단일 인지행동치료 모듈은 다중적 치료 방법과 같이 연동이 될 때 효과적이라고 밝히고 있다. 그러나 앞서 언급한 대로 품행장애나 ADHD, 자살행동과 같이 외현적으로 나타나는 증상에는 행동분석과 행동치료적 접근을 접목할 때 더욱 효과적으로 증상이 감소하였다. 특히 아동 · 청소년과 가족을 위해서 매뉴얼을 기반으로 새로운 행동기술을 습득시키고 실제 상황에 노출을 시키는 형태의 치료 방법이 연구 · 발표되고 있으며 마인드풀니스를 기반으로 하는 심리치료와 수용을 중심으로 하는 치료가 인지행동치료의 제한점을 극복해 가고 있다.

이렇게 인지행동치료가 행동분석이나 마인드풀니스, 정서장애와 발달적 문제 등을 적극적으로 수용하며 발전시켜 나가는 것은 초기 출발부터 가설을 검증해 나가는 경험과학성을 갖추었기 때문이다. 1990년대에 들어서 아동 · 청소년을 대상으로 하는 인지행동치료는 빠르게 성장하고 있고 가설검증 중심의 과학성과 열려 있는 학자들의 태도로 인해 경험과학적 기반을 갖춘 치료기법이 서구에서는 심리학과 정신의학계뿐 아니라 정부연구기관에서 위촉한 위원회에서 인증되어 발표되고 있다.

학습과제

1. 인지행동치료의 기본적인 이론체계를 구성하고 있는 인지치료와 행동치료 이론에 대해서 설명하시오.
2. 인지행동치료의 사례 구성 방식에 대해 정리해 보시오.
3. 인지행동치료의 정서장애와 행동장애 치료에 대한 효과검증 연구와 치료 방법에 대해 기술하시오.
4. 자살행동에 대한 다이어렉티컬 행동치료의 기본적인 이론과 치료 방법에 대해 기술하시오.

참고문헌

American Academy of Child and Adolescent Psychiatry (1998). Summary of the practice parameters for the assessment and treatment of children and adolescents with depressive disorders.

American Academy of Child and Adolescent Psychiatry (2000). Summary of the practice parameters for the assessment and treatment of children and adolescents with suicidal behaviors.

Clarke, G. N., Hawkins, W., Murphy, M., Sheeber, L. B., Lewinsohn, P. M., & Seely, J. R. (1995). Targeted prevention of unipolar depressive disorder in an at risk sample of high school adolescents: A randomized trial of a group cognitive intervention. *Journal of American Academy of Child Adolescent Psychiatry, 34*, 312-321.

Clarke, G. N., Lewinsohn, P. M., & Hops, H. (1990). *Adolescent Coping with De-*

pression Course. Castalia Press: Eugene, OR.

David-Ferdon, D., & Kaslow, N. J. (2008). *Journal of Clinical Child & Adolescent Psychology, 37*(1), 62-104.

Farmer, R. F., & Chapman, A. L. (2008). *Behavioral Interventions in Cognitive Behavior Therapy: Practical Guidance for Putting Theory into Action*. American Psychological Association.

Friedbert, R. D., & McClure, J. M. (2002). *Clinical Practice of Cognitive Therapy with Children and Adolescents: The Nuts and Bolts*. The Guilford Press.

Kazdin, A. E., & Weisz, J. R. (2003). *Evidence Based Psychotherapies for Children and Adolescents*. The Guilford Press.

Kazdin, A. E. (1997). Parent management training: Evidence, outcomes, and issues. *Journal of the American Academy of Child and Adolescent Psychiatry, 36*, 1349-1356.

Kazdin, A. E., & Kagan, J. (1994). Models of dysfunction in developmental psychopathology. *Clinical Psychology: Science and Practice, 1*, 35-52.

Kazdin, A. E., Bass, D., Siegel. T., & Thomas, C. (1989). Cognitivebehavioral therapy and relationship therapy in the treatment of children referred for antisocial behavior. *Journal of Consulting and Clinical Psychology, 57*, 522-535.

Kazdin, A. E., Esveldt-Dawson, K., French, N. H., & Unis, A. S. (1987). Problem solving skills training and relationship therapy in the treatment of antisocial child behavior. *Journal of Consulting and Clinical Psychology, 55*, 76-85.

Kazdin, A. E., Siegel, T. C., & Bass, D. (1992). Cognitive problem solving skills training and parent management training in the treatment of antisocial behavior in children. *Journal of Consulting and Clinical Psychology, 60*, 733-740.

Kaslow, N. J., & Thompson, M. P. (1998). Applying for criteria for empirically supported treatments to studies of psychosocial interventions for child and adolescent depression. *Journal of Clinical Child Psychology, 27*, 146-155.

Kendall, P. C. (1994). Treating anxiety disorders in youth: Results of a randomized clinical trial. *Journal of Consulting and Clinical Psychology, 62*, 100-110.

Kendall, P. C. (2000). Guiding theory for treating children and adolescents. In *Child and Adolescent Therapy: Cognitive behavioral Procedures* (2nd ed.). Guilford

Press: New York.

Linehan, M. M. (1993a). *Cognitive Behavior Therapy of Borderline Personality Disorder.* New York: Guilford Press.

Linehan, M. M. (1993b). *Skills Training Manual for Treating Borderline Personality Disorder.* New York: Guilford Press.

Miller, A. L., Rathus, J. H., Linehan, M. M., Wetzler, S., & Leigh, E. (1997). Dialectical behavior therapy adapted for suicidal adolescents. *Journal of Practical Psychiatry and Behavioral Health,* 78-86.

Pelham, W. E., & Fabiano, G. A. (2008). Evidence Based Psychosocial Treatments for Attention Deficit/Hyperactivity Disorder. *Journal of Clinical Child & Adolescent Psychology, 37*(1), 184-214.

Silverman, W. K., Kurines, W. M., Ginsburg, G. S., Weems, C. F., Lumpkin, P. W., & Carmichael, D. H. (1999). Treating anxiety disorders in children with group cognitivebehavior therapy: A randomized clinical trial. *Journal of Consulting and Clinical Psychology, 67,* 995-1003.

Southam-Gerow, M. A., & Kendall, P. C. (2000). Cognitive behaviour Therapy with Youth: Advances, Challenges, and Future Directions. *Clinical Psychology and Psychotherapy, 7,* 343-366.

Stark, K. D., Reynolds, W. M., & Kaslow, N. J. (1987). A comparison of the relative efficacy of self-control therapy and a behavioral problem solving therapy for depression in children. *Journal of Abnormal Child Psychology, 15,* 91-113.

Stark, K. D., Rouse, L. W., & Livingston, R. (1991). Treatment of depression during childhood and adolescence: Cognitive? behavioral procedures for the individual and family. In *Child and Adolescent Therapy: Cognitive behavioral Procedures,* Kendall, P. C. (ed.). New York: Guilford Press, 165-206.

Wood, A., Harrington, R., & Moore, A. (1996). Controlled trial of a brief cognitive behavioral intervention in adolescent patients with depressive disorders. *Journal of Child Psychology and Psychiatry and Allied Disciplines, 37,* 737-746.

Weisz, J. R., Moore, P. S., Southam-Gerow, M. A., Weersing, V. R., Valeri, S. M., & McCarty, C. A. (1999). *Therapist Manual: Primary and Secondary Control Enhancement Training Program.* Available from author.

• 제9장 •

가족치료

개요

가족치료는 개인 심리치료의 한계를 극복하기 위한 노력과 움직임, 개인 심리치료의 바탕이 되었던 세계관과는 근본적으로 다른 세계관의 등장에 힘입어 발달하였다. 가족치료는 문제나 증상의 원인을 정확하게 파악하여 그것을 제거하는 데 치료의 목적을 두기보다, 문제나 증상이 발현하게 된 관계나 맥락에 일차적인 초점을 둔다. 따라서 아동의 다양한 문제와 증상을 치료하기 위해서 그가 속한 가장 일차적인 맥락인 가족과 부모와의 관계, 형제자매와의 관계 등에 초점을 둔다. 더 나아가 부모의 원가족 문제, 아동의 친구관계나 학교생활에 주의를 기울이는 것도 가족치료의 초점이 될 수 있다.

이 장에서는 우선 가족치료가 발달하게 된 시대적 배경, 개인 심리치료와의 차이점을 통해서 본 가족치료의 특징에 대해 살펴본다. 가족치료는 1950년대부터 1970년대까지 일반체계 이론을 기초로 발달한 초기 모델과 1980년대 이후 포스트모더니즘의 사조 속에 확산된 후기구조주의와 사회구성주의의 발달에 힘입어 발전하게 된 후기 모델로 나눌 수 있다. 이 장에서는 초기 모델과 후기 모델의 이론적 기초에 대해서 살펴봄으로써 아동이나 청소년 자녀를 상담할 때 가족치료자가 취해야 할 이론적 입장에 대해서 개괄한다.

마지막으로 초기 가족치료 모델 가운데 Bowen의 다세대 모델, Satir의 경험적 모델, Minuchin의 구조적 모델에 대해 살펴보고, 후기 모델 가운데 해결중심 단기치료와 이야기치료에 대해 살펴본다.

학습목표

1. 가족치료의 발달 배경을 이해한다.
2. 가족치료와 개인 심리치료의 차이점을 이해한다.
3. 초기 모델인 다세대, 경험적, 구조적 가족치료의 개념, 치료목표, 주요 기법을 이해한다.
4. 후기 모델인 해결중심 단기치료와 이야기치료의 기본 가정, 치료목표, 주요 기법을 이해한다.

제 9 장

가족치료

1. 가족치료의 기초

1) 가족치료의 발달

가족치료는 크게 두 가지 흐름 속에서 발전하였다. 하나는 개인 심리치료로 어려운 문제들을 다루기 위하여 개인치료의 경계 밖에서 몇 가지 움직임이 발생하였다는 점이고, 다른 하나는 전통적인 심리치료의 기초가 되었던 기계론적 세계관과는 근본적으로 다른 유기체론적 세계관이 출현하였다는 점이다(정문자, 정혜정, 이선혜, 전영주, 2007; Becvar & Becvar, 1988; 정혜정, 이형실 공역, 2001).

우선 개인 심리치료의 경계 밖에서 집단역동운동, 아동지도운동, 부부교육과 상담, 사회복지실천에 대한 관심이 확산되었고 가족치료의 태동에 영향을 미쳤다. 이러한 움직임은 초점에서 조금씩 차이가 있었지만 문제와 그 원인을 개인의 심리내적 요인에서 찾으려고 하기보다 집단의 역동이나 가족관계, 성장환경 등에 두었다는 공통점이 있다. 집단역동운동은 20세기 초 처음으로 도입되었으며 대표적으로 Jacob Moreno는 사이코드라마를 통해 환자가 심리적 어려움을 유발한 다양한 대인관계 상황을 재경험하는 것이 치료 과정에서 중요하다고 믿었다. 또한 인간의 행동은 개인과 환경 간 상호작용의 산물이며 집단은 부분의 합보다 크다는 개념을 발전시킨 Kurt Lewin의 장이론(field theory)이 집단역동운동의 기초가 되었다. 아동지도운동은 아동의 정서적 문제는 아동기에 시작되며 부모의 적절한 반응과 양육 및 가족관계는 아동의 성장 · 발달에 중요하다는 믿음 아래 20세기 초에 출현하였다. 한편, 부부상담과 교육의 필요성이 확산되었는데 결혼생활의 문제는 개인의 심리적 문제라기보다 부부 상호작용의 문제이기 때문에 전통적인 심리치료로 다루기에는 한계가 있었으며 따라서 정신치료의 주류 밖에서 부부상담을 진행해야 할 필요성이 제기되었다. 마지막으로 19세기 말 출발한 사회복지실천도 전통적으로 개입의 초점을 개인이 아니라 가족에 두었으며 가족치료 발달 과정에서 많은 사회복지사들이 가족치료에 참여하게 되었다.

가족치료의 발달은 서구사회를 지배한 세계관의 변화와도 함께하였다. 20세기 초까지 서구를 지배하던 기계론적 세계관으로 설명할 수 없는 생명현상에 관한 연구는 세상을 근본적으로 다른 시각으로 바라볼 필요성을 제기하였고, 20세기 초부터 소위 말하는 유기체론적 세계관이 서구의 학문세계에 등장하기 시작하였다. 이 세계관으로부터 초기 가족치료의 기초가 된 일반체계 이론과 사이버네틱스가 등장하였고 그로부터 가족치료가 태동하고 발전하게 되었다. 특히 1940~50년대에 정신과 의사들은 정신치료를 받은 환자들이 퇴원하여 집으로 돌아가면 재발하든지 아니면 다른 가족원이 비슷하거나 다른 증상을 보인다는 데 주목하였고, 개인의 정신질환은 개인의 심리내적 문제가 아니라 가족의 역동과 밀접한 연관이 있을 것이라고 가정하였다. 이러한 가정은 유기체론적 세계관이나 체계 이론의 발전에 힘입어 가족치료라는 새로운 분야가 탄생하는 데 밑거름이 되었다.

2) 가족치료와 개인치료의 차이

가족치료는 여러 측면에서 개인중심 치료와 차이가 있다. 가족치료의 태동에 큰 영향을 미친 유기체론적 세계관은 개인치료의 기초가 된 기계론적 세계관과 여러 면에서 차이가 있기 때문이다. 기계론적 세계관은 세상을 기계와 같다고 보며 기계가 움직이는 작동원리와 같은 일정한 법칙에 의해 움직인다고 본다. 한편, 유기체론적 세계관은 세상을 상호연관성과 전체성의 시각에서 본다. 세상은 상호연관된 부분들로 이루어져 있으나 그 부분들의 독립적 특성만으로는 이해될 수 없는 전체로서의 특성을 갖는다. 세계관에서의 차이는 치료 모델에서의 차이를 가져왔고 문제라고 정의하는 것, 내담자와 치료자의 특성과 역할, 문제해결을 위한 과정과 기법에서의 차이를 가져왔다. 가족치료가 개인치료와 어떻게 다른지 간략히 살펴보면 다음과 같다(정문자 외, 2007; 정혜정, 2004; Becvar & Becvar, 1988; 정혜정, 이형실 공역, 2001; Nichols & Schwartz, 2001; 김영애 외 공역, 2002).

첫째, 문제의 초점에 대한 시각에서 차이가 있다. 개인치료에서는 내담자를 별개의 독립된 존재로 보는 반면, 가족치료는 내담자의 문제나 증상이 그가 속한 가족이나 관계 혹은 맥락의 역기능과 연관된다고 본다.

둘째, 내담자에 대한 시각에서 차이가 있다. 개인치료는 내담자를 기계와 같이 수동적이고 반응적인 존재로 보는 반면, 가족치료에서는 내담자를 상호연관된 전체라는 그물의 일부분으로서 능동적인 존재이며 수동적으로 반응하기보다 적극적으로 선택하는 존재로 본다.

셋째, 인과관계를 보는 시각에서 차이가 있다. 개인치료는 인과관계를 선형적으로 보아 특정한 결과에는 특정한 원인이 있게 마련이라고 보는 한편, 가족치료에서는 인과관계를 순환적 혹은 상호적으로 본다. 문제를 둘러싼 체계의 맥락은 순환적이고 유기적으로 연결되어 있기 때문에 원인이나 결과를 정확히 파악하고 분별하는 것은 어렵다고 가정한다. 그리하여 정확한 찾기보다 '지금-여기' 무엇이 일어나고 있는가에 치료의 초점을 둔다.

넷째, 문제의 진단과 해결 과정에서 차이가 있다. 기계론적 세계관에 입각한 개인치료는 내담자의 문제를 객관적이고 정확하게 진단하고 평가할 수 있다고 보기 때문에 어느 내담자에게나 절대적으로 적용될 수 있는 다양한 진단도구를 사용한다. 한편, 가족치료는 내담자를 유기체로 보기 때문에 상황이나 맥락에 따라 다르게 반응할 수 있으며 따라서 절대적이고 객관적인 평가는 쉽지 않다고 본다. 그리하여 개인치료에서는 치료자가 전문가의 위치에서 상담을 진행하는 것이 자연스러운 반면, 가족치료에서는 내담자와 치료자의 협력이 매우 중시된다. 개인치료와 가족치료의 유용성은 절대적으로 판단할 수 없으며 내담자의 문제나 증상, 치료자의 선호나 치료 맥락에 따라 적절히 선택하여 사용하는 것이 바람직하다.

2. 초기 가족치료 모델

1) 다세대 가족치료

다세대(multi-generational) 가족치료 이론은 정신과 의사였던 Murray Bowen에 의해 1950년대에 발전되었다. Bowen은 정신분열증 환자를 치료하는 과정에서 환자와 어머니가 공생관계를 이루고 있음에 주목하였고 그로부터 8개의 상호 연관된 주요 개념을 중심으로 이론을 확립하였다. 중심인물로 Bowen, Kerr, Guerin, Fogarty, McGoldrick, Carter 등이 있다. 다음에서는 다세대 가족치료의 주요 개념, 치료목표와 치료기법에 대해 살펴본다(정문자 외, 2007; Kerr & Bowen, 1988; 남순현 외 공역, 2005).

(1) 주요 개념

첫째, 자기분화(self-differentiation)는 다세대 이론의 핵심 개념으로서 심리내적 차원과 대인관계 차원이 있다. 심리내적 차원의 분화는 이성과 감정을 분리할 수 있는 능력 혹은 지적 과정과 정서 과정을 분리할 수 있는 능력이다. 따라서 분화 수준이 높은 사람은 이성과 감정이 균형을 이루어 감정을 풍부히 느끼면서도 이

성적인 원칙에 따라 살고 의사결정을 하고 타인과의 상호작용에 반응한다. 그러나 분화 수준이 낮은 사람은 매우 감정적이고 충동적이며 감정반사행동을 자주 한다. 한편, 대인관계 차원의 분화란 자기와 타인을 분리할 수 있는 능력을 의미한다. 분화 수준이 높은 사람은 자신만의 분명한 입장과 신념을 가지며 타인의 존재를 인정하고 수용하면서도 독자적으로 의사결정하고 자기의 결정에 대한 책임을 진다. 그러나 분화 수준이 낮은 사람은 자기와 타인을 분리하지 못하고 스트레스 상황에서 쉽게 융합하려는 경향을 보이며 타인의 인정과 칭찬에 민감하고 그것을 추구하기 위해 많은 에너지와 시간을 소비한다.

둘째, 삼각관계는 자기분화 수준이 낮은 가족원들이 가족 내 불안과 긴장을 해소하는 정서적 역동방식이다. 삼각관계가 형성되는 데 주요한 영향을 미치는 것은 가족원이 느끼는 불안이다. 불안을 느낄 때 자기분화 수준이 높은 사람은 타인의 의견을 존중하면서도 이성적으로 처리하고 대처할 수 있지만, 분화 수준이 낮은 사람은 불안에 직면하여 이성적으로 대처하지 못하고 흔들리게 되며 자기를 지원해 줄 사람으로 제삼자를 끌어들인다. 분화 수준이 낮은 사람이 삼각관계를 형성하는 동기는 문제해결을 위해서이지만 삼각관계가 형성됨과 동시에 문제는 더 복잡해지고 불안은 더욱 증가하면서 상호 맞물린 삼각관계가 가족을 벗어나 직장과 사회로 확장하여 형성될 수 있다.

셋째, 핵가족 정서체계는 부부가 결혼하면서 형성된다기보다 원가족의 정서적 역동 및 부모의 분화 수준에 많은 영향을 받는다. Bowen은 배우자를 선택할 때 자신과 비슷한 분화 수준의 사람을 선택하는 경향이 있다고 하였다. 분화 수준이 높은 부부는 서로에 대한 신뢰와 존중 등에 의해 분화가 더욱 촉진된다. 반면 분화 수준이 낮은 남녀가 결혼하면 상대에 대한 의존욕구가 더욱 커지고 상대 배우자가 이를 만족시켜 주지 못할 때 불안이 더 고조된다. 그 결과 가족의 정서적 역동은 더욱 불안해지고 이와 같은 핵가족 정서적 융합의 결과 세 가지 유형의 증상, 즉 배우자의 신체적 혹은 심리적 역기능, 만성적인 부부갈등 혹은 부부관계의 경직, 자녀의 역기능이 나타날 수 있다.

넷째, 가족투사 과정은 분화 수준이 낮은 부부가 결혼관계에서 발생한 불안을 다루지 못하고 자녀 가운데 한 명을 끌어들이는 것을 말한다. 모든 자녀가 가족투사 과정의 희생양이 되지는 않으며 원하지 않았던 자녀나 미숙하고 취약한 자녀, 상대 배우자의 단점을 닮은 자녀, 가족 스트레스가 심한 상황에서 태어나 자란 자녀 등이 희생양이 될 가능성이 크다. 이런 자녀는 부모의 낮은 자기분화 수준으로 말미암아 부모의 미숙함에 더 많이 노출되고 다른 자녀에 비해 더 쉽게 융합의 대상이 되므로 다른 형제에 비해 자기분화 수준이 더 낮아지게 되며 결과적으로 신체적 혹은 심리적 역기능을 보일 가능성이 높다.

다섯째, 정서적 단절은 원가족을 접촉함으로써 생기는 불안을 줄이기 위해 부모의 집으로부터 멀리 떨어져 살거나 부모와 말을 하지 않는 등 부모와의 접촉을 단절하는 것을 말한다. 정서적 단절은 가족투사 과정에 많이 개입된 자녀에게 주로 일어나는 현상인데 부모로부터의 단절을 통해 해방되었다고 느끼지만 실제로는 부모와의 해결되지 않은 융합에 대해 독립성을 과장한 것일 뿐이다.

여섯째, 다세대 전수 과정은 정신분열증을 비롯한 개인과 가족의 여러 가지 역기능이 여러 세대를 거쳐 발생한 것임을 나타내는 용어다. 특정 세대에서 전수 과정이 느려지거나 유지되거나 혹은 종종 한두 세대를 건너뛸 수 있으나 짧게는 3~4세대, 길게는 8~9세대에 걸쳐 알코올중독, 우울증, 정신분열증 등의 역기능이 발생하게 된다.

일곱째, 형제자매 위치는 출생순위에 따라 가족의 정서체계 안에서 특정한 역할과 기능을 하는 것과 관계가 있는데 배우자의 상호작용도 원가족 내 형제자매 위치와 연관이 있다. 가령 맏이로 자란 여성이 막내와 결혼하는 경우와 장남과 결혼하는 경우의 정서적 역동은 달라진다. 이와 같이 부부관계를 비롯한 핵가족의 정서적 역동은 부부의 원가족 내 형제자매와 깊은 연관이 있다.

마지막으로 사회적 정서 과정은 개인과 가족의 정서 과정 개념을 사회로 확장한 것이다. 사회도 개인이나 가족과 마찬가지로 개별성과 연합성의 힘에 의해 움직이며 그에 따라 분화 수준이 달라진다. 가족원 개인의 분화 수준이 다세대 전수 과정을 통해 핵가족 분화 수준에 지대한 영향을 미치듯, 사회의 분화 수준도 개인과 가족의 분화 수준에 깊은 영향을 미칠 수 있다. 사회의 분화 수준은 사회가 스트레스나 불안에 직면하여 얼마나 이성적이고 장기적으로 상호 이득이 되는 방향으로 정책이나 법안을 정하고 사람들을 이끌어 가느냐를 통해 볼 수 있다.

(2) 치료목표

다세대 가족치료의 주요 목표는 가족원의 자기분화 수준을 높이고 삼각관계에서 벗어나게 함으로써 가족원의 불안을 경감시키고 가족의 정서체계가 안정감을 찾도록 하는 데 있다. 이를 위해서 다세대 과정을 통해 전수되는 가족 과정과 구조를 파악할 필요가 있으며 가족원이 미분화됨으로써 전수되는 정서적 역동과 특징적인 문제나 증상을 파악하고 이해하는 것이 필요하다. 이와 같이 자기분화 촉진, 탈삼각화, 가족원의 불안 감소라는 목표를 달성하기 위해 치료의 첫 단계에서 가계도를 통한 가족평가 작업이 우선된다. 치료자의 자기분화 수준 또한 치료목표 달성의 중요한 관건이며 치료적 삼각관계를 형성함으로써 내담자나 그 가족의 자기분화 수준을 촉진한다.

(3) 주요 기법

첫째, 가계도(genogram)는 다세대 가족치료의 핵심적인 기법으로 3세대에 걸친 가족의 정서 과정을 그림을 통해 진단하는 방법이다. 가계도는 대개 첫 면담에서 내담자와 함께 작성하며 회기가 진행되면서 수정하거나 보완하게 된다. 가계도를 통해 핵가족 정서체계, 정서적 단절, 삼각관계, 미분화나 융합문제, 다세대를 통해 전수되는 증상이나 문제 등을 검토할 수 있으므로 치료적 목표 설정을 위한 여러 가지 가설을 세울 수 있다. 가계도를 그릴 때 사용하는 기호는 [그림 9-1]과 같다.

둘째, 치료적 삼각관계 기법은 치료자가 두 사람(예: 부부, 어머니와 아들, 아버지와 딸)과 함께 삼각관계를 이루어 작업하는 것이다. 두 사람이 불안이나 긴장을 감소시키기 위해 치료자를 제삼자로 끌어들이려 할 때 치료자가 말려들지 않으면 치료적 삼각관계 안에서 가족원들은 안정을 찾게 된다.

셋째, 코칭은 다세대 치료자가 중립적이고 객관적인 입장에서 전문적인 조언을

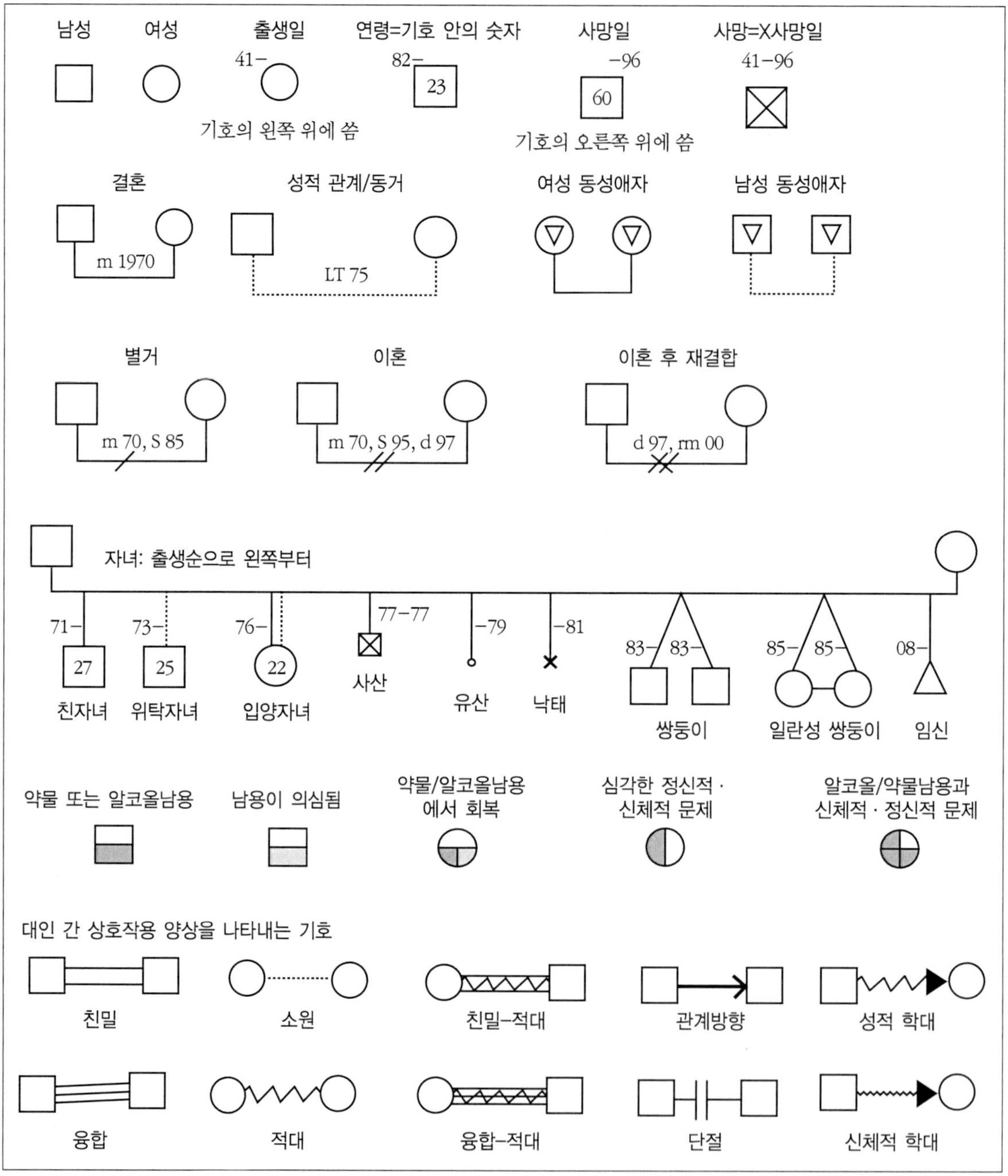

[그림 9-1] 가계도의 표준 기호

출처: McGoldrick, Gerson, & Petry(2008); 이영분, 김유숙, 정혜정, 최선령, 박정희 공역(2011: 4).

함으로써 가족원 스스로 가족의 정서적 역동과 자신의 입장을 이해하여 가족원의 분화를 돕는 방법이다.

넷째, '나의 입장(I-position)' 기법은 분화 수준이 낮은 사람이 감정적으로 반응하거나 자신의 의견을 내세우지 못할 때 자신의 감정이나 생각에 초점을 맞추어 표현하도록 돕는 방법이다.

2) 경험적 가족치료

경험적 가족치료는 지금-여기에서 치료자와 가족 사이에 매 순간 일어나는 상황과 경험을 중요시하며 이러한 경험을 통해 성장하고 인간 경험의 질적 측면이 곧 치료적 개입의 대상이 된다고 본다. 대표적 인물은 Whitaker와 Satir로, Whitaker는 상징적 경험주의 가족치료자로 알려져 있으며 치료 과정에서 일어나는 일과 치료자를 포함한 모든 참여자의 느낌과 경험과 생각을 공유하는 것을 중요시하였고, 치료자의 자발적이고 창조적인 모습, 내담자에 대한 개방성과 진실성을 중시하였다. 한편, Satir의 가족치료는 성장 모델이라고 불리며 최근에 『사티어 모델-가족치료의 지평을 넘어서(*The Satir Model: Family therapy and beyond*)』의 공동저자인 Banmen이 사티어 모델을 계승하여 발전시키고 있다. 다음에서는 사티어 가족치료의 주요 개념과 치료목표, 주요 기법에 대해 살펴본다(정문자 외, 2007; Nichols & Schwartz, 2001; 김영애 외 공역, 2004).

(1) 주요 개념

첫째, 자아존중감은 인간의 기본 욕구로서 인생 초기에 부모와의 관계에서 어떠한 경험을 했는가에 따라 다르게 형성한다. 부모가 자녀에게 적절히 반응하지 못한 경우, 자녀가 자존감을 학습하고 발전시킬 수 있는 기회를 갖지 못한 경우, 부모가 역기능적인 의사소통 유형을 보여 줄 경우 자녀의 자존감은 손상된다. 자존감은 에너지원으로서 인간이 자신을 사랑하고 감사할 때 에너지가 만들어지며 더욱 창조적이고 현실에 맞는 생활을 할 수 있다. 자존감은 자기, 타인, 상황이라는 세 가지 요소로 구성되는데 이는 의사소통 유형으로 나타난다. 또한 자존감이 학습되듯이 인생 후기에 재학습 과정을 통해 향상시킬 수 있다.

둘째, 의사소통 유형은 개인의 자존감과 밀접한 연관이 있다. 자존감이 높은 사람은 자기, 타인, 상황을 모두 고려하면서 행동하고 의사소통하기 때문에 일치형의 의사소통 유형을 보이는 반면, 자존감이 낮은 사람은 이 세 가지 요소 가운데 한 가지 이상을 무시하면서 의사소통하기 때문에 의사소통이 역기능적이고 불일치한다. 역기능적 의사소통 유형에는 회유형, 비난형, 초이성형, 산만형이 있다. 회유형은 자신의 내적 감정이나 생각을 무시하고 타인의 비위를 맞추려 하고, 타인의 의견에 무조건 동조하거나 비굴한 자세를 취하고, 사죄와 변명을 지나치게 많이 한다. 비난형은 회유형과는 정반대로 타인의 말이나 행동을 비난하고 다른 사람을 통제하고 명령하려 하는데 내적으로는 소외감을 느끼며 외로운 실패자라는 느낌을 갖는다. 초이성형은 자신과 타인을 모두 무시하고 상황만을 중시하기 때문에 매우 이성적이고 객관적이며 정확하고 옳은 말만 하는 반면, 자신의 감정을 표현하지 못하고 타인의 감정이나 생각에 대해서도 민감하지 못한데 내적으로는 쉽게 상처받으며 소외감을 쉽게 느낀다. 마지막으로 산만형은 자신, 타인, 상황을 모두 무시하면서 이야기하며 말이 되지 않는 이야기를 하며 산만하게 행동하는데 정서적으로 혼란한 심리상태를 가지고 있다.

셋째, 가족규칙은 원가족에서 경험한 것을 내면에 지니고 있는 일종의 명령으로서 행동이나 반응으로 나타나며 개인의 대처방식의 일부가 된다. Satir에 의하면, 문제나 증상은 '나쁜 사람' 때문이 아니라 '나쁜 규칙' 때문에 발생한다. 합리적이고 융통성이 있어서 인간의 성장에 도움이 되는 규칙도 있지만, 비합리적이고 융통적이지 못하며 경직되어 있고 일방적이고 비인간적인 규칙은 인간의 성장을 방해하며 자존감을 손상시킨다. Satir는 특히 인간의 감정규칙을 중시하였으며 개인과 가족의 기능에 방해가 되는 규칙은 지침으로 바꿈으로써 성장을 도울 수 있다고 하였다.

(2) 치료목표

Satir 경험적 가족치료의 목적은 내담자가 자아존중감을 높이고, 가족규칙을 합리적이고 현실적이며 인간중심적인 것으로 만들며, 내담자의 역기능적인 의사소통 유형을 일치적인 것을 만듦으로써 내담자가 자기 인생에 대한 선택권을 갖도록 하는 데 있다. 이러한 목표를 달성하기 위하여 경험적 가족치료자의 사람됨과 일치성이 중요하며 기본적으로 치료자는 유능감(competence), 자신감(confidence), 일치성(congruence)이라고 불리는 3C의 기본 자질을 갖추어야 한다.

(3) 주요 기법

■ 원가족 삼인군 치료

삼인군(triad)은 인생 초기에 맺은 어머니와 아버지와 자녀 세 사람의 관계를 말한다. Satir 모델은 원가족에서 부모와의 관계에서 익히고 학습한 대처방식이 이

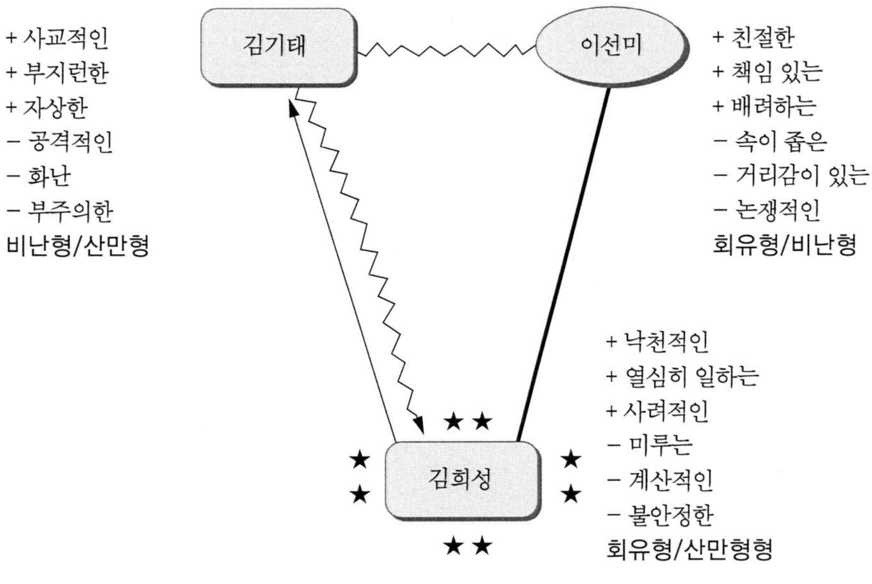

[그림 9-2] 김희성(스타)의 원가족 도표(별칭: 콩가루 집안)

출처: 정문자 외(2007).

후의 성격 형성과 인생에 영향을 미친다고 강조한다. 만일 원가족 삼인군에서의 경험이 지지적이거나 성장에 도움이 되지 않았으며, 오히려 왜곡된 지각을 갖게 하는 경험이었고, 미해결된 과제로 남아 있다면 치료 과정을 통하여 재학습할 수 있다.

원가족 삼인군 치료를 위해서는 우선 원가족 도표를 그리는 작업이 필요하다. 원가족 도표는 흔히 스타(Star, Satir는 내담자를 IP라고 부르지 않고 스타라고 부름)의 원가족 도표, 스타 어머니와 아버지 각각의 원가족 도표를 그린다. 이 도표를 통해 가족원의 성격, 자존감 정도, 의사소통 유형, 가족규칙, 가족관계, 세대 간 유사점과 차이점 등을 파악할 수 있다. 원가족 도표의 예를 들면 [그림 9-2]와 같다.

■ 빙산 치료

빙산은 개인의 내적 과정을 나타내기 위한 Satir 모델의 은유로서, 흔히 겉으로 드러나는 개인의 행동 아래에는 매우 두꺼운 층의 내적 과정이 자리하고 있다. [그림 9-3]에서 보는 바와 같이 행동 아래에는 의사소통 유형으로 나타나는 대처 방식, 감정, 감정에 대한 감정, 지각, 기대, 열망, 그리고 자기라는 요소가 자리하고 있다. 따라서 개인의 행동을 이해하기 위해서는 수면 위에 보이는 행동에만 초점을 둘 것이 아니라 수면 아래 자리하고 있는 이러한 요소에 대한 이해가 필요하며 이러한 요소들과의 접촉이 매우 중요하다. 내담자가 내면의 감정을 진정으로 느끼고 표현하며, 자신이 가지고 있던 기대를 돌아보고, 충족할 수 없는 기대를 내려놓고, 새로운 각도에서 열망을 충족할 수 있도록 돕는다. 이와 같이 행동 변화에 초점을 두기보다 수면 아래를 탐색하여 내담자의 경험을 표면화하고 변형하도록 하는 것이 더 중요하다.

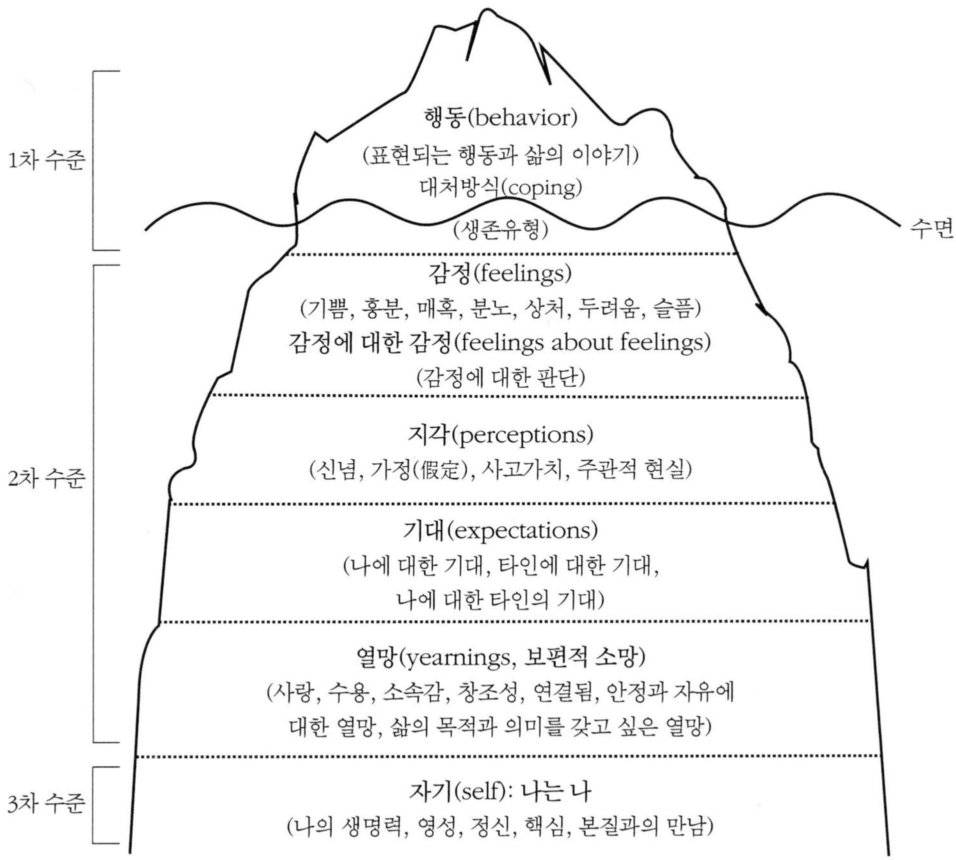

[그림 9-3] 빙산에 비유한 인간의 심리내적 경험

출처: Banmen(2001).

■ 가족조각

조각은 일정 시점에서 타인과의 관계나 타인에 대한 느낌과 생각을 몸짓, 표정 등의 동작과 공간적 거리나 배치를 사용하여 표현하는 비언어적 기법이다. 따라서 조각에 참여하는 사람과 관찰하는 사람 모두 타인과의 관계에서 일어난 사건과 감정과 생각을 동시에 경험할 수 있다. 가족조각은 한 가족원이 다른 가족원이나 가족 전체의 역동에 대해 느끼는 정서상태를 자세와 동작과 소도구 등을 사용하여 공간적으로 나타내는 것이다. 이를 통하여 가족의 의사소통 유형, 권력구조,

친밀감이나 소속감, 개별화, 규칙, 동맹과 연합 등이 파악될 수 있다. 이 기법은 비언어적으로 자신에 대한 표현을 용이하게 하므로 언어능력에 한계가 있는 가족, 어린 아동이 있는 가족, 말을 너무 많이 하거나 너무 적게 하는 가족, 사고와 이성을 지나치게 중시하는 가족에게 효율적이다.

이 밖에도 Satir 모델에서는 은유와 명상 등의 기법을 활용한다. 은유를 통해 치료자가 의미하는 것과 실제 대상 사이에 일정한 공간이 생기는데 그 공간은 내담자가 자기 나름대로 해석할 수 있는 치료적 효과가 있다.

3) 구조적 가족치료

구조적 가족치료는 가족을 상호작용하는 하나의 구조로 본다. 소아정신과 의사였던 Salvador Minuchin에 의해 발전되었고 Charles Fishman, Harry Aponte, Braulio Montalvo, Bernice Rosman이 대표인물이다. Minuchin은 1974년 『가족과 가족치료(*Families and family therapy*)』를 출판하여 구조적 가족치료의 기본 개념과 치료기법 등을 세상에 알렸다. 다음에서는 구조적 가족치료의 주요 개념, 치료목표, 주요 기법에 대해 살펴본다(정문자 외, 2007; Becvar & Becvar, 1988; 정혜정, 이형실 공역, 2001; Minuchin, 1974; 김종옥 역, 1988; Nichols & Schwartz, 2001; 김영애 외 공역, 2004).

(1) 주요 개념

■ 가족구조

가족구성원이 서로 상호작용하는 방식을 조직하는 일종의 기능적 요구로서 눈에 보이지 않지만 가족의 상호작용을 반복적으로 관찰하면 가족구조를 파악할 수 있다. 즉, 가족원들이 누가, 언제, 누구와, 무엇을, 얼마나 자주 접촉하는지 관찰하면 그 가족의 구조를 파악할 수 있다. 가족구조는 두 가지 제한요인에 의해 규제를 받는데 한 가지는 대부분의 가족에 적용되는 일반적이고 보편적인 규범이며 다른 하나는 특정한 가족에게만 적용되는 특정한 상호교류 패턴이다. 가족구조는 추상적인 개념으로서 하위체계, 경계선, 위계구조 등의 개념을 통해 구체적으로 파악할 수 있다.

■ 하위체계(subsystem)

가족은 하나의 체계로서 그 안에는 다양한 하위체계가 존재한다. 가족이 기능적으로 존재하기 위해서는 하위체계가 제 기능을 다해야 하는데 특히 부부 하위체계, 부모 하위체계, 부모-자녀 하위체계, 형제자매 하위체계가 제 기능을 다하는 것이 중요하다. 부부 하위체계는 사랑과 성과 친밀감 형성이 주요 기능이며, 어느 일방의 만족이나 자아실현을 위해서 상대방이 희생되어서는 안 되며, 또 자녀들로부터 보호될 수 있어야 한다. 부모 하위체계는 자녀양육과 발달을 위해 자녀의 연령에 맞는 규칙을 설정하여 적절한 통제와 보살핌을 제공함으로써 자녀가 건강하게 성장 · 발달할 수 있도록 돕는 것이 주요 기능이다. 부모-자녀 하위체계의 주요 기능은 적절한 위계질서를 형성하는 것이며 그렇지 못할 경우 부모역할을 하는 자녀(parental child)가 발생하는 등 역기능적으로 흐를 가능성이 있다. 또한 형제자매 하위체계는 서로 협상, 협동, 연합, 경쟁, 갈등 등을 자연스럽게 경험하는 '사회적 실험실' 과 같으므로 일부 자녀에 대한 부모의 부적절한 개입이나 동맹은 형제자매 하위체계가 제 기능하는 것을 방해한다.

■ 경계선(boundary)

경계선은 가족원 개인과 하위체계의 안과 밖을 구분하는 선이며 가족원 사이에 허용되는 접촉의 양과 종류를 규정한다. 따라서 경계선을 통해 개인 혹은 하위체계 간 친밀함의 정도, 정보나 문제해결을 위해 상호교류하는 정도 등을 파악할 수 있다. 가족의 경계선은 일상적으로 관찰이 어렵지만 가족원 간의 상호작용을 반복적으로 관찰하다 보면 경계선의 종류를 알 수 있다. 경계선은 경직된(rigid), 분명한(clear), 밀착된(enmeshed) 혹은 모호한(diffuse) 경계선의 세 범주로 구분할 수 있다. 경직된 경계선은 가족원이 서로 거리감과 소외감을 갖는 경향이 있고,

가족에 대한 충성심과 소속감이 부족하며, 상호협조적이고 지지적이기보다 독립적이고 자율적으로 기능한다. 반면 모호한 경계선은 개인의 정체성 구분이 모호하고, 가족에 대한 소속감이나 충성심이 지나친 나머지, 개인으로서 독립적이고 자율적으로 기능하는 능력이 부족하다. 분명한 경계선은 경직된 경계선과 모호한(밀착된) 경계선 사이에 존재하는데 가족원으로서의 소속감과 충성심, 그리고 협동심을 갖는 반면 개인으로서의 자율성도 보장되는 방향으로 기능한다. 대부분의 가족은 경직된 경계선으로부터 모호한 경계선에 이르기까지 연속선상의 어느 지점에 위치하는데 분명한 경계선이 가장 이상적인 가족이라고 할 수 있다.

■ 위계구조

가족의 위계구조는 가족의 권력을 기반으로 하는데 권력은 권위(결정권자가 누구인가) 및 책임(누가 그 결정을 수행하는가)과 관계가 있다(Goldenberg & Goldenberg, 2001; 김득성 외 공역, 2002). 가족이 기능적이기 위해서는 부모가 자녀의 성장과 발달에 책임을 지는 위계구조에 있어야 하며 부모와 자녀가 분화된 권위를 갖는 것이 중요하다. 이와 같은 가족의 보편적인 위계구조를 위반하는 경우 가족은 역기능적이 되는데 안정된 연합과 우회연합이 그 예다. 안정된 연합이란 가족원 두 사람이 정서적으로 밀착된 관계를 형성하여 가족 내 한 사람을 밀어내는 것이며 우회연합이란 가족원 간에 갈등이 생길 경우 이를 피하기 위하여 당사자가 아닌 다른 가족원과 밀착된 관계를 형성하는 것을 말한다.

(2) 치료목표

구조적 가족치료의 목표는 가족을 재구조화하는 것이다. 가족의 재구조화는 가족의 하위체계, 경계선, 위계구조를 재조정함으로써 가족이 제 기능을 하도록 돕는 것으로 다음과 같은 몇 가지 지침을 고려해야 한다(Becvar & Becvar, 1988;정혜정, 이형실 공역, 2001).

첫째, 가족의 위계구조를 적절히 확립함으로써 부모가 권위와 책임을 맡고 부모, 자녀가 세대 간 차이를 기초로 권력의 차이를 인정한다.

둘째, 부모가 연합하고 자녀들은 동년배의 형제자매 체계로서 기능하도록 돕는다.

셋째, 부부 하위체계는 부모 하위체계와 분리되어 존재하도록 돕는다. 부부가 자녀의 성장과 발달을 지원하기 위해서만 존재하는 것이 아니라 서로의 사랑과 친밀감, 그리고 자아실현을 도울 수 있도록 한다.

넷째, 경계선이 경직되거나 분리된 가족을 대상으로 상담할 경우 가족원 간의 상호작용 빈도를 증가시킴으로써 분명한 경계선을 확립하도록 돕는다. 한편, 경계선이 밀착된 가족을 대상으로 할 경우 가족원 간의 상호작용 빈도를 줄이고 가족원 개인이 독립적이고 자율적으로 기능할 수 있도록 돕는다.

(3) 주요 기법

구조적 가족치료는 치료자가 가족에 합류(joining)하는 과정, 가족의 구조를 확인하는 과정, 그리고 가족구조를 재구조화시키는 과정의 세 단계로 이루어진다. 이를 위해 합류 기법, 구조적 지도, 가족의 재구조화를 위한 기법을 사용한다.

■ 합류 기법

구조적 가족치료는 우선 치료자가 가족에 합류함으로써 시작된다. 합류란 치료자가 가족의 상호교류 유형을 그대로 수용하고 가족의 강점을 직접 경험함으로써 가족체계와 관계를 맺는 행동으로서, 가족의 상호작용을 객관적인 기준으로 진단하는 것과는 차이가 있다. 치료자가 잘 합류하기 위해서는 적응능력이 있어야 하는데 적응이란 인류학자가 외부문화를 이해하기 위해서 외부인의 관점에서 객관적인 잣대로 그 문화를 분석하는 것이 아니라 그 문화의 구성원과 함께 생활함으로써 그 문화의 일원으로서 이해하는 과정이다.

합류를 위해서 치료자는 유지, 추적, 모방 기법을 사용한다. 유지(maintenance)는 가족의 전체 구조나 가족의 하위체계에 대한 적극적인 승인과 지지, 가족원 개인의 특성을 있는 그대로 받아들이는 것, 가족원 개인의 장점과 가능성을 인정하고 지지하는 것 혹은 특정 가족원의 위치를 지지하는 것을 포함한다. 추적

(tracking)은 치료자가 가족의 의사소통과 행동의 내용을 따라가고 그것들이 계속 되도록 격려하면서 가족에 합류하는 것이다. 추적을 통해 치료자는 가족이 말하는 내용을 명확하게 하기 위해 질문을 하고 찬성하는 말을 하거나 가족이 말한 내용을 확대시켜 문제의 핵심을 이끌어 내는 작업을 한다. 모방(mimesis)은 가족이 사용하는 언어, 몸짓, 대화방식 등을 치료자가 그대로 따라함으로써 가족의 생활방식과 정서상태에 적응하는 기법이다. 또한 모방은 치료자가 가족의 경험과 동일한 자신의 경험을 강조하여 말하는 것을 포함한다. 이와 같이 합류를 위한 세 가지 기법은 가족을 재구조화하는 데도 사용할 수 있다.

■ 구조적 지도

가족의 상호작용 구조를 그림으로 나타내는 것이 구조적 지도(structural map)로 치료자가 치료의 변화 과정을 평가하거나 치료목표를 설정할 때도 구조적 지도를 사용한다.

■ 가족재구조화 기법

구조적 가족치료에서 가족 재구조화라는 목표를 달성하기 위해 긴장 고조, 증상 활용, 과제 부과라는 기법을 사용한다(Minuchin, 1974; 김종옥 역, 1988). 긴장 고조 기법은 가족체계의 여러 부분에서 스트레스를 증가시키는 기법으로서 치료자가 가족의 평소 의사소통 방식을 방해하는 것, 가족이 무시해 왔던 차이점을 들추어냄으로써 갈등을 공개적으로 다루고 가족이 차이점에 부여해 왔던 부정적인 의미를 되돌아보도록 하는 것, 치료자가 가족원 한 명이나 하위체계에 일시적으로 합류하는 것 등을 들 수 있다. 이러한 긴장고조 기법은 가족이 지켜 온 구조적 평형상태에서 벗어나 재구조화되도록 돕는다. 가족체계의 긴장을 고조시키기 위해 치료자는 목소리의 크기나 높낮이, 말의 속도, 적절한 단어를 선택하여 사용할 수 있다.

가족 재구조화를 위해 사용할 수 있는 또 다른 기법은 증상활용 기법으로 구체적으로 다음과 같이 사용할 수 있다. 첫째는 '증상에 초점 맞추기'로, 이는 치료자가 증상에 초점을 둔 과제를 부여하거나 증상과 관련된 상호작용을 실연하게 함으로써 가족이 증상을 둘러싼 상호작용에 새로운 의미를 부여하거나 새로운 각도에서 증상을 바라볼 수 있도록 하는 것이다. 둘째는 '증상을 과장하기'는 증상을 과장하여 표현하도록 하는 것으로, 증상처방이라고도 한다. 증상은 그것이 발생한 맥락을 놓고 볼 때 정상적인 것이므로 증상을 제거하려 하지 않고 오히려 과장하여 표현하도록 하는 개입이다. 셋째는 '증상에 무관심하고 새로운 증상으로 이동하기'로, 이는 증상에 의도적으로 무관심하고 증상을 둘러싼 가족의 내재된 갈등이나 다른 증상에 초점을 두는 것이다. 마지막으로 '증상을 재명명하기'는 증상이 역기능적인 가족구조를 표현하거나 연관이 있다고 재정의해서 말해 주는 것이다.

가족 재구조화는 가족에게 과제를 부여하고 수행하도록 함으로써도 이루어진다. 과제는 가족원이 치료시간에 부여할 수도 있고 치료회기 사이에 집에서 하도록 부여할 수도 있다.

3. 후기 가족치료 모델

1) 해결중심 단기치료

후기 가족치료 모델의 하나인 해결중심 단기치료는 Steve de Shazer와 Insoo Kim Berg(한국명 김인수)가 미국 위스콘신 주 밀워키에 단기가족치료센터를 설립함으로써 그 발전의 초석을 마련하였고 1980년대에 발전하기 시작하였다. 이 치료 모델의 발달은 de Shazer의 정신건강연구소(Mental Research Institute: MRI)의 경험, Milton Erickson의 영향, 사회구성주의의 영향에 힘입은 바 크다. 중심인물은 de Shazer와 Berg 부부, Lipchik, Weiner-Davis, O'Hanlon 등이 있다. 다음에서는 해결중심 단기치료의 기본 원리, 목표설정 원칙, 주요 기법 등에 대해 살펴본다.

(1) 기본 원리

해결중심 단기치료는 다음과 같은 기본 원리로 진행된다.

첫째, 병리적인 것 대신에 건강한 것에 초점을 둔다.

둘째, 내담자의 강점과 자원을 발견하여 치료에 활용한다.

셋째, 치료는 이론과 규범에 얽매이지 않으며 치료자의 견해보다 내담자의 견해를 중시한다.

넷째, 매우 간략하고 단순한 것에 초점을 두고 치료를 시작한다.

다섯째, 삶에서 변화는 반드시 일어나게 마련이다.

여섯째, 과거보다 현재에 초점을 두며 미래지향적이다.

일곱째, 치료는 내담자와의 협력관계를 통해 이루어진다.

(2) 치료자-내담자 관계 유형

내담자와의 협력관계를 통해 이루어지는 해결중심 치료에서 치료자와 내담자가 맺게 되는 관계 유형은 치료의 진행 방향과 과제 부여 내용을 결정하는 데 매우 중요하다.

첫째, 방문형은 비자발적으로 상담에 참여한 내담자 유형으로 상담에 온 목적은 자신의 선택에 의해서가 아니라 주변사람들의 권고 혹은 더 큰 문제를 회피하기 위해서다. 예를 들어, 자신은 아무 문제가 없다고 생각하는데 담임선생님이 권고하여 상담을 받는 우울한 학생, 판사가 상담명령을 내렸기 때문에 상담을 받는 폭력 남편을 들 수 있다. 이런 유형의 내담자는 스스로 변화하려는 의지와 동기가 부족하며, 자신에게 문제가 있지 않고 다른 사람에게 문제가 있다고 생각하므로 치료목표를 설정하기가 쉽지 않다.

둘째, 불평형은 치료에 자발적으로 참여하여 내담자와 치료자가 치료적 대화를 통해 불평 또는 문제를 공동으로 확인하였으나 해결책을 구축하는 과정에서 내담자의 역할을 찾지 못하는 유형이다. 이 유형의 내담자는 치료에는 적극적이나 문제해결을 위해서는 자신이 아닌 주변의 누군가(예: 배우자, 부모, 자녀, 동료 등)가 변해야 한다고 주장한다.

셋째, 고객형은 내담자와 치료자가 문제와 해결책을 공동으로 확인한 유형이다. 내담자는 자발적으로 자신이 원하여 상담을 요청하고, 문제해결을 위해 자신이 무엇인가를 할 의지를 보이며, 변화를 위해 자신의 노력이 필요하다는 것도 알고 있다.

(3) 치료목표 설정의 원칙

해결중심 치료는 목표를 설정할 때 다음과 같은 일곱 가지 원칙을 기초로 한다.

첫째, 내담자에게 중요한 것을 목표로 한다. 치료 과정에서 상담자가 문제를 진단하고 치료목표를 설정하는 것이 아니라 내담자가 중시하고 내담자에게 유익한 것을 목표로 삼을 경우 목표 달성이 보다 쉽게 이루어진다.

둘째, 작은 것을 목표로 한다. 치료목표가 작을수록 내담자가 성취하기 쉽고 내담자가 경험한 성취감은 성공의 경험을 갖게 함으로써 변화하려는 동기를 증가시킨다.

셋째, 구체적이며 명확하고 행동적인 것을 목표로 한다. 추상적이고 모호하고 인지적인 것보다 실제로 성취할 수 있는 구체적이고 분명하고 행동으로 당장 옮길 수 있는 작은 목표를 설정한다. '아이가 잘 자라는 것'이라는 추상적이고 큰 목표보다 '일주일에 두 번 아침 7시에 스스로 일어나는 것'이 작고 구체적이고 행동적인 목표다.

넷째, 문제를 없애는 것보다 잘하고 있는 것 혹은 긍정적인 것에 초점을 둔다. 내담자의 주요 특징 가운데 하나는 문제가 되는 것에만 몰두하고 그것을 없애는 것에 초점을 두는 것이다. 해결중심 치료에서는 내담자가 가지고 있거나 이미 잘하고 있는 것에 초점을 두고 그것을 더 확장하는 데 관심을 둔다.

다섯째, 치료목표를 달성하는 것보다는 일단 시작하는 데 초점을 둔다. 내담자는 문제를 빨리 없애고 자신이 원하는 바를 성취하는 데 관심이 더 많지만, 해결중심 치료에서는 변화를 위해 일단 작고 명확하고 구체적인 행동을 시작하는 데 초점을 둔다.

여섯째, 내담자의 생활에서 현실적이고 성취 가능한 것을 목표로 한다. 아무리 좋은 목표라 하더라도 내담자가 현실적으로 수행하기 어려운 이상적인 것을 목표로 하기보다 내담자의 생활에서 성취할 수 있는 구체적인 것을 치료목표로 삼는다.

일곱째, 목표 수행은 힘든 일이라고 인식한다. 치료목표의 달성이 쉽지 않다고 인식하는 것은 목표 달성 과정에서 일어나는 좌절감이나 어려움을 정상화하고 성취에 대한 동기를 지속시킬 수 있다.

(4) 치료기법

■ 알지 못함의 자세

해결중심 단기치료에서는 내담자의 문제해결을 위해 치료자가 내담자와 함께 목표를 세우고 해결책을 구상하며 실행하기 때문에 치료자가 한 발 뒤에 물러서서 작업하는 협동적인 자세와 '알지 못함의 자세(not-knowing posture)'를 취하는 것이 중요하다. 알지 못함의 자세란 치료자가 내담자에 대해 전문적인 지식을 모두 가지고 있다는 입장과는 거리가 있다. 내담자에 대해 호기심을 가지고 조금 더 많이 알고 싶어 하는 자세를 말하며 내담자가 아직 말하지 않은 것을 말해도 괜찮겠다는 안전함을 느끼도록 언어적, 비언어적으로 내담자에게 진실한 호기심을 전달하는 것을 말한다.

■ 해결지향적 질문

해결지향적 질문은 문제를 파악하거나 사정하는 데 초점을 두기보다 해결책을 찾고 확대하고 강화하는 데 초점을 두는 질문으로서 이를 통하여 내담자가 원하는 목표를 달성하도록 돕는다. 해결지향적 질문은 첫째, 상담 전 변화에 관한 질문이다. 이 질문은 내담자가 상담을 약속한 다음 상담소에 오기까지 경험한 변화에 관해 질문하는 것으로서 내담자가 이미 이룬 문제해결 방법에 중요한 단서를 제공할 수 있다. 상담을 시작하기 전에 내담자가 변화를 보고하는 경우 내담자의 해결능력을 인정하고 칭찬하며 확대할 수 있도록 돕는다.

- 우리가 경험한 바에 의하면, 처음 상담 신청을 했을 때와 오늘 상담을 받으러 오기까지 상황이 좀 나아졌다고 하는 사람들이 많았습니다. 혹시 당신도 뭔가 좀 상황이 나아지셨는지요?

둘째는 예외질문으로서, 내담자가 문제로 생각하는 행동이 일어나지 않는 상황이나 행동에 대해 질문하는 것이다. 해결중심 치료는 모든 것이 항상 고정되어 있지 않고 변화는 항시 일어난다고 가정한다. 따라서 아무리 문제가 많은 내담자라 하더라도 문제상황에 들어맞지 않는 예외적인 상황이 있기 마련이기 때문에 그러한 상황을 찾아 인정하고 확대할 수 있도록 돕는다.

- 최근에 문제가 일어나지 않았던 때는 언제였습니까?
- 문제가 일어났던 때와 문제가 일어나지 않았던 예외적인 상황의 차이는 무엇입니까?

셋째는 기적질문으로서, 문제가 덜 일어나도록 하는 데 초점을 두기보다 문제와는 별개로 내담자가 원하는 해결책을 상상하도록 하는 질문이다. 기적질문을 통해 내담자는 자신이 원하는 해결책에 집중할 수 있고 치료자와의 협동작업을 통해 그것을 더욱 확대시킬 수 있다.

- 오늘 상담을 마치고 집에 돌아가 밤에 주무시겠죠. 주무시는 동안 기적이 일어나 당신이 여기 가지고 온 문제가 모두 해결되었습니다. 그런데 당신은 잠을 잤기 때문에 기적이 일어난 줄 모르시죠. 내일 아침 일어나 무엇을 보면 '아~ 어젯밤에 기적이 일어났구나.' 라고 할 수 있을까요?

넷째는 척도질문으로서, 숫자를 사용하여 문제의 심각성, 문제해결을 위한 노력 정도, 변화에 대한 확신, 자존감 등을 표현하도록 돕는 질문이다. 질문에 대한 답을 통해 치료자는 내담자 스스로 지각하는 문제나 해결에 대한 구체적인 정보를 얻을 수 있으며 내담자의 변화를 구체화하고 강화하는 데 사용할 수 있다.

- 1은 문제가 가장 심각할 때이고 10은 문제가 모두 해결된 상태를 나타낸다면, 지금 당신의 문제는 몇 점이라고 생각합니까?
- 네, 3점이라고요? 그러면 3점에서 4점으로 올라가기 위해서는 무엇이 좀 달라져야 할까요?

다섯째는 대처질문으로서, 여러 가지 노력에도 불구하고 여전히 절망하고 아무런 희망도 갖지 못하는 내담자에게 주로 사용한다. 심한 절망에 빠져 있는 내담자에게 희망을 갖도록 노력하기보다 내담자의 상태를 있는 그대로 인정하면서 지금까지 어떻게 대처해 왔는가에 대해 질문함으로써 내담자의 무력감을 덜도록 돕는다.

- 당신과 같은 상황의 다른 사람들은 더 나쁜 상황에 처해 있을 수도 있을 것입니다. 어떻게 해서 더 나빠지지 않으셨죠? 지금까지 어떻게 견딜 수 있었지요?
- 그렇게 어려운 상황을 어떻게 버텨낼 수 있었는지요?

여섯째는 관계성 질문으로서, 내담자와 중요한 관계에 있는 사람들의 생각이나 의견, 태도 등에 대해 질문하는 것이다. 내담자는 자신의 입장에서 생각하기 어려운 것도 중요한 타인의 생각이나 지각 측면에서는 더 쉽게 생각할 수 있다. 관계성 질문은 앞서 설명한 예외질문, 기적질문, 척도질문, 대처질문 등과 함께 사용할 수 있다.

- 부인에게 여쭈어 본다면, 당신이 문제해결을 위해 몇 점 정도 노력하고 있다고 말씀하실까요?
- 당신이 어떻게 해서 그렇게 어려운 상황을 극복하였는지, 당신의 어머니에게 여쭈어 본다면 뭐라고 말씀하실까요?

■ 치료적 메시지 전달

상담을 종료하기 전에 해결중심 치료자는 잠시 휴식시간을 가지면서 치료적 피드백인 메시지 전달을 준비한다. 메시지는 칭찬, 연결문, 과제부여로 구성된다. 칭찬은 내담자가 성공적으로 하고 있는 것이나 강점 혹은 내담자가 중요하게 생각하는 것을 강조하는 것이다. 연결문은 칭찬과 과제를 연결시켜 주는 것으로서 치료자의 제안이나 과제의 근거를 제공한다. 과제는 치료자-내담자 관계 유형에 따라 다르게 부여된다. 고객형의 내담자에게는 행동과제가 부여되고 불평형은 주변 사람들의 행동을 관찰하거나 문제해결과 연결된 생각하는 과제를 부여한다. 그리고 방문형은 문제나 해결에 대한 동기가 없는 사람이기 때문에 과제를 부여하기보다 지금까지 성공적으로 해 왔던 것이나 강점을 강조하여 칭찬하고 수용하는 것으로 상담을 마무리한다.

2) 이야기치료

이야기치료는 포스트모더니즘과 후기구조주의의 영향에 힘입어 1980년대 후반 발달하기 시작하였고, 1990년대 초반 구체화되었으며, 그 이후 더욱 발전하여 주목받고 있다. 이야기치료는 사람들이 하는 이야기를 통해 그 사람이 누구인가를 알 수 있고, 그 사람이 하는 이야기는 그가 속한 사회문화의 영향을 받으며, 사람들이 경험하는 문제는 '진짜' 문제라기보다 지배적 담론에 얽매여 빈약한 이야기로 구성되는 경향이 있다고 가정한다. 중심인물은 White, Epston, Freedman과 Combs 부부, Dickerson, Zimmerman 등이 있다. 다음에서는 이야기치료의 기본 전제, 치료목표, 치료 과정과 기법에 대해 살펴본다(정문자 외, 2007; Freedman & Combs, 1996; 김유숙, 전영주, 정혜정 공역, 2009; White, 2006).

(1) 기본 전제

이야기치료는 초기 가족치료의 초점이었던 '체계' 나 '구조' 의 은유로부터 '이야기' 나 '내러티브' 은유로의 변화, 포스트모더니즘과 페미니즘의 확산, 초기 가족치료의 여러 이론으로부터 영향을 받아 발달하였다. 이야기치료는 내담자와 그의 문제해결에 대해 다음과 같은 전제하에 진행된다.

첫째, 인간은 능동적 행위자(personal agency)다. 인간은 소극적, 반응적 존재가 아니라 다른 사람들과의 관계 속에서 자신의 경험을 만들어 내고, 이야기하고, 해석하는 능동적인 주체다.

둘째, 이야기는 삶을 반영하는 매체다. 한 사람의 이야기를 보면 그 사람이 어떤 사람이며 어떤 것을 문제시하고 어떠한 지향을 가지고 살아가는가를 파악할 수 있다. 즉, 이야기를 통해 그 사람의 정체성을 알 수 있다.

셋째, 개인의 경험과 정체성은 사회적 산물이다. 개인이 경험하는 것은 그가 속한 사회문화적 맥락과 무관할 수 없으며 그 안에서 경험되고 이야기된다. 마찬가지로 그가 어떤 사람이며 무슨 이야기를 하고 무엇을 문제시하는가는 그가 속한 사회문화 및 역사적 맥락의 영향을 받는다. 사회문화적 맥락에 따라 초점을 두는 문제나 해결책도 다르다.

넷째, 삶은 다양한 목적을 가진 복합적인 이야기다. 내담자는 자신이 초점을 두는 문제에 대한 이야기만 하는 경향이 있지만, 삶이란 단면적이지 않고 다면적이고 풍부하기 때문에 내담자의 이야기를 중시하면서도 그가 주의를 기울이지 않았거나 간과한 삶의 다른 모습에 대해서도 이야기하도록 도울 수 있다.

다섯째, 사람과 문제는 별개다. 문제가 되는 것은 사람이 아니라 문제 그 자체다. 문제를 경험하는 사람은 자신이 곧 문제라고 정의하지만, 문제라고 정의하는 것은 사회문화 및 역사적 맥락의 영향을 받기 때문에 그 사람의 정체성과 분리하여 생각할 수 있다.

여섯째, 한 사람의 지향상태(intentional states)를 보면 그 사람의 삶의 방향을 알 수 있다. 지향상태는 삶의 목적, 희망, 가치, 꿈, 신념, 중시하는 것, 헌신하는 것 등을 통해 알 수 있다. 사람은 자신의 지향상태에 따라 살아가며 자신의 정체성을 만들어 간다. 자신의 지향상태가 지배적 담론에 의해 억눌릴 때 문제가 될 수 있다.

(2) 치료목표

이야기치료의 목표는 내담가족이 호소하는 문제를 감소시키는 데 단기적인 초점을 두지만, 궁극적으로는 자신이 선호하는 방향으로 자기의 이야기를 써 나가고 새로운 정체성을 구성하도록 돕는 데 있다. 이를 위하여 치료자는 '탈중심적이지만 영향력 있는(decentered and influential)' 위치를 취해야 한다. '탈중심적' 이란 치료자가 자신의 전문 이론이나 지식보다 내담가족의 이야기나 삶의 지식과 기술을 더 중시하고 그들이 자기 삶의 특권 있는 저자라고 여기는 것이다. 또한 치료자가 영향력을 행사한다는 것은 상담에 적극적으로 개입하고 주도한다기보다 질문과 반영을 통해 내담자가 스스로 삶의 이야기를 재구성하고 새로운 정체성을 구축하도록 돕는다는 의미다.

(3) 치료기법

이야기치료는 크게 다음과 같은 네 단계를 통해 이루어진다.

■ 문제의 경청과 해체: 입장 이야기 지도 I

내담자나 그 가족은 흔히 '문제로 가득 찬 이야기' 로 자신의 고통과 슬픔과 좌절을 이야기한다. 이때 치료자는 다음과 같은 네 가지 과정으로 내담자의 이야기를 경청하고 문제와 사람을 분리하는 작업을 한다.

첫 번째 과정은 가족의 문제 이야기를 경청하면서 해체하는 작업이다. 가족이 문제에 젖은 이야기를 털어놓을 때 치료자는 내담자의 이야기를 해체적으로 경청하고 질문한다. 해체적 경청이란 내담자가 하는 이야기 가운데 모순되거나 불분명한 이야기, 내담자가 특징적으로 사용하는 단어나 표현, 내담자 이야기의 틈이나 비약, 짐작이 가능하지만 모호한 이야기 등에 주의를 기울이며 듣는다는 것이다. 해체적 경청은 해체적 질문을 위한 통로를 제공하며 해체적 질문을 통해 치료자는 내담자가 자기 삶의 이야기를 더욱 풍부하게 다면적으로 털어놓을 수 있는 기회를 제공한다.

두 번째 과정은 사람과 문제를 분리하는 것으로 흔히 외재화(externalization)

과정을 통해 이루어진다. 외재화란 문제가 성격적 특성이나 내재적 요인 때문에 생긴 것이라고 보거나 자신이 곧 문제라고 보는 행위를 경계하면서 문제를 개인을 둘러싼 상황이나 맥락의 산물로 이해하는 것이다. 외재화의 대상은 감정, 대인관계문제, 사회문화적 신념이나 관습 등 제한이 없다. 외재화를 통해 사람과 문제를 분리할 수 있으며 사람이 문제가 아니라 문제에 의해 영향을 받는 존재가 될 수 있다.

- 만일 당신이 힘들어하고 있는 이 문제에 이름이나 제목을 붙인다면 뭐라고 할 수 있을까요?
- '도깨비' 는 언제 자주 나타나지요? 무엇을 먹으면 더 커집니까?

세 번째 과정은 문제의 영향력을 탐색하는 과정으로서, 문제가 내담자의 삶에 어떠한 영향을 미쳐 왔으며 현재는 어떤 영향을 미치며 앞으로는 어떠할 것인지 질문하는 것이다. 영향을 받는 삶의 영역은 내담자의 대인관계나 지향상태(소망, 가치, 헌신 등)가 될 수 있다.

- '조용한 가족(문제)' 이 나타날 때, 자녀와의 관계에 어떤 영향을 미칩니까?
- 아들이 싸우고 있는 '도깨비' 를 보면서 어머니로서 어떤 생각이 드십니까?
- (문제)가 계속되면 앞으로 당신이 중요하게 생각하는 삶의 방향은 어떻게 될 것 같습니까?

네 번째는 문제의 영향력을 평가하는 과정으로, 문제가 끼치는 영향력에 대해 내담자가 어떤 입장인지를 질문하는 것이다.

- (문제)가 그렇게 영향을 끼쳐도 괜찮은가요?
- 그렇게 영향을 끼친다는 데 대해 어떤 입장이시죠?

마지막으로 평가를 정당화하는 과정으로, 문제의 영향에 대한 평가가 어떤 이유나 근거로 괜찮다는 것인지 질문하는 것이다.

- 문제가 끼친 영향을 괜찮지 않다고 한 이유는 무엇인가요? 어떻게 해서 그런 입장을 가지게 되셨나요?

■ 독특한 결과의 해체: 입장 이야기 지도 II

독특한 결과(unique outcome)는 내담자가 한 문제 이야기에는 들어맞지 않는 내담자가 했던 행동이나 지향하는 가치나 의도를 말하는데 내담자가 원하는 삶의 모습을 담고 있는 것이어야 한다. 문제를 해체하는 작업과 마찬가지로 독특한 결과도 해체하는 작업을 통해 내담자가 자기 이야기를 더욱 풍성하게 하도록 돕는다. 즉, 독특한 결과를 외재화하고, 독특한 결과의 영향을 탐색하고, 그 영향을 평가하고, 마지막으로 평가를 정당화하는 과정을 거침으로써 독특한 결과를 중심으로 내담자가 자기 삶의 이야기를 더욱 풍부하게 할 수 있도록 돕는다.

■ 대안적 이야기의 구축

독특한 결과를 해체하는 작업에서부터 내담자가 자신의 대안적 이야기를 다시 쓰는 작업이 시작된다. 치료자는 내담자가 원하는 삶의 모습과 연관 있는 독특한 결과를 사건과 순서와 주제와 등장인물이 있는 이야기의 형태로 발전되도록 돕는데 이 과정은 건물을 지을 때 임시지지대를 세우는 과정과 같다고 하여 스캐폴딩(scaffolding, 거푸집짓기)이라고 한다. 사람은 자기 이야기를 행위와 정체성이라는 두 가지 전경(landscape)을 오가며 엮는다. 행위의 전경은 말 그대로 어떠한 행동을 언제, 누구와 함께, 어디서 했는가에 초점을 두는 것이다. 정체성의 전경은 자기가 중시하고 가치롭게 여기는 것, 헌신하는 것, 소망하고 목적하고 믿는 것에 대해 질문하는 것이다. 대안적 이야기를 구축하기 위해 치료자는 행위 영역과 정체성 영역을 오가며 질문을 던지며 내담자가 질문에 답하는 과정을 통해 대안적 이야기는 더욱 풍부해진다.

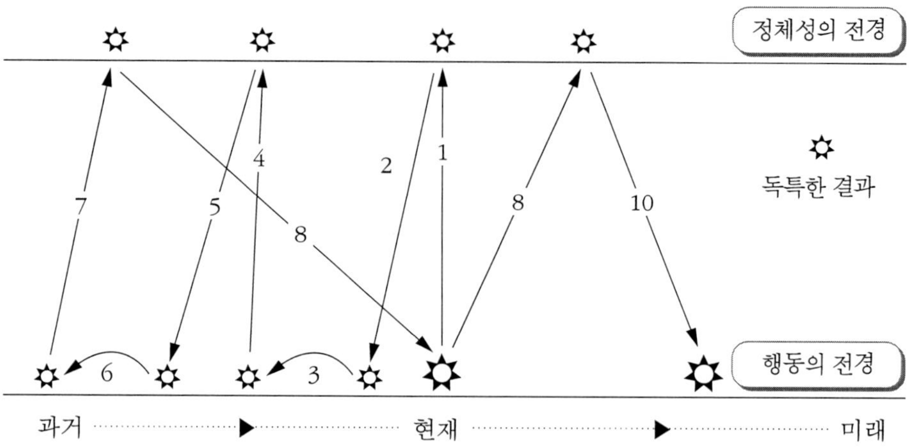

[그림 9-4] 스캐폴딩 지도

출처: 정문자 외(2007).

- (　　)을 처음 한 것은 언제였지요? 최근에는 언제 했지요? 누구와 함께 했습니까?
- 어떤 기대나 바람을 가지고 그런 일을 하셨지요?

■ 대안적 정체성의 구축

이야기치료의 마지막 과정은 대안적 정체성을 구축하는 단계다. 이는 회원 재구성(re-membering)과 인정의식(definitional ceremony)을 통해 이루어진다. 이야기치료는 인생을 회원으로 구성된 클럽이며 개인의 정체성은 타인과의 관계를 통해 구축된다고 본다. 회원은 내담자의 인생에서 의미 있는 만남을 가졌던 인물, 중요한 영향을 미쳤던 사람, 내담자에게 삶의 모범이 되었던 인물로 세상을 떠났거나 연락이 두절되었거나 책 등을 통해 간접적인 만남을 가졌던 사람을 모두 포함한다. 회원 재구성이란 자기 인생 클럽의 회원들과 그 자격을 검토하고, 특정 회원을 우대하거나 그 자격을 해지하는 일, 등급을 올리거나 내리는 일, 특정 의견을 존중하거나 무시하는 일을 통해 인생 클럽의 회원을 정비하는 일을 말한다. 한편, 내담자를 학대하고 방치하거나 협박하는 등 내담자의 삶에 부정적인 영향을 미친 사람은 인생 클럽에서 제외시킬 수 있다.

인정의식은 내담자가 자신이 선호하는 삶의 이야기를 청중 앞에서 이야기하고 사회적으로 인정받는 경험을 하는 것이다. 이야기치료에서는 정체성이 사회문화적 맥락에서 형성된다고 보기 때문에 내담자가 새롭게 구성한 대안적 정체성을 내담자의 삶에 의미 있는 사람들 앞에서 공표하고 그들로부터 인정받는 의식이 매우 중요하다. 인정의식은 주인공의 말하기와 외부증인의 다시 말하기, 그리고 다시 말하기에 대한 주인공의 다시 말하기 과정을 통해 이루어진다. 이것을 흔히 반영하기(reflecting)라고도 한다. 반영하기는 ① 특정 부분 주목하기(의식 주인공의 이야기를 들으면서 관심을 끌었거나 주목되었던 부분 이야기하기), ② 이미지 설명하기(주인공의 이야기를 들으면서 떠오른 이미지 이야기하기), ③ 반응 연결하기(자신의 삶과 연결되는 부분에 대해 이야기하기), ④ 경험의 이동(transport, 의식에 참여하게 된 동기, 의식에 참여함으로써 변화되었거나 변화될 것이라고 예상하는 것에 대해 이야기하기)이라는 네 가지 요소로 구성된다. 반영하기가 교대로 이루어지면서 의식 주인공의 대안적 정체성이 더욱 풍부해지며 참여하는 사람들의 삶이 서로 연결되는 경험을 할 수 있다.

학습과제

1. 가족치료의 특성을 개인치료와의 차이점 측면에서 정리해 보시오.
2. 가족치료 초기 모델과 후기 모델의 이론적 틀은 어떤 면에서 차이가 있는지 생각해 보시오.
3. 다세대 모델, 경험적 모델, 구조적 모델에서 볼 때 어떤 가족에서 증상이나 역기능이 나타날 수 있다고 보는지 논의해 보시오.
4. 두 명씩 짝을 이루어 문제 아동을 상담할 때 해결중심 단기치료의 주요 기법을 사용하여 실습해 보시오.
5. 이야기치료의 주요 기법 가운데 외재화와 독특한 결과를 사용하여 내담자가 자기 삶의 이야기를 더욱 풍요롭게 하는 실습을 해 보시오.

참고문헌

김용태(2000). **가족치료 이론**. 서울: 학지사.

김유숙(1998). **가족치료: 이론과 실제**. 서울: 학지사.

정문자(2007). **사티어 경험적 가족치료**. 서울: 학지사.

정문자, 정혜정, 이선혜, 전영주(2007). **가족치료의 이해**. 서울: 학지사.

정혜정(2004). 가족치료의 태동과 발전과정에서 본 인식론의 변화에 관한 연구. **한국가족치료학회지**, 12(1), 1-35.

정혜정, 조은경(2007). 한국형 자기분화척도 개발과 타당성에 관한 연구. **한국가족치료학회지**, 15(1), 19-46.

Becvar, D. S., & Becvar, J. (2001). **가족치료: 체계론적 통합**(정혜정, 이형실 공역. 원제: *Family therapy: A systemic integration*). 서울: 하우출판사(원저 1988 출판).

Berg, I. K., & Miller, S. D. (2001). **해결중심적 단기가족치료**(가족치료연구모임 역. 원제: *Working with the problem: A solution-focused approach*). 서울: 하나의학사(원저 1992 출판).

Capra, F. (1988). **생명의 그물: 살아 있는 시스템들에 대한 새로운 과학적 이해**(김용정, 김동광 공역. 원제: *The web of life: A new scientific understanding of living systems*). 서울: 범양사출판사(원저 1955 출판).

Freedman, J., & Combs, G. (2006). **이야기치료의 이론과 실제: 부부치료를 중심으로**(허남순, 이경욱, 여혜숙, 오세향 공역. 원제: *Narrative therapy with couples*). 서울: 학지사(원저 2002 출판).

Freedman, J., & Combs, G. (2009). **이야기치료-선호하는 실제의 사회적 구성**(김유숙, 전영주, 정혜정 공역. 원제: *Narrative therapy: Social construction of preferred reality*). 서울: 학지사(원저 1996 출판).

Goldenberg, I., & Goldenberg, H. (2002). **가족치료**(김득성 외 공역. 원제: *Family therapy*, 5th ed.). 서울: 시그마프레스(원저 2000 출판).

McGoldrick, M., Gerson, R., & Sueli P. (2011). **가계도: 사정과 개입**(이영분, 김유숙, 정혜정 공역. 원제: *Genegrams: Assessment and intervention*. 3th ed.). 서울: 학지사(원저 2008 출판).

Minuchin, S. (1988). **가족과 가족치료**(김종옥 역. 원제: *Families and family therapy*). 서울: 법문사(원저 1974 출판).

Nichols, M. P., & Schwartz, R. C. (2007). **가족치료: 개념과 방법**(김영애 외 공역. 원제: *Family therapy: Concepts and methods*, 7th ed.). 서울: 시그마프레스(원저 2006 출판).

• 제10장 •

사이코드라마

개요

아직도 많은 사람들은 '사이코드라마'라 하면 비정상적인 사람들이 하는 연극쯤으로 인식하고 있다. 원래 시이코드리마는 정신치료의 한 형태로 시작되었지만 사이코드라마의 기법은 문제나 갈등을 가지고 있는 사람들뿐만이 아니라 보통 사람들이 일상생활 속에서 접하는 여러 가지 삶의 양식을 실험해 보고 삶의 질을 향상시킬 수 있도록 적용하는 것이다. 그런 의미에서 아동을 대상으로 하는 심리치료 기법으로 활용될 수 있다. 아동의 심리 · 행동적 문제들은 아주 가벼운 것에서부터 심각한 것에 이르기까지 다양하게 나타나고 있으며 그에 맞는 적절한 심리치료 기법의 적용이 필요하다. 사이코드라마와 소시오드라마 또는 역할놀이 등은 적용상황에 맞게 다양한 기법을 이용하여 아동의 심리적 개입에 활용될 수 있으며 언어가 완벽하게 발달하지 않은 아동에게 행위를 이용한 심리치료 기법으로서의 장점과 활용도가 긍정적으로 평가되고 있다.

사이코드라마의 치료적 특성과 효과 등은 언어구사가 자유롭지 못한 아동이나 상황을 객관화시키고 또 미래예측능력이 부족한 아동이 행위를 통해 자신의 갈등상황과 심리적 문제 등을 안전하고 자유롭게 표출할 수 있으며, 적용의 수위와 적절한 기법을 사용한다면 다른 그 어느 치료적 방법보다도 더 효과적일 수 있으리라 기대한다.

학습목표

1. '모레노'에 대해 이해한다.
2. 사이코드라마와 놀이치료의 관계를 이해한다.
3. 사이코드라마의 구성요소와 놀이치료의 관계성을 이해한다.
4. 사이코드라마의 진행 단계를 놀이치료에 어떻게 적용할 것인지 이해한다.
5. 사이코드라마의 기법과 어떻게 놀이치료에 적용할 것인지 이해한다.

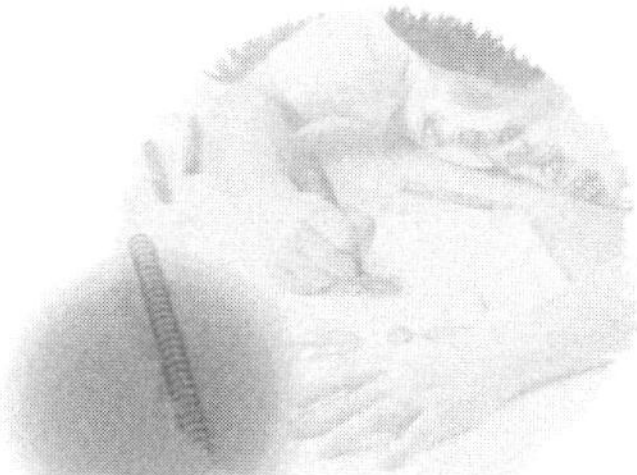

제10장

사이코드라마

1. 사이코드라마의 정의

사이코드라마(psychodrama)라는 용어는 영혼(spirit)을 뜻하는 그리스어 'psyche'와 행위(action)를 뜻하는 'drama'라는 말에서 유래된 것으로 '행위를 통해 영혼을 표현한다.'는 의미를 지니고 있다. 즉, 사이코드라마는 개인의 갈등 상황을 말보다는 행위로 표현하게 함으로써 자신이 가지고 있는 문제의 심리적 차원을 탐구하도록 돕는 방법이다.

사이코드라마는 모든 사람들이 다양한 인생 단계를 통과하는 역할 연기자라는 가정에 기초하고 있다. 참여자들은 의미 있는 경험을 재현하도록 초대되며 집단의 도움을 받아 자신의 주관적인 세계를 표현하게 된다. 그들은 인생의 각 단계에서 일어날 수 있는 여러 가지 사건을 사이코드라마를 통해서 재 경험한다. 사이코드라마는 스트레스가 되는 생활사건을 극복하고 그것을 보다 창조적이고 적응적인 방식으로 대처하게 한다. 이를 통해 가상의 보호된 세계 안에서 개인적 진실을 표현할 수 있도록 하는 것이다.

사이코드라마란 개인이 자신의 문제를 단순히 말로 표현하는 대신에 자발적인 행동으로 표현하는 대본이 정해지지 않은 즉흥극이며 자신의 실제, 좌절당한 상황, 자신의 소망 등 직면하고 있는 문제들을 연기로 표현하는 과정을 통해 내재된 감정, 무의식적 충동 등을 깨닫게 되고 현재 문제와 관련된 환상이나 기억을 찾아내게 된다.

물론 사이코드라마에서 이러한 것들이 표현되기 위해서는 참여자의 자발성이 필수적인 요소다. 다시 말해 창의성과 자기노출, 자신의 문제를 기꺼이 행동화할 준비가 되어 있어야 한다. 그리고 주인공의 갈등, 문제가 바로 '지금-여기(here-and-now)'에서 일어나는 것처럼 재현되어야 한다는 점에서 '현재성'이 매우 중요하다. 즉, 극의 상황 외부에서 일어났던 여러 가지 상황이 마치 지금 극중에서 벌어지고 있는 것처럼 재현되어야 하는 것이다. 왜냐하면 극 속에 자신이 미처 깨닫지 못한 심리적 내용이 투사(projection)되므로 극중 상황에 현재성이 부여되어 몰입될 때 자신을 보다 분명하게 이해하게 되고 정서적 갈등이 명료해지는 것이다.

사이코드라마에서 이루어지는 감정표현은 자연스러운 극상황에서 신체접촉을 통해 서로의 감정을 표현할 뿐 아니라 경험함으로써 극에 참여하는 주인공이 문제의 정서적 수준에 좀 더 빨리 도달할 수 있도록 한다. 내담자가 인식하지 못하고 표현하지 못한 감정과 대면할 수 있도록 돕기 위해 의미 있는 사건이 재연되고, 이러한 감정이 충분히 표현될 수 있도록 통로를 제공하며, 새로운 행동을 해 보이도록 격려한다.

2. 사이코드라마의 역사적 배경

사이코드라마는 Moreno에 의해서 처음 고안되었으며 1921년 이후 그가 즉흥극과 관련된 방법을 탐구하는 동안 고전 사이코드라마에서 사용된 대부분의 기법들이 1936~1940년대 초반에 개발되었다.

Jacob Levy Moreno(1889~1974)는 1889년 5월 18일 루마니아의 부카레스트에서 스페인계 유태인 아버지 니심 모레노(32세)와 어머니 포울리나(15세) 사이에서 아들 셋, 딸 셋인 6남매 중 맏이로 태어났다. Moreno가 4세 때 그는 몇몇 어린이들과 함께 그의 집에 있는 커다란 지하실에서 놀고 있었다. 그의 부모는 외출 중이었다. Moreno는 '하느님과 그의 천사들' 놀이를 하자고 했고 스스로 하느님 역을 맡겠다고 했다. 먼저 그들은 의자를 쌓아올려 다리를 함께 묶은 다음 마침내 Moreno가 거의 지하실 천장 가까이 닿은 옥좌에 앉을 수 있도록 도와주었다. 이것이 끝난 다음 다른 아이들은 원을 그리고 서서 팔을 천사 날개처럼 나풀거렸다. 누군가가 Moreno도 같이 나는 것처럼 하라고 소리쳤고 그는 놀이에 완전히 빠져 옥좌에서 뛰어내려 날려고 하다가 결국 바닥으로 떨어져 팔이 부러졌다. 이 경험으로 그는 어린이들에게 그들의 가장 과대한 판타지라 할지라도 상징적 충족의 기회를 주는 것이 필요하다는 걸 알았다(김유광, 이정숙, 1999).

Moreno가 6세 때 그의 가족은 오스트리아의 비엔나로 이주했다. 이주 후 비엔나 대학교에서 철학, 신학, 수학을 배우는 학생이 되기까지의 생활은 거의 알려져 있지 않다.

1908년경 어린이들의 놀이 특성은 그의 흥미를 끌었으며 그래서 그는 도시 주변의 공원에서 그들의 활동을 관찰했다. 더 나아가 그는 어린이들에게 이야기를 읽어 주었고 그들은 그것을 행위화하곤 했다. 그는 대본이 없을 때 아이들이 역할 묘사를 더 생생하고 자발적으로 해 내는 것을 알았다.

1911년 그는 아이들을 위한 자발성 극장을 조직했다. 이 시기에 또한 Moreno는 비교종교학과 여러 종교적, 철학적 지도자들의 수행에 흥미를 느꼈다. '그들 모두를 대신하고 초월하려는 그의 노력'은 그보다 앞서간 사람들의 연구작업을 개선하고 더 발전시키고자 했던 창조적 철학자로서의 목표를 보여 준다. Moreno는 비록 서로 간에 형식적인 종교적 관계를 나누어 갖지는 않았지만 활동적인 젊은 영적 열성가들과 함께 공동으로 그룹을 만들었다. "우리는 모두 수염을 길렀고, 결코 정체되지 않았으며, 걷고 또 걷다가 길에서 우연히 만나는 모든 사람들을 멈추게 하여 그들과 악수하고 얘기를 나누었다. 우리는 모두 가난했지만 우리가 가진 것, 우리의 가난까지도 함께 나누었다." Moreno와 그의 친구들은 일상생활 속에서 창조적 정신을 실현하고 행동화하려 했다.

1910년경 Moreno는 신적인 힘 혹은 '신성(godhead, Gotheit)'은 단순히 멀리 떨어져 있는 창조자가 아니라 모든 창조물의 자발성과 존재성을 통해서 표현된, 진행 중인 활동원칙이라는 생각을 공식화하기 시작했다. 그 후 7년 이상 그는 철학적 강연의 연재물을 통해서 그 자신의 형이상학적 개념을 발표했다. 이것은 창조성에 관한 베르그송의 견해를 확장시킨 개념으로서 '지금-여기'(이 용어는 당시 Moreno에 의해 처음 사용되었다.)에서의 '혁명적 행동'을 위한 잠재력을 강조하였다.

이 기간 동안(1911~1917) Moreno는 비엔나 의과대학 학생이었다. 그는 정신과 수석 스태프를 돕는 일을 하고 있었으며 Freud의 연구작업도 알고 있었지만 그것이 새로운 열망과 목표를 창조해 내려는 환자를 돕기 위해 아무 도움도 되지 못한다고 느꼈다. Moreno는 그것을 정신병을 다루는 데 있어서 결정적인 도전으로 보았다. 자주 인용되는 다음 일화에서 그의 태도와 행동 방법을 알 수 있다.

> 나는 Freud 박사를 우연히 만났다. 1912년의 일이었고 비엔나 대학교 정신과 클리닉에서 일하고 있을 때였는데 나는 그의 강의에 참가했다. Freud는 막 꿈에 관한 그의 분석을 끝낸 후였다. 학생들이 나갈 때 그가 나에게 무슨 일을 하고 있느냐고 물었다. "Freud 박사님, 나는 당신이 끝낸 곳에서 시작하려 합니다. 당신은 사람들을 사무실이라는 인위적 장소에서 만나지만 나는 거리에서, 그들의 집에서, 그들의 자연스러운 환경에서 만나려 합니다. 당신은 그들의 꿈을 분석하지만 나는 그들에게 다시 꿈을 꾸는 용기를 주려고 합니다. 나는 사람들에게 어떻게 신의 역할을 할 것인지 가르치려 합니다." Freud 박사는 당혹스러운 듯 나를 바라보았다.

의과대학에 있을 동안 Moreno는 어린이에서 어른에 이르기까지 사회적 통합의 중요성과 집단역동에 흥미를 느끼기 시작했다. 예를 들면, 비엔나의 사창가에 대한 정부의 괴롭힘과 착취를 알게 되어 1912년 그들 스스로 자조그룹(self-help group)을 만들도록(그러한 사회적 조직은 최초였다.) 도와주었다. 여인들은 그들의 회합을 통해 그들이 직면한 사회적, 정치적 상황에 대한 건설적인 의견을 나누고 서로 정서적인 지지를 얻었다.

1921년 4월 1일은 Moreno가 사이코드라마를 제대로 시작한 날이라고 할 수 있다. 그는 배우집단을 조직한 스테그라이프 시어터(Stergreif Theater: 자발성 극장)라는 즉흥성 극장을 개관함으로써 대중치료에 대한 그의 생각을 이끌어 갔다. 실제로 2, 3년째 실험을 거듭한 후에 그것은 보다 서서히 치료적 방법으로 변화해 갔다. Moreno는 일간신문에 실린 사건들을 그의 배우들이 연기해 내는 '살아 있는 신문(The Living Newspaper)' 등 다양한 실험적 즉흥극으로 연출했는데 그것은 소시오드라마의 시작이었다. 1925년 전쟁 후 오스트리아는 혼돈스러웠고 응용사회과학과 치료적 연극에 관한 Moreno의 실험은 지지받을 수 없었다. 그는 그의 '새로운 위대한 실험' 과 함께 러시아나 미국으로 이민 가려는 생각을 했다. 그는 미국을 선택했는데 그의 이론을 추구하기 위해서는 자유가 필요했기 때문이었다. Moreno가 미국으로 갈 수 있었던 것은 그가 다른 무엇보다도 발명가였기 때문이다. 그는 자기 녹음기(wire recorder)를 발명했는데 오늘날 테이프 레코드의 전신으로서 탐구와 치료적 목적을 위하여 자신의 활동 과정을 녹화하고 되돌려 보기 위해서 만든 것이었다. 미국의 한 회사가 이민을 도와주어 Moreno는 1925년 오스트리아로부터 이주해 뉴욕에 정착하였다.

Moreno가 미국에 도착했을 때 그는 정신분석학의 인기에 놀랐다. 왜냐하면 비엔나에서는 정신분석학이 존중받기엔 아직 초보적 단계였기 때문이다. 아메리카에서의 정신분석학의 우월함이 그에게는 예기치 않았던 도전의식을 불러일으켰다.

이러저러한 한계에도 불구하고 향후 20년 이상 Moreno는 대부분의 혁신적인 연구작업들을 해 냈다. 주로 뉴욕에서 일하면서 그는 사이코드라마와 집단정신치료를 발전시켰으며 많은 책과 논문을 발표했다. 집단정신치료자들의 전문적인 모임을 조직했고, 뉴욕에서 개방 사이코드라마 회기를 열었으며, 많은 전문가들이 전통적 정신분석과는 다른 정신역동적 방법을 목격하였다. Maslow, Eric Berne, Will Schutz는 현대 절충주의 정신치료에서 가장 혁신적인 기법의 원천으로서 Moreno의 역할을 인정하였다.

1940년 후반부터 1974년 세상을 떠날 때까지 Moreno와 그의 아내 Zerka는 인간잠재력의 기본으로서 자발성과 창조성의 원리를 보여 주고, 가르치고, 나누기 위해 쉼 없이 노력했다. 또한 Moreno는 사이코드라마가 아동의 놀이에서 출발하였으며 태고적부터 전해 내려온 아동놀이의 자발성이 사이코드라마의 근간이 되었다고 보았다.

3. 사이코드라마의 기본 이론

1) 자발성과 창조성

자발성은 사이코드라마의 중심 요소 중 하나이며 사이코드라마의 현존하는 목표다. 우리가 어린아이였을 때 어느 누구도 우리에게 노는 방법을 가르쳐 줄 필요가 없었지만 불행하게도 우리 대부분은 성인기에 이르면서 자기확신, 자기양육의 능력을 상실하였다. 사이코드라마는 우리에게 이를 회복하도록 도울 수 있다. 아동은 사이코드라마를 통한 놀이 안에서 창조성을 통한 자발적 놀이를 하게 된다. 아동은 놀이를 통해 성장하게 되고, 활동의 자유를 부여받으며, 상상의 세계를 경험하게 된다. 아동의 놀이는 모험 요소로 인해 불확실성을 가지고 있지만 도전을 통해 문제를 해결하고 역할을 학습하게 되면서 능력을 숙달시키는 기회를 제공받게 된다.

아동의 놀이에서 자발성이란 '지금-여기'라는 현재 상황에서 일어나고, 이전에는 경험해 보지 않았던 새로운 상황에서 적절한 행동을 이끌어 내며, 친숙한 상황에서 새로운 반응을 하게 만드는 에너지다. Moreno의 아이디어 중에서 자발성은 그의 실존주의 철학을 적극적으로 표현한 것이다(김수동 외, 2004). 습관적이고, 고정적이며, 강박적이고, 완고하고, 고정관념에 사로잡혀 있고, 아무런 결과 없이 실행되는 무의미한 행동은 자발성과는 반대되는 것이다. 이러한 비자발적인 행동은 정신병리 현상에 스며들어 있고 생활 속에서 고착화되거나 습관화된 지각, 타성에 젖은 행동은 자발성이 결여된 것이다.

사이코드라마에서 자발성은 다음의 세 가지 유형으로 분류된다. 병적인 자발성은 새롭지만 부적절한 자발성, 상투적인 자발성은 새롭거나 창조적이지는 않지만 적절한 자발성, 천재적인 자발성은 새롭고 창조적이면서 적절한 자발성을 의미한다.

자발성은 창조성과 밀접한 관계가 있고 창조적인 과정의 촉매제로 작용한다. 사이코드라마에서 주인공인 아동이 새로운 반응을 요구하는 상황에 처했을 때 정서적인 문제들을 해결하기 위해서는 새롭고 창조적이며 적절한 자발성이 필요하다. 자발성과 창조성이 전제되어야 사이코드라마를 통해 주인공인 아동의 내적 상처가 치유될 수 있다. 자발성은 인간의 내면세계와 외부세계가 사고와 행동 수준에서 자유롭게, 그리고 쉽게 넘나들 수 있게 해 준다. 자발성은 창조성의 필수적인 요소로 행위의 순간에 스스로 유발되는 행동이며 강제적이 아니라 자유롭게 새로운 과제나 상황에 몰입하게 한다.

사이코드라마의 역할행동을 살펴보면 역할 연기자인 아동이 만들어 내는 자발성의 종류와 정도를 알 수 있다. 각각의 역할은 어느 정도의 자발성을 필요로 한다. 사이코드라마 상황에서 역할 연기자인 아동이 맡은 역할을 수행하는 데 필요한 여러 가지 복잡한 반응을 하기 위해서는 자발성이 전제되어야 한다. 자발적 행동에 가장 필수적인 요소는 새로운 경험에 대한 개방성과 어떤 문제에 주도적으로 접근하고자 하는 의지다. 또한 연출자가 아동 스스로 연기에 몰입할 수 있도록 순발력 있게 대처해야 함은 물론이다. 자발성이 높은 사람은 낯설고 새로운 경험에 개방적이며 천성적으로 호기심이 많다. 자발성과 창조성은 통찰력과 육감, 그리고 이미지의 근원인 무의식에서 출발하는 경우가 많다. 사이코드라마는 이러한 타고난 창조성의 잠재력에 접근할 수 있게 해 준다.

2) 역할 이론

사이코드라마는 모든 사람들이 다양한 인생 단계를 거치는 배우이자 역할 연기자라는 가정에 기초한다. 유아는 태어나서 지극히 주관적이고 자기중심적인 역할을 하다가 점차적으로 환경이나 집단적인 역할에 맞게 개인적 역할을 하나씩 배우고 수정해 나간다. 적절하고 생산적이고 유용한 역할이 있는 반면, 그렇지 않은 역할도 있다. 또 어떤 역할은 계발되거나 발전하는 것 자체가 어려울 수도 있다. 그렇게 때문에 한 개인의 역할 레퍼토리의 패턴과 발단은 부분적으로는 그의 성격을 반영할 수 있다.

Mead는 사회적 행동이 언어와 역할 맡기를 통해서 발달된다고 보았고 Moreno는 텔레(tele)와 상호 간의 정서적 과정을 강조하였다. Mead의 견해를 부분적으로 받아들인 Moreno는 역할연기(role play)라는 말을 처음으로 사용하였다. 그는 개인적인 정신역동과 사회적인 정신역동을 이어 주는 것이 역할이라고 생각하였고 개인적 역할들이 연결되어 사회적인 역할 네트워크를 형성한다고 보았다(서연호, 2004).

역할은 크게 다음의 네 개의 기본 유형으로 나누어진다.

(1) 정신 · 신체적 혹은 생리적 역할

유아는 어머니와의 첫 상호작용을 통해 먹고, 자고, 배출하고, 움직이는 일련의 정신 · 신체적 역할을 개발시켜 나간다. 생후 초기 단계에서 유아와 어머니 사이의 상호작용은 주로 비언어적으로 이루어지며 그들만의 독특한 스타일을 구축해 나간다. 이 시기 유아의 역할은 신체적 역할에만 국한되며 어머니와의 관계에서 유아의 첫 번째 사회적 역할이 나타나기도 한다. 유아는 말을 하지는 못하지만 유아의 울음소리는 어머니로부터 도움행동을 불러일으킨다. 엄마–유아 관계는 처음부터 상호적 역할에 기초한다. 어머니는 주는 사람의 역할을 하고 유아는 받는 사람의 역할을 한다. 이러한 인지 · 정서 발달이 이루어짐에 따라 역할행동에는 변화가 온다. 유아는 점차 자신과 어머니를 구분하고 어머니를 보호의 근원으로 인식하게 된다. 일단 유아가 현실과 공상을 성공적으로 융합하게 되면 자신의 외부에 있는 사람, 대상, 목표를 향해 역할 수행을 조직할 준비를 한다.

(2) 공상적 혹은 사이코드라마적 역할

공상적 또는 사이코드라마적 역할은 개인이 자기 외의 대상, 즉 신, 천사, 악마, 동물, 의자와 같은 대상에 부여한 역할을 말한다. 유아는 처음에는 타인을 통한 욕구 충족이라는 측면에서만 자기를 경험하지만 점차로 성장하면서 현실의 압력과 요구를 받게 된다. 역할이 견고해지면서 어머니에 대한 의존성은 줄어들고 유아의 독립적인 역할은 증가한다. 이로써 유아가 공상세계를 경험한 것이 현실적인 문제로 전환된다. 유아가 성공적으로 현실의 요구에 부응할 때 발달에 맞게 새로운 역할이 나타나고 부여된다.

유아적 공상이 현실로 변화되어도 공상세계를 경험하는 활동은 여전히 지속되고 이러한 공상을 통해 개인은 타인의 감정을 공유할 수 있고 자신만의 심상을 가질 수 있다. 이렇게 되면 공상과 현실 양쪽을 넘나들게 되는데 특히 사람들은 현실에서 만족을 추구하기 어려우면 내적 공상을 통해 만족을 추구하는 경향이 있다. 사이코드라마에서 사용되는 여러 역할은 현실에서 충족되지 못한 소망을 이루게 해 주는 효과가 있다. 이러한 이유로 사이코드라마 기법, 즉 이중자아, 독백, 거울 기법은 아동 · 청소년의 정신적 활동인 공상세계를 탐색하는 데 효과적이다. 공상은 개인의 내적 · 정신적 세계에 대한 통찰을 얻을 수 있는 관문이다.

(3) 사회적 역할

인간은 사회적 동물이라는 말이 있다. 사회적 역할은 개인의 삶에서 실제 사람들과의 관계를 말한다. 유아-어머니 관계는 최초의 사회적 역할이다. 탯줄이 잘라져도 유아와 어머니는 심리적으로 연결되어 있고 이는 타인과 상호작용할 수 있는 기초가 된다. 어머니와 유아의 상호관계의 질을 평가해 보면 타인과 신뢰로운 관계를 형성할 수 있는지 혹은 관계를 맺는 것을 두려워하는지 가늠할 수 있다. 다른 사람과 관계를 맺는 것을 좋아하든 좋아하지 않든 간에 사람들은 주변 사람들을 필요로 하고 사회적 역할은 이러한 필요에 의해 발달하게 된다. 초기 모자관계에서 정상적인 사랑이 결핍되면 연령에 맞는 정상적인 사회적 관계를 발달시킬 수 없다. 어머니 및 치료자와 같은 중요한 타인 및 치료자로부터 보호를 받고 의미 있는 관계를 형성해야 아동은 차근차근 대인기술을 습득하고 자신감 있게 세상과 주변사람들을 탐색할 수 있다.

(4) 문화적 역할

모든 나라, 인종, 집단은 문화적으로 뚜렷하게 구분되는 역할을 만들어 낸다. 문화마다 독특한 역할이 있기 마련이다. 모든 문화권에서 의사라는 역할은 대개 치료자의 선생님 역할을 하도록 기대되지만 행동양식은 그 사람이 속해 있는 기존의 규범이나 문화를 따르게 되어 있다. 아프리카에서는 마법사가 주문을 외우거나 춤을 추는 것이 당연하지만 다른 문화권에서는 기이하게 여겨질 수 있다. 예컨대, 우리나라에서 무속인이 벌이는 굿판은 다른 문화권의 사람들에게는 낯설고 이질적으로 느껴질 수도 있다. 어머니, 아버지, 아내, 남편, 남성, 여성의 역할에 집단적으로 정형화된 역할을 부여하는 것은 그렇게 간단하지가 않다. 하지만 각 개인은 이러한 역할에 대한 일반화된 이미지를 만들어 낸다. 그 이미지는 대개 그 사람의 일부가 된다.

3) 잉여현실

사이코드라마는 아동에게 잉여현실(surplus reality)을 제공한다. 이 잉여현실 속에서 아동은 자신의 삶을 자유로운 방식으로 표현할 수 있다. 외부현실에서는 죄악이나 광기로 치부되는 것조차도 다른 아동을 해치지만 않는다면 허용된다. 그리고 이 과정의 혼돈과 광포(frenzy) 속에서 아동을 인도해 주는 것은 다른 아동과의 공감과 이해, 심상의 교류, 즉 '텔레(tele)'라고 표현되는 것이다. 그 과정을 통해서 아동은 지지와 이해를 얻고 타인과의 관계를 통해 자신을 성장시킨다. 그리고 마침내 충분히 준비가 되면 자신의 객관적 현실을 마주하게 된다. 그 과정에서 가장 큰 힘이 되는 것은 다른 사이코드라마 참여 아동과의 이해와 지지, 믿음이다.

4) 지금-여기

사이코드라마는 순간과 현재 속에서의 삶을 강조하기 때문에 극에서 중심이 되는 것은 언제나 극 진행 순간에 창조되는 상황에 대한 반응이지 과거에 실제로 일어났던 사건이나 앞으로 일어날 상황 또는 사건에 대한 반응은 강조되지 않는다. 그러므로 모든 활동은 '지금-여기' 에서 연기되거나 재연됨으로써 참여 아동이 여러 가지 가능한 행동을 깨닫도록 한다. 모든 행동은 현재 이곳에서 보고 관찰과 측정이 가능해야 되기 때문에 시간과 공간을 초월해서 바로 이 순간의 상황이 일어나고 있는 현재의 과정을 내용보다 더 중요시한다.

5) 만남과 텔레

주인공인 아동은 사이코드라마를 통해 그의 사회원자의 주변인물과, 심지어는 무생물과도 만나게 되는데 처음에 그 대상들과의 만남은 거의 대부분 '나-너' 의 관계이기보다는 '나-그것' 의 관계일 가능성이 더 높다. 주저하고, 두려워하고, 억누르는 만남에서 '잉여현실' 이나 텔레를 진솔하게 드러낼 수는 없다. 사이코드라마는 주인공인 아동으로 하여금 대상들과의 만남에서 갖게 되는 어떤 편견과 두려움 있는 '나-그것' 의 관계를 벗어나, 작은 걸림돌 하나 없는 실존적인 만남을 갖게 함으로써 그의 내면에 실존하는 '잉여현실' 과 현재에 오고가는 '텔레' 를 지금-여기에서 직면하게 한다.

아동은 '지금-여기(here-and-now)' 라는 공간인 놀이치료실에서 치료사와의 만남을 통해 아동 내면의 어두운 것을 만나고 자신을 이해하면서 점차 새로운 장면을 이해하고 새로운 관계를 형성할 수 있는 힘이 생기게 된다.

4. 사이코드라마의 목표

1) 정화

정화는 Moreno가 고대 희랍의 연극으로부터 빌려온 용어다. 관객이 그리스의 비극에서 위대한 사람의 몰락을 바라볼 때 그들이 느끼는 공포와 연민 정서의 해소를 명명하기 위해 아리스토텔레스는 『시학』에서 이 용어를 사용하였다. 사이코드라마에서는 연극에서와는 다르게 이러한 정서의 해소가 관객뿐만 아니라 연극을 하는 아동에게도 일어난다고 하였다. 정화는 아동이 그들 자신이나 다른 사람들에게 숨겼던 감정을 인식할 수 있고 표현할 수 있다는 점에서 도움이 되며 억눌린 정서를 배출할 수 있는 기회가 된다. 이러한 배출은 즉각적인 위안을 주고 가치를 갖게 한다. 감정이 표현되지 않은 채 남아 있을 때 사람은 때로 특수한 상황을 다루기가 어렵다는 것을 알게 된다. 억눌린 감정이 문제의 완전한 이해와 이와 관련한 자발성에 장애로 작용하는 것과 같이, 정화를 통해서 자신의 정서를 충분히 표현할 때 그 장애는 제거된다. 즉, 다양한 대안적 방식으로 어려운 상황을 조망해 볼 수 있는 출발점을 제공해 준다.

2) 통찰

우리는 전에 알지 못했던 것의 참된 모습을 인식할 때 통찰을 경험한다. 통찰은 '아하!' 라고 하는 경험이다. 통찰은, 가치는 새롭고 다른 방식으로 특수한 문제를 보게 하는 것이다. 갑자기 새로운 방식으로 문제를 해결할 수 있는 이해의 도약이라고 본다. 사이코드라마에서 통찰은 행위를 하면서 일어난다. 실연하는 아동은 역할관계의 표현을 통해서 인식의 충격을 경험하며 행위 통찰은 운동감각적인 근거를 가지고 있다.

3) 역할훈련

Moreno는 현장학습과 관련된 감정적인 문제들과 정서적 구속을 인식하였고 사람들이 안전한 환경에서 새로운 역할과 상황을 시도해 볼 수 있는 기회를 제공하는 방법으로 역할훈련을 주장하였다. 역할훈련은 행동연습이다. 역할훈련에서 아동은 새로운 역할을 시험해 보거나 우리가 생활 속에서 이미 하고 있는 역할을 더 나은 방식으로 실험할 수 있다.

아동의 놀이치료 장면을 보면 끊임없이 나타나는 역할을 통해 정화를 경험하고 통찰해 가는 것을 볼 수 있다.

5. 사이코드라마의 구성요소

1) 주인공

프로타고니스트(protagonist)란 일반 연극에서 주인공이라 불리는 역이며 사이코드라마에서는 환자 혹은 자발적으로 선택된 주인공을 말한다. 놀이치료 장면에서 치료사와 함께하는 것을 통해 아동은 선택된 주인공이 되었음을 알 수 있다. 즉, 사이코드라마의 주인공인 아동은 자신의 문제 혹은 삶을 극으로 묘사하게 된다. "연극에 있어서 배우는 자아를 버리고 각본 속의 인물이 되어야 하지만 사이코드라마에서는 자기 자신이 되어야 한다. 아동은 놀이치료사와 충분한 라포 형성을 통해 자신의 내면생활을 치료장면에서 문제로 제시할 수 있게 된다. 이때는 자신에 대한 훌륭한 연기자가 되어 있다. 또한 이때는 자신의 감정대로 자유롭게 행동할 수 있다. 자발성이란 곧 표현의 자유인 것이다(Moreno)."(황헌영, 2005 재인용)

사이코드라마의 주인공인 아동은 놀이치료실이라는 공간에서 사이코드라마의 중심인물이 된다. 놀이치료 과정 중에 동시에 여러 명의 주인공을 등장시킬 수 있으며 때에 따라서는 다른 주인공의 보조자가 되거나 연출자가 될 수 있다. 제3의 인물(신, 천상의 인간, 수호신 등)이 되어 관찰할 수도 있다. 또한 스스로 자신이 주인공이면서 보조자, 연출자 역할까지 겸할 수도 있다.

2) 연출자

연출자(director)는 치료자로서 사이코드라마 전반을 이끌어 간다. 아동 심리치료 과정에서 치료자는 연출자의 역할을 수행한다. 즉, 놀이치료실에서 연출자는 주인공인 아동이 자신의 문제를 탐구하도록 사이코드라마적 방법을 사용하는 과정에서 아동을 이끌어 주는 사람이며, 주인공인 아동의 자발성을 유도하여 주인공으로 하여금 자연스럽게 극적인 분위기로 서서히 빠져들 수 있도록 하는 동시에, 주인공인 아동이 자기가 맡은 역할에 대해서 창조성을 북돋울 수 있도록 도와준다. 연출자는 주인공인 아동의 심리적인 차원을 이해해야 하고, 객관성을 갖고 주인공인 아동에게 신뢰감을 주어 극적인 분위기를 형성할 수 있어야 하며, 자기 자신이 확신을 가지고 사이코드라마에 임할 수 있어야 한다. 또한 연출자는 아동의 반응을 살피며 아동이 치료실 안에서 역할을 맡아 연기할 때 아동의 변화를 관찰하고 분석해야 한다. 이러한 기능을 수행하기 위하여 연출자는 전문적 능력을 갖추어야 한다.

3) 보조자아

보조자아(auxiliary ego) 또는 보조자는 사이코드라마에 참가하는 주인공과 연출자 이외의 모두를 일컫는다. 그러나 치료실에서 보조자의 역할은 치료자가 수행하는 것으로 이해할 수 있다. 보조자아는 극중 주인공의 상대역을 하고 주인공이 극을 진행시키는 데 촉진자 역할을 한다. 주인공과의 갈등, 적개심의 감정을 일으키는 중요인물의 역할을 맡아 주인공이 내부 감정을 명료하게 표현하도록 하고 대인관계의 역동을 끄집어내어 치료적으로 도움을 줄 수 있어야 한다. 보조자아는 주인공인 아동의 상대역으로, 동시에 주인공인 아동을 이끌어 가는 이중 기능의 역할을 한다. 보조자아는 주인공인 아동에게 있어 가장 중요한 사람(부모와 친구, 선생님 등)의 역할이나 주인공의 변형된 자아 또는 환상적인 인물(신, 재판관, 악마, 이상적인 아버지) 등의 역할과 더불어 주인공인 아동과 밀접한 관계가 있는 생활필수품이나 무생물(침대, 현관, 집, 책상 등)의 역할 등을 통해 주인공인 아동이 자기 자신을 비추어 볼 수 있는 거울 같은 역할을 해 주어야 한다.

4) 무대

무대(stage)는 연기가 행해지는 장소다. 무대는 사이코드라마를 위한 형식적인 무대 또는 집단의 한가운데이거나 갈등상황의 실제 장소일 수도 있다. 아동 심리치료를 위한 치료실이 사이코드라마의 무대가 된다.

고전적인 무대는 3층으로 된 연단, 조명시점, 발코니 등으로 구성되어 있어서 '가상적 상황' 을 잠재적으로 구성하는 데 유용하다. 하지만 극 진행에 무리가 없다면 어떤 장소라도 가능하며 기본적으로 특수한 무대장치가 필요한 것은 아니다. 놀이치료실이라면 가능하다. 몇 개의 의자와 테이블이 있으면 충분하다. 의자는 그저 앉기 위한 것은 아니다. 비어 있을 경우 공상적이거나 또는 투사된 인물로 여겨질 수도 있다. 또한 장애물, 연단 또는 높이, 권위, 그리고 지위를 나타내는 상징이 될 수도 있다. 탁자도 건물 꼭대기, 책상, 판사석, 아침식사를 위한 식탁 또는 무서울 때 움츠리거나 숨을 수 있는 동굴이 될 수 있다. 조명이나 음악은 필수적인 것은 아니나 상당한 효과를 줄 수 있다. 조명은 여러 분위기를 유발시키는 데 도움이 된다. 아동이 연기를 통한 내적인 표현을 진실되게 나타내게끔 도와주며 실제 동작을 하는 데도 유연성을 갖도록 도와준다. 붉은색은 지옥, 작은 술집 또는 강렬한 감정적 장면을 표현할 수 있으며 푸른색은 죽음의 장면, 천국 또는 바다를, 완전한 암흑은 고립과 외로움, 그리고 사적인 것을 연기하기 위한 필요성, 그리고 불빛이 흐린 조명은 꿈속의 장면을 표현할 수 있다. 음악도 사이코드라마에서 강력한 보조기구가 될 수 있다.

아동에게 실제적으로 무대와 조명을 이용하여 집단적으로 드라마를 하게 할 수도 있고 개인공간인 놀이치료실에서도 역할연기를 충분히 할 수 있게 하기 위해서는 치료사의 역량이 필요하다.

6. 사이코드라마의 진행 과정

1) 워밍업 단계

사이코드라마를 시작하기 전, 즉 주인공인 아동이 등장해서 자신의 마음의 극장을 행위화하기 이전에 주인공, 연출자, 그리고 관객 모두 그에 대한 준비작업인 워밍업을 하는 것은 필수적이고 또 그만큼 중요한 과정이다. 사이코드라마에서의 워밍업은 '주인공이 탄생하기 이전까지의 모든 준비작업 단계' 혹은 '개인과 집단의 자발성을 높이고 누구나 기꺼이 행위화를 통해 자신의 삶을 드라마화하고자 하는 의지나 자발성을 갖도록 촉진시키는 단계 혹은 방법' 으로 정의된다(최헌진, 2005).

(1) 워밍업의 목적

사이코드라마의 워밍업은 한마디로 치료사와 아동의 자발성을 고취시키고, 나아가 기꺼이 극에 참여하고자 하는 마음을 불러일으키는 데 목표를 둔다. 이를 위해 상호 간에 충분한 믿음과 안정감이 있어야 하며 놀이정신(진지하게 무언가에 몰입할 수 있고 자신으로부터 거리를 유지할 수 있는 마음자세)뿐만 아니라 창조적 변화를 위한 모험정신, 새로운 경험에 대한 탐구정신, 호기심, 그 어떤 위험도 감수할 수 있는 용기 등을 필요로 한다. 그것은 또한 연출자 자신의 자발성에 대한 시험이기도 한다. 연출자는 아동보다 최소한 한 걸음 앞에 서서 나아가는 자발성의 모델이 되어야 하기 때문이다. 점잖은 연출자, 고상한 연출자, 지시만 하는 연출자, 말로만 모든 것을 해결하려는 연출자보다는 스스로 모범을 보이고 행위에 참여하는 적극적인 연출자, 매 순간 상황과 집단의 요구에 능동적이고 순발력 있게 반응할 수 있는 연출자가 되어야 하는 까닭도 여기에 있다.

(2) 워밍업 실행 시 고려사항

워밍업에서는 사이코드라마에 대한 충분한 이해가 이루어져야 한다. 사이코드라마란 도대체 무엇을 하는 것인가? 개인문제를 해결하는 것인가? 그렇게 알고 있다면 그때의 사이코드라마는 문제해결이라는 목적에 지나치게 매달리게 되고 자칫하면 문제만 더욱 커질 수 있다.

무엇보다도 중요한 것은 주인공으로서 자신의 마음의 극장(세계)을 용기를 가지고 창조적으로 만들어 보겠다는 자발적인 의지가 일어날 수 있도록 해야 한다. 제아무리 훌륭히 진행된 워밍업이라 할지라도 주인공이 등장하지 않는다면 그냥 하나의 놀이판에 그쳐 버릴 수 있다.

워밍업은 집단의 특성에 맞게 이루어져야 한다. 소집단/대집단, 아동 · 청소년 집단/성인집단, 정신병동/일반집단, 훈련집단/치료집단 등 집단의 특성뿐만 아니라 동일한 집단에서도 처음 만나는 집단과 회기가 어느 정도 진행된 집단에서의 워밍업에는 차이가 있게 마련이다.

항상 지금 이 순간에 적절한 방법으로 진행되어야 한다. 단순한 워밍업 기법의 퍼레이드, 사전에 준비된 순서대로의 기법 사용, 지금 이곳의 반응과 분위기를 무시하고 일방적으로 적용되는 기법, 같은 기법이라도 전혀 융통성 없이 사용되는 기법, 그래서 적절하게 반응을 탐색하고 그에 알맞은 워밍업이 되지 못할 때 단지 워밍업을 위한 워밍업에 그쳐 버릴 공산이 크다.

집단의 역동-힘 내지는 응집력을 촉진하는 방향으로 나아가야 한다. 집단원 상호 간에 어떻게 관계를 맺고 상호작용하는가? 소외되는 사람은 없는가? 집단 내 소그룹이 자주 형성됨으로써 의사소통에 문제를 일으키지는 않는가? 자신의 노출 정도는 어떠한가? 피상적인 만남으로 그쳐 버릴 위험은 없는가? 상호 간에 공동체험을 위한 자세는 어떠한가? 지나치게 연출자만을 의지하고 있지는 않은가? 등을 고려해야 한다.

모든 것이 비판 없이 수용될 수 있는 분위기가 형성되어야 한다. 분석보다는 경험적인, 그 어떤 비이성적, 본능적, 감각적 요소도 허용될 수 있는 분위기, 현실적인 판단 기준에서 벗어나 있는 그대로 행위되고 보이는 대로 긍정, 수용될 수 있는 분위기여야 한다. 그것은 말이 아닌 행위를 통해 연출자에 의해서 이루어진다.

이 외에 워밍업을 실시하는 데 있어서 고려해야 할 사항으로는 한 회기의 전체 시간 중에서 워밍업에 소요되는 시간을 적절하게 계산하여 너무 길어지거나 너무 단순하게 목적지향적이지 않도록 한다. 그리고 가볍고 쉬운 것에서부터 보다 무겁고 자기노출의 정도가 깊어지는 방향으로 기법을 알맞게 조절해야 한다(워밍업도 주변에서부터 시작하여 중심으로 나아간다.). 또한 이런저런 기법을 연결하는 것이 아니라 기법 상호 간에 연결성이 있고 전체적인 흐름을 탈 수 있어야 한다.

2) 실연 단계

준비 과정을 통해 라포가 형성되면 주인공인 아동은 치료실에서 자신을 연기하게 된다. 실연(acting) 단계에서는 주인공인 아동의 심리적 측면을 다루게 되며 연출자는 주인공이 내면세계를 무대에 펼칠 수 있도록 돕는다.

연출자는 아동의 불안감뿐만 아니라 주인공인 아동의 속성을 가능한 한 빨리 파악해야 한다. 특히 주인공의 자발성, 활력, 자아강도, 대인관계에서의 유연성, 적극성, 삶에 대한 태도 등을 고려할 필요가 있다. 한 번에 이 모든 특성을 알 수는 없지만 준비 과정에서 보여 주었던 주인공인 아동의 언행과 집단에서 주인공에게 보이는 피드백을 통해 가능하면 많은 것을 알려고 하는 노력이 중요하다. 주인공은 '지금-여기'의 상태로 역할하도록 하며 역할 수행을 돕는다. 주인공인 아동은 그 상황에 대한 다른 적응태도와 행동반응을 발전시키도록 도움을 받는다. 연출자는 주인공인 아동이 정교한 감정반응을 표현할 수 있도록 여러 가지 기법을 적용시키도록 한다.

3) 공유 단계

극이 끝난 후 연출자는 극을 보고 난 느낌, 생각을 집단원에게 서로 나누도록 한다. 놀이치료실 안에서도 아동과 치료사는 언어적 혹은 비언어적 표현을 통해 극에서 받은 개인적인 경험을 공유(sharing)한다. 마무리 과정이 없는 사이코드라마는 주인공이나 집단원들에게 정리가 안 되고 미진한 느낌을 줄 수 있다. 공유 단계에서의 정리 과정은 사이코드라마 방법 중에서 매우 중요한 부분으로 드라마 자체와 마찬가지로 중요하게 다루어져야 한다. 또한 이 과정은 사이코드라마에 참여했던 주인공인 아동, 보조자아들이 자신의 역할에서 벗어나 본연의 자기로 돌아오는 과정이기도 하다.

공유 과정의 핵심은 주인공중심의 실연 단계에서 상호교류의 과정으로 옮겨지는 것이라고 볼 수 있다. 실연 단계에서 주인공인 아동이 보여 주었던 감정적 측면을 다루어 주고 극 중에서 제시되었던 문제에 대한 해결책을 집단과 함께 이야기해 보는 시간이다.

사이코드라마를 통해 주인공인 아동의 이야기에 충분히 감정이입되어 있는 경우 정리 및 공유 과정이 훨씬 심도 있게 진행될 수 있다. 실연을 마치고 나면 주인공은 자신의 문제에 대해 깊은 성찰을 가지게 된다. 그러므로 더욱 숙고하는 자세가 되고 절정을 거친 감정도 많이 완화되어 연출자의 이야기를 들을 준비가 갖춰지게 된다. 우선 주인공인 아동에 대해 감정적으로 지지해 주고 그 후 자신의 경험과 감정 상태를 표현하면서 나눔의 시간을 갖는다. 나눔 단계의 최종적 마무리는 주인공이 자신에게 문제가 되는 상황에 대해 집단원들과 효과적인 대처 방법을 생각해 보는 것이다.

아동의 놀이치료실 공간에서는 아동과 치료사 두 사람만 있으므로 치료사는 아동의 상황을 충분히 이해해 주고 공감할 수 있도록 감정을 표현하는 시간이 되어야 한다.

7. 사이코드라마의 기법

1) 역할 바꾸기

진행 중인 극의 상황에서 상대와 서로 역을 맞바꾸어 그 장면을 다시 시도해 봄(role reversal)으로써 상대의 입장을 이해하게 되고 자신이라면 어떤 행위를 취할 것인가를 생각할 수 있다. 이는 정보의 제공, 지각상의 변화 유발, 사고와 행동의 교정과 확장, 주인공이 자신을 어떻게 보고 있는가를 확인, 내면의 또 다른 자아와의 불균형 해소, 의문에 대한 해답과 행동 결정의 책임을 고취시키며 행동에 대한 즉각적인 피드백을 준다(최윤미, 2005).

(1) 역할 바꾸기의 목적

역할 바꾸기는 분명한 목적을 가지고 사용되는 기법이다. 목적이 분명하지 않은 역할 바꾸기는 오히려 해가 된다. 정보를 얻기 위한 목적으로 소위 가해자와의 역할 바꾸기, 지나치게 오래 그 대상 역할을 하게 하는 것, 그 역할에 너무 깊숙이 파고드는 것, 잦은 역할 바꾸기 등이 그것이다. 또한 자기 자신을 돌아보고 자기 이해를 돕는다는 목적으로 또는 상대방의 입장을 이해시키고 상대방의 처지를 공감하게 하려는 이유로 필연성 없는 연출자의 일방적인 역할 바꾸기, 아직 진정한 잉여현실도 드러나지 않은 상태에서 너무 빨리 하거나, 도덕적 · 훈육적 의미에서 네 꼴을 좀 보라는 식의 무책임한, 전혀 마음의 준비가 안 된 상태에서의 역할 바꾸기 등이 그것이다. 이러한 역할 바꾸기는 목적이 뚜렷한 역할 바꾸기라 할지라도 자발성을 떨어뜨리고 막힘 현상을 강화시킨다.

역할 바꾸기의 목적은 정보를 획득하고, 자신을 돌아보게 하고, 상대의 입장을 이해하게 하고, 주인공의 저항을 극복하기 위한 수단으로 사용된다.

(2) 역할 바꾸기 방법

상대방의 역할에 들어가기 위해서는 그만큼 시간(워밍업할 수 있는)이 필요하다. 워밍업 없이 곧바로 그 역할을 맡는 것은 무리가 있다. 먼저 상대방이 서 있거나 앉아 있던 위치에 같은 자세로 서거나 앉은 다음 이름이나 나이, 역할에 대한 언급이 주어지고 나서, 그 역할을 맡을 준비가 되어 있음을 확인하고(역할 바꾸기에 대한 의미, 그 역할에 대한 이해 등), 연출자의 인터뷰나 역할놀이가 시작되어야 한다.

그리고 일반적으로 극 진행이 일시 중단되면서 역할 바꾸기를 할 경우 바로 그 순간까지의 상대의 말(실제로는 역할 바꾸기 하기 전의 자신의 말)을 요약해서 다시 반복해 주거나 그 직전의 마지막 말을 반복해 준다. 그래야만 바뀐 역할을 중단하지 않고 해낼 수 있다.

중요한 것은 상호 간의 진실이나 잉여현실, 감정을 깊이 있게 상승시켜 나아가는 방향으로 역할 바꾸기가 이루어져야 한다는 사실이다. 단순히 기법을 위한 기법이 되어서는 안 된다.

2) 독백

사람들은 대개 머릿속으로 많은 생각을 하지만 이러한 생각이나 느낌의 많은 부분은 아무 의미 없이 스쳐가기도 한다. 이러한 경우에는 주인공인 아동에게 순간적으로 떠오르는 생각이나 느낌을 소리 내어 말해 보도록 하는 것이 도움이 될 수 있다. 생각을 말로 표현하게 되면 어떤 상황이나 느낌이 도움이 될 수 있다.

독백은 특정 행동 후 일어나는 감정을 표현하는 데 효과적인 방법이다. 주인공인 아동이 극중 역할을 하면서 보인 행동 가운데 생각과 달랐던 행동이나 느낌을 직접 말로 표현할 수 있다. 이 기법은 특히 대인관계에서 실제적 사건과 그것을 바라보는 아동의 견해에 차이가 있을 때 객관적 사실과 주관적 관점의 차이를 현저하게 보여 준다. 독백(soliloquy) 기법은 극에 대한 저항감, 두려움, 불안 등을 표현할 수 있도록 하여 극에 부정적인 역할을 할 수 있는 감정을 해소시킨다.

3) 빈 의자 기법

빈 의자 기법은 주인공의 마음을 투사하여 볼 수 있는 강력한 기법이다. 극의 도입부에서 내면의 갈등이나 상상 등이 빈 의자에 투사되어 인물 혹은 상징으로 나타나기도 한다. 주인공인 아동에게 "이 빈 의자에 지금 누군가가 앉아 있어요. 여러분들에게 아주 중요한 사람입니다. 그 사람을 눈으로 그려 보세요. 그 사람이 선명히 떠오르면 지금 그가 무엇을 하고 있고 어떤 옷을 입고 있는지 또 무엇을 생각하고 있는지 상상해 보세요."라고 한다.

빈 의자 기법은 주인공의 공격적 혹은 착한 느낌을 자기와 가깝게 표현하게 해 준다. 이는 자아가 고통스러운 상황을 직면하기 어려울 때 완화작용을 하며 상황을 스스로 충분히 조절할 수 있게 해 준다. 빈 의자에 자신, 타인, 물건을 투사시켜 이야기할 수 있다.

빈 의자 기법은 다음의 상황에서 사용할 수 있다.

- 주인공이 문제의 '해답'을 외부에서 찾기보다는 자신의 내면에서 찾기를 원할 때 빈 의자에 자신을 투사시켜 내면의 소리를 듣도록 한다.
- 연출자가 판단하기에 굳이 상대방 역을 지정하여 역할연기를 할 필요가 없을 때 사용한다. 상대방의 역할을 맡은 보조자아가 직접 나와서 하는 역할연기보다는 빈 의자로 대처하는 것이 극의 효율성이 높다고 판단되는 경우다.
- 주인공 스스로 상대방의 입장을 잘 피력할 수 있을 때 사용한다. 즉, 자신의 입장뿐 아니라 상대방의 입장도 잘 이해하여 양쪽의 역할을 잘 수행할 수 있는 경우다.

4) 역할 표현

주인공인 아동은 어떤 역할이든 표현할 수 있다. 무생물 역할이라 하더라도 마치 느낀 바를 말할 수 있는 것처럼 행동할 수 있다. 따라서 집 안의 책상이 주인에게 어떤 식으로 무시되었는지 말할 수 있고, 의자가 부모님과의 관계에 대해 말할 수 있다. 이와 비슷하게 애완동물, 꿈속의 인물, 학교의 사물함, 재판관, 그 외의 인물들이 사이코드라마에서는 모두 심리적으로 실제일 수 있다.

5) 미래투사 기법

미래의 특정한 장면을 펼친다. 소망장면을 포함하기도 한다. 가장 바랐던 결과, 가장 두려운 일, 과장된 반응, 현실적 기대 또는 닥쳐올 상황 등에 대해 탐색하는 것이다. 이는 불확실한 요소, 즉 애매한 것들을 구체화시키고 살아 있게 한다. 예기불안을 감소시키고, 자신감을 심어 주며, 필요한 자질과 기술을 배우게 된다.

미래투사 기법은 주인공인 아동이 미래에 직면하게 될 여러 과업을 준비하고 미래 상황에서의 자신을 객관적으로 구성할 수 있도록 하는 데 매우 효과적이다. 또한 불안하고 두려운 미래를 미리 경험해 봄으로써 불안, 두려움이 현실의 무엇과 관련되어 있는가를 탐색해 볼 수도 있다. 그러한 과정을 통해 이전에는 파악하지 못했던 상황의 여러 차원이 드러나며 주인공인 아동은 자신의 동기를 더욱 잘 이해할 수 있게 된다.

대부분 미래투사 기법을 극의 마지막 부분으로 활용하는 경우가 많다. 극 후반부에 이르러서 주인공이 충분히 몰입되어 이 기법을 사용하더라도 자연스럽게 미래세계로 나아가는 데 무리가 없을뿐더러 극을 통해 얻게 된 행동통찰력이나 수정된 행동양식을 확인하고 시험해 볼 수 있는 좋은 기회가 되기 때문이다.

6) 시간퇴행 기법

외상, 불쾌한 경험, 기타 과거의 경험으로 인한 문제가 있을 때 혹은 현재의 어려움이 과거의 경험과 관계있을 때 우리는 과거로 돌아가 그것을 지금-여기에서 일어나는 일로 다시 다룬다.

7) 유도된 환상 기법

연출자는 아동에게 어떠한 주제를 상상하게 하여 연기하도록 지시한다. 즉, 어떤 미지의 세계로 여행을 떠나도록 한다든가, 산이나 바다 속, 숲 속을 걷는다고 상상하도록 지시한다. 흔히 워밍업 기법으로 사용된다.

8) 거울 기법

보조자아 혹은 치료사가 주인공의 행동방식, 생활방식 등을 그대로 무대 위에 재연함으로써 주인공이 관찰자의 입장이 되어 자신을 객관적으로 판단할 수 있게 하는 기법이다.

비디오 효과와 같은 피드백을 제공해 주는 기법으로 심리세계의 거울로써 자아를 직면시켜 준다. 위축되어 있거나 워밍업이 불충분할 때, 자신의 행동에 대한 이해 혹은 그 영향을 모를 때, 타인과 적절히 상호작용하지 못할 때 적절한 기법이다.

거울 기법은 주인공인 아동이 다른 사람들과 적절하게 반응하지 못하는 상황에 적용하면 효과적이다. 평상시 이야기하는 어조가 매우 공격적이라든지, 타인과 이야기할 때 딴청을 피우면서 시선을 주지 않는다든지 하는 일상생활의 행동습관은 물론이고, 우울증 환자가 자신의 모습이 타인에게 어떻게 보이는지 모를 때와 같은 경우에도 효과적이다.

9) 등뒤 기법

사이코드라마에서는 서로 간의 직접적인 대화로 극을 이끌어 가는 경우가 대부분이다. 상대방은 실제의 인물이 아닌 보조자아나 빈 의자, 때로는 주인공 자신이 될 수도 있지만 대화 형식으로 의사소통이 이루어진다. 그러나 등뒤 기법(behind the back)은 주인공이 다른 사람의 얘기를 등 뒤에서 듣는 것이다. 주인공은 무대

위에서 등을 돌리고 관객들은 주인공의 극에 대해 자유롭게 이야기한다. 주인공은 관객들의 일방적인 이야기에 반응을 보여서는 안 된다. 이 기법은 주인공인 아동에 대해 타인들은 어떠한 반응을 보일지 주인공에게 인식시키기 위한 것이다. 주인공의 상황 전개가 거의 끝날 무렵 타인의 객관적인 반응을 들을 필요가 있을 때 이 기법을 사용한다.

이 기법은 관객들에게 표현할 기회를 준다. 하지만 자유로이 주인공인 아동이 없는 듯 이야기를 하더라도 주인공인 아동을 배려하는 마음이 전제되어야 한다.

10) 높은 의자 기법

높은 의자 기법은 역할 바꾸기에서 파생된 기법으로 수직적인 인간관계에서 직위가 높은 입장을 연기할 때 의자에 올라가 연기하다가, 내려와서 상대방의 역할로 바꾸어 연기하게 되면 좀 더 실감나게 느낄 수 있다. 또한 어떠한 경우에는 높은 곳에서 심적으로는 자신보다 높은 위치에 있는 권위적 인물을 향해 이야기해 보면서 감정의 해소를 경험할 수 있다. 주인공이나 보조자가 단 위나 높은 의자에 올라간다. 위로 올라가면 보다 자신 있는 태도로 자기주장을 할 수 있는 용기를 갖게 된다. 보조자가 고조되면 주인공은 권위적 인물에게 청원하는 경험을 하게 된다. 발코니를 사용할 수도 있다.

11) 유아 침대

이 기법은 주인공인 아동이 자신의 의존성 및 욕구를 경험하는 데 사용된다. 즉, 아동에게 아기 침대 속의 어린애가 되었다고 가정하고 마루에 눕게 한 후 연출자가 유모가 되어 돌아다니며 쓰다듬거나 가상의 이불을 덮어 주기도 한다. (서서히 의도적인 퇴행을 하는 것이다.) 마치 유아가 배부르고 기분 좋게 얼러주면 편안하게 잠이 드는 경험을 하는 것과 같다. 아동에게 깨었다가 자는 것을 반복하게 한 다음 성인으로 돌아와서 어린애가 되었을 때의 상황과 느낌을 설명하게 한다.

즉, "아기가 되었을 때 가장 먼저 생각나는 사람이 누구였습니까? 아기인 자신에게 젖을 준 사람은 누구입니까? 아기가 깨어났을 때 옆에 있는 사람은 누구입니까?" 등과 같은 질문을 한다.

12) 죽음장면

이 기법은 자살사고를 호소하거나 이전 누군가의 죽음을 슬퍼하고 잊지 못할 때 사용할 수 있고 혹은 누군가에 대한 심한 분노가 좀처럼 풀리지 않을 때 그의 죽음장면으로 가 볼 수 있다.

자살이란 도움을 청하는 하나의 의사소통 방법이며 고통스러운 상황에서 벗어나고자 하는 최후의 시도다. 환자가 죽고 싶다고 호소할 때 혹은 이전에 자살 시도의 경험을 이야기할 때 연출자는 환자의 죽음장면으로 가서 그가 어떻게 죽었는지, 죽는 것에 관해 어떻게 느끼는지 묻는다. 그리고 자신의 죽음을 슬퍼한 사람들(가족, 친구들)과의 역할 바꾸기를 통해 이러한 절망에 이르게 된 환자의 감정적 문제가 명백해지고, 그는 자신이 살아야 할 이유를 찾을 수 있고, 불행한 상황에 대한 좀 더 현실적인 해결책이 탐구될 수 있다. 그리고 마침내 죽음의 장면은 '회생의 장면' 으로 바뀌게 된다. 혹은 환자가 자신에게 중요한 누군가의 죽음을 슬퍼하고 있을 때 그 당시의 죽음장면으로 가서 죽은 사람과의 역할 바꾸기를 통해 환자 스스로 남아 있는 사람들에게 유언을 하게 함으로써 먼저 죽은 사람에 대한 자신의 감정을 명료화시키고 그와의 이별을 받아들이는 과정에서 주인공인 아동의 자아정체감을 강화시켜 줄 수 있다.

또 다른 죽음장면 기법의 중요한 형태는 주인공인 아동에게 중요한 의미를 가지고 있는 다른 사람의 죽음과 관련시켜 주인공이 끊임없이 상대방을 변화시키고 또 그를 이해시키려고 애쓰며 열중하고 있을 때 혹은 그 사람에 대한 미움과 원망이 좀처럼 풀리지 않을 때 연출자가 장면을 중지시키고 이렇게 말한다. "그가 지금 죽었습니까?" 혹은 "그가 죽기 전 5분만 그와 얘기할 수 있습니다." 이 과정에서 그 사람과의 화해나 속죄 혹은 이별의 의미를 경험하고 감정의 정화를 경험하는 가운데 주인공인 아동의 주체성을 강화시켜 줄 수 있다.

13) 재판장면

이 기법은 대부분 극의 마지막이나 절정기에 주로 사용된다. 주인공인 아동의 문제에서 부정적인 역할을 한 인물을 재판하는 형식으로 이루어지는 것이 보통이다. 일반적으로 죽음 기법과 함께 사용된다. 천국과 지옥의 갈등상황에서 재판관은 피고와 원고의 상황을 충분히 듣고 판결을 한다. 판결장면에서 재판관과 주인공의 역할 바꾸기를 통해 주인공인 아동의 반응을 살필 수도 있다. 극의 마지막 단계에 이르면 주인공의 감정은 어느 정도 정리되고 대부분의 경우 자신에게 상처를 준 인물들까지도 용서하는 마음을 가지게 된다. 그러나 마지막까지 용서하지 못한다면 반드시 긍정적인 방향으로 주인공을 유도할 필요는 없다. 정서적으로 대립하고 있는 상대방을 단죄하는 것만으로도 카타르시스를 느낄 수 있다. 어떤 식으로든 아동을 현재로 돌아오게 만든다. 만약 극중의 죽은 상태에서 빠져나오지 못하면 아동이 죽음에 대한 동경을 가지게 되거나 죽은 느낌으로부터 고통스러워하여 상태가 악화된다.

이 기법의 경우 특히 시기가 중요하며 준비작업이 선행되어야 한다. 너무 위협적일 경우 주인공이 저항할 수 있으며 죄책감과 불안이 가중될 우려가 있으므로 연출자는 주인공의 그 순간의 감정 상태를 섬세하게 이해하고 조심스럽게 이끌어 가야 한다.

14) 마술가게

특별히 유용하게 사용되는 기법으로서 연출자는 아동으로 하여금 무대의 진열대 위에 훌륭한 모든 것들이 있다고 상상하게 한 후 누구든지 원한다면 가게에 들어와서 물건을 살 수 있다고 설명한다.

점원은 잘 훈련된 보조자아이거나 연출자 자신일 수도 있다. 고객, 즉 주인공인 아동이 무대 위로 올라온다면 정말로 그가 바라는 물건을 들어보고 토의해 가며 그가 원하는 것을 구체적으로 명료화시킨다. 그 후 가격의 협정이 이루어지는데 이때의 물건이나 상품은 주인공이 기꺼이 희생할 수 있는, 즉 그의 생애나 성격에서의 특성이나 일면(이것은 후에 다른 사람이 사길 바라는 것)을 물물교환으로 살 수 있다는 것을 점원이 설명한다. 이런 홍정은 주인공인 아동으로 하여금 어떤 생각을 불러일으키게 된다. 즉, 주인공이 느끼기에는 불필요한 것, 포기하려던 것이 매우 소중하다는 것을 발견하거나 반대로 그가 원하는 것이 기대와 달리 아무런 가치가 없다는 것을 발견하게 된다. 이런 마술가게 기법은 집단의 워밍업뿐만이 아니라 목표를 명료화하고 선택의 결과를 시험할 수 있는 훌륭한 기법이다.

위 장면들은 치료실에서 아동에게 다양한 모습으로 나타난다. 따라서 치료사들은 역량 있는 자발성을 통해 아동이 충분히 내면의 모습을 이해하고 도와줄 수 있도록 해야 한다.

8. 사이코드라마의 치료적 측면

1) 사이코드라마의 치료적 요인

- 희망의 고취: 사이코드라마를 통해 긍정적 변화를 일으킨 사람, 긍정적 변화를 일으키는 사이코드라마의 잠재력에 대한 믿음을 가진 치료자를 만남으로써 도움에 대한 기대를 가질 수 있다.
- 보편성의 발견: 개인적인 관심사의 보편성을 집단에서 발견함으로써 강력한 지지를 얻을 수 있다.
- 역할교대를 통한 이타심의 발달: 개인의 자아중심성의 습관에서 벗어나서 타인의 감정과 욕구를 고려하도록 북돋울 수 있다.
- 교정적 정서 체험: 주인공인 아동이 과거의 인물들로부터 원했던 감정을 인정하게 하고 그들이 원하는 것을 요구할 수 있는 힘을 준다.

- 사회화 기술의 발달: 갈등을 건설적으로 해결하고 자신과 타인의 능력을 기를 수 있다.
- 타인의 대처 방법을 관찰하고 모방: 부모, 교사, 형제 등의 행동을 모방하고 관찰하면서 자신과 타인을 이해한다.
- 대인관계 학습: 인간관계에 대한 건설적인 기준과 양식을 함께 만들어 내는 과정에 적극적으로 참여함으로써 얻어진다.
- 소속감, 집단응집력 생성: 아동이 수용된 느낌을 가질 수 있으려면 어떻게 행동해야 하는가를 배우도록 도와준다.
- 정서적 해방-정화: 아동의 취약점에도 불구하고 창조적인 노력을 인지하면서 아동은 자신이 집단에서 인정받는다는 느낌이 들 때 정화를 경험한다.
- 실존적 문제에의 직면: 인생은 불공평할 수도 있고 고통으로부터 완전히 도피할 수 없다는 현실, 그리고 책임감에 대해 인식한다.

2) 사이코드라마의 '자아강화' 측면에서의 효과

- 현실검증력이 증가된다. 인공인 아동은 현실 속에서 경험할 수 있는 특정 사건들을 사이코드라마 속에서 구체적 상황을 통해 경험해 봄으로써 말로만 설명했을 때 생겨날 수 있는 왜곡을 없앨 수 있다. 신체적으로 역할을 바꿈으로써 내적 · 외적 자극은 명백하게 구별된다. 또한 환상과 꿈을 충분히 표현하게 함으로써 이것이 현실과 다름을 의식적으로 구별되도록 돕는다.
- 아동은 사이코드라마에서 어떤 상황을 연기함으로써 그 상황에 대한 논리력을 향상시킬 수 있다. 사이코드라마에서 부정적인 상황을 연기할지라도 그 상황은 안전한 가상이기 때문에 상징적으로 시험해 볼 수 있으며, 그것이 선이든 악이든 행동에 대한 사회적 반응을 알아볼 수 있는 훈련의 장이 될 수 있다. 또 다른 이점은 아동 개인의 욕구와 현실상황 간의 차이를 인지할 수 있다는 것이다. 공상만이 아닌 행위를 통해 욕구의 갈증을 만족시킨 후에 가까운 장래에 가능한 대안들이 갖는 한계성을 알 수 있는 기회가 주어짐으로

써 미래를 대비하고 연습할 수 있다.

- 사이코드라마는 경험의 통합에 효과적이다. 왜냐하면 사이코드라마 기법이 신체적 행동과 상상, 감각과 직관, 감정과 이성, 내적 · 심리적 역동과 인간 상호 간의 역동 등을 포함하고 있기 때문이다. 어떤 장면을 연기할 때 아동은 다른 사람의 기대나 시선 때문에 자신의 의지대로 반응하기 어려울 수 있다. 그래서 처음에는 '마치 ~인 것처럼' 행동하다가 점차 보다 믿을 만하고 지속적인, 그리고 자신의 의지적인 행동 요소들로 대치된다. 그리고 역할 바꾸기를 통해 아동은 자신의 특성, 신념 및 선호성과 다른 사람을 구분할 수 있게 된다.
- 욕구, 정서 및 충동 조절과 통제는 상징적 표현을 통해 증진되는데, 이는 역할훈련과 같은 기법을 사용함으로써 좀 더 성숙한 형태로 변화하게 된다. 다양한 장면과 상황을 이용해 자기 자신의 광범위한 정서와 행동을 만나 볼 수 있도록 도움을 받을 수 있다. 과도한 억제이든 격한 감정의 폭발이든 간에 습관적 반응 패턴 대신 아동은 여러 범주의 극복 방법을 유쾌한 마음으로 경험할 수 있는 기회를 갖게 되는 것이다.
- 대인관계에서 자기중심적인 태도를 버리고 점차 타인을 인식하고 관계를 맺도록 돕는다. 아동 자신의 삶에서 타인의 역할을 연기하는 사람들과 직면하고, 노출하며, 결국 타인의 관점에 공감하는 것을 배우게 된다. 아동은 다른 사람의 욕구와 자신의 욕구가 갈등을 일으킬 수 있다는 사실을 자각함으로써 욕구좌절을 경험하지만 타인 역시 용서, 포용, 관대한 마음, 그리고 다른 긍정적 특성이 가능하다는 것을 발견함으로써 그러한 갈등이나 좌절을 상쇄시킬 수 있게 된다. 역할 바꾸기는 또한 좀 더 현실적이고 성숙한 신뢰를 발달시킴으로써 이상화 또는 과소평가의 함정에 빠지지 않도록 한다(최윤미, 2005).

이 외에도 자아 기능을 좀 더 성숙하고 효과적으로 발달시키는 장점이 있으며 사이코드라마가 언어 위주의 다른 상담 기법과 달리 다양한 양식을 가지고 있기 때문에 행동 변화에 그만큼 효과적이다.

9. 사이코드라마와 소시오드라마 역할놀이

소시오드라마는 사이코드라마와 역할극의 중간쯤에 위치하는 것으로 사이코드라마와 이론적 바탕과 기법들을 공유하면서 역할극의 집단성을 가지고 있다. 특히 우리나라에서는 역할극의 형태로 연구되고 있는데 역할극은 사이코드라마의 한 파생물로서 피상적이고 문제지향적인 것으로 간주된다(Blatner, 1987). 흔히 내면의 깊은 감정표현을 필요로 하는 경우 역할극은 적합하지 않고 일반적인 문제에 대한 대안과 효과적인 해결책을 제시하는 것을 목표로 한다. 어떤 상황에서 어떤 부분을 현장이 아니면서 현장성 있게 표현할 수 있는 기회를 제공하기 때문에 현장실습이라고도 불린다. 현실의 책임이나 위험부담 없이 아동은 보다 효율적으로 행동하는 것을 시도해 보고 연습할 수 있다. 역할놀이는 인간관계, 문제해결, 지도력, 그리고 집단 기능을 연구하려는 목적에 사용된다. 이러한 주제가 자유롭게 연구되고, 역할놀이를 하고, 이후에 토론할 시간적 여유가 있을 때 성공적일 수 있다. 기본적으로 역할놀이는 가르치는 수단이므로 소집단이나 학급과 같은 곳에서 인간관계, 지도력, 집단발달을 훈련할 때 사용하면 효과적이다.

사이코드라마가 보다 치료적 장면에서 많이 연구된 반면 소시오드라마는 학교 장면과 수업장면, 그리고 직업훈련장면에서 많이 활용되고 있다. 소시오드라마의 주된 방법은 역할극으로 이루어진다. 역할극은 각각 조금씩 다른 방식으로 형태주의 집단, 교류분석, 합리적 정서치료, 그리고 행동주의적 집단에서 사용되어 왔다. Perls(1969)는 역할극에 대해 개인이 자신이 처한 상황에서 자신과 타인의 입장으로 역할을 바꾸어서 대화로 진행되는데 이를 통해 두 개의 양면을 이해하는 상호 간의 학습이 일어난다고 보았다. 그리고 행동주의 집단에서는 특정한 상황에서 구체적인 대인관계기술의 재연을 강조한다. Moreno에 의하면, 역할극은 변화하는 어떤 역할의 훈련이나 발달, 실험, 탐구의 목적으로 어떤 선택된 장면에서 스스로 택하여 어떤 역할을 연기하는 것이다. 사이코드라마와 소시오드라마에서 역할극은 문제를 탐색하고, 해결의 실마리를 찾고, 학습하는 방법으로 전체적인 진행의 기본 수단이다. 단지 사이코드라마에서는 연기하는 문제나 상황이 주인공의 의식에 근거한 것이라면, 소시오드라마에서는 집단 전체의 합의에 의해 주제나 상황도 선택되고 수정되어 연기하게 된다. 따라서 소시오드라마에서는 역할극이 이루어지기 위해서 문제를 선택하고 합의하는 과정 자체가 학습된다(황헌영 외, 2005 재인용).

사이코드라마는 사적인 역할과 개인적인 문제에 초점을 두고 진행되며 소시오드라마는 사회적 역할과 그 역할들 사이의 문제를 다루는 데 초점을 둔다는 점에서 가장 큰 차이가 있다. 또 소시오드라마는 사회적 상황을 개선하고 사회문제를 해결한다는 점에서 근본적으로 교육적인 면에 중점을 두는 반면에, 사이코드라마는 한 개인의 문제를 중점적으로 다루고 해결해 주려고 하기 때문에 치료적인 면에 중점을 둔다.

사이코드라마는 개인적인 주제를 가지고 과정이 진행되지만 소시오드라마는 아동이 원하는 주제를 가지고 진행된다는 점에서 다르다. 주제의 선정에 있어서 사이코드라마는 먼저 주인공이 주제를 선정하고 주인공의 지금-여기의 느낌에 초점을 맞추어 진행되지만 소시오드라마는 모두 참여하여 주제를 선정하고 그 주제를 토대로 진행된다.

사이코드라마는 주인공의 감정에 초점을 두기 때문에 지속적으로 장면을 이어 나가면서 주인공의 감정을 다루어 나가지만 소시오드라마는 주제가 어느 정도 표현된 경우, 불완전하거나 왜곡된 경우나 수정 · 보완 · 확대 · 극대화 등이 필요한 경우, 기타 질문과 토론이 필요하거나 역할의 세분화, 초점의 명료화, 연기자의 교체 혹은 보강, 집단 전체의 의견수렴 등이 필요한 경우 장면을 중단할 수 있으며 새롭게 보다 극적이고 효과적인 드라마를 만들 수 있다는 차이점이 있다. 또한 사이코드라마는 집단이 참여하는 경우가 드물지만 소시오드라마는 집단원 모두의 카타르시스를 위해 집단원 전체가 참여하는 경우가 많다.

사이코드라마는 짧은 시간 내에 개인적인 문제들이 많이 드러나기 때문에 노출을 꺼리는 아동에게 부담이 될 수 있다. 하지만 소시오드라마는 개인의 문제를 다루는 것이 아니기 때문에 개인적인 노출의 부담 없이 예방, 발달적인 측면에서 유용하게 활용할 수 있다는 장점이 있다.

그러나 아동에게는 놀이치료실이라는 공간에서 개인적인 문제들이 다루어지고 있다. 아동에게 필요한 자발성, 창조성은 치료사와의 관계에서 충분한 잉여현실과 텔레(tele)를 경험하는 기회가 되므로 사이코드라마를 숙지한다면 치료실 상황에서 주인공과 연출자 등의 역할을 교류하며 아동의 문제점을 개선해야 한다.

10. 사이코드라마의 아동 심리치료에의 적용

사이코드라마가 오랜 역사를 가지고 있음에도 불구하고 이론적 구조와 발전이 뒤따라 주지 못해 정신치료의 주류에 들어가지 못하고 있다는 것은 주지의 사실이다. 대개 사이코드라마는 일회적으로 주인공인 아동의 갈등을 다루는 경우가 많기 때문에 그 효과에 의문을 가지는 임상가들이 있다. 또한 사이코드라마가 사람들 앞에서 지나치게 감정을 방출시키고 그에 대한 수습이 제대로 이루어지지 못하는 상황이 발생할 수 있다. 그러나 이러한 제한점은 다른 정신치료와 마찬가지로 사이코드라마에서도 치료회기를 늘린다거나 치료자, 보조자아들로만 구성된 소규모 폐쇄집단으로 실행된다면 보완이 될 것이다.

아동을 대상으로 하는 사이코드라마는 놀이치료실 안에서 치료자와 내담 아동이 편안하게 역할놀이, 유도된 환상 등을 통해 자발성을 키워 아동이 활발한 사회활동을 할 수 있도록 도움을 주는 치료 방법이다.

그리하여 행동문제를 가진 아동들도 집단에 속하고, 친구를 갖고, 사랑하며, 좋은 관계를 이루어 나갈 수 있어야 한다. 따라서 사이코드라마를 통해 서로의 행동양상을 정비하고 조정하는 긍정적인 방법을 배울 수 있으며, 여러 역할연습을 통해 다른 관점에서 사건을 객관화시킬 수 있는 능력을 배우며, 성인보다는 판타지나 상징적인 역할에 좀 더 쉽게 행동하기 때문에 꿈, 인형, 동화 등을 이용한 유도된 환상이나 미래투사 기법 등이 자주 사용되며, 부모나 형제들을 극에 참여시킬 수도 있다.

사이코드라마는 주인공인 아동의 갈등상황을 언어로써 표현하기보다는 지금-여기에서 생생한 역할을 통하여 실제 경험하게 되므로 많은 시간을 요하지 않고도 주인공의 감정 정화 및 통찰에 도움을 준다. 주인공뿐만이 아니라 주인공의 행위를 돕는 치료사와의 새로운 경험을 통해 또 다른 주인공이 될 수 있다. 그리고 주인공은 자신만의 독특한 경험이라는 느낌을 이야기하면서 공감과 이해, 인간적 화합이라는 역동적 힘을 발휘하게 된다. 현실에서 힘들고 지친 마음을 무대라고 하는 가상의 현실 속에서 마음껏 펼쳐 주인공인 아동으로 하여금 자신의 자발성과 창조성을 동원한 표현력 향상에 도움을 준다. 이로써 타인과의 관계에서 주눅들거나 발표력이 떨어지는 아동들로 하여금 용기와 자신감을 얻게 할 수 있다. 또한 사이코드라마 고유의 놀이정신은 시간과 공간을 초월하여 내재된 잠재력과 창의성을 계발시키며 내 안에 내재된 에너지의 발산으로 새로운 경험과 유희성, 명랑성, 즉흥성, 예술성을 통하여 즐거움을 얻을 수 있다. 사이코드라마를 통해 아동은 개인적인 문제를 표출시키게 되고, 이러한 과정에서 문제를 객관적으로 바라볼 수 있는 기회를 갖게 되며, 자신의 감정을 타인으로부터 공감받고 지지받을 수 있는 기회를 갖게 된다. 또 행위를 통한 카타르시스와 자신에 대한 통찰력을 얻을 수 있으며 희망을 북돋우게 된다.

학습과제

1. 사이코드라마의 과정과 구성요소는 무엇인가?
2. 사이코드라마의 치료적 측면은 무엇인가?
3. 사이코드라마와 소시오드라마의 차이점은 무엇인가?
4. 사이코드라마가 아동 심리치료에 어떻게 적용 가능한지 서술해 보시오.

참고문헌

김수동, 이우경(2004). **사이코드라마의 이론과 적용**. 서울: 학지사.

김유광, 이정숙 공역(1999). **야곱 레비 모레노**(Juith S. Beck 저). 서울: 하나의학사.

서연호(2004). **사이코드라마**. 서울: 살림.

최윤미 역(2002). **사이코드라마**(Eva Leveton 저). 서울: 시그마프레스.

최윤미 역(2005). **사이코드라마 가이드**(ZORAN DKURIC 저). 서울: 시그마프레스.

최윤미 역(2005). **사이코드라마 기법**(A. Blatner 저). 서울: 시그마프레스.

최헌진(2010). **사이코드라마 이론과 실제(2판)**. 서울: 학지사.

황헌영, 김세준 공역(2005). **사이코드라마와 잉여현실: 드라마치료의 기원과 실제**(Zerka T. Moreno 외 공저). 서울: 학지사.

Blatner, A., & Blatner, A. (2000). *Foundations of psychodrama: History, theory, and practice*. Springer Publishing Company.

• 제11장 •

부모교육 및 상담

개요

이 장에서는 아동 심리치료에서 부모교육과 부모상담의 필요성에 관해 알아보고 그 개념 및 유형을 소개한다. 또한 부적절한 아동양육의 원인이 무엇인지 분석하고 영아기부터 청소년기에 이르기까지 발달단계별 부모의 역할을 설명한다. 그다음 대표적인 부모교육 이론인 민주적 부모교육 이론, 인본주의 부모교육 이론, 교류분석 이론, 행동수정 이론 등에 관해 고찰해 보고 부모교육의 실제를 익히기 위해 국내외의 구조화된 부모교육 프로그램을 소개한다.
이 장을 학습한 후에 아동 심리치료 장면에서 부모양육기술 향상을 통한 부모-자녀 관계의 개선뿐 아니라 부모들의 잘못된 양육행동의 원인분석을 기초로 한 부모교육기술을 익히게 될 것이다.

학습목표

1. 부적절한 아동양육의 원인이 무엇인지 파악함으로써 효과적인 부모교육의 목표와 방법을 계획할 수 있다.
2. 발달단계별 부모의 역할에 관해 구체적으로 학습한다.
3. 대표적인 부모교육 이론의 원리와 개념, 자녀훈육 기법 등을 학습한다.
4. 국내외 다양한 부모교육 프로그램의 운영과 실제에 관해 학습함으로써 부모교육 전문가로서의 기초능력을 함양한다.

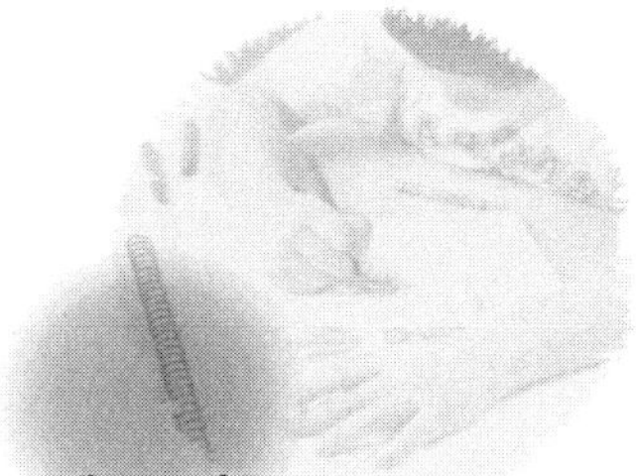

제 11 장

부모교육 및 상담

아동은 환경과의 상호작용을 통해 끊임없이 발달하는 존재이며 각 발달단계마다 크고 작은 발달적 위기를 맞게 된다. 이러한 발달적 위기는 아동의 고유한 특성이나 환경 등에 따라 정상적으로 극복될 수도 있고 문제행동이나 부적응행동으로 발전할 수도 있다.

부모는 자녀의 심리적, 물리적 환경을 구성하고 제공하는 데 있어서 가장 중요한 역할을 담당하고 있는데 부모-자녀 관계의 변화는 어린 자녀보다는 부모 쪽에서 주도적으로 노력하는 것이 현실적이다. 상담자는 아동과의 치료 과정에서 아동의 자아개념을 변화시키고, 아동이 받는 스트레스를 완화시키며, 주위 환경에 대한 적응기술을 가르치게 된다. 이때 부모가 상담자의 지도에 따라 조금씩 자신들의 마음을 변화시키고 그것을 다시 개선된 기술로 자녀에게 표현하기 시작하면 아동은 매우 빠른 속도로 적응능력과 자신감을 되찾을 수 있다. 다양한 아동문제를 취급하는 상담현장에서 부모-자녀 관계가 변화됨에 따라 아동문제가 손쉽게 해결되거나 개선되는 사례는 특히 영유아기와 아동기에서 두드러지는 현상이다.

이처럼 아동에게 가장 직접적이고 끊임없이 중요한 영향을 미치는 존재가 부모라는 점은 널리 알려져 왔으나 부모교육이나 상담을 통해 부모-자녀 관계의 개선을 적극적으로 모색함으로써 아동의 문제를 근본적으로 또한 효율적으로 해결하고자 하는 노력은 상담현장에서는 아직 미흡한 실정이다.

이 장에서는 부모교육이 아동 심리치료에서 갖는 필요성 및 발달단계별 부모역할에 관해 설명하고 대표적인 부모교육 프로그램 이론 및 실제 훈육 기법 등을 소개한다.

1. 부모교육과 부모상담의 필요성

1) 부모교육과 부모상담의 개념

부모교육이란 자녀의 성장과 발달에 대한 부모의 이해와 지식을 증진시킴으로써 부모로서의 역량을 키우고 이를 토대로 부모 스스로 효과적인 자녀양육 방법과 기술을 개발하여 자녀에게 실천하고 적용하도록 지원해 주는 다양한 교육활동을 말한다(이순형 외, 2010). 이재연과 김경희(1992)는 부모교육이란 자녀에 대한 이해와 지식을 증진시켜서 사고와 감정, 그리고 행동에 있어서 습관적인 방법을 돌이켜 봄과 동시에 자녀를 양육하는 새로운 방법을 습득하도록 도와주는 다양한 교육적 경험이라고 정의하였다. Eathart는 부모교육을 부모역할의 지침과 정보를 제공하는 모든 종류의 활동과 경험으로 정의하고, 부모로서의 역할과 기능을 원활히 수행할 수 있도록 부모에게 정보나 지식을 전달하고 기술을 가르치는 것이라고 하였다.

아동상담 현장에서의 부모교육은 비슷한 연령이나 문제를 가진 자녀를 둔 부모를 대상으로 하는 집단부모교육 프로그램과 개별 아동을 상담하고 치료하는 과정에서 부모를 개입시켜 실시하는 개별부모교육 프로그램의 두 유형으로 크게 분류할 수 있다. 예를 들어, 비슷한 연령대에서 발달적 어려움을 겪는 자녀를 둔 어머니들을 모아 집단부모교육을 실시한다면 그 기간은 주로 8~15회 사이이고 10명 내외의 규모로 프로그램의 내용과 횟수가 미리 정해져 있는 구조화된 프로그램을 실시하는 경우가 대부분이다. 즉, 발달단계별로 나누거나 자녀문제별로 나누어 그 집단에 필요한 정보를 제공해 주는 식이다. 집단부모교육은 다수의 부모를 대상으로 실시하기 때문에 경제적이고 부모들이 지지집단으로서 서로의 경험과 감정을 공유할 수 있다는 점에서 효과적이다.

그러나 자녀에게 심각한 문제가 있어서 전문적인 상담을 받아야 하는 경우라면 개별적인 부모교육과 상담을 받는 것이 효율적이다. 왜냐하면 같은 문제(예: 자폐증)라 해도 개개인의 상황이 다르고 부모의 기술이나 민감성에 차이가 있기 때문에 부모 자신의 양육행동이나 성격 등에 관한 진단을 받고 개별적인 교육과 상담을 받는 것이 좋다. 이러한 경우 부모교육에는 부모 자신의 정신적 어려움이나 자녀에 대한 죄책감 등에 대한 상담까지 동시에 제공되어야 하는 경우도 있다. 즉, 부모교육과 상담은 결국 아동의 문제를 해결하기 위하여 실시되는 것이며 부모로서의 적절한 훈육기술을 지도하고 훈련하는 동시에 부모 자신이 심리적 안정을 어느 정도 유지하고 회복하도록 돕는 데 목적이 있다. 부모가 교육을 통하여 단순히 테크닉을 훈련했다 하더라도 안정된 관점에서 자녀에 대한 마음과 생각을 바꾸기 전에는 자녀에게 신뢰감을 주기 어렵기 때문이다.

Fine과 Henry(1991)에 의하면, 부모교육(parent education)과 부모상담(psychotherapy)은 부모의 행동에 변화를 가져오기 위한 것이라는 점에서는 같으나, 부모교육이 좋은 부모역할을 할 수 있도록 도와주는 정보와 기술을 교육하는 과정이라면, 부모상담은 겉으로 드러나는 행동의 변화보다는 내담자의 인성구조에 변화가 일어나도록 하는 과정이라는 점에서 차이가 있다.

한편, 종전의 부모교육 프로그램(김인자, 1992; 구본용 외, 1995; 남상인 외, 1995a, 1995b; Gordon, 1988)은 대부분 개인 프로그램보다는 집단 프로그램 형태가 우세했다고 볼 수 있으나 민간 수준의 상담현장에서 부모교육은 자신의 자녀가 상담받는 시간에 부모교육을 동시에 받기 원하는 경우가 대부분이어서 집단 형태보다는 개인 형태에 대한 요구가 높다.

2) 부적절한 양육행동의 원인

아동문제를 악화시키거나 문제의 해결에 도움이 되지 않는 부모의 부적절한 양육행동은 다음과 같은 이유에서 발생할 수 있다.

(1) 아동발달에 대한 지식 부족

발달단계별 특성에 관한 지식이 부족할 경우 자녀에게 과도한 요구를 하거나 부적절한 훈육을 실시할 수 있다. 예로, 3세 유아에게 장난감을 가지고 논 후 정리하지 않는다고 혼을 내거나 청소년에게나 적합한 설명하고 훈계하는 식의 대화를 유아기 자녀에게 실시할 수 있다.

(2) 자녀의 개인적 특성(기질)에 대한 이해 부족

자녀가 ADHD 성향이 있어서 매우 충동적이거나 산만한 경우 또는 사회적 상황을 이해하고 대처하는 능력이 선천적으로 매우 취약한 아스퍼거 자폐증과 같은 경우 부모가 아동의 기질에 대한 이해가 부족하게 되면 자녀의 노력이 부족하다고 여기고 좀 더 노력해서 문제를 개선하도록 강요하는 정서적 학대를 하게 되는 경우가 많다.

(3) 아동의 기질적 취약성이나 장애 등에 관한 정보나 지식의 부족

자녀가 지적 장애나 전반적 발달장애 또는 감각 기능의 장애 등을 갖고 있다는 것을 알고 있더라도 그러한 장애가 구체적으로 자녀의 문제행동에 어떻게 영향을 미치는지 이해하지 못하는 경우 자녀의 문제를 개선하는 데 별로 도움이 되지 않는 성인중심의 노력에 최선을 기울이다가 좌절감을 느끼고 자녀에게 화풀이를 하거나 자녀를 포기하게 될 수 있다.

(4) 열악한 주거환경이나 빈곤 등 환경적 어려움

아동이 신체적인 에너지를 발산하고 또래와의 경험을 충분히 할 수 있는 환경이 갖추어지지 못하면 아이들은 스트레스를 받게 되고 부모에게 부정적 정서를 표현하게 된다. 이것은 환경적 스트레스와 더해져서 부모의 심리적 스트레스를 가중시키는 원인이 될 수 있다.

(5) 부모 자신의 불행한 아동기 경험 투사

부모가 성장 과정 중에 따뜻한 관심과 돌봄을 받지 못했을 경우, 정신적 외상을 입는 사건을 경험했을 경우 부모는 자신의 상처를 자녀에게 투사함으로써 자녀와 부적절한 관계를 형성하는 악순환이 될 수 있다.

(6) 부모의 정서적, 사회적 미성숙

부모 자체가 정서적, 사회적으로 미성숙할 때 자녀에게 좋은 돌봄을 하리라고 기대하기 어렵다.

(7) 가족 내 갈등에서 오는 스트레스 등

시부모/처부모와의 갈등, 부부간의 갈등에서 오는 스트레스 때문에 자녀에게 소홀해지거나 긍정적 훈육을 하지 못하는 경우가 있다.

3) 부모교육과 부모상담의 적용

아동상담은 아동의 발달적 특징이 성인과 다르다는 점 때문에 성인상담과 상당한 차이가 있다. 오래전부터 아동문제의 원인은 전적으로 부모의 성격이나 양육행동 등에 있다는 주장이 있어 왔지만 최근에는 자녀의 기질 등과 같은 개인적 특성과 부모와의 관계의 부적합성(부조화) 같은 상호작용적 측면에서 아동문제를 파악해야 하며 따라서 아동의 문제를 부모 탓으로만 돌리는 것은 잘못된 견해라는 주장이 설득력을 얻고 있다. 사실 아동문제는 부모나 자녀 어느 한쪽에 책임을 묻기보다는 양방향적 관점에서 접근하는 것이 합리적이다.

아동상담도 성인상담과 마찬가지로 아동의 문제가 무엇이며 어느 정도로 심각한가보다는 문제의 직접적인 원인과 유지 요인 등에 대한 전체적인 조망을 통해 치료계획을 세우는 사례개념화가 매우 중요하다. 예를 들어, 실수가 잦고 짜증을 많이 내는 아동의 문제를 다룰 때 아동상담자는 아동의 문제가 아동의 기질적 특성에서 유래된 것인지, 부모의 양육태도, 경제적 스트레스, 갈등이 심한 부부관계, 학교생활 적응 등의 환경적 부분에서 문제가 주로 발생한 것인지에 관한 종합적인 분석을 통해 접근해야 한다. 아동의 문제를 이해하는 이러한 접근은 생태학적 맥락과 발달정신병리학적인 전문지식을 모두 필요로 한다. 즉, 아동의 문제를 해결하기 위해 아동상담 장면에서 실시해야 할 부모교육의 내용에는 아동의 특성에 대한 이해, 양육태도의 분석과 이에 따른 부모역할훈련뿐 아니라 또래관계의 개선이나 학교생활 적응을 돕기 위한 교사와의 연계 및 가족 내 폭력 해결 또는 경제적 지원을 받을 수 있는 지역사회복지 서비스 기관과의 연계 등과 같은 다양한 지원방안을 포함시켜야 한다. 이렇듯 아동의 문제를 보다 빠르고 효율적으로 치료하고자 한다면 부모교육의 병행이 필수적이다.

이 외에 아동의 문제로 인해 부모가 느낄 수 있는 죄책감이나 스트레스를 덜어내기 위해 부모교육이 필요한 경우가 많다. 그러나 부부갈등이나 우울증 등 부모의 심리적 문제가 아동문제의 주요 원인이라 생각되면 부모교육 이전에 부모상담을 먼저 실시하는 것이 문제를 해결하는 근본적인 방법이 될 수 있다.

이러한 상황에서 부모교육과 상담이 어떻게 적용될 수 있는지 도표로 설명하면 [그림 11-1]과 같다. 이러한 부모의 문제는 자녀를 양육하는 데 필요한 지식이나

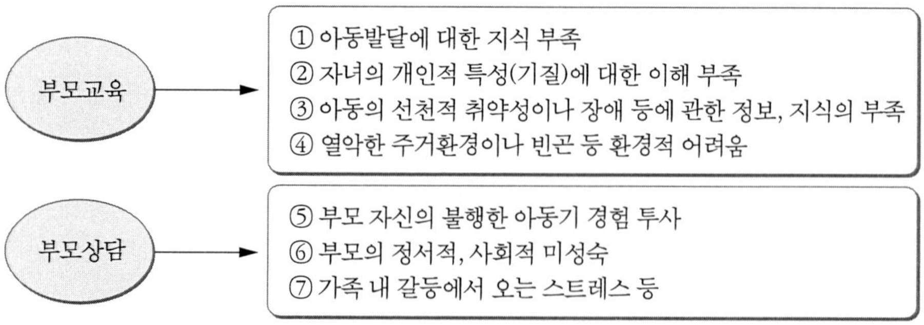

[그림 11-1] 부모교육과 상담의 적용

기술이 부족하여 부모교육과 훈련을 받아야 하는 부분(①~④)과 자신의 심리적, 사회적 문제를 인식하고 부모상담을 받아야 하는 부분(⑤~⑦)으로 크게 나누어 볼 수 있다.

일반적으로 부모교육은 부모가 심리적으로 안정되어 있으면서 자녀를 도우려는 의지가 확고하지만 구체적인 양육원리와 기법을 모르는 경우에 가장 효과적이다. 만일 부모에게 심리적인 문제가 있거나 정신적인 여유가 없어서 자녀를 도울 만한 준비가 되어 있지 않다면 부모교육은 충분한 효과를 기대하기 어렵고 부모상담이 이루어질 필요가 있다.

이렇듯 부모의 상태에 따라 부모교육이나 상담을 받을 수 있다면 아동문제를 근본적으로 치료하는 데 도움을 줄 뿐 아니라 치료기간을 단축하고 치료 결과를 지속하고 유지시키는 데 결정적인 효과를 기대할 수 있다(이숙 외, 2009). 부모가 양육기술을 배우기 위해 교육받고 훈련하는 것이 필요한지, 부모교육 이전에 부모상담을 받는 것이 우선되어야 하는지는 치료자의 판단으로 결정될 수 있다.

2. 발달단계별 부모의 역할

자녀가 태어나면서 부부는 부모로서의 새로운 정체성을 형성하고 성장해 나가야 한다. 이것은 새로운 생명을 맞이하는 설렘과 기쁨을 넘어서 부모로서 수행해야 할 스트레스와 의무를 요구하는 새로운 발달과업에 적응해야 한다는 것을 의미한다.

1) 영아기

영아기는 어머니와 영아의 상호작용의 질이 매우 중요한 시기라고 볼 수 있으며 애착 형성이 안정적으로 이루어지는 시기이기도 하다. 우리나라 영유아보육법에서는 0세부터 만 36개월 미만까지를 영아로 보고 있지만 외국의 경우 대체로 만

2세까지로 보는 경향이 있다. 여기에서는 영유아보육법의 기준에 따라 만 3세까지를 영아기로 정의하고자 한다. 영아기의 부모역할은 다음과 같다.

(1) 보육자 · 보호자로서의 역할

영아는 출생 후 몇 년간은 다른 사람의 보살핌 없이 생존이 불가능하기 때문에 영아기의 부모역할 중 가장 중요한 것은 보육자, 보호자로서의 역할이다. 부모는 영아의 안전과 위생, 영양 등 생리적 · 신체적 건강을 우선적으로 도모해야 한다.

(2) 안정 애착 형성의 촉진

Erikson(1950)은 영아기가 기본적 신뢰감 대 불신감의 형성기라고 제시하였다. 이 시기에 부모가 일관성 있고 민감하게 영아의 욕구를 충족시켜 주면 영아는 부모에 대해 안정된 애착과 기본적 신뢰감을 형성하게 되고 이것은 모든 인간관계의 기초가 된다. 안정 애착을 형성한 영아는 정서적으로 안정되어 있고 부모에게 친밀감과 의존성을 강하게 나타내게 된다.

안정 애착을 형성한 영아는 사람에 대한 신뢰감이나 자신감, 호기심, 타인과의 관계에서 긍정적인 성향을 나타내고 좌절도 잘 참아내는(조성연 외, 2005) 등 긍정적 발달을 하는 경향이 있다. 반대로 부모가 일관성 없고 무관심하게 영아를 돌보는 경우에는 불안정 애착을 발달시키게 되며 적대적이고 공격적인 성향을 보이면서 다른 사람과 좋은 관계를 형성하기가 어렵다.

(3) 다양한 감각자극의 제공

Piaget는 영아기를 감각운동기라고 부르고 영아기에는 풍부한 감각운동적 경험이 필요하다고 하였다. 영아는 주위의 모든 사물에 대해 호기심을 나타내고 탐색하고자 하며 이러한 활동을 통해 학습이 이루어지므로 마음껏 만지고 느끼고 움직일 수 있는 기회를 제공해 주는 것이 필요하다. 따라서 부모는 영아에게 흥미있고 매력적인 환경을 조성해 주는 것과 동시에 감각적으로 풍부한 자극(시각, 청각, 후각, 미각, 촉각)을 제공해 줌으로써 인지발달이 촉진될 수 있도록 해야 한다

(정옥분, 정순화, 2007).

(4) 자율성 발달의 격려

두 돌을 전후하여 영아는 언어로 자신의 의사표현을 간단하게 할 수 있으며 활발하게 주위를 탐색하고자 하는데 이를 저지하려는 부모와의 사이에서 갈등을 경험할 수 있다. 이 시기의 영아의 자기주장은 '제1반항기'라는 특징에서 드러난다. 이때 부모가 지나치게 영아의 행동을 통제하지 않고 합리적으로 지도하면서 일관성을 보여 주면 영아는 자율성을 발달시킬 수 있다.

(5) 자조기술의 훈련

영아기는 자조기술의 훈련이 시작되는 시기다. 영아는 배변훈련, 세수하고 이 닦기, 수저사용법, 바지를 입고 벗는 일 등을 혼자 해낼 수 있도록 훈련받기 시작한다. 자조기술의 훈련은 영아가 발달상 어느 정도 준비가 될 때까지 기다려 주고 단계적으로 서서히 익숙해지도록 지도하는 것이 좋다.

2) 유아기

유아기는 기본적인 운동능력을 습득하고, 신체조절능력을 형성하며, 인지언어적 · 사회적으로 현저한 발달을 하는 시기로서 만 3~5세까지가 해당된다. 유아기의 부모역할은 다음과 같다.

(1) 훈육자로서의 역할

부모는 유아의 생리적 욕구를 충족시키고 보호할 뿐 아니라 건강하게 적응하고 발달해 나갈 수 있도록 구체적인 생활습관을 훈육해야 한다. 유아는 자조능력이 발달하면서 자기주장이 강해지고 고집이 세지는데 이때 부모는 자녀와 힘겨루기를 하거나 과보호하지 말고 아동중심적으로 긍정적 훈육을 해야 한다.

(2) 주도성 발달의 격려

유아는 이동능력이 발달함에 따라 자신의 환경을 능동적으로 탐색하고자 하는 호기심을 나타낸다. 이때 유아가 새로운 일을 시도하여 성공하는 경험을 자주 맛볼 수 있도록 기회를 제공해 주고 격려해 주면 주도성이 발달할 수 있다.

(3) 학습경험의 제공

유아기는 환경과의 경험을 통해 많은 것을 학습하는 시기다. 따라서 부모는 유아의 흥미와 능력에 적합한 학습경험을 풍부하게 제공해 줌으로써 유아의 발달을 촉진하는 촉진자로서의 역할을 수행해야 한다.

(4) 자기통제력 발달의 촉진

자기통제력은 유아기에 그 기초가 형성되는 매우 중요한 능력으로서 부모가 유아의 충동적인 행동에 대해 일관성 있게 훈육하고, 유혹에 저항할 수 있도록 도와주며, 이러한 행동에 대해 긍정적으로 강화해 주면 유아의 자기통제력이 발달할 수 있다(Hetherington & Parke, 1993).

3) 아동기

아동기는 흔히 초등학교시기를 말하며 만 6~11세 정도의 연령에 해당되는데 최근에는 성적 발달이 가속화되면서 초등학교 고학년 연령의 아동부터 청소년기에 포함시키기도 한다. 아동기의 부모역할은 다음과 같다.

(1) 양육자로서의 역할

학교에 입학하면서 아동은 규칙과 책임이 따르는 새로운 학교생활에 적응하고 교우관계를 원만하게 형성해야 하는 발달과업에 직면하게 된다. 이때부터 부모는 신체적인 양육보다 심리적인 측면의 양육을 제공해야 하는데 학업 성취를 포함하여 학교생활 적응문제로 스트레스를 많이 받는 아동의 피난처, 지원자로서의 역할을 잘 감당해야 한다.

(2) 도덕성과 사회성 발달을 도움

도덕성은 사회질서를 유지하며 개인이 속한 문화적, 사회적 집단에서 적절히 기능하도록 도와주는 기능을 하므로 사회적 발달 과정에서 획득해야 할 중요한 능력이다(조성연 외, 2005). 또 사회성은 왕따 등 학교부적응문제뿐 아니라 건강한 발달을 위해 필수적인 능력이므로 부모는 아동의 도덕성과 사회성의 발달을 적극적으로 도와야 한다.

(3) 근면성 발달을 도움

아동은 학교생활에 적응하면서 여러 가지 필요한 기술을 배우기 시작하며 가정이나 학교에서 주어지는 과제를 성공적으로 끝마치고 주위로부터 인정받게 되면 근면성을 발달시키게 된다. 부모는 아동에게 지나친 기대를 하지 않고 아동의 수준에 맞는 적절한 과제를 부여하여 다양한 작업에서 성공하는 경험을 제공해야 한다.

(4) 긍정적인 자아개념 형성을 도움

자아개념은 타인과의 관계에서 타인이 자신을 어떻게 생각하고 대하는가에 따라 결정되는 것이므로 부모는 아동의 장점을 발견하도록 노력하고, 이를 인정해 주고 격려해 주어야 하며, 성공경험을 많이 하도록 환경을 조성해 주어야 한다.

4) 청소년기

청소년기는 초등학교 고학년부터 시작되는 사춘기를 포함하여 중 · 고등학교 시기를 포함한다. 청소년기는 성적 성숙이 이루어지면서 자아정체성을 확립하고 부모로부터 심리적으로 독립해 나가야 하는 등 새로운 발달과업에 직면하게 된다. 청소년기의 부모역할은 다음과 같다(이숙 외, 2009).

(1) 격려자로서의 역할

청소년기는 신체적 성장이 급속하게 이루어지기 때문에 부모의 체벌이나 통제를 거부하게 되고 그 결과 부모의 권위는 도전받게 된다. 또한 인지적 성장이 이루어진 청소년은 부모가 설정한 규칙이나 가치관에 대해 논리적 모순을 발견하게 되고 비판적으로 부모를 대하게 된다. 부모는 아동기와는 달라진 청소년의 버릇없는 태도에 당황하게 되고 화를 내거나 방어적으로 대하기 쉽지만 청소년기는 심리적, 신체적 변화로 인해 자신감을 잃고 불안정하기 쉬운 시기이므로 장점을 격려하고 인정해 주는 부모의 지원이 어느 때보다 필요하다.

(2) 상담자로서의 역할

청소년은 또래와의 관계나 학업 성취 등의 문제로 많은 갈등을 겪는다. 또래 친구와의 관계가 원만하고 또래들로부터 정서적 지원을 받는다면 큰 어려움이 없겠지만 또래들로부터 배척당하거나 따돌림당하는 경우 부모가 자녀의 고민을 들어주고 상담해 주며 청소년기를 원만하게 지낼 수 있도록 해야 한다.

(3) 의사소통기술의 모델

의사소통에서 중요한 것은 상대에 대한 신뢰, 감정이입, 자신의 생각이나 감정을 자유롭게 표현할 수 있는 분위기, 다른 사람의 의견을 열심히 들어주는 자세 등이다. 부모는 청소년과 개방적이고 효율적인 의사소통을 하기 위해 노력함으로써 청소년에게 의사소통기술을 가르쳐야 한다.

3. 부모교육 이론과 프로그램

1) 민주적 부모교육 이론

민주적 부모교육 이론은 Alfred Adler의 개인심리학을 부모교육에 적용하여 발전시킨 것으로서 Dreikurs가 중심이 되어 인간관계의 평등성을 강조하고 민주적 양육원리와 개념을 소개하고 발전시켰다. 민주적 부모교육은 부모연구모임(parent study group)을 통해 이루어지는데 부부가 함께 참여하여 8~12주 동안 매주 2시간씩 실시한다. 민주적 부모교육 이론의 목표를 제시하면 다음과 같다.

- 부모로 하여금 자녀에게 안정된 소속감을 제공해 주고 자녀가 사용하는 잘못된 행동목표를 수정해 나갈 수 있는 능력을 갖게 한다.
- 부모로 하여금 자녀를 한 사람의 인격체로 존중하는 민주적 양육태도를 갖게 한다.
- 부모로 하여금 자녀 스스로 자신의 일을 결정하고 책임질 수 있도록 가르치도록 돕는다.
- 자녀의 행동에 영향을 미치는 여러 요인에 대한 이해를 돕는다.

(1) 잘못된 행동목표

Dreikurs는 아동의 잘못된 행동을 관심 끌기, 권력 행사하기, 보복하기, 무능함 보이기 등의 네 가지 범주로 나누어 설명하였다. 아동은 인정받거나 소속감을 얻기 위해서 여러 가지 행동을 하게 되는데 좋은 방법으로는 인정받을 수 없다고 느낄 때 잘못된 행동을 통해서라도 이를 성취하려고 하는 특성을 보이며 이러한 의미에서 이를 잘못된 행동목표라고 부른다.

잘못된 행동목표를 형성하게 되면 아동은 고집을 부리거나 징징거리는 등 부모에게 화를 불러일으키거나 절망감을 주는 행동을 집요하게 되풀이한다. 36개월 유아에게 "아이스크림 주세요."라고 말로 요구하라고 가르쳐도 계속 징징거리면서 우는 행동(무능함 보이기)을 한다든지, 자기가 원하는 대로 해 주지 않을 때 물건을 집어던지고 뒹굴면서 고집을 한없이 피운다든지 하는 행동(힘겨루기) 등이 이에 해당될 수 있다.

〈표 11-1〉 잘못된 행동목표

목표 행동	자녀의 잘못된 생각	부모의 감정	부모의 지도에 대한 아동의 반응	부모가 취할 대안
관심 끌기	나는 내가 눈에 띄고 관심을 끌 때만 소속감을 느낀다.	짜증나고 귀찮다.	일시적으로 중단한다. 그러나 조만간 다시 시작한다.	고의적으로 관심을 받고자 하는 잘못된 행동은 무시하고 긍정적인 행동을 한 경우에 충분한 관심을 보여 준다.
힘 행사하기	내가 모든 것을 내 마음대로 할 수 있을 때, 누구도 나를 지배할 수 없다는 것을 보여 줄 수 있을 때에만 소속감을 느낀다.	화가 난다.	악순환적 행동이 계속되고 점점 더 공격적이 되어 간다.	갈등(싸움)에 말려들지 않는다. 냉정을 되찾은 후에 그것에 대해 이야기한다. 자녀에게 도움을 청하거나 협동하게 함으로써 건설적으로 힘을 사용하는 방법을 가르친다.
앙갚음	내가 상처받은 만큼 나 역시 다른 사람에게 그 상처를 되돌려 주겠다. 나는 사랑받지 못하고 있다.	속상하다.	더욱 심하게 잘못된 행동을 함으로써 복수심을 나타낸다.	상처를 되돌려 주려는 마음을 자제한다(벌을 주거나 언어적, 정서적, 신체적 폭력을 사용하지 않는다.). 갈등상황에서 벗어나 자녀에게 신뢰와 사랑을 보여 준다.
무능함 보이기	나에게 아무것도 기대하지 않게 함으로써만 소속감을 느낀다. 나는 패배자이며 무기력하다.	절망감을 느끼고 자녀를 포기하고 싶다.	수동적이 된다. 어떤 노력을 시도하는 것을 거부하고자 포기한다.	포기나 동정을 하지 않고, 자녀를 비난하지 않으며, 작은 시도라도 긍정적으로 반응한다. 격려를 아끼지 않는다.

출처: 이경우 편역(1996). 당신도 유능한 부모가 될 수 있다(STEP).

(2) 격려의 사용

격려는 자녀의 장점과 성취에 초점을 맞춤으로써 자녀에게 자신감과 자아존중감을 북돋아 주는 것으로서 칭찬과는 다르게 사용된다. 격려는 다음과 같이 사용될 수 있다.

- 아무런 전제조건 없이 자녀를 있는 그대로 수용하고 믿는다. 자녀의 행동이 부모의 기대 수준에 맞을 때에만 수용한다면(가치의 조건) 자녀는 부모가 자신의 능력이 아닌 있는 그대로의 자신을 좋아하고 인정해 준다는 점을 믿고

받아들이기 어렵다.

- 긍정적인 태도와 언어를 사용한다. 자녀가 보이는 여러 문제행동 중에서도 긍정적인 시각에서 보면 장점이라고 할 수 있는 부분을 찾아낼 수 있으므로 이를 인정해 주는 것이 매우 도움이 된다.
- 자녀가 과제를 수행하거나 어려운 문제를 수행하고자 할 때 간섭하지 않는다. 자녀 스스로 해낼 때까지 또는 도움을 청할 때까지 지켜보다가 꼭 필요한 도움을 제공하는 것이 좋다.
- 장점이나 잘한 점 등에 초점을 맞춘다. 자녀의 문제점을 비난하거나 훈계하기보다는 자녀의 장점을 찾아내어 자주 인정해 주는 것이 자아존중감을 높이는 데 효과가 있다.
- 아동의 노력을 알아주고 성취를 인정해 준다. 격려는 자녀의 사소한 노력도 인정해 주고 존중해 주기 때문에 자녀의 자신감과 의욕을 향상시키는 데 도움이 된다.
- 아동에게 칭찬을 해 주기보다는 격려한다. 칭찬은 '착하다, 똑똑하다' 등 추상적인 표현을 사용하기 때문에 부모 입장에서는 긍정적 표현이지만 자녀에게는 오히려 스트레스로 작용하기 쉽다. 반면에 격려는 자녀가 조금만 노력하면 달성할 수 있는 구체적인 목표를 보여 주기 때문에 긍정적 결과를 가져올 수 있다.

(3) 자연적 · 논리적 결과의 사용

부모가 자녀의 행동을 통제할 때 주로 사용하는 방법은 상을 주거나 벌을 주는 것이다. 그러나 벌을 주는 것은 다음과 같은 단점이 있기 때문에 민주적 부모교육 이론에서는 자녀를 훈육(행동을 통제)하는 효과적인 방법으로 자연적, 논리적 결과를 사용하도록 권장한다.

- 벌은 자녀의 행동에 대해 부모가 책임지지만 자연적, 논리적 결과는 부모가 아닌 아동 자신이 행동에 대한 책임을 져야 하며 불이익을 감수하게 된다. 아

동은 자신이 결정한 행동의 결과에 대해 순순히 받아들일 수 있는 마음을 갖게 되기 때문에 책임감이 발달할 수 있다.

- 자연적, 논리적 결과는 자녀가 스스로 어떤 행동이 적절한가를 결정하게 한다. 아동은 의사결정을 할 때 그 결과에 대해 한 번 더 생각해 보고 결정하기 때문에 충동성을 조절할 수 있는 힘을 기르게 된다.
- 벌은 권위에 강제로 순종하게 함으로써 반항심이 생길 수 있게 하지만 자연적, 논리적 결과는 자연적, 사회적 사건의 질서로부터 자녀가 스스로 배우게 한다.

2) 인본주의 부모교육 이론

인본주의적 부모교육 이론은 Maslow, Rogers, Axline으로 이어지는 인본주의 심리학을 Ginott가 부모교육에 적용하여 발전시킨 것이다. Ginott는 부모-자녀 간에 생기는 갈등이나 정서장애아가 되는 원인은 부모의 인성에 문제가 있기 때문만이 아니라 자녀를 효율적으로 양육하는 방법을 잘 모르기 때문이라고 보고, 부모-자녀 간의 의사소통을 증진시키는 책략을 제시하여 부모-자녀 관계에서 일어나는 갈등을 피하고 효과적인 상호작용을 하도록 하였다.

Ginott의 부모교육 그룹은 자녀의 연령에 따라 나누어지며 구성원은 대개 10~12명으로 15주 동안 매주 1회, 90분간의 모임을 갖는다. 자녀의 발달상 비슷한 문제 유형을 가지고 모임에 참석하게 되므로 취학전 아동기, 아동기, 사춘기, 청년기 등의 그룹으로 나뉘게 된다. 지도자의 권위를 최소화하기 위하여 참여 부모들은 원탁에 앉아서 모임을 갖게 되며 참여부모 앞에는 자녀의 이름 카드를 놓고 진행하게 되는데 이는 아동중심의 교육임을 강조하기 위한 것이다.

(1) 인본주의 부모교육 이론의 목표

■ **아동중심의 부모교육을 기본 목표로 한다.**

자녀가 바람직한 행동을 하지 않을 때 부모는 잘못된 행동에 초점을 맞추어야 하며 자녀의 인성 등에 관해 비난해서는 안 된다. 인본주의 부모교육의 목표는 부모에게 수용적이고 무비판적인 태도 및 긍정적인 관심을 경험하게 하고 아동지도에 필요한 지식과 기술을 제공함으로써 부모의 능력감과 자신감을 증진시키는 것이다(박성연 외, 2003).

■ **부모역할을 보다 효율적으로 수행할 수 있도록 의사소통기술을 가르친다.**

부모는 아동의 인격을 존중하는 태도를 지니고 자녀와 대화해야 하며 효과적인 대화기술을 익혀야 한다.

(2) 부모교육의 단계

■ **불평 늘어놓기 단계**(이야기 단계)

부모가 경험하고 있는 문제를 이야기하도록 함으로써 공감대가 형성되고 위안을 받도록 하는 단계다. 부모들은 이 단계에서 자녀에 대한 불만이나 죄책감과 분노 등의 감정을 나타내 보이는데 이때 지도자는 관심과 이해를 가지고 수용하는 반응을 보여야 한다. 부모들은 자신과 타인들의 공통점과 다른 점에 대해 생각하게 되며 자신들을 괴롭히고 있는 문제를 해결하고자 하는 마음이 생기게 된다.

■ **감수성 형성 단계**(민감성 향상 단계)

부모입장에서만 괴로워하며 불평하는 대신 자녀의 느낌은 어떠한지 자녀의 입장에서 감수성을 갖고 깊이 생각해 보는 단계로서 부모-자녀 간에 교류되는 감정에 대하여 통찰력을 갖도록 훈련한다. 이러한 과정은 주로 역할극을 통하여 이루어지게 되는데 부모-자녀 관계에서의 문제를 자녀의 입장에서 직접 경험해 본다.

■ 개념 형성 단계

부모로서 자신의 양육행동을 분석하여 새로운 지식과 개념을 갖게 하는 단계로서, 자녀의 행동에 대한 새로운 개념을 갖도록 하며 부모가 자녀의 행동을 이해하는 능력을 개발하도록 도움을 준다.

■ 기술 익히기 단계

이론적으로 개념을 정리하는 데 그치는 것이 아니라 문제해결에 적합한 양육기술을 발견해서 적용해 보는 단계로서 문제에 대처할 수 있는 방법을 제안하고 적용하도록 격려하고 교육받은 기술을 시험해 보는 단계다.

3) 교류분석 이론

인간관계의 상호교환원리에 관심을 둔 Eric Berne은 심리분석에 관한 이론을 부모교육에 적용하여 교류분석(transactional analysis: TA) 이론을 정립했다. Berne의 교류분석적 부모교육 이론에서는 집단중심의 부모-자녀 관계 치료를 목적으로 한다. 지도자는 Berne의 이론에 따라서 체계적인 절차를 적용하며 각 부모-자녀의 성격 구조에 대한 분석과 그들의 인간관계의 교류분석, 심리적인 자아 상태에서의 게임, 마지막으로 그들의 생활자세를 분석하게 된다.

(1) 상호교류의 생활자세

인간은 다른 삶 또는 환경과 교류하면서 각자 나름대로의 생활자세를 형성한다.

■ 자기부정-타인긍정(I'm not OK-You're OK)

출생과 더불어 무력한 존재인 인간은 타인의 도움을 받아야만 자신의 욕구 충족이 가능한 상태이며 부모로부터의 애정적인 보살핌을 필요로 한다. 그러므로 타인이 자신보다 유능하고(You're OK) 자신이 항상 무능한 입장(I'm not OK)에 있다고 생각하는 자기부정-타인긍정의 자세를 갖게 된다.

■ 자기부정-타인부정(I'm not OK-You're not OK)

걸음마를 시작하면서 아동은 주위 환경을 탐색하게 되고, 이러한 과정에서의 계속적인 실패는 자율성에 대한 자신감을 상실하게 하며, 무능력감과 부정적 감정을 갖게 되기도 한다(I' m not OK). 아울러 대소변훈련과 관련된 부모의 통제 등은 아동으로 하여금 부모에 대해서도 부정적인 태도를 갖게 한다(You' re not OK). 자신도 가치 없는 존재이지만 타인도 무가치하다고 생각한다.

■ 자기긍정-타인부정(I'm OK-You're not OK)

좀 더 성장하여 외부의 도움 없이도 생존할 수 있는 자신감이 생기고 부모의 통제와 같은 외부자극을 거부하게 되면서 형성되는 생활자세다. 즉, 나를 혼자 내버려만 둔다면 나는 아무 문제도 없으며(I' m OK) 네가 나를 해쳤으므로 너는 나쁘다(You' re not OK)라는 자세가 지배적이다.

■ 자기긍정-타인긍정(I'm OK-You're OK)

자신도 가치 있고 타인도 가치 있다고 생각하는 바람직한 생활태도다.

(2) 인성의 자아 구조

■ 아동자아 상태

아동자아 상태란 아동이 태어나면서부터 존재하는 것으로 인간으로서 갖는 생리적인 욕구와 기본적인 정서에 대한 기억이 내재된 상태로서 Berne은 성격의 가장 중요한 부분으로 보았다. 아동자아 상태는 천성적 아동자아 상태(natural ego state)와 개조된 아동자아 상태(adapted ego state)로 나뉜다. 천성적 아동자아 상태는 좋은 감정이든 나쁜 감정이든 간에 표현을 자발적으로 할 수 있으며 창의적이고 매력적인 면을 보여 준다. 반면에 개조된 아동자아 상태는 자신이 느끼거나 생각하는 것을 자연스럽게 표현하기보다는 부모가 자신에게 원하는 것이 무엇인지 파악하여 그에 맞추어 표현하려고 하기 때문에 자연스럽지 못한 점이 있다.

■ 부모자아 상태

부모자아 상태는 인간이 태어난 후 그의 사회화 과정에서 의미 있는 영향을 주었던 부모 및 사람들의 행동이 기억된 것이다. 부모자아 상태는 양육적 부모자아 상태(nurturing parent ego state)와 통제적 부모자아 상태(controlling parent ego state)로 구분한다. 부모자아는 '게으른' '버릇없는' '어리석은' '착한' 등과 같은 평가적 단어나 '안 돼' '절대로' '항상' '결코'와 같은 언어적 단서로 표현되며 찡그린 이마, 팔짱끼기, 혀차기 등과 같은 몸짓이나 표정을 수반한다.

■ 성인자아 상태

성인자아 상태는 관찰의 기능과 외부의 현실에 대한 예측 때문에 비정열적인 기관, 즉 감정이 결여된 컴퓨터 같은 것에 비교되고 부모자아와 아동자아의 활동을 조절하고 객관적으로 중재하는 역할도 한다. 성인자아는 현실을 합리적이고 객관적으로 파악하고 처리하는 기능이 있다.

(3) 자아 상태의 경계

■ 혼합(contamination)

이상적인 자아 상태는 부모자아, 아동자아, 성인자아가 분리되어 있는 것이다. 자아 상태의 경계가 지나치게 이완되어 다른 자아 상태가 침범하여 경계가 훼손된 것을 혼합이라고 한다. 자아 상태가 혼합되어 부모자아가 성인자아를 침범하게 되는 경우에 자녀는 부모의 지시에서 벗어날 수 없으며 논리적 판단이 불가능하여 편견을 갖게 된다. 반면에 아동자아가 성인자아를 침범하면 망상이나 환상이 나타나게 된다. 부모자아와 아동자아가 성인자아를 침범하게 되면 부모자아의 지시와 아동자아의 감정적 측면이 혼합되어 정신병리적 성격을 갖게 된다.

■ 배타(exclusion)

자아 상태의 경계가 두꺼운 벽처럼 지나치게 경직되어 자아 상태의 교류가 차단된 것을 배타라고 한다. 아동자아와 성인자아의 영향을 받지 않고 배타적 부모자아 상태에 고착된 사람은 비판적, 훈계적, 권위적 태도를 나타낸다. 반면에 성인자아와 부모자아의 영향을 받지 않고 배타적 아동자아 상태에 고착된 사람은 놀기 좋아하고 기분파로 행동하기 쉽다. 부모자아와 아동자아의 영향을 받지 않고 배타적 성인자아에 고착된 사람은 합리적이며 객관적이고 감정의 표현이 없는 컴퓨터와 같은 특성을 나타내게 된다.

■ 자아 상태의 교류

부모-자녀 간의 상호교류 과정에서 일어나는 의사소통을 분석해 보면 자아 상태의 교류는 상보적 교류, 교차적 교류, 이면적 교류로 구분할 수 있다.

상보적 또는 보완적 교류란 어떤 자아 상태에서 보내지는 발신자의 메시지에 대해 기대한 대로 수신자가 반응을 보냄으로써 자극과 반응이 평행선을 이루는 것이다. 상보적 교류가 이루어지면 의사소통이 수월하게 진행되며 서로 공감을 얻었다고 느끼게 된다. 교차적 또는 비보완적 교류는 상대방에게 의사를 표현하면서 기대했던 반응과는 다른, 예상 외의 반응이 돌아오는 경우로서 발신자는 무시당한 느낌이 들고 서로 싸움이 일어날 수 있다. 이면적 교류란 겉으로 나타난 대화내용과는 달리 그 이면에 감추어진 메시지가 있는 경우로 가장 복잡한 교류형태다. 즉, 표면적 메시지인 사회적 메시지와 숨겨진 메시지인 심리적 메시지가 동시에 보내지는 경우로서 2개 이상의 자아 상태를 동시에 포함하게 된다.

■ 스트로크(stroke)

모든 인간은 자극을 받고자 하는 기본적인 욕구를 가지고 있으며 건강한 인성발달이나 생존을 위해 자극의 욕구는 필수적이라 할 수 있다. 자극의 욕구를 만족시켜 주는 기본적 단위는 스트로크인데 스트로크에는 자극갈망, 인정갈망, 구조갈망(폐쇄, 의식, 활동, 잡담, 게임, 친교) 등이 있다.

■ 인생각본(life script)

파괴적 각본, 평범한 각본, 성공자의 각본 등 세 유형이 있다.

4) 행동수정 이론

행동주의 심리학에 근거한 부모역할이란 자녀에게 좋은 모델을 보여 주며, 바람직한 행동은 더욱 잘할 수 있도록 강화해 주고, 바람직하지 못한 행동은 의도적·계획적으로 수정·변화되도록 훈련하는 것이다. 자녀의 바람직하지 못한 행동은 자아개념이나 부모의 애정결핍에서 오는 것이 아니라 학습이나 훈련 부족 때문으로 본다. 따라서 바람직한 행동에 대해서는 긍정적인 강화를 해 주고 바람직하지 않은 행동에 대해서는 혐오자극이나 벌을 주는 방법을 통해 행동 형성을 해 나간다.

(1) 행동수정의 원리

행동수정 이론에서 제시된 원리를 요약하면 다음의 다섯 가지로 집약된다.

■ 새로운 행동을 강화시키기 위한 원리

정적 강화는 자녀의 바람직한 행동을 더욱 증진시키고자 할 때 칭찬, 미소 또는 물건을 주어 그 행동을 더 하고 싶도록 하는 방법이다.

■ 새로운 행동을 발달시키기 위한 원리

점진적 접근, 모방, 신호제지, 변별 등이 있다.

■ 새로운 행동을 유지시키기 위한 원리

대체로 바람직하지 못한 행동과 상반되거나 동시에 수행될 수 없는 다른 행동을 강화함으로써 문제행동을 수정하는 방법이다. 이 외에 간헐적 강화를 제공하는 방법이 있다.

■ 부적절한 행동을 중단시키기 위한 원리

포화는 아동이 문제행동을 실컷 할 수 있도록 해 줌으로써 그 행동을 더 이상 하고 싶지 않게 만드는 방법이고 소거는 일단 학습된 행동도 그 행동에 관한 강화가 더 이상 주어지지 않으면 소멸된다는 원리에 근거한 것이다. 부적 강화는 자녀가 싫어하는 대상물을 줄여 주거나 없앰으로써 강화하는 방법이다.

■ 정서적 반응을 수정하기 위한 원리

회피, 공포 감소 등이 있다.

(2) 행동수정의 단계

■ 목표행동 또는 문제행동의 선정과 정의

부모가 자녀의 행동을 변화시키려고 계획할 때 우선적으로 해야 할 일은 좀 더 구체적이고 관찰 가능한 행동으로 표현하는 일, 즉 목표행동을 설정하고 행동에 대한 조작적인 정의를 내려야 한다.

■ 행동기록

관찰기록을 할 때는 행동수정을 하고자 하는 목표행동의 빈도, 지속성, 강도 등을 객관적으로 평가해야 한다.

■ 행동 분석

관찰된 자녀의 행동을 분석하는 것으로서 행동 자체와 행동을 유발하는 선행자극(antecedent), 행동 뒤에 오는 후속자극(consequences)을 찾아내는 과정이다.

■ 강화와 벌

강화에는 정적 강화(positive reinforcement)와 부적 강화(negative reinforcement)가 있다. 벌은 그 부작용을 극소화하고 문제행동을 감소시킬 수 있을 때에만 사용하는 것이 바람직하며 정적 강화와 병행하는 것이 좋다.

4. 부모교육의 실제

1) 부모효율성훈련

부모효율성훈련(parent effectiveness training: PET)은 Tomas Gordon에 의해 개발된 부모교육 이론 및 프로그램으로서 부모-자녀 간의 의사소통기술을 향상시키는 데 초점을 두었다. PET 프로그램은 부모와 자녀가 생산적인 대화를 나누게 함으로써 부모-자녀 간의 갈등을 해소해 주고, 자녀가 자신의 문제를 스스로 해결하는 능력을 길러 주며, 나아가 부모-자녀 관계가 서로 존중하고 도움을 주고받는 관계로 발전하는 것을 목표로 한다(정옥분, 정순화, 2000). PET에서는 부모-자녀 관계가 원만해지려면 효율적인 의사소통기술이 필요하다고 보아 8주에 걸쳐 부모교육을 실시한다.

(1) 수용성 수준 파악하기

부모 자신의 영향, 환경의 영향, 자녀의 영향에 따라 자녀의 행동에 대한 수용의 정도가 달라질 수 있다. 예로, 부모가 몹시 피곤하고 힘든 상태일 때 또는 식당이나 공공장소여서 주위 사람들의 눈치가 보일 때, 자녀가 배고프거나 감기에 걸렸을 때 등 여러 상황에 따라 자녀의 문제행동에 대한 수용성이 달라질 수 있다.

(2) 문제의 소유 가려내기

문제의 소유란 그 문제로 인해 고통받는 자가 누구인가를 의미하는 것이다.

〈표 11-2〉 문제의 소유 가려내기

자녀의 문제	부모가 수용할 수 있는 행동이나 자녀에게 문제가 되는 경우(부모에게 문제가 되지 않으나 자녀 자신들에겐 수용할 수 없는 부분)	자녀가 스스로 문제를 해결하도록 도와주는 기술	수용 영역
문제 없는 영역	부모, 자녀에게 문제가 되지 않는 것(부모가 수용할 수 있는 행동이면서 자녀에게도 문제가 되지 않는 것)	자녀들과 좋은 관계를 지속시킬 수 있는 기술. 이 영역을 증대시키는 것이 목적	
부모의 문제	부모가 수용할 수 없는 자녀의 행동, 자녀의 행동이 부모에게 문제가 될 때(거부감정)	자녀와의 유대관계를 유지하면서 행동을 받아들일 수 있도록 변화시키는 기술	비수용 영역

(3) 반영적 경청

반영적 경청(active listening)은 문제를 소유한 사람이 자녀일 때 사용하는 방법으로서 이 방법을 통하여 부모는 자녀 스스로 문제를 해결하도록 도와줄 수 있다. 반영적 경청 과정은 3단계로 이루어진다.

- 자녀가 말이나 태도 또는 신체적 표현을 통하여 문제를 가지고 있다는 단서를 전달한다.
- 부모는 관찰할 수 있는 단서로 암호를 해독하고 자녀가 어떤 문제로 어려움을 겪는지 추측해서 느낌이나 생각을 자녀에게 말해 준다.
- 자녀는 부모의 말을 피드백하면서 자신의 감정을 확인하고 그 감정을 거부하거나 보다 분명한 신호를 다시 보낸다.

(4) 나-전달법

자녀의 행동이 마음에 들지 않아 화가 나거나 속상해하는 등 부모에게 문제가 있을 때 부모의 감정과 생각을 아동에게 효과적으로 전달하는 기술이 나-전달법(I-message)이다.

나-전달법을 실행할 때 주의해야 할 점은 그때의 부모 자신의 감정을 조절하는 것이다. 나-전달법의 구체적인 방법은 다음과 같다.

- 부모에게 거부감을 주는 자녀의 행동을 비난 없이 묘사한다. '네가 소파에서 쿵쿵 뛰면~'
- 그 행동이 부모에게 끼치는 구체적 영향을 자녀에게 전달해 준다. '아래층에서 시끄럽다고 항의를 한다.'
- 그때의 부모의 느낌, 감정을 자녀에게 전달해 준다. '그러면 내가 너무 미안하고 속상하다.'

(5) 무승부법

부모와 자녀 간에 갈등이 생겼을 때 부모가 권위를 사용하여 자녀를 통제하거나 자녀가 고집을 피워 부모를 꺾으면 한쪽은 승자가 되고 다른 쪽은 패자가 된다. 무승부법(no-lose method)은 부모와 자녀가 함께 문제해결 방법을 찾아 수용하게 되므로 부모와 자녀 양쪽 다 감정이 상하거나 화를 내지 않으면서도 자녀의 자율성이나 문제해결능력 등이 발달할 수 있다.

무승부법의 단계는 다음과 같다(김지현 외, 2008).

- 1단계: 문제의 정의
- 2단계: 가능한 해결책 모색
- 3단계: 가능한 해결책에 대한 평가
- 4단계: 최선의 해결책 결정
- 5단계: 수행 방법 결정
- 6단계: 평가

무승부법의 장점은 다음과 같다.

- 자녀가 해결에 적극성을 보이게 된다.
- 문제에 대해 창의적이고 고차원적인 좋은 해결책을 발견할 수 있다.
- 부모-자녀 간 긍정적인 감정을 갖게 된다.

• 자녀의 행동의 원인을 알아낼 수 있으므로 문제의 본질이 더욱 확실해진다.

2) 효율적 부모역할 수행을 위한 체계적 훈련

효율적 부모역할 수행을 위한 체계적 훈련(systematic training for effective parenting: STEP)은 미국 플로리다 주의 의사소통 및 동기유발 훈련연구소의 Dinkmeyer와 애리조나 대학교의 상담가인 McKay에 의해 1976년 개발된 것으로, 부모-자녀 관계에서 생기는 여러 가지 문제를 효과적으로 해결할 수 있는 실질적 접근 방법을 제시하고 있다. STEP은 10~12명 내외의 부모들을 대상으로 9주 동안 집단으로 운영되며 그 내용은 다음과 같다.

• 아동행동의 이해: 잘못된 행동목표(민주적 부모교육 이론을 참조할 것)
• 자녀 이해와 부모 자신의 이해: 완벽한 부모와 책임 있는 부모, 자녀의 정서와 생활방식을 이해한다.
• 격려: 격려는 자녀의 장점과 노력에 초점을 맞춤으로써 자신감과 가치감을 길러 준다.
• 의사소통: 반영적 경청을 통해 자녀의 문제에 대해 자녀의 생각과 감정을 전적으로 받아들이는 개방적인 반응을 한다.
• 의사소통: 대안 찾기, 부모의 생각과 느낌을 표현한다(나-전달법).
대안 찾기의 1단계는 반영적 경청이고, 2단계는 대안의 설정, 3단계는 아동이 해결책을 선택하도록 돕고, 4단계는 결과의 예측, 5단계는 해결방안의 선택, 6단계는 재평가시간을 계획하는 것이다.
• 책임감 훈련 방법: 자연적, 논리적 결과
• 자연적, 논리적 결과를 활용한다.
• 가족모임: 듣기, 서로 긍정적인 감정을 표현하며 격려하기, 가족끼리 공평하게 일 분배하기, 관심, 느낌, 그리고 불만 표현하기, 갈등 해소와 재차 발생하는 문제 다루기, 가족 레크리에이션 계획하기 등의 기회를 제공한다.

• 자신감 개발 및 잠재력 발휘: 부모는 자신이 불완전하며 자녀 또한 불완전하다는 사실을 용납할 수 있는 용기가 있어야 한다. 부모가 자기패배적 신념을 버리고 민주적, 긍정적 부모역할을 받아들이게 한다.

3) 적극적 부모역할훈련

적극적 부모역할훈련(active parenting: AP)은 1983년 Michael Popkin에 의해 개발된 적극적 부모역할 토론 프로그램을 개정하여 만들어진 프로그램이다. AP는 최초로 DVD를 통하여 부모교육을 실시하였고, 더 나아가 집단토론, 역할놀이, 연습하기, 독서과제, 가족화목활동 등을 통한 상호작용적인 다중접근의 학습법을 토대로 훈련을 실시한다. AP는 부모역할은 곧 예방이라는 측면에서 시작되었고, 최근에는 『부모코칭 프로그램: 적극적 부모역할, Now』가 개발 · 보급되었다(홍경자, 노안영, 차영희, 최태산 공역, 2007).

AP는 Adler의 가족구도, Rudolf Dreikurs의 아동행동의 목적, Carl Rogers의 공감적 이해와 Robert Carkhuff, Thomas Gorden의 의사소통 기법(반영적 경청과 나-전달법)을 포함시켰으며 Haim Ginott의 인본주의, Albert Ellis의 RET, Milton Erickson의 연구 결과가 활용되었다. AP는 6~8주 동안 집단 형식의 프로그램으로 운영된다. 통상 8회를 기준으로 한 회당 3시간으로 운영된다.

(1) 적극적 부모란

부모역할은 군주형(독재자), 허용형(심부름꾼), 민주형(적극적 부모)의 세 유형으로 구분된다. 적극적 부모는 민주적 환경에서 생존하고 성장해 나가기 위해서 자녀에게 용기, 자아존중감, 책임감, 협동심의 네 가지 자질을 형성시켜 주고자 한다.

(2) 용기와 자아존중감

우리가 생활 속에서 부딪히는 문제를 '사건'이라고 볼 때 그 사건에 대한 생각은 우리의 감정을 장악하고 행동으로 연결된다. 즉, 생각은 느낌을 낳고 그것은 행동으로 연결된다. 이를 AP에서는 생각하기-느끼기-행동하기 회로라고 한다. 이 회로는 두 가지 종류로 성공회로와 실패회로가 있다.

(3) 기를 꺾지 말고 격려하기

많은 부모들이 자녀에게 용기를 북돋아 주는 대신에 용기를 꺾는 행동을 한다. 구체적으로는 과잉기대나 과잉보호하기, 완벽주의, 실수 지적하기 등의 행동을 하게 되는데 AP는 이런 식으로 자녀의 기를 꺾는 대신 격려하기를 강조한다. 격려하기의 구체적인 방법은 다음과 같다.

- 자신감을 보여 준다.
- 자녀의 강점을 다져 준다.
- 자녀를 존중한다.
- 자녀의 독립심을 자극한다.

(4) 자녀를 이해하기

AP에서는 부모가 자녀의 행동을 이해하면 자신들의 사고와 행동양식을 쉽게 바꿀 수 있다고 믿는다. 자녀의 행동목표는 접촉, 힘, 보호, 물러서기인데 청소년의 경우는 도전하기가 첨가된다. 이를 부정적 방법으로 달성하고자 하는 것이 잘못된 행동목표다. 잘못된 행동목표로는 관심 끌기, 반항, 복수, 회피 등이 있다.

(5) 책임감을 발전시키기

책임감이란 행동을 선택하고 그 선택의 결과를 수용하는 과정이다. 적극적인 부모는 책임감을 발전시키기 위해 다음의 방법을 사용한다.

- 정중하게 요청한다.
- 나-전달법을 사용한다.

- 자연적 결과(natural consequence)를 사용한다.
- 논리적 결과(logical consequence)를 사용한다.

(6) 협동심을 키우기

협동이란 두 사람 이상이 공동의 목표를 향해서 상호 지지적인 방식으로 함께 일하는 것이다. 협동을 위해서는 적극적인 의사소통이 필요하며 AP에서는 다음의 다섯 가지의 대화기술을 제시한다.

- 적극적으로 듣는다.
- 감정에 귀를 기울인다.
- 감정과 이야기 내용을 연관시킨다.
- 대안을 찾아보고 결과를 평가한다.
- 추후지도를 한다.

(7) 가족모임

적극적 부모는 대화, 문제해결을 위한 토론, 가족회의 등을 통해 민주사회에서 필요한 자질을 키운다. 가족모임에 대한 자세한 사항은 다음과 같다.

- 가족모임을 언제 시작하는가의 문제다. 가족모임은 모두 동의하는 편안한 시간과 장소를 선택하는 것이 좋으며 모두 모일 수 있는 형편이 아니라면 참가하고자 하는 사람들부터 시작된다.
- 가족모임은 가족구성원에게 영향을 미치는 문제를 다룬다. 가족모임 시간은 일주일에 1번씩, 20분~1시간 정도가 적당하다.
- 가족모임에는 사회자와 서기가 있어야 한다. 첫 모임에서는 부모가 그 역할을 하지만 차츰 다른 가족구성원이 역할을 분담한다.
- 개회사, 전 회의록 낭독, 안건 처리, 가족 간 즐거운 시간 갖기 등의 순서로 진행된다.

(8) 가족화목활동

가족화목활동은 가족문화를 형성하는 방법인 동시에 부모-자녀 간의 관계를 돈독히 하는 최고의 방법이기도 하다. 적어도 매일 10분 이상 부모가 자녀와 즐거운 놀이시간을 갖는 것이 바람직하다. 부모가 자녀와의 관계를 풍요롭게 할수록 부모는 자녀의 삶에 더 많은 영향을 끼칠 수 있다(이숙, 우희정, 최진아, 이춘아, 2009).

4) 바람직한 자녀지도를 위한 부모교육 프로그램

이 프로그램은 한국청소년상담원이 1993년부터 '세미나' '콜로키움'을 통해 부모교육에 관련된 원리와 방법을 체계적으로 파악한 자료들과 유교, 불교, 기독교 등의 종교적 내용 및 철학, 심리학, 사회학, 문화인류학 등에서 축적한 가정교육의 원리 등을 추출한 것에 기초한다.

(1) 자녀의 힘을 북돋우는 부모

첫째 '부모됨의 길'에서는 자신을 중심으로 부모, 배우자, 자녀와의 관계를 점검하고 우리 아이는 어떤 아이인가, 내가 생각하는 부모로서의 나와 자녀가 보는 나는 어떠한가를 점검해 본다.

둘째, '부모됨의 여섯 계단'에서는 자녀의 성장 단계에 따라 부모의 역할 변화를 이해하고 자신에게 적용시키는 내용이다. 구체적으로는 준비하기(임신기간), 돌보아 기르기(태어나서 3세까지), 부모의 말 세우기(유치원 다닐 무렵), 설명하여 깨우치기(초등학교 시절), 자녀 존중하기(청소년기), 독립시켜 내보내기(대학 이후)로 나눈다.

셋째, '부모됨의 유형'에서는 네 가지의 부모 유형을 제시한다. ① 자애롭기만 한 부모, ② 엄격하기만 한 부모, ③ 엄격하지도 자애롭지도 않은 부모, ④ 엄격하면서 자애로운 부모 유형으로 나눈다. 바람직한 것은 엄격하면서 자애로운 부모 유형임을 제시한다.

넷째, '성숙을 위한 길 다지기'에서는 자녀의 성장에 따라 부모의 통제와 지지가 어떻게 나타나야 하는지를 그래프를 통하여 제시한다. 그리고 자녀의 발달 수준에 따른 부모의 역할을 구체적으로 제시한다.

다섯째, '자녀의 힘을 북돋우는 부모: 성숙의 필수조건'에서는 자녀의 힘을 북돋우기 위한 방법으로 자녀의 욕구에 대한 민감성, 공감적 이해, 무조건적 존중을 제시한다.

(2) 자녀의 힘을 북돋우는 대화

자녀의 힘을 북돋우는 대화 프로그램은 대화의 원리와 마음의 표현으로 구성되어 있다.

대화의 원리는 Rogers의 진솔한 마음 전하기(congruence), 자녀 모습 받아들이기(unconditional positive regard), 자녀 마음에 들어가기(empathy)의 세 가지 핵심원리와 Carkhuff와 Truax이 제시한 대화의 실천원리인 구체적으로 이해하기(concreteness)를 우리나라의 부모-자녀 상황에 맞도록 수정한 것으로 진솔한 마음 전하기, 자녀 모습 받아들이기, 자녀 마음에 들어가기, 구체적으로 이해하기의 네 가지 원리로 구성되어 있다.

마음의 표현은 사랑하는 마음을 전하기, 갈등 받아들이고 다루기로 구성되어 있다.

(3) 바른 행동의 길 다지기

자녀 발달단계별로 바른 행동습관을 키우는 방법을 제시하는 것으로 바른 행동을 가르치기, 올곧은 자녀행동 다지기, 어긋난 자녀행동 바로잡기의 원리로 이루어진다.

(4) 생활의 기틀 세우기

기본적인 생활습관을 몸에 익혀 실천하도록 하는 것을 말한다. 이는 자기 자신의 생활습관을 익히는 것에서 더 나아가 사회생활에 적응하고 궁극적으로는 자신과 타인 간의 공존을 도모하는 기초가 된다. 생활의 기틀을 세워야 하는 영역으로는 가정과 학교, 놀이상황에서의 시간, 공간, 물질 사용, 건전한 정신으로 볼 수 있다.

(5) 어울려 사는 지혜 기르기

어울려 산다는 것은 타인에 대한 존중을 기초로 다른 사람과의 관계에서 질서와 예절을 지키고 갈등을 건설적으로 해결함으로써 서로의 성장을 도모하는 것이다. 어울려 사는 삶의 원리로는 자신을 존중하기, 상대방을 배려하기, 함께 나누기가 있다.

5) 기타 부모교육 프로그램

상담장면에서의 부모교육 프로그램은 아동의 사례에 적합하게 구성되는 것이 일반적이며 임상사례보고서 등에서 간혹 접할 수 있다. 아동의 문제증상에 따라 부모교육 프로그램의 예를 간략히 제시하면 다음과 같다.

(1) 아동이 장애를 가진 경우

아동이 선천적인 장애, 즉 자폐증이나 정신지체, ADHD 장애 등을 갖고 있는 경우 부모는 아동의 증상에 대한 구체적인 지식과 아동을 다루는 방법, 아동을 위해 적절한 환경을 조성해 주는 기술 등에 대해 교육을 받을 필요가 있다. 이렇듯 특수한 문제를 가진 아동의 경우 아동의 증상 및 원인 등에 관한 교육과, 아동을 다루는 구체적인 기술(긍정적 훈육 방법, 행동수정 기법, 발달놀이치료나 치료놀이적 기법 등)에 관한 교육에 덧붙여, 아동의 진로나 진학 등에 관한 방향 설정 교육을 포함시키는 것이 바람직하다. 이러한 부모교육에 참여하는 것은 부모-자녀 관계를 개선할 뿐 아니라 장기적인 치료를 진행시키는 데 있어서 부모의 적극적인 협조를 통해 아동의 문제를 완화시키는 데 도움이 될 수 있다.

장애아 부모교육 프로그램의 예로 Hanson(1987)이 개발한 다운증후군 아동의 부모교육 프로그램과 포테이지 프로그램(the portage guide to early education: PGEE Program) 등이 있다(장원동, 2008).

(2) 미세한 뇌기능의 손상이 있거나 까다롭고 예민한 기질을 갖고 태어난 아동의 경우

일반적으로 장애가 현저하여 부모가 일찍부터 아동문제를 인식하게 되는 경우보다 미세한 뇌기능 장애가 있거나 까다롭고 예민한 기질을 가진 아동의 경우는 부모가 아동의 문제를 받아들이기가 어렵기 때문에 아동의 증상이 상당히 악화된 후에 상담을 받으러 오는 경우가 많다. 이때 대부분의 부모들은 가정이나 교육기관에서의 생활에 아동이 충분히 적응할 수 있는 능력이 되는데도 노력하지 않거나 고집을 부리는 것으로 인식하기 때문에 아동과의 관계가 악화되어 있는 경우가 많다.

따라서 부모교육의 내용은 아동이 기질적으로 타고난 장애가 있을 수 있다는 부분에 대한 정보와, 아동의 문제행동이 어떻게 발달되는지에 대한 이해를 증진시키는 교육과, 반영적 경청이나 대안 선택과 같은 일반적인 부모교육기술에 대한 교육 및 부모 놀이치료와 같은 적극적인 훈련이 포함되어야 한다.

(3) 부모가 아동발달에 대한 지식이나 아동을 지도하는 방법에 대한 정보가 부족한 경우

부모의 양육기술이 부족하여 과보호, 거부, 방임하거나 비일관적으로 대할 경우 아동의 문제를 악화시킬 수 있다. 이런 경우는 양육기술을 향상시킬 수 있는 7~8회기의 부모교육을 실시하는 것이 도움이 된다.

(4) 부모 자신의 불행한 아동기 경험이나 미성숙한 성격, 가족관계의 갈등 등이 원인인 경우

이러한 부모는 본인의 의사와 관계없이 아동에게 자신의 감정을 투사하여 아동을 학대하거나 부적절하게 양육할 수 있으므로 자녀를 양육하는 데 필요한 지식이나 기술에 관해 부모교육을 받는 것과 부모 자신의 심리적, 사회적 문제를 인식하고 부모상담을 받는 것이 병행되어야 한다.

5. 부모 놀이치료

1) 부모 놀이치료의 원리

부모 놀이치료(filial therapy)는 Freud가 한스의 아버지를 통해 한스를 치료했던 것을 시작으로 볼 수 있지만, 본격적인 부모 놀이치료는 1960년대와 1970년대에 Bernard Guerney와 Louise Guerney가 개발한 것으로서 부모-자녀 관계를 보다 증진시키고 부모가 자녀의 삶에서 치료적인 중재자가 되도록 하기 위한 것이다. Bernard Guerney의 부모 놀이치료는 감정문제가 있는 3~10세의 아동들을 위한 구조화된 프로그램으로서 Axline의 아동중심 놀이치료 이론에 기초를 두고 발전하였다(B. Guerney, 1964). 그는 아동의 문제는 부모의 문제 때문이 아니고 자녀에 대한 이해가 부족하여 적절한 부모역할을 하지 못한 데서 온 것이라 정의하면서 부모들이 아동중심 놀이치료를 자녀에게 실시하도록 훈련받는다면 일반적인 놀이치료보다 훨씬 효과적이라고 제안했다.

부모 놀이치료는 다루기 어렵거나, 가까운 사람의 죽음이나 사고, 이사, 부모의 실직 등으로 불안이나 의존성, 위축, 공격적 문제가 있는 2~10세 아동과 그 부모들에게 사용되며 청소년기까지 확장 · 적용할 수 있다. 그러나 정신병, 정신지체가 있는 부모들은 적합한 대상이라고 보기 어렵다(L. Gurney, 1976). 또한 저소득층이나 저학력의 부모보다는 고졸 이상의 학력이나 중류층 부모가 참여하는 것이 일반적이다. 부모 놀이치료는 개별적으로 실시할 수도 있고, 집단으로 실시할 수도 있으며, 집단으로 실시하다가 개별적으로 실시하는 방법을 취할 수도 있다. 또한 부모와 여러 자녀를 대상으로 할 수도 있는데 문제가 있는 자녀가 한 명 이상일 때 부모는 여러 자녀들과 각각 놀이치료를 실시할 수 있다.

2) 부모 놀이치료의 적용

(1) 부모 놀이치료의 원칙

■ 허용적 태도

놀이 회기에서 아동이 원하는 대로 사람이나 재산에 피해를 주는 것을 제외하고는 허용해 주는 태도다.

■ 받아들이기

아동은 치료자가 자신을 받아들이는 경험을 통하여 존중받는다는 것을 느끼게 되고 자신을 내보이는 데 따른 두려움을 감소시키면서 문제를 표현할 수 있게 된다. 특히 공격적인 아동은 자신의 공격성을 표현하기 시작할 때 눈치를 보게 되는데 치료자가 공격성의 표현에 대해 수용적이면 자신의 감정을 쉽게 발산시킬 수 있어 치료에 도움이 된다.

■ 받아들일 수 있는 행동과 감정

부모는 행동의 어떤 부분은 통제하지만 아동의 모든 감정은 완전히 인정하고 받아 주어야 한다.

■ 통찰력

부모는 아동에게 통찰력을 제공해 주는 것이 아니라 아동을 이해하고 아동에게 이해한 사실을 전달해 주어야 한다. 공감기술은 아동이 자신의 문제에 대한 통찰력을 발달시키며 자신을 이해하는 데 도움을 줄 수 있다.

■ 제한

아동이나 부모가 다치거나 물건을 부수는 행동, 놀이시간 등은 제한이 주어져야 한다.

(2) 목표

- 아동의 문제행동을 감소시키는 것
- 부모로서의 자신감과 능력 향상
- 부모–자녀 관계의 개선

(3) 치료기법

- 구조화: 놀이 회기의 전반적인 틀을 세워 아동이 이해하도록 돕는다(예: 놀이실에 들어가기, 화장실가기, 놀이실 떠나기).
- 공감적 경청: 아동의 감정을 짧고 정확하고 자연스러운 목소리로 반영한다.
- 아동중심적 상상놀이: 아동은 놀이의 연출자이고 부모는 배우다. 상상놀이의 주제를 통해 갈등과 좌절, 부정적 정서를 일으키는 주제를 알 수 있다.
- 제한 설정: 제한의 시작, 경고하기, 결과를 밀고 나간다(예: 창, 거울에 물건을 던져서는 안 된다./크레용을 벽에 칠하면 안 된다./사람을 다치게 해서는 안 된다.).

(4) 놀이치료실과 놀이치료 도구

부모 놀이치료를 실시할 때에는 놀이치료실에 관찰할 수 있는 기기가 설치되어 있거나 일방경이 설치된 관찰실이 별도로 있어야 한다. 가정에서 부모 놀이치료를 실시할 때 놀이치료실은 놀이시간 동안 방해받지 않는 공간이어야 하며, 아동이 마음껏 감정을 발산할 수 있도록 깨지기 쉬운 것이 없고, 공격적 놀이가 가능한 장소라야 한다. 부모 놀이치료 시간에 사용되는 놀잇감은 평소 아동이 가지고 노는 장난감과 구분되는 독립된 장난감이 필요하다. 놀이치료 도구는 우선 아동에게 안전해야 하며 아동의 상상을 수용하고 투사를 허용해야 한다. 또한 아동의 성이나 연령, 특성, 문제 유형 등에 따라 준비하는 것이 좋다.

한편, 부모 놀이치료 시간은 아동과 부모가 모두 몰두할 수 있는 적절한 시간이라야 한다. 부모(엄마 또는 아빠)는 개별적으로 자기 아이와 일주일에 30분씩 방해받지 않고 오직 아이와 둘이서만 함께 시간을 보내는 것이다. 이 '특별한' 시간 동안 아이는 무슨 일을 하더라도 수용되는 경험을 하게 된다. 부모는 이 시간 동안 모든 관심을 아이에게 집중하며 아이에게 반응을 보여 주어야 한다.

(5) 치료절차

일반적으로 부모 놀이치료는 소규모 집단 형태를 이용하여 치료자가 부모에게 훈련을 시키고 슈퍼비전을 주고 지지를 해 준다. 집단은 6~8명의 부모들로 구성되는데 집단역동은 부모에게 대리학습의 기회를 제공해 준다. 가장 좋은 형태는 부부로 구성된 집단이지만 일반적으로는 어머니들만으로 구성된다. 집단구성이 어려울 경우 개별 부모를 대상으로 부모 놀이치료를 구조화할 수도 있다. 보통 주 1회 2시간, 10주 정도가 소요되는데 심각한 감정문제가 있는 아이들의 경우 6~12개월 정도 소요될 수 있다. 치료자는 놀이 회기에서 부모가 아동에게 실시하는 기술을 가르쳐 준다. 치료절차를 구체적으로 살펴보면 다음과 같다.

- 부모와의 첫 만남을 통해 사전평가를 실시한다.
- 부모놀이에 적합한 부모들을 선정하고 그 필요성에 관해 부모들과 의논한다.
- 치료자-아동의 회기를 부모가 관찰할 기회를 준다. 치료자는 아동과 1개의 놀이장면(15~20분)을 실연하고 부모는 그 과정을 관찰한다. 실연 직후 치료자는 부모의 질문, 관심사 등을 함께 논의한다.
- 부모에게 아동중심 놀이치료 방법을 훈련시킨다. 가상으로 놀이치료 장면을 연습해 본다(10~15분 정도). 다양한 아동의 행동을 조금씩 시연하여 부모가 역할연습을 하도록 한다. 역할연습 후 부모와 토론 과정을 갖는다. 치료자는 교육자, 상담자, 내담자의 역할을 번갈아 한다.
- 치료자의 직접관찰과 슈퍼비전하에 부모-자녀 간 놀이 회기를 여러 차례 갖는다. 처음에는 1회기 20분 정도, 그다음부터는 30분 정도 갖도록 한다. 세 번 또는 네 번째 부모 놀이치료가 진행되면서 주제놀이가 나타나게 된다.
- 부모는 가정에서 특별한 놀이 회기를 실시하고 치료자를 정기적으로 만나 부모가 실시했던 기술을 토론하고 슈퍼비전을 제시한다.
- 부모가 놀이 회기 안에서 배운 기술을 일상생활에서 일반화할 수 있도록 돕

는다.

- 다시 장소를 옮겨 부모-자녀 간 놀이 회기를 기관에서 실시하고 치료자가 슈퍼비전을 직접 준다.
- 종결 후 사후평가를 실시한다.

부모 놀이치료가 아동중심적 놀이치료 이론에 기초를 두고 발전하기는 했지만 발달정신병리학적인 관점에서 아동상담의 접근방식이 통합적이고 절충적인 입장으로 발전하고 있다는 점을 고려한다면 부모 놀이치료 역시 아동중심적인 치료방식에 한정될 필요는 없다. 또한 놀이치료가 영유아기부터 아동기 초기에 주로 활용되고 있기 때문에 부모 놀이치료의 기본 전략은 아동기부터 청소년기까지의 보다 폭넓은 사례를 중심으로 확장되는 것이 바람직하다(이숙 외, 2006). 부모 놀이치료는 아동과 부모의 어려움을 줄여 주기 위하여 부모-자녀 관계에 초점을 두는 동시에 부모와 아동의 행동을 모두 변화시키는 데 목적을 두고 있다. 따라서 부모 놀이치료를 실시하는 방법은 여러 가지 형식이 있을 수 있으며 개인과 집단 모두에게 적용할 수 있다. PET나 STEP, APT 등 대부분의 부모교육 프로그램이 소규모(10명 내외) 집단을 대상으로 10회기 내외의 구조화된 프로그램을 제공해 주고 있는 것처럼 부모 놀이치료도 소집단을 대상으로 실시하는 사례가 많이 보고되어 왔다. 그러나 병원이 아닌 개인상담센터에서 아동상담자들이 주로 필요로 하는 부모교육은 집단보다는 개인인 경우가 많으며 이에 따라 개인 사례를 중심으로 부모 놀이치료를 활용하는 것도 필요하다고 하겠다.

부모 놀이치료는 아동행동의 원인을 이해시키고 반영적 경청, 공감 등의 기법을 훈련시킨다는 점에서는 부모교육의 내용과 비슷하고, 부모가 직접 놀이치료를 실시하고 치료자로서의 역량을 높여 가도록 지도받는다는 점에서는 놀이치료의 내용을 포함하며, 부모역할의 변화에 따라 부모-자녀 관계가 개선되는 경험을 통해 가족치료와 같은 체계적 접근을 적용하게 된다. 부모 놀이치료가 아동만을 대상으로 하는 일반 놀이치료와 달리 아동의 가족관계나 또래관계와 같은 사회적 환경뿐 아니라 심리적, 물리적 환경의 개선까지도 시도하는 생태학적 관점을 수용하기 때문에 영유아부터 청소년에 이르기까지 치료 효과가 빠르고 그 효과가 오래 유지된다고 할 수 있다.

학습과제

1. 아동기 자녀를 둔 가족을 선정하여 부모의 양육행동이 적절한지 분석한다.
2. 다양한 문제행동을 보이는 자녀를 둔 부모를 대상으로 아동문제와 부적절한 양육행동의 원인을 분석해 본다.
3. 반응성 애착장애 아동을 둔 부모를 대상으로 부모 놀이치료 프로그램을 구성해 보고 실시 후 그 결과를 평가해 본다.
4. 인터넷 중독, 품행장애 등의 문제를 가진 청소년 부모들을 대상으로 하는 집단부모교육 프로그램을 구성해 본다.

참고문헌

구본용 외(1995). 바람직한 자녀지도를 위한 부모교육 프로그램 III: 바른 행동의 길 다지기. 서울: 청소년상담원.

김경희 편저(2002). 부모-자녀 놀이치료. 서울: 동문사.

김양순 역(2001). 놀이치료의 동반자로서 부모. 서울: 학문사.

김인자 역(1989). PET 강사지침서. 서울: 한국심리상담연구소(K.E.T.I).

김인자(1992). 효과적인 부모역할훈련 워크북. 서울: 한국심리상담연구소.

김지현, 정지나, 조윤주, 한준아(2008). 부모교육. 파주: 양서원.

김현수 역(1988). 교류분석. 서울: 민지사.

김혜숙 외(1993). 바람직한 자녀지도를 위한 부모교육 프로그램 I: 자녀의 힘을 북돋우는 부모. 서울: 청소년 대화의 광장.

남상인 외(1994). 바람직한 자녀지도를 위한 부모교육 프로그램 II: 자녀의 힘을 북돋우는 대화. 서울: 청소년 대화의 광장.

남상인 외(1995a). 바람직한 자녀지도를 위한 부모교육 프로그램 IV: 생활의 기틀 정하기. 서울: 청소년상담원.

남상인 외(1995b). 바람직한 자녀지도를 위한 부모교육 프로그램 V: 어울려 사는 지혜 기르기. 서울: 청소년상담원.

박성연, 김상희, 김지신, 박응임, 전춘애, 임희수(2003). 부모교육. 서울: 교육과학사.

우재현(1996). 교류분석(TA) 입문. 서울: 정암서원.

이경우 편역(1996). STEP: 당신도 유능한 부모가 될 수 있다. 서울: 창지사.

이숙, 우희정, 최진아, 이춘아(2009). 부모교육(2판). 서울: 학지사.

이숙, 최진아, 정미자, 김미란, 유우영(2004). 아동상담. 서울: 양서원.

이순형, 민하영, 권혜진, 정윤주, 한유진, 최윤경, 권기남(2010). 부모교육. 서울: 학지사.

장원동(2008). 현대인의 부모교육. 서울: 교문사.

정옥분, 정순화(2007). 예비부모교육. 서울: 학지사.

조성연, 이정희, 천희영, 심미경, 황혜정, 나종혜(2005). 아동발달의 이해. 서울: 신정.

홍경자 역(1995). 현대의 적극적 부모역할 훈련. 서울: 중앙적성출판사.

홍경자 역(1996). 십대의 적극적 부모역할 훈련. 서울: 중앙적성출판사.

홍경자, 노안영, 차영희, 최태산 공역(2007). 부모코칭 프로그램: 적극적 부모역할, Now-부모용 지침서-.(M. H. Popkin 저). 서울: 학지사.

홍경자, 노안영, 차영희, 최태산 공역(2007). 부모코칭 프로그램: 적극적 부모역할, Now-지도자용 지침서-.(M. H. Popkin 저). 서울: 학지사.

Berne, E. (1961). *Transactional analysis in psychotherapy.* New York: Grove Press.

Dinkmeyer, D., & McKay, G. (1976). *Systematic training for effective parenting.* MN: American Guidance Service, Inc.

Eathart, E. M. (1980). Parent Education. *Journal of Home Economics, 80.*

Erikson, E. (1950). *Childhood and society.* New York: Norton.

Fine, M. J., & Henry, S. A. (1991). Professional issues in parent education. In M. J. Fine (Ed.), *The second handbook on parent education-Contemporary perspectives* (*pp.* 3-20). San Diego: Academic Press.

Gordon, T. (1988). *PET, Parent effectiveness training.* NY: Plume Books.

Hetherington, E. M., & Parke, R. D. (1993). *Child Psychology* (4th ed.). NY: McGraw Hill.

Popkin, M. H. (1989). Active Parenting: A Video-based Program. M. J. Find (Ed.), *The second handbook on parent education* (pp. 77-98). San Diego, CA: Academic Press.

| 찾아보기 |

인명

내용

저자 소개

⊙박랑규

이화여자대학교 대학원 문학박사(발달심리 전공)

현 한양대학교 대학원 아동심리치료학과 겸임교수

아이코리아 치료교육센터장

⊙박응임

이화여자대학교 대학원 문학박사(아동발달 전공)

현 안동대학교 생활과학대학 생활환경복지학과 교수

⊙안동현

서울대학교 의과대학원 의학박사(정신과 전공)

현 한양대학교 의과대학 정신과 교수 및 동 대학원 아동심리치료학과 교수

⊙왕석순

한양대학교 대학원 가정학박사(아동 · 가족 전공)

현 전주대학교 사범대학 가정교육과 부교수

⊙이숙

이화여자대학교 대학원 문학박사(아동 전공)

현 전남대학교 생활환경복지학과 교수

⊙ 이정숙

한양대학교 대학원 가정학박사(아동 · 가족 전공)

현 한양대학교 대학원 아동심리치료학과 교수

한국아동심리치료학회장

⊙ 장미경

숙명여자대학교 대학원 이학박사(아동상담 전공)

현 남서울대학교 아동복지학과 교수

⊙ 정승아

연세대학교 대학원 심리학박사(임상심리 전공)

현 조선대학교 상담심리학부 교수

⊙ 정혜정

미국 Texas Tech University 인간발달 · 가족학과 철학박사(인간발달 · 가족 전공)

현 전북대학교 생활과학대학 아동학과 교수

전주시 건강가정지원센터장

⊙ 조용범

미국 New School for Social Research 박사(임상심리 전공)

현 The Tree Group(국제심리학 자문 그룹, 더 트리 대표) 대표

다이어렉티컬 행동치료센터-한국본부 대표

아동심리치료학개론

2011년 9월 20일 1판 1쇄 발행
2024년 4월 25일 1판 6쇄 발행

지은이 • 박랑규 · 박응임 · 안동현 · 왕석순 · 이숙
이정숙 · 장미경 · 정승아 · 정혜정 · 조용범

펴낸이 • 김 진 환

펴낸곳 • (주) 학지사
04031 서울특별시 마포구 양화로 15길 20 마인드월드빌딩 5층

대표전화 • 02) 330-5114 팩스 • 02) 324-2345

등록번호 • 제313-2006-000265호

홈페이지 • http://www.hakjisa.co.kr
인스타그램 • https://www.instagram.com/hakjisabook

ISBN 978-89-6330-557-8 93180

정가 19,000원